国家体育总局决策咨询研究重大项目成果

迈向体育强国
新时代中国竞技体育发展研究

杨国庆　彭国强　著

人民体育出版社

图书在版编目（CIP）数据

迈向体育强国：新时代中国竞技体育发展研究/
杨国庆，彭国强著. --北京：人民体育出版社，2021（2023.2重印）
ISBN 978-7-5009-5996-0

Ⅰ．①迈… Ⅱ．①杨… ②彭… Ⅲ．①竞技体育－体育事业－发展－研究－中国 Ⅳ．①G812

中国版本图书馆 CIP 数据核字（2021）第 034461 号

*

人民体育出版社出版发行
北京建宏印刷有限公司印刷
新 华 书 店 经 销

*

710×1000 16 开本 17.5 印张 300 千字
2021 年 3 月第 1 版 2023 年 2 月第 3 次印刷

*

ISBN 978-7-5009-5996-0
定价：80.00 元

社址：北京市东城区体育馆路 8 号（天坛公园东门）
电话：67151482（发行部） 邮编：100061
传真：67151483 邮购：67118491
网址：www.psphpress.com
（购买本社图书，如遇有缺损页可与邮购部联系）

绪论 …………………………………………………………………… 001
  一、研究问题的提出 ……………………………………………… 001
  二、国内外研究综述 ……………………………………………… 003
  三、研究方法与创新 ……………………………………………… 016
  四、研究理论基础 ………………………………………………… 019
  五、本书的结构安排 ……………………………………………… 022

第一章 形势与定位：新时代中国竞技体育的战略使命 ……………… 025
第一节 新时代中国竞技体育发展的机遇与挑战 ………………… 025
  一、新时代中国竞技体育发展的机遇 …………………………… 025
  二、新时代中国竞技体育发展的挑战 …………………………… 030
第二节 新时代中国竞技体育在强国建设中的战略使命 ………… 035
  一、拓宽竞技体育发展内涵，服务强国建设新需要 …………… 035
  二、完善竞技体育发展战略，赋予为国争光新内涵 …………… 040
  三、推动竞技体育与群众体育融合发展，助力健康中国建设新要求 … 041
  四、健全竞技体育治理体系，提升国家体育治理能力新水平 … 043
  五、深挖竞技体育文化教育元素，培养现代化公民新意识 …… 044

第二章 历史与经验：中国竞技体育的发展回顾 ……………………… 046
第一节 中国竞技体育的发展历程 ………………………………… 046

一、曲折发展（1949—1978 年）：竞技体育波澜起伏 ……………… 047
　　二、稳步发展（1979—1992 年）：竞技体育勇攀高峰 ……………… 049
　　三、快速发展（1993—2008 年）：竞技体育创造辉煌 ……………… 052
　　四、内涵发展（2009 年至今）：竞技体育改革奋进 ………………… 057
　第二节　中国竞技体育发展的成就与经验 …………………………………… 067
　　一、中国竞技体育发展的成就 …………………………………………… 067
　　二、中国竞技体育发展的经验 …………………………………………… 071

第三章　角色与担当：中国竞技体育的功能价值 …………………………… 077
　第一节　竞技体育的政治价值服务中国大国崛起 …………………………… 077
　　一、塑造大国形象，彰显精神风貌 ……………………………………… 077
　　二、丰富国家外交形式，推动大国外交 ………………………………… 078
　　三、提升国际话语权，增强国家影响力 ………………………………… 079
　　四、加强国际交流合作，提升国际声望和地位 ………………………… 080
　第二节　竞技体育的经济价值助推经济社会建设 …………………………… 081
　　一、竞技体育项目更加注重产业化发展 ………………………………… 082
　　二、竞技体育项目的产业效益不断提升 ………………………………… 084
　　三、电子竞技产业助推经济社会发展 …………………………………… 085
　第三节　竞技体育的人文教育价值提升人的综合素养 ……………………… 086
　　一、竞技体育的人文价值理念通过奥运赛事不断推广 ………………… 086
　　二、竞技体育满足人们文化生活需要的社会价值不断提升 …………… 087
　　三、竞技体育的人文教育价值不断弘扬 ………………………………… 088
　　四、竞技体育项目文化价值的影响力不断提升 ………………………… 089
　第四节　竞技体育的公共服务价值满足社会需要 …………………………… 091
　　一、竞技体育的公共服务价值成为社会新需要 ………………………… 091
　　二、竞技体育的公共服务价值助力全民健身开展 ……………………… 092

第四章　结构与优化：中国竞技体育的体制机制 …………………………… 094
　第一节　竞技体育管理体制和运行机制改革 ………………………………… 094
　　一、坚持和完善竞技体育举国体制 ……………………………………… 095

二、不断优化竞技体育管理体制和运行机制 …………………………… 096
　　三、推进竞技体育有限资源的优化配置 …………………………………… 097
　　四、推动各项目国家队管理体制改革 ……………………………………… 098
　　五、持续优化竞技体育项目结构 …………………………………………… 098
第二节　竞技体育的竞赛体制和训练体制改革 …………………………… 099
　　一、推进赛事审批制度改革 ………………………………………………… 100
　　二、开展全运会竞赛制度改革 ……………………………………………… 101
　　三、深化训练体制改革 ……………………………………………………… 102
第三节　竞技体育项目协会实体化改革 …………………………………… 104
　　一、运动项目协会实体化改革历程 ………………………………………… 104
　　二、运动项目协会实体化改革成效 ………………………………………… 105
　　三、运动项目协会实体化改革动力 ………………………………………… 107
第四节　竞技体育结构性改革的特征 ……………………………………… 108
　　一、从要素驱动向创新驱动的发展方式转变 …………………………… 108
　　二、从单一管理向多元治理的体制结构转变 …………………………… 109
　　三、从金牌至上向展现综合实力的复合型目标转变 …………………… 110
　　四、从服务国家的单一价值向满足社会需要的多元价值转变 ………… 112

第五章　转型与演变：中国竞技体育的发展方式 ……………………… 115
第一节　竞技体育发展方式的结构 ………………………………………… 115
　　一、竞技体育发展方式的分类 ……………………………………………… 115
　　二、竞技体育发展方式的构成 ……………………………………………… 118
第二节　竞技体育发展方式的演进 ………………………………………… 120
　　一、竞技体育的"赶超型"发展方式 ……………………………………… 121
　　二、竞技体育的"多元化"发展方式 ……………………………………… 123
　　三、竞技体育的"可持续"发展方式 ……………………………………… 125
第三节　竞技体育发展方式转变的特征 …………………………………… 128

第六章　基础与保障：中国竞技体育的人才培养 ……………………… 132
第一节　竞技体育后备人才培养工作的发展与创新 ……………………… 132

一、竞技体育后备人才培养模式的发展历程 …………………… 132
　　二、竞技体育后备人才培养体系的发展转型 …………………… 135
　　三、竞技体育后备人才选拔培养的持续创新 …………………… 137
　第二节　运动员文化教育和保障工作 ………………………………… 139
　　一、不断建立健全运动员社会保障体系 ………………………… 139
　　二、形成一系列推动运动员培养的重要举措 …………………… 140
　　三、运动员文化教育和保障工作不断提升 ……………………… 142
　第三节　竞技体育优秀人才队伍建设 ………………………………… 144
　　一、培养了一批世界顶级职业运动员和明星运动员 …………… 144
　　二、打造了一支高水平教练员和裁判员队伍 …………………… 146
　　三、构建了多学科复合型训练管理团队 ………………………… 147

第七章　转变与多元：中国竞技体育的职业化发展 ………………… 150
　第一节　竞技体育的职业化进程与特征 ……………………………… 150
　　一、我国竞技体育职业化的产生与发展 ………………………… 150
　　二、我国竞技体育职业化的本质与特征 ………………………… 153
　　三、我国运动员的职业化发展与特征 …………………………… 154
　　四、我国职业体育俱乐部的发展与特征 ………………………… 156
　　五、我国职业体育管理体系的发展与特征 ……………………… 157
　　六、我国职业体育联赛的发展与特征 …………………………… 159
　第二节　竞技运动项目的职业化发展 ………………………………… 160
　　一、竞技体育项目的产业化发展 ………………………………… 160
　　二、竞技体育项目的职业化改革 ………………………………… 162

第八章　锻造与弘扬：中国竞技体育的精神文化 …………………… 165
　第一节　竞技体育精神文化的时代内涵 ……………………………… 165
　　一、竞技体育精神文化的时代演进 ……………………………… 165
　　二、竞技体育精神文化的丰富内涵 ……………………………… 167
　第二节　竞技体育精神文化的价值 …………………………………… 170
　　一、竞技体育精神文化在国家层面的价值 ……………………… 171

二、竞技体育精神文化在社会层面的价值 …………………………… 172
　　三、竞技体育精神文化在公民层面的价值 …………………………… 173
  第三节　竞技体育精神文化的践行 174
　　一、为国争光精神的践行 ………………………………………………… 175
　　二、无私奉献精神的践行 ………………………………………………… 176
　　三、科学求实精神的践行 ………………………………………………… 177
　　四、遵纪守法精神的践行 ………………………………………………… 178
　　五、团结协作精神的践行 ………………………………………………… 179
　　六、顽强拼搏精神的践行 ………………………………………………… 180

第九章　经验与借鉴：竞技体育的国际发展 …………………… 182
  第一节　美国竞技体育的发展与特征 …………………………………… 182
　　一、美国竞技体育的管理体制 …………………………………………… 182
　　二、美国竞技体育的"联盟体制" ………………………………………… 184
　　三、美国竞技体育的人才培养体系 ……………………………………… 186
　　四、美国竞技体育的科技助力工作 ……………………………………… 188
  第二节　俄罗斯竞技体育的发展与特征 ………………………………… 189
　　一、俄罗斯竞技体育的管理体制 ………………………………………… 189
　　二、俄罗斯竞技体育的人才培养体系 …………………………………… 191
　　三、俄罗斯竞技体育的发展与定位 ……………………………………… 192
  第三节　日本竞技体育的发展与特征 …………………………………… 194
　　一、日本竞技体育的结合型管理体制 …………………………………… 196
　　二、日本竞技体育的后备人才培养体系 ………………………………… 197
　　三、日本竞技体育的科技助力工作 ……………………………………… 198
  第四节　英国竞技体育的发展与特征 …………………………………… 200
　　一、英国竞技体育管理体制及特征 ……………………………………… 200
　　二、英国竞技体育发展政策 ……………………………………………… 202
　　三、英国精英运动员和教练员培养体系 ………………………………… 204

第十章　路径与创新：新时代中国竞技体育的发展展望 …… 207
第一节　新时代中国竞技体育的发展困境 …… 207
一、竞技体育与经济社会发展不适应、不协调 …… 207
二、竞技体育主动融入经济社会发展的体制结构亟待优化 …… 208
三、竞技体育多元主体协同参与的治理体系还未形成 …… 209
四、竞技体育项目结构布局不协调、区域发展水平不均衡 …… 210
五、竞技体育人才的多元化选拔、培养和保障体系尚未建成 …… 215
六、竞技体育的科技驱动力量比较薄弱，科学化训练水平不高 …… 216
七、竞技体育的软实力建设亟待进一步提升 …… 217

第二节　新时代中国竞技体育的发展思路 …… 219
一、以新思维准确定位竞技体育发展的新走向 …… 219
二、以新理念系统谋划竞技体育发展的新举措 …… 221
三、以新思路深刻认识竞技体育发展的新内涵 …… 223
四、以新理论科学指导竞技体育发展的新实践 …… 224

第三节　新时代中国竞技体育的发展举措 …… 226
一、创新奥运备战新模式，提升竞技体育为国争光能力 …… 226
二、转变竞技体育发展方式，打造竞技体育"新举国体制" …… 230
三、统筹竞技体育项目结构，建立均衡协调的运动项目发展新格局 …… 234
四、完善竞技体育后备人才培养体系，多途径多渠道培养竞技体育人才 …… 236
五、优化竞技体育优秀人才选拔机制，创新国家队多元组建模式 …… 241
六、推进职业体育发展进程，提升职业赛事的国际化水平 …… 244
七、深化训练竞赛的科技驱动，提升竞技体育的科学化、智能化水平 …… 248
八、发挥竞技体育的多元价值，服务强国战略新需要 …… 252
九、完善竞技体育治理体系，提升治理能力现代化水平 …… 254
十、挖掘优秀运动项目文化，拓宽竞技体育项目文化建设新渠道 …… 259

参考文献 …… 262

绪论

一、研究问题的提出

竞技体育是体育事业的核心组成部分，在体育强国建设中具有重要的带动和引领作用，我国从体育大国向体育强国迈进，需要增强竞技体育综合实力，全面提升为国争光能力。新中国成立以来，竞技体育在国家改革的大潮中搏击奋进、砥砺前行，经历了一段从小到大、从无到有、从弱到强的发展历程，走出了特色发展之路，取得了举世瞩目的伟大成就，为国家体育事业做出了重要贡献。在大力推进体育强国建设的伟大征程中，我国竞技体育事业在不断改革中取得新成就，我们坚持和完善举国体制，不断探索中国特色竞技体育发展模式，坚持以为国争光为主要目标，坚定不移地实施奥运战略，竞技体育综合实力进入世界前列。同时，我们坚持以改革促发展，不断完善竞技体育管理体制和运行机制，竞技体育的发展方式不断创新、运动项目结构布局持续优化；我们坚持"人才强体"战略，不断加强竞技体育人才选拔、培养和运动员保障工作，体育后备人才培养和保障体系不断完善；一代代竞技体育人创造的"女排精神"和"中华体育精神"，为中华民族的崛起提供了强大精神动力，竞技体育服务国家战略的地位与作用日益彰显。新中国竞技体育取得的伟大成就映射了中国特色社会主义事业发展道路，印证了中华民族从站起来、富起来到强起来的伟大飞跃。

进入新时代，我国高度重视体育事业发展，把体育作为中华民族伟大复兴的一个标志性事业，在实现中国梦和全面建成小康社会伟大征程中赋予了体育重大的历史使命。党的十八大以来，习近平总书记十分重视体育工作，先后在不同场合对体育发展做出重要指示批示，习近平总书记出席重大体育赛事活动、会见国际奥委会主席巴赫、接见里约奥运会中国体育代表团、视察北京和张家口2022年冬奥会筹备情况、给北京体育大学研究生冠军班回信等，无不表达出对实现体育强国梦的主张和愿望，为竞技体育科学发展指明了方向，为体育强国建设提供了根本遵循。将体育与国家、民族的命运密切关联，体现出新时期国家对体育事业提出了新的要求。2017年8月27日，习近平总书记在会见全国体育先进单位和先进个人代表等时强调："加快建设体育强国，就要弘扬中华体育精神，弘扬体育道德风尚，坚定自信，奋力拼搏，提高竞技体育综合实力，更好发挥举国体制作用，把竞技体育搞得更好、更快、更高、更强，提高为国争光能力，让体育为社会提供强大正能量"，赋予了新时期竞技体育重大历史使命和时代责任。2017年10月18日，习近平总书记在党的十九大报告中提出"广泛开展全民健身活动，加快推进体育强国建设，筹办好北京冬奥会、冬残奥会"，充分体现了党和国家对新时期竞技体育发展的高度重视。

新时代，我国从体育大国向体育强国迈进，需要作为其核心组成部分的竞技体育有新的使命、新的担当、新的作为；需要塑造新的竞技体育发展格局，实现竞技体育综合实力取得新的突破、为国争光能力有新的提升；需要竞技体育提质增效、全面发展，更好地融入新时期现代化强国建设大局。为贯彻落实党的十九大精神和习近平总书记关于加快推进体育强国建设的要求，《体育强国建设纲要》从三大战略目标、六大战略任务和三大建设工程，提出了提升竞技体育综合实力、增强为国争光能力的战略任务，制定了实现竞技体育向更好、更快、更高、更强迈进的宏伟目标，对竞技体育的未来走向进行了科学规划，赋予了竞技体育新的发展机遇。《关于深化体教融合促进青少年健康发展的意见》从完善青少年体育赛事体系、加强体育传统特色学校和高校高水平运动队建设、深化体校改革、大力培养教练员队伍等多个方面对竞技体育工作提出了新的期待。同时，面对新时代赋予的新使命、新要求，我国竞技体育还存在发展不充分、不平衡，与经济社会发展不适应、不协调的矛盾和问题，主要体现在竞技体育的体制机制面临市场经济冲击的矛盾突出、后备人才选拔和培养方式单一、职业体育和职业联赛发展滞后、科学化管理和训练水平有待提高、竞技体育项目结构发展不平衡、竞技体育主动融入并促进社会发展的能力不强等。系统总结我国竞技体育的发展经验，全面梳理竞技体育发展中存在的问题，提出新时代竞技体育的发展思路和改革路径成为一项重大任务。面对新形势、新任务，中国竞技体育不仅要实现自身快速发展，而且要在实现自身发展的同时带动人的全面发展和社会的全面进步。这就要求不断优化竞技体育发展战略，赋予为国争光新内涵；不断推动竞技体育与群众体育融合发展，助力健康中国建设新要求；不断拓宽竞技体育功能和价值，服务强国建设新需要；不断健全竞技体育治理体系，提升国家体育治理能力新水平；不断提升运动训练的科学化水平，提升为国争光能力。站在新时代的历史起点，系统回顾新中国成立以来竞技体育的发展历程，总结竞技体育发展的经验教训，对于提升竞技体育为国争光能力，有效推动竞技体育在实现"两个

二、国内外研究综述

(一) 国内研究现状

1. 竞技体育政策及其变迁研究

新中国成立以来,我国竞技体育在长期实践中逐渐形成了较为系统的政策体系,正是这一体系推动了竞技体育从小到大、由弱变强的不断发展,短期内成为世界竞技体育强国。近年来,我国学者围绕竞技体育政策进行了大量探讨,郑文强(2018)[1]将我国竞技体育政策的变迁分为八个时期:过渡改造期(1949—1956年)、初级探索与发展期(1957—1965年)、灾难浩劫期(1966—1976年)、拨乱反正与复苏发展期(1977—1984年)、初步改革期(1985—1993年)、"奥运模式"全面开启期(1994—2000年)、走向辉煌期(2001—2008年)、迈向强国期(2009年至今)。张翠芳(2017)[2]认为,我国竞技体育政策的发展出现了多个不同程度的高峰和低谷,在不同时期的竞技体育政策发展不均衡,具体表现为竞赛和管理政策数量较多、内容丰富,围绕竞技体育可持续发展的政策、围绕竞技体育科学选材和训练相关政策较少。备战奥运会是我国竞技体育政策体系下的重要工作,围绕奥运备战我国出台了三版《奥运争光计划纲要》,熊汉(2013)[3]提出要调整和完善奥运备战政策体系,包括完善国家队多元组建扶持政策、奥运激励与保障政策、教练员选聘与保障政策、参赛运动员选拔政策、竞赛政策、训练基地建设及管理政策、运动员和教练员交流管理政策、运动员升学就业保障政策、少数民族地区培养高水平运动员政策等。彭国强(2019)[4]探讨了竞技体育政策与体育强国建设的关系,提出体育强国建设对竞技体育政策提出了更高的要求,今后政策的走向将致力于竞技体育和群众体育的均衡发展,通过拓宽竞技体育政策内涵,不断推动竞技体育政策与群众体育政策、体育产业政策、学校体育政策融合,利用竞技体育政策推动全民健身运动开展、助力健康中国建设和促进体育强国建设。彭国强,杨国庆(2018)[5]对完善我国竞技体育政策提出了建议,认为竞技体育政策要进一步提升选材和训练体系的科学性,提升

---

[1] 郑文强. 我国竞技体育政策及其变迁研究 [D]. 桂林: 广西师范大学, 2018.
[2] 张翠芳. 新中国以来我国竞技体育政策演进研究 [D]. 武汉: 华中师范大学, 2017.
[3] 熊汉. 我国竞技体育奥运战略的历史演进与改革趋势研究 [D]. 武汉: 武汉体育学院, 2013.
[4] 彭国强. 日本竞技体育政策演变的历程、特征与启示 [J]. 体育学研究, 2019 (3): 19-28.
[5] 彭国强, 杨国庆. 新时代中国竞技体育结构性改革的特征、问题与路径 [J]. 武汉体育学院学报, 2018 (10): 5-12.

复合型团队建设政策的针对性，尤其加强奥运备战相关政策的制定和执行，包括科技助力政策、运动员多元选材政策、科学训练政策等，保持竞技体育政策与国家相关政策的协同推进。

总体而言，国内围绕竞技体育政策及其变迁开展了大量研究，在研究方法上大多采用文献资料、历史研究、逻辑分析等质性方法；在时间段的选取上多集中于改革开放以后；在内容上多为运动训练、运动竞赛、竞技体育管理相关的政策，涉及运动选材、科学训练等方面的政策相对较少，还没有形成系统化的竞技体育政策研究成果。

2. 竞技体育后备人才培养研究

人才是竞技体育发展之源，体育强国建设与后备人才的选拔和培养紧密相关，人才的选拔关系到我国竞技体育能否在崛起的高度上实现可持续发展。竞技体育后备人才的培养是一个系统工程，是体育事业发展的基础和前提，近年来，我国学者围绕竞技体育后备人才培养进行了大量探讨。

一是关于举国体制背景下的竞技体育后备人才培养研究。主要观点认为，落后的体制机制是制约高水平竞技体育后备人才培养的根本原因，传统的"三级"体育后备人才培养体系已不适合我国竞技体育的飞速发展。杨蒙蒙，吴贻刚（2019）[①]对现阶段体育后备人才培养体制进行探讨，提出竞技体育后备人才培养应从举国体制大背景出发，通过不断完善举国体制来推动优秀体育后备人才培养。

二是关于"体教结合"模式下的竞技体育后备人才培养研究。主要围绕"体教结合""教体结合""体教融合"等理念对培养竞技体育后备人才进行了探讨，马连鹏，范升（2015）[②]认为，"体教结合"的培养方式将成为主流，妥善处理好"学"与"训"的矛盾仍是今后面临的主要挑战，提出把科研、教育和训练三者有机结合，让竞技体育遵循运动发展和教育规律，进而使竞技运动结合教育理念，让运动员全面发展，形成学校、社会、俱乐部"三位一体"的后备人才培养模式。

三是关于不同项目或地域条件下的竞技体育后备人才培养研究。孙克诚，李

---

① 杨蒙蒙，吴贻刚. 竞技体育后备人才培养中政府与社会力量合作博弈分析［J］. 体育文化导刊，2019（1）：11-16.
② 马连鹏，范升. "体教结合"模式下的竞技体育后备人才培养问题研究［J］. 安徽体育科技，2015（3）：70-73.

赞（2018）①等学者认为，追求"大而全"是我国各省市在竞技体育项目布局方面存在的主要问题，导致项目的严重同构现象，使竞技体育的发展失去了各省市自身的优势项目，失去了当地应有的特色，并提出了多元化的主体性运动管理、科学化的运动训练体系和协会化的运动管理形式等新型人才培养方式，建议各地区应根据自身已有的优势开发地域特色项目和优势项目。

四是有关我国竞技体育后备人才多元化培养模式与优化策略研究。杨国庆（2017）②提出，我国竞技体育后备人才培养多元化模式应在发展目标、投资主体、管理主体、培养方式、评价导向、人才出路等方面实现多元化，要树立"全人化"的竞技体育后备人才培养理念，加强竞技体育后备人才培养与群众体育的融合，打造多元投入的新型竞技体育人才培养体系，培育竞技体育后备人才发展的社会环境，建立后备人才支持体系和反哺机制，优化职业体育发展环境和状态，形成多元投入的新型竞技体育人才培养体系。

3. 竞技体育公共服务体系建设研究

竞技体育公共服务就是为保证竞技体育的公益性实现，利用公共资源和权威进行的各种训练活动、竞赛活动及其支持保障活动。竞技体育公共服务是以满足全体公民的竞技体育文化欣赏、文化教育、文化交流等基本需求为目的，向公民提供以竞技体育为内容的公共文化产品与服务的制度和系统的总称。竞技体育公共服务体系作为新时期国家公共服务体系建设的重要组成部分，成为近年来国内学者研究的热点领域。从当前的研究成果看，对竞技体育公共服务及其体系的研究还没有明确的概念界定、特点定性、内容设置等。对竞技体育公共服务的内涵还没有细化，少有学者明确提出"竞技体育公共服务"一词，多数研究是从公共服务的角度对竞技体育产品的特征、供给主体、供给模式等进行的初步探讨。卢文云（2009）③从供给主体的角度对竞技体育服务产品进行了系列研究，提出经济增长为社会供给竞技体育服务产品提供了稳定充足的资金来源，完善、合理的法律制度为社会供给竞技体育服务产品提供了规范的行为导向，公民自由结社的传统为社会供给竞技体育服务产品提供了文化支撑。还有学者围绕竞技体育与其他类型公共服务的差异进行了探讨。单凤霞，郭修金（2017）④认为，当前国

---

① 孙克诚，李赞. 结构优化：竞技体育后备人才培养的生态化转变 [J]. 北京体育大学学报，2018（9）：22-29.
② 杨国庆. 我国竞技体育后备人才多元化培养模式与优化策略 [J]. 上海体育学院学报，2017（6）：17-22.
③ 卢文云. 论竞技体育服务产品的社会供给 [J]. 首都体育学院学报，2009（1）：15-17，27.
④ 单凤霞，郭修金. 竞技体育的公共服务价值及转型发展 [J]. 西安体育学院学报，2017（2）：158-163，181.

内学者把体育公共服务的研究局限于社会体育、学校体育，忽视了对竞技体育的研究，并结合竞技体育的属性特征从社会公共需要、公共产品特性及体育服务产品等多个方面，说明了竞技体育公共服务研究的重要性。此外，还有学者探讨了竞技体育的公共服务价值。主要观点认为，2008年奥运会以来，我国不断转变体育事业的发展重心，从关注竞技体育的政治诉求，转向为注重社会公民人本需要的趋势日益明显。社会对金牌的价值观也发生了转变，以"休闲娱乐、健身、经济、教育、文化"为中心的竞技体育公共服务价值成为社会的需要。

4. 竞技体育的举国体制研究

举国体制是以取得世界大赛优异成绩为最高目标，通过统一动员和调配全国竞技体育资源，形成以专业运动队和项目协会为中心的训练体制、以全运会为中心的竞赛体制。举国体制是我国竞技体育取得快速发展的体制保障。近年来，国内学者围绕"举国体制"的历史贡献和积存的弊端进行了大量探讨。

一是有关举国体制特征的研究。主要围绕举国体制下形成的以三级训练网为主的人才培养模式进行探讨。闫之朴，侯学华（2018）[①] 提出，其主要特点是集中全国财力、物力、人力最大限度地调动各方面的积极性，实现体育资源在全国范围内的有效配置，凭借这一体制的实施，使我国的竞技体育在国力尚不强大的情况下迅速崛起，在很短的时间内实现了竞技体育的腾飞，确立在亚洲，乃至世界的领先地位，成为举世公认的体育强国。

二是有关举国体制作用的研究。主要观点把举国体制的作用归为四个方面：第一，保证了可以充分利用国家的整体实力，集最有效的人力、财力和物力，最大限度地推动竞技体育事业发展；第二，为体育基础薄弱、人口众多的发展中国家竞技体育的迅速崛起找到了一条简便快捷并具有实效性的途径；第三，营造了我国在政治、经济、外交等方面发展所需要的良好外部环境，实现了现代竞技体育所固有的政治功能，为扩大我国的国际影响做出了重大贡献；第四，推动了我国竞技体育快速发展，2008年北京奥运会获得了金牌数第一和奖牌数第二的成绩，谱写了奥运史上的新篇章。

三是有关举国体制弊端研究。举国体制作为我国一项基本体育制度，具有典型的利弊特征。刘洁，牛健壮等（2015）[②] 认为，一方面，政府以计划手段配置体育资源，以行政手段管理体育事业，政府既是办体育的主体，又是管体育的主体。这种"管办不分"的体制与市场经济下的高度社会化和产业化要求背道而

---

① 闫之朴，侯学华. 新时代举国体制下竞技体育发展的思考［J］. 山东体育科技，2018（6）：40-44.
② 刘洁，牛健壮，等. 论体育举国体制利与弊的研究综述［J］. 体育世界（学术版），2015（11）：28-30.

驰；另一方面，举国体制的机构运行高度依赖政府行政手段，在举国体制下，体育事业主要依靠行政部门层层下达的政策、文件、指示等维持运行，这显然与市场经济所要求的"小政府，大社会"不一致。尽管不同学者的研究视角各异，但竞技体育的体制改革不是将原有的体制推倒重建，而是要进一步坚持和完善竞技体育的举国体制，这成为竞技体育体制改革的关键问题。

四是举国体制改革创新的策略研究。主要观点认为，要转变政府行为方式，协调竞技体育不同管理主体的权力和利益；改变竞技体育组织体系中的条块分割，实现体育资源优化配置；完善现有训练体制，创建多元互补的竞训模式；以全运会改革为突破口，进一步理顺与完善现有的竞赛体制；拓宽竞技体育发展渠道，完善体教结合的人才培养模式。

5. 竞技体育项目发展研究

新中国成立以来，竞技体育在长期实践中形成了具有中国特色的运动项目群，包括传统优势项目、潜优势项目、基础项目、球类项目等，然而不同项目之间发展不平衡。近年来，相关学者围绕竞技体育项目发展的"短板"问题进行了大量探讨。

一是我国竞技体育项目的人才培养研究。相关研究主要涉及人才培养模式、培养理念、运动员的选拔与管理等，主要运用实证调查法对各项目涉及的教练员、运动员及管理人员等进行实地调查，但结果不容乐观。其中，关于运动员培养模式是该领域涉及最多的主题，主要对我国不同运动项目的人才培养方式进行了梳理与归纳，如有学者提出我国竞技运动项目人才培养主要经历了全运会选拔模式、三级训练网模式、"体教结合"和"教体结合"培养模式等，人才培养日益趋向多元化。

二是我国竞技体育项目的联赛发展研究。相关研究主要从不同项目的联赛组织、联赛管理、联赛运营、职业性联赛专门人才的培养与管理、联赛的市场化运作、联赛的俱乐部管理、联赛球员资源储备和管理，以及职业联赛的法律归属等方面展开论述，多数成果属于逻辑学的定性研究，针对国外职业性联赛的发展特点进行了对比研究，并指出我国竞技运动项目的联赛发展问题。

三是我国竞技体育项目的制度建设研究。相关研究主要涉及运动项目的制度建设、球类俱乐部的群众基础、经济基础、思想观念、人才管理体制、竞赛体制、梯队人才培养、举国体制支持、职业联赛组织模式与管理等。王军（2011）[①] 提出，目前我国集体性球类项目还在继续沿用传统的举国体制管理，

---

① 王军. 女子集体性球类项目"中国式衰退"现象研究 [J]. 成都体育学院学报，2011（12）：7-11.

注重集中人才的训练，轻视退役运动员或运动员转型后的出路，淡化运动员保障的举国体制，随着时代的发展，种种暴露体制问题的现象，伴随着质疑的呼声不断出现。

四是我国竞技体育项目发展的制约因素研究。相关文献主要以描述性的宏观研究为主，对我国不同运动项目发展存在的问题进行了梳理，研究内容和领域还有待进一步深化。具体而言，对竞技体育项目的核心技术能力还缺乏深入探讨，对限制项目发展的技术训练、项目制胜规律、运动员个人技能、专项体能、技战术体系设计与实施、竞技状态控制、运动项目关键技术、比赛技战术管理系统和专项信息、心理训练等方面的研究还不够系统。

6. 竞技体育发展方式转变研究

推动发展方式转变是近年来我国竞技体育事业的重要任务，近年来，国内学者从体育发展方式转变的必要性、发展方式转变的概念和内涵、发展方式转变宏观框架及路线设计的可行性、发展方式转变的指导思想等多个领域进行了探讨。

一是有关竞技体育发展方式存在问题的研究。辜德宏，吴贻刚（2014）[①]认为，当前我国局部赶超、争光为先的竞技体育发展方式已经暴露出一系列不均衡、不协调、不可持续的消极问题。这些问题显然不是偶发性问题，也不是个别环节上的问题，而是涉及包括体制机制在内的发展方式上的问题，竞技体育发展方式转变涉及体制机制、目标定位、理念思路、实现路径等多个方面。

二是体育发展方式转变内涵的研究。主要观点认为，竞技体育发展方式转变的内涵包含了发展方式的革新和替代，是一种符合社会需求及自身发展需要的新型发展方式，是对一种不合时宜、不能满足社会需求和自身需要的旧发展方式的替代。马玉芳（2012）[②]认为，转变竞技体育发展方式要完成从粗放型发展向集约型发展转变，从单一模式向竞技体育与群众体育融合发展转变，从国家投资向体制创新转变。

三是有关竞技体育发展方式转变保障的研究。辜德宏，吴贻刚等（2012）[③]认为，转变竞技体育发展方式的前提是要转变发展观，变革思维方式，牢固树立以人为本的科学发展观，中国竞技体育发展方式应该建立与市场经济发展相一致的管理体制和运行机制，做到在体育内部竞技体育和群众体育协调发展，转变的关键是要着力解决体育发展内部的竞技体育和群众体育不协调关系，努力提高发

---

① 辜德宏，吴贻刚. 竞技体育发展方式基本理论问题探析 [J]. 北京体育大学学报，2014，37（10）：8.
② 马玉芳. 关于我国竞技体育发展方式转变若干问题的研究 [J]. 体育与科学，2012，33（2）：102-105.
③ 辜德宏，吴贻刚，陈军. 我国竞技体育内生式发展方式的概念、分类、内涵、特征探析 [J]. 天津体育学院学报，2012，27（5）：382-385.

展质量，解决体育产业结构问题，以科学技术来促进竞技体育的可持续发展。

四是有关竞技体育发展方式转变目标设定的研究。熊晓正，夏思永等（2008）[①]认为，竞技体育发展方式转变的最终归宿是逐步实现体育价值的理性回归，从思想上向体育人文价值观转变，从"管理型体育"向"服务型体育"转变、从"竞技体育至上"向"均衡体育发展"转变、从"锦标体育"向"民生体育"转变、从"传统型体育"向"现代型体育"转变。

五是有关竞技体育发展方式转变策略的研究。主要观点认为，着力加强竞技体育改革的顶层设计，转变竞技体育发展方式必须坚定体育改革创新之路，必须实现由要素驱动向创新驱动转变，着力破解竞技体育持续发展的体制机制难点问题，实现由投入规模向质量效益转变、由金牌至上向公平公正转变、由传统训练向科学训练转变，重建我国体育后备人才培养模式。

（二）国外研究现状

1. 竞技体育发展及影响因素研究

国外学者对竞技体育的认识与国内不太一致，在有关竞技体育运行体系、竞技体育管理制度、竞技体育的构成等方面的研究观点存在较大差异。美国学者通常把体育与竞技、娱乐、游戏结合起来，探讨体育、游戏、有组织的游戏和竞赛之间的关系。在这方面有代表性的学者是（美）阿伦·古特曼，他在其著作中从竞技体育属于游戏的论题出发，研究了现代体育的本质，指出人类体育从本能的游戏（play）到人类有组织的游戏（game）这个竞技体育起源的必然性，展示了古代或前工业社会的体育到现代体育这种文化演进的历史必然性，从而给出了现代竞技体育的本质定义，即现代竞技体育是一种普遍且特殊的非功利性身体竞赛。学者斯蒂芬（Stephenk）在《Sport and play》中进一步把竞技体育与娱乐、休闲做了对比分析，认为在增强个体自信心、增进沟通、促进教育发展、提供休闲娱乐服务等方面竞技体育做出了特殊贡献，但自身也存在很多问题，如性别歧视、种族歧视、兴奋剂、人身侵犯、球场暴力、竞技运动成为国家政治对决的工具等。

还有一些学者把竞技体育与学校体育、妇女体育、大学生体育联合会和业余体育结合起来进行研究，如艾琳斯洛克哈特（Aileene S. Lockhart）在其著作中把美国竞技体育与中学校际体育、大学校际体育结合在一起进行探讨，认为国家州立中学体育联合会、大学生体育联合会、女子与妇女运动协会、业余运动联合会

[①] 熊晓正，夏思永，唐炎，等. 我国竞技体育发展模式的研究 [M]. 北京：人民体育出版社，2008.

为竞技体育运动的开展起到了辅助作用。一些成果都是选取社会学的视角对竞技体育的发展进行研究，如劳伦斯（Lawrence B，1986）[1]在其著作中充分肯定了竞技体育给现代社会带来的福利，认为竞技体育为现代社会创造福利、培育人才、促进健康，有组织的竞技体育活动集娱乐、教育、商业、仪式、道德培养等于一体。还有学者专门研究了竞技体育和参与性体育之间的冲突，认为在过去一个世纪，竞技体育在资金、媒体宣传、可参与性、花费、场地设施、教练员与运动员等方面占据了优势，但是在21世纪情况可能要发生改变，其原因是人口不断变化、人口趋向老龄化、全国性医疗保健存在危机、公众对竞技体育运动的兴趣降低、一些不道德因素（兴奋剂、违禁药物滥用）等。竞技体育与参与性体育中的消费者在资金分配、设施使用、公共体育计划等方面存在冲突。

综上所述，国外学者从不同的视角对竞技体育进行了较为系统的研究，涉及的范围较为广泛，国外学者通常把体育与竞技、娱乐、游戏结合起来，把竞技体育划归为休闲娱乐项目的范畴之中，或把竞技体育纳入到学校体育和职业体育的研究范畴之中，对于影响竞技体育发展的因素也是从社会学的视角进行探究，并且对竞技体育的发展充满了忧患意识，认为竞技体育和参与性体育之间存在冲突。国外学者在有关竞技体育运行体系、竞技体育管理制度及竞技体育的构成等方面的研究视域与我国学者的观念存在较大差异。这可能与中西方在文化、社会、体制、竞技体育发展程度等方面的不同有关。

2. 大学竞技体育管理体制研究

大学竞技体育在国外竞技体育系统中占主导地位，如美国竞技体育绝大多数优秀运动员都是大学体育系统培养和选拔的，大学竞技体育在培养高质量后备人才、服务于美国职业体育方面发挥了巨大作用。多年来，美国大学竞技体育在竞技体育人才培育、商业开发、国民体育意识培养、学校声誉提高与社会资金引入等方面都体现出重要价值。一些研究认为，国外大学竞技体育的角色不仅体现在高水平竞技体育人才的培养，而且还凸显了其是实现竞技体育与高等教育的有机载体。近年来，围绕国外大学竞技体育涌现了大量研究成果，研究内容针对性较强，主要体现在两个方面：一是主要围绕美国大学生体育联合会的竞技体育管理进行研究；二是围绕国外大学竞技体育的发展、性质、价值、特征等方面进行研究。主要观点认为，教育理念、教育体制、竞技体育管理体制、完备的法律体系是大学培养竞技体育人才的社会学因素，坚持业余性是大学竞技体育持续发展的保证，大学体育联合会、大学和市场是美国大学竞技体育发展的三驾马车。还有

---

[1] Lawrence B. New England Literary Culture [M]. London：Cambridge University Press，1986：16-28.

学者围绕大学生体育联合会（NCAA）进行了大量研究，涉及 NCAA 的管理模式、竞赛体制、运营机制等。M. Walker（1995）[1] 提出，NCAA 以学校教育为中心，大力推进大学业余体育发展，已成为大学竞技体育的主导部分。还有学者通过研究 NCAA 制度的演进，发现美国大学竞技体育能够稳定运行的核心要素源于 NCAA 组织模式的不断创新，认为 NCAA 在保证大学竞技体育业余性的前提下，有效地控制投入与产出，从而保障了大学竞赛产品的高质量发展。

多数学者从宏观视角对大学竞技体育组织、管理、运作等进行的研究发现，大学竞技体育是竞技体育发展的重要基础，是实现竞技体育与高等教育有机结合的重要载体，是实现学校体育与职业体育对接的基础。相关成果尤其是对美国 NCAA 的论述比较详尽，一定程度上说明了美国大学竞技体育在世界范围内具有典型的代表性。

3. 发达国家竞技体育政策研究

随着世界竞技体育的高速发展，相关学者围绕美国、俄罗斯、德国、日本等发达国家竞技体育发展政策进行了大量研究，主要涉及发达国家竞技体育政策的演变、竞技体育政策发展的特征、竞技体育政策在不同时期的战略价值、竞技体育政策的内容特征等。

一是有关日本竞技体育政策研究，主要从国家历史演进的视角探讨了日本竞技体育政策的发展历程。ALLEN G（2001）[2] 等学者提出，不同政策导向下的日本竞技体育跨越了"脱亚入欧"期、快速崛起期、改革转折期、渐进复苏期、全面振兴期五个阶段，贯穿了以军事性、功利性、保守性、激进性、争先性为中心的政策主导思想。日本竞技体育政策服务于不同时期国家发展战略和国家利益需要；注重优秀竞技人才的选拔、培养与保障；融入了科技助力、运动员援助、训练竞赛等多重元素。

二是有关俄罗斯竞技体育政策研究。约瑟夫（JOSEPH M，2006）[3] 认为，俄罗斯竞技体育发展经历了五个阶段，分别是在民族问题解决期，维护民族团结的竞技体育政策服务于国际政治；在美、苏体育争霸期，展现制度优越的竞技体育政策"一枝独秀"；在体育体制转型期，制度更迭下的竞技体育政策难以"落实到位"；在体育事业复兴期，重塑体育强国的竞技体育政策"破土而出"；在体育规划深入期，"大国中兴"的竞技体育政策"全面细化"，提出俄罗斯竞技

---

[1] M. Walker. Administration of Intercollegiate Sports Competitions in the U. S [J]. Sport Digest, 1995（6）: 63.
[2] ALLEN G, LEE T. Japanese sports: a history [M]. Honolulu: University of Hawaii Press, 2001: 126.
[3] JOSEPH M. Japan, sport and society [M]. New York: Rutledge, 2006: 28-33.

体育政策的特征体现在服从并服务于国家发展战略，特定时期没有处理好竞技体育与群众体育的平衡发展。

三是有关德国竞技体育政策研究。贝克（Becker，2015）[①]等学者主要从国家历史演进的视角对德国竞技体育政策进行研究，把德国竞技体育政策演进历程分为体操运动主导期、体育改革探索期、纳粹思想膨胀期、东德西德并进期与人本需求强化期五个阶段，经历了军国体育、政治性体育、种族化体育、人本体育等政策主导思想的转变。演进特征体现在服务于国家发展战略，满足了不同时期国家利益的需要；从注重国家政治诉求到强调社会人本需求；从国家主导到社会主导；特定时期把竞技体育作为国家意识形态工具，人本需求关注不足。

四是有关美国竞技体育政策研究。主要观点认为，美国竞技体育政策受到政府职能转变的影响；竞技体育政策建立在制度治理之上，始终服务于国家发展战略，满足了不同时期国家利益的需要；政策价值方面主要追求竞技体育的教育、经济和文化价值；竞技体育政策内容的选择既重视国家政治诉求，又注重满足社会人本需求。

4. 竞技体育人才培养模式研究

竞技体育人才对国家体育事业的可持续发展有着举足轻重的作用，世界体育强国都高度重视竞技运动员的人才培养，各国结合自身情况都形成了较完善的人才培养模式，由于各个国家的社会制度、社会背景、经济水平不同，其竞技体育人才培养模式也各具特色。通过查阅相关文献发现，竞技体育人才培养模式是近年来国外学者的重要研究领域，相关内容主要围绕竞技体育人才培养模式的内涵、不同国家人才培养模式的区别、学校竞技体育人才培养模式、俱乐部职业体育人才培养模式等。

一是有关美国竞技体育人才培养模式研究。Wenner L A（2006）[②]提出，美国竞技体育人才培养模式是以学校为中心的学校体制，大学是美国培养竞技体育人才的主要场所，美国竞技体育人才大多来自大学，其中全美中学校际运动管理联合会、全美高校运动管理联合会等发挥了主要作用，主要管理、控制和调节学校的业余训练，政府并没有对竞技体育人才培养进行过多的行政干预。

[①] Becker, Christian. German sports, doping, and politics: A history of performance enhancement [M]. Rowan&Littlefield Publishers, 2015: 23-42.

[②] Wenner L A. The Super Bowl pregame show: Fantasy becomes theme Speech Commum [J]. Sport and Society, 2006 (19): 35-40.

二是有关澳大利亚竞技体育人才培养模式研究。Digel（2001）① 认为，澳大利亚在竞技体育人才培养中，运动员的训练主要集中在体育学院，而文化课教育由普通学校负责，体育学院与普通学校共同承担运动员的培养。其中，澳大利亚体育学院作为最高水平学府，它与各州体育学院共同担负着人才培养计划，从运动员选拔到运动员培养都最大限度地发挥作用，尤其是澳大利亚教练员为竞技体育人才的培养做出了巨大贡献。

三是有关俄罗斯竞技体育人才培养模式研究。主要观点认为，俄罗斯竞技体育人才培养模式中，体育部门与教育部门的紧密结合共同担负着竞技人才培养，以国家训练基地、体育院校、高级运动学校为主，由他们担负着竞技人才培养的重任，在长期实践中逐步形成了以学校为主要依托的竞技人才培养模式，培养模式上较系统和规范。

四是有关不同国家竞技体育人才培养模式对比研究。Digel（2001）② 通过对美国、澳大利亚、俄罗斯等国家竞技体育人才培养模式的分析，发现国外竞技体育人才培养的理念、机制、方法等都具有自身特点，它们的共同点是在竞技体育人才培养方面具有更加完备的法律法规，重视训练与文化知识的有机结合，各级人才培养层次分明，输送渠道公平公开，在大、中、小学课外业余训练方面与各级俱乐部有良好的衔接。

5. 竞技体育项目发展研究

多年来，集体球类项目一直是欧美等发达国家的强项，无论是排、篮、足三大球，还是手、棒、垒等小球项目，在国外都有很好的发展，各类运动项目职业联赛、俱乐部等都具有较好的基础。纵观国外相关研究可知，国外涉及集体性球类项目的研究起步较早，其中有关集体性球类项目体育组织理论的研究，最早出现在北美，当时的研究重点为职业棒球、橄榄球、篮球、冰球和足球等联盟及所属俱乐部的经营管理问题。相关研究不仅对北美职业体育的发展起到指导作用，而且相关理论在英国的职业足球和板球等项目中得到了很好的应用。早在1956年，芝加哥大学的经济学家西蒙（Simon）就对棒球项目的市场开发进行了研究。1965年，詹姆斯·布坎南以垒球、高尔夫球场、网球场为例，讨论了组成球类项目俱乐部有效规模的条件，说明了俱乐部是发展集体性球类项目的有效途径，并提出了著名的俱乐部经济理论。1985年，英国学者Gratton等对集体性球类项

---

①Digel, Helmut. Talentsuche und Talentfoederung iminternationalen Vergleich ［J］. Leistungssport, 2001（4）: 72-78.
②同①。

目进行了较全面的微观经济学分析，以职业足球为例，集中探讨了职业足球服务需求的影响因素、市场失灵现象和职业体育政策选择等问题，对各个体育项目的发展起到了重要的推动作用[①]。

近年来，欧美等国学者对集体性球类项目发展模式的研究，主要集中在球类项目管理体制、球类项目运行模式、球类项目俱乐部的经费管理、球类项目俱乐部的经营模式，以及球类项目联赛的组织形式等。在球类项目的管理体制方面，西方一些发达国家对各运动项目的管理主要通过法律手段来实现，多采用政府与民间体育组织合作的方式，即政府进行宏观管理，具体事务由基层政府与社会团体管理，具有很大的自主权。如日本职业体育管理组织不受上级组织的统一管理和支配，而是自主开展活动。在球类项目俱乐部的经费管理方面，相关文献指出，西方国家主要依靠政府扶持和自主经营或通过其他方式筹资完成，西方的球类俱乐部主要依靠俱乐部会员会费和政府拨款，如法国每年要向80多个球类协会补贴4亿法郎，不足部分从经济合作赞助、俱乐部会员会费等补充。在经营模式和规模方面，西方国家的集体性球类项目多通过成立俱乐部的形式进行经营。在国外体育俱乐部有200多年的历史，已属于一种社会化的体育组织，成为大多数体育发达国家开展体育活动的主要形式。如美国NBA篮球职业联赛、欧洲足球职业协会等通过俱乐部的形式对各个项目进行运作与管理，发展规模不断扩大。国外集体性球类项目职业体育组织的产生和发展，与所处的社会环境和经济基础及国家政策和法规体系存在必然关系，与国外社会环境、经济基础、国家政策等相适应，不同国家和地区在不同阶段球类项目发展路径选择上存在较大的差异性。

6. 发达国家竞技体育发展方式及其特征研究

世界各国竞技体育发展方式存在着明显的差异，不同国家的历史传统、文化背景、价值观念及政治法律制度不同，加之各国对竞技体育的态度和要求不同，从而形成了一些具有代表性的竞技体育发展方式。近年来，国外学者主要围绕美国、英国、俄罗斯、日本等发达国家竞技体育发展方式进行了探讨。

一是有关美国竞技体育发展方式的研究。主要成果涉及美国竞技体育发展方式的形成、美国竞技体育的政府规制、美国社会化的竞技体育管理模式、美国竞技体育的社会保障等。YEO I（2002）[②] 提出，政府宏观调控、社会组织自主发

[①] Ted Vincent. The Rise and Fall of American Sport [M]. Lincoln and London: University of Nebraska Press, 1994.

[②] YEO I. The changes of American Sports and the factors contributing to its development [J]. Journal of Korean Philosophic Society for Sport and Dance, 2002, 10 (2): 297-319.

展、市场机制调配资源是美国竞技体育发展方式的主要特征；法制化是美国竞技体育发展的另一主要特点，美国竞技体育组织建立在法律法规基础之上。

二是有关英国竞技体育发展方式的研究。Jefferys K（2012）[1]认为，英国竞技体育发展方式的形成很大程度上和公共体育服务相关，英国竞技体育发展中突出了政府主导作用。同时，由于社会市场机制在竞技体育发展中具有重要作用，也就决定了英国政府、社会、市场共同协作的竞技体育发展方式。总体而言，政府起主导作用，由政府支持的社会自治行为推动了竞技体育治理主体多元化，在强调政府责任的同时形成了自身特殊的制度优势。

三是有关日本竞技体育发展方式的研究。主要观点认为，日本政府在竞技体育发展过程中起主导作用，实施以政府主导、社会参与的基本运作方式，政府对竞技体育进行适度宏观控制和有效监管，在主导竞技体育发展的同时，也加大了对社会资金和社会力量的运用，将奥运成绩作为重要指标。在竞技体育发展所需经费的投入方面，主要通过政府部门与地方政府部门共同投入、收取参加者交纳的费用、社会团体企业等的资助融资。

四是有关俄罗斯竞技体育发展方式的研究。Mick Green（2004）[2]认为，俄罗斯竞技体育发展方式经历了从计划到市场再回归到计划的循环过程，俄罗斯政府明确了竞技体育发展的主体是政府，但在投资方式上采用了政府社会共同融资的方式，俄罗斯竞技体育后备人才培养采用特殊的"举国体制"。

综上所述，无论是美国以社会、市场主导的竞技体育发展方式，还是俄罗斯、日本的政府主导型竞技体育发展方式，抑或是英国两种方式的结合，都是依据各国国情和竞技体育发展特征进行的合理搭配。在各国竞技体育发展方式转变过程中，对于竞技体育本体功能的认识逐渐清晰，各国都重视社会主体作用和有效发挥政府作用，各个国家竞技体育发展方式都经历了从注重单一主体向强调多元主体转变，高度重视职业体育的发展并尊重其运行的市场规律。

（三）研究述评

有关国内外竞技体育及其发展的研究涉及面广泛，在研究范围和内容聚集上，主要涉及竞技体育人才选拔、竞技体育发展方式、竞技体育管理体制、竞技体育运行机制、竞技体育保障体系、竞技体育训练竞赛等多个领域。不同学者提出了诸多很有见地的观点，对全面认识中国竞技体育的发展历程与取得的成就，

---

[1] Jefferys K. Sport and Politics in Modern Britain: The Road to 2012 [M]. London: Palgrave Macmillan, 2012: 53.
[2] Mick Green. Power, Policy, and Political Priorities: Elite Sport Development in Canada and the United Kingdom [J]. Sociology of Sport Journal, 2004 (21): 376-396.

以及进一步开展有关竞技体育发展研究提供了很好的参考。同时发现，已有成果在研究视角的选择、研究内容的聚焦等方面存在一些不足之处。

一是从研究时间跨度而言，缺乏围绕新中国成立以来竞技体育发展历程的系统性、全局性研究。中国竞技体育取得了巨大成就，这些成就覆盖了竞技体育的多个领域，但相关学者多从社会学、历史学、教育学、管理学等视角就某一个时间段竞技体育的发展情况进行研究，尤其是对改革开放以来竞技体育取得成就的研究成果比较集中。从目前已有文献看，有关中国竞技体育成功经验还缺乏较为完整的体系化研究，缺乏对中国竞技体育发展动因的深层次探索，缺乏多视角、全方位、立体化归纳和总结中国竞技体育发展经验特征的针对性研究。

二是从研究视角选择而言，缺乏围绕新时代视角对现代化强国建设进程中竞技体育创新发展的专门性研究。党的十八大以来，中国社会主义现代化建设进入了新时代，对中国体育事业发展提出了新任务、新要求，竞技体育作为体育事业最突出的部分，在新时代强国建设中要承担起重要角色。但相关成果多是研究党的十八大之前竞技体育发展的内容，少有结合新时代发展背景，从新时代视角，结合现代化强国建设对体育发展的新目标、新定位、新价值，剖析竞技体育的新角色和新使命，相关研究成果与新时期的经济社会发展在一定程度上存在不适应，缺乏创新性。

三是从研究内容聚焦而言，缺乏围绕竞技体育构成的结构性要素进行的全面研究。竞技体育作为我国体育事业中最活跃、最引人注目的组成部分，其覆盖的结构性内容宽泛，主要包括竞技体育管理体制、运行机制、发展方式、运动员选拔、科技助力、运动训练、参赛、奥运备战、服务保障等多个要素，而且竞技体育随着时代发展不断拓宽结构内涵，如冰雪运动、体能训练、跨项选材、校园足球、运动项目实体化改革等成为新的研究领域，这就亟须一些系统性和前瞻性研究。但目前相关成果多囿于我国竞技体育发展的传统结构要素，研究成果缺乏时代性和系统性。

三、研究方法与创新

（一）研究方法

1. 系统分析法

一是单元分析和过程相结合。新中国成立以来竞技体育的发展是一个整体过程，其中，竞技体育的管理体制、训练竞赛、后备人才培养、发展方式等都是这个过程组成的单元，研究中国竞技体育的发展，必然要对其不同组成部分的过程性要素进行系统分析。此外，竞技体育的发展与国家政治、经济、文化等社会环境密切联系，需要运用过程研究方法勾勒出竞技体育发展的社会渊源和现实环境，透视不同发展时期竞技体育的结构性要素，从而得出整体与部分、整体与环境的相互联系和相互作用。

二是理论分析和实证分析相结合。研究中国竞技体育发展的历程与经验特征，要结合实证研究和理论分析，具体研究过程中要用实证研究方法对竞技体育发展过程中的具体事例和实际问题进行分析，对走向强国进程中竞技体育发展方式的体制机制进行逻辑推理，在对中国竞技体育发展做出理性判断的基础上，提出新时代竞技体育的发展思路。

三是静态分析和动态分析相结合。从过程要素来看，新中国成立以来的竞技体育是一个不断发展变化的动态过程；从既定结果来看，新中国成立以来的竞技体育又是一个静态结果。因此，研究过程中，既要从中国竞技体育在不同时期的总体发展成效出发对其进行长期、动态分析，又要对特定时期的竞技体育发展特征做深入的静态考察。运用静态分析和动态分析相结合的研究方法，对中国竞技体育发展的方向、经历的阶段、路径等问题做出基本判断。

2. 文献资料法

在研究过程中，通过中国期刊网、维普数据库、优秀硕博论文数据库等检索有关竞技体育发展方面的相关文献500多篇，对相关研究主题进行了系统归纳。广泛搜集了国内外有关社会学、历史学、管理学、文化学、政治学等相关著作、教材40多部，对著作中有关竞技体育的素材做了分类整理，对中国竞技体育的发展历程做了总结与梳理。并且，还查阅了有关竞技体育发展的政策性文件、领导讲话、报刊等与研究相关的文献资料，为竞技体育研究提供理论依据。

3. 访谈法

为了获取中国竞技体育发展的相关信息，围绕主要研究内容进行了调研，走访了国家体育总局竞体司、部分省市的体育行政管理部门、北京体育大学、上海体育学院、武汉体育学院、成都体育学院等领域内相关学者和专家。访谈的议题主要围绕：新中国成立以来竞技体育发展的经验与成就、竞技体育的管理体制与运行机制、中国竞技体育发展存在的问题、中国竞技体育发展方式转变的特征、世界发达国家竞技体育的管理体制、新时代中国竞技体育的发展思路等，通过调查与访谈获取实证素材，为本研究提供了现实依据。

4. 历史研究法

新中国成立以来竞技体育发展是一个跨度较大的过程，并且，竞技体育作为体育事业最活跃的组成部分，与国家各项事业紧密相连。因此，研究过程中应该把竞技体育放在国家发展的历史范畴内进行考察，要紧密联系特定时期我国的社会历史背景，特别是当时的政治、经济、文化等情况。具体研究过程中，历史研究法主要应用于有关竞技体育发展历程部分，如在研究竞技体育发展的阶段特征时，联系新中国成立之初国家的政治、经济和社会文化特征，对竞技体育发展的社会基础进行了深度分析，对不同时期的历史做纵向考察和背景分析，更好地把握竞技体育发展的轨迹和方向，追溯我国竞技体育发展历史的客观事实，以求证研究主题。

5. 比较研究法

比较研究法是对两个或两个以上对象进行比较，找出它们之间的差异性和相似性的一种方法。比较研究法在本研究中运用较多，一是新中国成立以来不同发展时期竞技体育发展的纵向对比，通过联系不同时期竞技体育发展的史实，归纳竞技体育发展的特征，并找出不同时期发展的异同之处；二是中国与美国、俄罗斯、英国、日本等世界竞技体育强国发展特征的横向对比，尤其对不同国家竞技体育的管理体制和发展方式进行对比，对不同国家竞技体育的人才培养方式、奥运会备战方式等进行对比，从而更深入地归纳出我国竞技体育的发展特征。

（二）研究创新

1. 研究视角创新

本研究突破以往局限于对我国竞技体育发展过程中某一时期或某一特定结构形式的分析，把我国竞技体育作为一个整体，与国家政治、经济、文化、社会发展的大环境联系起来，把竞技体育发展与国家历史演进脉络联系起来，从新时代强国建设视角探究中国竞技体育的发展历程，挖掘竞技体育发展与改革特征，并紧密围绕新时代和现代化强国建设两个维度，对新时期竞技体育的发展思路进行探索性分析。

2. 研究理论创新

把"国家治理理论""社会转型理论""新制度变迁理论"等多学科理论引入新时代中国竞技体育发展研究，深入解释竞技体育发展的现象与阶段特征。并且，研究中广泛运用国际政治学、社会学、比较学、历史学、管理学等多学科理论知识，对不同时期竞技体育的发展机理进行论证，对新时代现代化强国建设中的竞技体育发展进行多视角展望。

3. 研究内容创新

本研究既囊括了竞技体育的整个结构性要素，包括竞技体育的选材、训练、竞赛、管理、保障、科技等多个领域，又结合不同时期竞技体育发展的时代背景，探索竞技体育发展的阶段特征。并且，研究中还拓宽了竞技体育的发展思路与内涵，深入探讨了竞技体育发展与新时代强国建设的关系，涉及新时期竞技体育的功能与作用、竞技体育的体制机制改革、竞技体育的发展方式、竞技体育的发展走向，以及与竞技体育密切相关的中华体育精神等内容，尤其是从国家发展视角提出的有关新时代中国竞技体育发展思路、价值定位及发展展望等是本研究的重要创新。

四、研究理论基础

竞技体育与国家各项事业联系紧密，竞技体育研究是一项系统工作，需要借助其他学科的理论进行深入探讨。为此，本研究积极引入社会学、管理学、历史学等理论视域，将社会转型理论、新公共治理理论、新制度变迁理论作为探讨竞技体育发展的理论分析框架，相关理论在竞技体育不同发展时期、不同要素结构的广泛运用，能够深入挖掘竞技体育发展的内在机理，系统梳理竞技体育与国家、社会的关系，能够更为客观地剖析竞技体育结构中各构成要素之间的逻辑关系。

（一）社会转型理论

社会转型是推动竞技体育发展的外部"影响性"因素，社会转型不但要求竞技体育发展方式转变，同时也为竞技体育发展历程的转变提供了背景和条件，并引导竞技体育的结构性改革。新中国成立以来，中国竞技体育随着社会转型而不断发展，竞技体育发展方式的转变在很大程度上取决于中国社会的转型。因此，经济社会转型为中国竞技体育发展方式转变研究提供了可能。

一是社会转型是竞技体育发展和改革的先导。社会转型是一个综合、整体的过程，是社会结构和社会关系的根本性变化，典型的表现为政治、经济、文化、价值观念等经济基础和上层建筑的变化，这些外部"影响性"因素的转型决定了竞技体育发展方式的转变。竞技体育作为社会系统的重要组成部分，其发展方式的选择与经济社会的发展阶段相适应，也就是说竞技体育发展和改革必定是以社会转型为先导，竞技体育发展和改革在社会大系统运行下实现。社会转型过程中，人们对待竞技体育的价值认识将不断深入，对竞技体育发展的改革将会有更加客观的判断。

二是社会转型为探讨竞技体育发展方式转变提供了参考。将竞技体育与国家社会的发展和转型紧密结合,以社会转型的过程、方向、趋势来把握中国竞技体育发展方式转变的趋势和方向。另外,作为一种推动社会发展的活跃元素,竞技体育的发展在一定程度上是社会发展的体现,因此,可以以竞技体育发展方式转变来对照中国社会的变迁与转型,通过竞技体育发展方式转变的自身线索来推理社会转型可能进一步出现的特征。

三是社会转型为竞技体育发展奠定了基础。任何社会的竞技体育都根植于一定的社会物质文化条件之中,社会经济结构的变化必然直接影响到竞技体育发展方式,使其发生不同程度的变化。作为整个社会大系统的一部分,竞技体育发展要服从整个社会的发展需要,这就必然要求竞技发展方式的转变要随着社会的变动而变化。如果竞技体育在发展过程中脱离了外部社会环境的作用,那么竞技体育也就失去了生存和发展的土壤,竞技体育结构性改革也就无从谈起。社会转型的速度、方向、深度、广度等都对竞技体育发展有着深刻的影响。

四是社会转型为竞技体育的发展和改革提供了背景和条件。社会环境包括社会的文化结构、经济基础、城乡结构,以及与各种社会制度相适应的政治、法律、宗教、艺术、哲学的观念和机构等。社会环境是竞技体育生存的土壤,离开了社会环境的竞技体育就成了无源之水、无本之木。新中国成立以来,随着社会的不断进步及社会结构的变化,无论是渐进式的还是激进式的,无论是局部的还是整体的,都会影响到竞技体育的发展。可以说,社会环境规定了处于社会系统之中的竞技体育发展方向,影响着人们的体育行为和体育观念,制约着竞技体育的发展规模和发展水平。

(二) 新公共治理理论

新公共治理(governance)理论是 20 世纪 80 年代以来,随着西方国家公民与组织冲突、管理危机、市场危机等现实条件出现的新型公共管理理论,是各种公共或个人管理事务的诸多方式的总和,是使不同利益群体得以调和并采取联合行动的持续过程。新公共治理理论的主要内容包括:由多元的公共管理主体(政府和非政府部门)组成的公共行动体系;管理的责任边界具有一定的模糊性,公共管理主体之间是权利依赖和互动的伙伴关系;公共管理是主体间自主自治的网络管理;政府扮演着"元治理"角色,占据重要地位。

根据公共治理理论,竞技体育的发展是多种因素和治理主体共同参与的结果,竞技体育发展的治理主体主要包括政府(中央和地方)、市场组织(企业、俱乐部)、体育社团组织三个方面,这些治理主体呈现多主体化和多层次化,相互利益关系较为复杂。新时代强国建设中竞技体育的改革与发展,要涉及不同参与主体之间的利益分配与调和,从治理角度而言,是各个相关主体相互合作、共同促进竞技体育可持续发展的过程。

具体而言,影响竞技体育发展的主要治理主体,各自的利益需求不同,对竞技体育发展的影响方向和程度也各不相同。其中,政府是引导竞技体育发展的主导性力量,可通过政府的政策法规调控来保证其利益;市场是保障竞技体育提供高质量产品的利益主体,是新时期竞技体育发展的经济基础;社会组织是推动竞技体育发展的重要因素,竞技体育的改革发展很大程度上是加强社会组织和市场参与。从公共治理的角度来分析中国竞技体育的运行,可以认为竞技体育发展的关键在于设定一个协同机制,通过治理主体之间的契约关系,形成推动竞技体育改革发展的内部合力,促使政府、社会、市场等多主体形成合力,从而促进竞技体育高效、有序地良性运行。

竞技体育能否有效运行,关键在于竞技体育的政治功能、经济功能、文化功能和社会功能的发挥,而这些则需要政府、社会、市场共同作用。其中,竞技体育发展离不开政府权力支持。事实上,政府是体育发展方式转变的重要主体之一,政府机构的公信力和透明度对于体育发展方式转变起到关键作用。政府主导的竞技体育发展,其主要责任就是纠正只代表少部分主体利益的行为,使其转向为能够体现多元主体的公共利益。竞技体育的持续性发展需要市场、国家政府和公民社会之间的协调互动,政府、社会、市场等在推动新时期竞技体育发展过程中要合理分工,政府起到主导性作用,政府必须创造一个有利于社会市场发挥综合效能的环境,为竞技体育发展需要的社会主体和市场机制铺垫基础,最终形成政府、社会、市场共同推进竞技体育发展的新格局。

(三) 新制度变迁理论

制度变迁理论(Institution Change Theory)是20世纪70年代前后产生的新制度经济学的主要内容。其主要观点提出"正式制度和非正式制度组成制度安排,正式制度安排在于通过政策法规来约束人们行为,而非正式制度安排是在长期的交往中形成",不同历史时期的制度伴随着社会政治、经济、文化等形态的转变而发生变迁①。

新制度变迁理论对于剖析竞技体育发展特征、竞技体育发展方式改革的问题

---

①制度变迁理论[EB/OL]. https://baike.so.com/doc/6444074-6657755.html.

具有重要价值，对于竞技体育在不同时期的管理体制、运行机制，以及竞技体育发展各主体之间的关系处理方面具有重要的启示作用。制度是引导竞技体育发展改革的重要推动力，新制度变迁理论可以明确制度在竞技体育发展过程中的重要作用，明确政府、社会、市场等多元主体的行为，国家通过建立体育发展规则来扩展竞技体育发展方式，从而丰富竞技体育发展内涵。

世界各国的竞技体育发展模式不一致，这表明不同的制度条件下会产生不同的体育运行机制，从而产生不同的分工协调机制，并进一步产生不同的资源配置偏好，进而影响竞技体育发展效率和发展方式，因而有什么样的社会制度，就会有与之相适应的体育发展方式。新时代，经济社会发展水平、竞技体育自身发展状况会有新的变化，竞技体育发展的目的、主体及主体间关系都会产生一定的改革，其中政府支持、社会参与、市场调节、政策法规、技术革新等因素对竞技体育发展方式转变影响较大。竞技体育发展相关主体之间的内在关系处理，以及竞技体育发展存在的问题需要新制度变迁理论做出解释。

竞技体育发展与改革需要借助一定的制度设计来实现，而不同的制度设计又会导致不同的体育发展效果。竞技体育发展与改革的方向、改革发展的方式、改革的速度等均需要一定的制度保障作为根本，所以竞技体育的发展在一定程度上也往往意味着需要通过一定的制度来切入。依据新制度变迁理论，新时代强国建设中的竞技体育需要通过分阶段、有顺序的综合性制度设计（包括制度瓦解、重新定位和制度巩固等阶段性过程）来构建一种适合新时期竞技体育发展、适合经济社会需求、适合社会转型的新秩序。

五、本书的结构安排

根据研究总体脉络和中国竞技体育的发展特征，本书主要分为11章。其中，绪论部分主要介绍研究背景、研究的目的和意义、国内外研究现状，以及研究方法思路等。其他10章主要以"战略定位—历史经验—现实问题—域外镜鉴—创新路径"的整体逻辑进行系统设计。

第一章，新时代竞技体育的战略使命。这一章主要联系新时代中国特色社会主义现代化建设背景，从强国建设、国家经济社会转型升级、健康中国建设、国家治理能力现代化、全面小康社会建设、中国特色大国外交等多个方面，探讨新时代竞技体育发展面临的形势与挑战。基于新时代视角，全面论述竞技体育在强国建设中的战略使命。

第二章，中国竞技体育的发展回顾。这一章主要联系中国竞技体育的历史沿革，依据不同时期竞技体育发展战略、发展政策、改革举措及竞技体育成绩，将新中国成立以来我国竞技体育发展历程分为四个阶段，分别是曲折发展（1949—1978年）、稳步发展（1979—1992年）、快速发展（1993—2008年）、内涵发展（2009年至今）。联系不同时期我国政治、经济、文化和社会发展情况，梳理竞技体育发展的成就与经验。

第三章，竞技体育的功能价值。这一章主要结合新时代强国建设对竞技体育发展的新要求，探讨新时期竞技体育的价值转变，将新时代竞技体育发展放在国家建设需要的大环境中，从竞技体育的政治价值、经济价值、人文教育价值、公共服务价值等多个方面，全面挖掘竞技体育在现代化强国建设中可能发挥的功能与价值。

第四章，竞技体育的体制机制。这一章主要探讨新中国成立以来竞技体育的体制机制改革和发展转变，主要包括竞技体育管理体制和运行机制改革、竞赛体制和训练体制改革、竞技体育项目协会实体化改革、竞技体育结构性改革的特征等，联系新时代我国政府职能转变及经济社会发展方式的转型升级，归纳竞技体育体制机制改革的特征。

第五章，竞技体育的发展方式。这一章主要沿着新中国成立以来竞技体育发展方式的转变，从竞技体育发展方式的结构、竞技体育发展方式的演进、竞技体育的优先发展方式、竞技体育的可持续发展方式等多个维度进行剖析，总结竞技体育发展方式转型的特征，提出竞技体育可持续发展方式的内涵和优化举措。

第六章，竞技体育的人才培养。这一章主要回顾我国竞技体育人才工作培养方面取得的成就，分析不同时期优秀运动员、教练员、裁判员及复合型管理团队的培养情况，总结我国竞技体育后备人才的选拔培养方式、运动员的文化教育和保障工作，以及优秀竞技体育人才队伍建设成效。

第七章，竞技体育的职业化发展。这一章主要结合改革开放以来我国市场经济对竞技体育发展的影响，围绕20世纪90年代开始的竞技体育职业化改革、进入21世纪的竞技体育产业化趋向，以及社会化发展等，深度剖析竞技体育的多元化发展走向，总结竞技体育职业化发展的特征。

第八章，竞技体育的精神文化。这一章主要对20世纪80年代以来形成于中国竞技体育领域的中华体育精神进行研究，结合社会主义核心价值观，分析竞技体育精神文化的时代内涵、价值及践行情况，挖掘竞技体育精神文化的锻造方式，为新时代竞技体育精神内涵的丰富和进一步弘扬提供参考。

第九章，竞技体育的国际发展。这一章主要探讨世界体育强国的竞技体育发展情况，包括美国、英国、俄罗斯、日本等，主要对这些国家竞技体育的管理体制和运行机制、竞技体育后备人才培养、竞技体育发展方式，以及竞技体育的相关制度等进行剖析，总结发达国家竞技体育发展的特征，为新时代中国竞技体育的发展提供有益启示。

第十章，新时代竞技体育的发展展望。这一章是整本书的升华部分，主要结合新时代强国建设对竞技体育发展提出的新要求、新任务，探讨新时代中国竞技体育面临的现实困境，总结目前影响我国竞技体育发展的主要短板和瓶颈。然后，站在新时代起点，从发展思路、发展目标、发展举措等对强国建设进程中的竞技体育进行展望，提出有针对性的发展策略。

第一章 形势与定位：新时代中国竞技体育的战略使命

新时代赋予了中国竞技体育新的任务、新的使命。在新时代体育强国建设的伟大征程中，竞技体育要以服务于"五位一体"的国家战略布局为根本目标，紧密对接现代化强国建设新需要，以实现竞技体育全面发展为首要任务，在全民健身与健康中国战略要求下，扩大竞技体育深层次的带动作用，促进其与经济、文化、社会等各个领域交融发展。要将实现竞技体育自身发展和带动经济社会的共同发展作为新的内涵，以新思维充分认识新时期赋予的新使命，以新思路科学引导竞技体育发展的新走向，充分发挥竞技体育在建设社会主义现代化国家新征程中的新作用，更好地发挥竞技体育在体育强国建设中的引领作用与辐射功能。

第一节 新时代中国竞技体育发展的机遇与挑战

一、新时代中国竞技体育发展的机遇

（一）党中央、国务院对体育的高度重视为竞技体育发展提供了新导向

新时代，中国体育发展迎来了前所未有的大好机遇，以习近平同志为核心的党中央高度重视体育发展，把体育作为中华民族伟大复兴的一个标志性事业，在实现中国梦和全面建成小康社会伟大征程中赋予了体育重大的历史使命。党的十八大以来，习近平总书记高度重视体育工作，先后在不同场合对体育发展做出重要指示批示，多次涉及新时代竞技体育的发展与实践，为做好新时代竞技体育工作提供了根本遵循和行动指南。习近平总书记在党的十九大报告中提出"广泛开展全民健身活动，加快推进体育强国建设，筹办好北京冬奥会、冬残奥会"，赋予了竞技体育重大的历史使命和时代责任。习近平总书记对竞技体育工作寄予厚

望，多次发表重要讲话、出席重大体育赛事活动、会见国际奥委会主席巴赫、接见里约奥运会中国体育代表团、视察北京和张家口 2022 年冬奥会筹备情况、给北京体育大学研究生冠军班回信等，无不表达出对振兴中国体育、实现体育强国梦的主张和愿望，为我国竞技体育科学发展指明了方向，为体育强国建设提供了根本遵循。习近平总书记对新时代竞技体育综合实力和为国争光能力的提升寄托着新的希望，他提出："加快建设体育强国，就要弘扬中华体育精神，弘扬体育道德风尚，坚定自信，奋力拼搏，提高竞技体育综合实力，更好发挥举国体制作用，把竞技体育搞得更好、更快、更高、更强，提高为国争光能力，让体育为社会提供强大正能量"，强调了体育强国梦与中国梦息息相关的定位，重视奥林匹克运动在社会发展中的重要作用，更加全面地赋予了竞技体育发展的重大历史使命和时代责任，为竞技体育事业发展提出了明确的要求、指明了前进的方向。这就需要在新时代实现强国梦的伟大征程中，竞技体育要以习近平总书记关于体育的重要论述和思想内涵为指导，紧紧把握体育强国梦与中国梦息息相关的定位，在加快推进体育强国建设中做出新的贡献。

（二）全面建设社会主义现代化强国为竞技体育发展提供了新方位

习近平总书记在党的十九大报告中提出："中国特色社会主义进入了新时代"，为国家发展指出了新的历史方位。新时代，我国的国家战略有了新的调整，党的十九大报告提出"中国特色社会主义事业的战略布局是'四个全面'，总体布局是'五位一体'"，"五位一体"指经济建设、政治建设、文化建设、社会建设、生态文明建设同步推进、协调发展。"五位一体"的国家建设是新时代我国各项事业的战略核心，体育作为国家事业的重要组成部分，承载着国家强盛、民族振兴的梦想。竞技体育作为体育事业的显性指标，在国家体育事业发展中有着突出的引领作用，是实现中华民族伟大复兴中国梦的重要内容，通过发挥竞技体育的综合效能，助力国家"五大建设"是中国特色社会主义建设的必然要求，同时也为竞技体育的发展定位指明了方向。"五位一体"的国家战略布局和现代化强国建设为竞技体育发挥在打造健康中国、助推经济转型升级、增强国家凝聚力等方面的独特作用和综合功能提供了新机遇。加快推进社会主义现代化强国建设需要新的竞技体育发展格局，需要竞技体育综合实力有新的突破、为国争光能力有新的提升，需要竞技体育提质增效、全面发展。当前，中国特色社会主义现代化建设为竞技体育发展提供了新的机遇，在实现中国梦的伟大征程中，全面建成小康社会、健康中国、经济社会转型升级、国家治理能力现代化等对竞技体育的功能和价值有着新的诉求。这就要求中国竞技体育要服务于国家新的战略布局，转变发展方式，拓宽发展空间，紧紧围绕"五位一体"的国家建设需要定位战略角色，重新规划竞技体育在国家发展中的责任和使命，拓宽竞技体育的功能和价值，发挥竞技体育助力国家经济、政治、文化、社会、生态文明建设的多元价值，从而更好地融入国家现代化建设大局，通过实现竞技体育自身发展，带动人的全面发展和社会的全面进步，更加有效地为经济发展增效、为健康中国奠基、为和美中国助力、为中华民族伟大复兴提供精神动力，为强国梦的实现做出新的贡献。

（三）实现中华民族伟大复兴中国梦为竞技体育发展提供了新动力

新时代赋予了中国竞技体育新的内涵、新的使命。随着经济社会的快速发展及民众生活方式的改变，体育在增强人民体质、服务社会民生、助力经济社会转型升级中的作用将更加突出。在推进强国梦的伟大征程中，竞技体育将作为国家现代化建设的标志性事业，国家对竞技体育的重视和支持将更加有力。新时代的竞技体育发展将会站在一个新的历史起点，迎来新的发展机遇。全面建成小康社会为竞技体育发展开辟了新的空间，中国特色社会主义现代化建设为竞技体育发展提供了新的活力，全面深化改革和依法治国的战略部署为竞技体育发展增添了新的动力，新型大国外交战略为展现竞技体育文化软实力提供了新的舞台，经济发展新常态和体育供给侧结构性改革对竞技体育与经济社会的协调发展提供了新的机制，建设健康中国、全民健身上升为国家战略为竞技体育发展提供了新机遇，新时期的经济社会改革、政府职能转变、文化制度改革等为竞技体育发展提出了新的环境。随着新时代国家发展战略的转变，健康中国建设、和谐社会建设、中国特色大国外交、强国梦的实现等将与体育事业发展密切关联，这就要求新时期的竞技体育工作必须更加紧密地服务于国家战略布局，必须从价值定位上更新理念，把竞技体育搞得更好、更快、更高、更强，引导竞技体育在体育强国建设中发挥更加积极的作用；需要竞技体育不断完善管理体制和运行机制、不断优化运动项目结构、创新和发展训练竞赛战略、提升运动训练的科学化水平；需要竞技体育塑造新的发展格局，综合实力有新的突破、为国争光能力不断提升；需要竞技体育增强发展的内生动力，在自身体制机制上提质增效、全面发展，继续在国际赛场获取优异成绩；需要通过竞技体育激活体育发展活力，发挥竞技体育引领体育事业全面进步，服务于体育强国建设新需要。

（四）经济社会转型和业态结构升级为竞技体育发展提供了新环境

党的十九大报告将建设现代化社会主义市场经济、优化经济结构、推进经社会转型升级、加快完善社会主义市场经济体制作为社会改革的重要方略。经济的发展、社会的进步调动了人们的积极性和创造性，导致了人们思想观念的多元化。社会经济发展新常态为竞技体育的改革和发展提供重要机遇，市场经济的发展推动了社会价值取向的更新，也赋予了竞技体育前所未有的历史使命，竞技体育随着社会的进步和自身的革新进入了转型时期。竞技体育体制的转型将会大力动员社会管办体育的机制，竞技体育体制在经济体制转型的影响下将不断向纵深发展。新的时期，社会市场将成为体育事业发展的新需要，传统以国家行政目标为价值定位的竞技体育，将日益向以全民健身公共服务为主体的发展方式转型。竞技体育作为社会文化的重要组成部分，将会作为我国体育事业发展方式转型的排头兵，在整个体育事业的改革进程中，竞技体育将不会单纯囿于发挥服务国家的政治价值，竞技体育将重新厘清自身的社会责任，担当起服务新时代经济社会全面发展的多元角色。同时，我国经济社会转型为竞技体育多元社会价值的发挥提供了新平台。在经济社会转型背景下，竞技体育不仅要适应新时期社会进步需要的经济、文化、教育、健康和公共服务的多元价值，而且还要带动各种相关产业如建筑业、交通业、餐饮业、博彩业等协同发展，竞技体育肩负着新的战略角色。在新时代社会发展进程中，竞技体育价值将随着时代的巨变不断发生转变，不单单表现在传统层面上对政治、经济的巨大作用，竞技体育与社会发展紧密相连的其他功能和价值，如教育价值、休闲价值、娱乐价值，甚至对个性发展的价值等也将会体现得越来越明显。经济社会转型将会为竞技体育发展提供新的土壤，为竞技体育多元价值提供新的社会基础，竞技体育在时代变迁中将会发挥出多元价值和综合功能。

（五）全面建成小康社会为竞技体育发展提供了新引擎

社会主义现代化建设把全面建成小康社会作为重要战略目标，决胜全面建成小康社会是以人民生活质量的普遍提高和社会文明程度的显著进步为主要目标，是推动解决新时代社会主要矛盾的重要过程。习近平总书记指出，体育是一项神圣的事业，要从全面建成小康社会、实现中华民族伟大复兴的战略高度重视发展体育事业，这为我国竞技体育事业发展提供了新的契机。全面建成小康社会是一项覆盖全面的伟大工程，竞技体育作为社会文化的重要组成部分，竞技体育的发展与全面小康社会建设关系密切，与人类文明的进步紧密相连，竞技体育要在全面小康建设过程中担当起应有的战略角色。客观而言，竞技体育是小康社会建设的基本元素，小康社会首先是人的身体健康，而竞技体育在促进人们健康、丰富业余文化生活和提高民众生活质量方面具有积极的价值。同时，全面建成小康社会的战略目标要求竞技体育更加主动地融入社会经济发展大局,同时为竞技体育的发展提供了新的社会环境。在全面小康社会建设历程中,人们开始呼吁竞技由"工具论"向"玩具论"转变,人们的发展需要将成为竞技体育价值转变的动力,传统以"举国体制"为核心的竞技体育发展策略,以"唯金牌""唯成绩"的发展观念,将越来越与以人民为中心的社会发展相抵触。全面小康社会推动了体育价值取向的更新,使其呈现出复杂化、多元化的态势,同时,全面建成小康社会的伟大号召将会对竞技体育发展提供物质、文化和制度等保障。可以说,全面建成小康社会必然对竞技体育的多元价值有着更高的诉求,在全面建成小康社会的推动下,竞技体育将从以满足国家政治需要的单一价值向以服务经济社会多元需求的多元价值转变,竞技体育将会进一步顺应小康社会的时代需要,不断释放出经济、文化、休闲、娱乐和教育等多元战略价值。

(六)国家治理体系与治理能力现代化建设为竞技体育发展提供了新活力

党的十八届三中全会提出:"全面深化改革的总目标是完善和发展中国特色社会主义制度,推进国家治理体系和治理能力现代化。"党的十九大报告再次将创新社会治理体系、提升社会治理能力作为社会改革的重要内容。党的十九届四中全会通过了《关于坚持和完善中国特色社会主义制度、推进国家治理体系和治理能力现代化若干重大问题的决定》,进一步提出打造具有中国特色的治理体制,推进国家治理体系和治理能力现代化。体育治理是社会治理的重要组成,加快推进体育事业管理体制改革,打造适合我国国情的体育治理体系,提升体育治理能力现代化水平成为助力国家治理的新要求。《体育强国建设纲要》提出"进一步转变政府职能,更好发挥举国体制与市场机制相结合的重要作用,实现体育治理体系和治理能力现代化",对新时代体育治理工作提出了新要求。竞技体育作为体育工作中最活跃的组成部分,在体育事业发展中具有重要的引领作用。国家治理体系与治理能力现代化建设需要健全竞技体育治理体系,全面增强竞技体育治理能力,对通过提升竞技体育治理能力引领我国体育事业治理能力现代化提供了新要求。国家加快推进治理体系建设将为举国体制注入新的活力,将会进一步降低各类市场主体参与竞技体育的门槛,有效调动运动项目协会、市场组织等多元主体参与竞技体育治理的主动性,会进一步改变竞技体育传统的治理体制,发挥社会市场在竞技体育治理中的主体作用,数量众多的体育社会组织和协会等将日益参与到竞技体育事务之中,推动竞技体育治理体制从单一行政主体向多元社会主体转变。国家治理体系建设有利于实现政府、社会组织和市场构成的多元主体协同治理，有利于更好地发挥举国体制与市场机制相结合的重要作用，形成国家办与社会办相结合的运行机制，建立政府支持、协会主导、市场自主的新型竞技体育治理体系。

（七）"两个发展"战略为竞技体育发展提供了新平台

中国竞技体育正处于"两个发展"并重的新时代，竞技体育不但自身要实现发展，而且要通过竞技体育的发展进而推动社会的共同发展。并且，随着竞技体育综合功能的不断体现，世界发达国家逐渐意识到了竞技体育对社会发展的重要性，国家间在竞技体育金牌、大型赛事举办、话语权和影响力等多个领域的竞争日益激烈。为加快提升新时期竞技体育的综合竞争力，2019年8月，国务院办公厅出台了《体育强国建设纲要》，专门提出了增强竞技体育为国争光能力的目标任务，对竞技体育的未来走向进行了科学规划。这充分体现了党和国家对竞技体育的高度重视，为增强竞技体育为国争光能力，更好地发挥竞技体育在体育强国建设中的带动和引领作用具有重要意义。随着体育强国战略的深入实施，党和国家对竞技体育的重视和支持将更加有力，竞技体育与体育强国梦和中国梦息息相关的联系将会更加牢固，竞技体育在实现自身发展的同时，助力建设健康中国、增强国家凝聚力和文化竞争力，实现在全面建成小康社会中的综合功能和重要作用将会更加凸显。此外，现代世界竞技体育发展有着新的趋势，竞技体育在国际舞台将扮演越来越重要的战略角色，全球化、职业化、社会化、娱乐化等将成为今后竞技体育发展的基本趋势。在这种大潮下，竞技体育将会被进一步挖掘其在经济促进、外交助力、文化交流、健康促进、形象塑造等方面的多元价值，从而满足人民不断增长的文化、精神和休闲娱乐需求。虽然短期内，受传统体制机制的制约，我国竞技体育在思想观念和发展方式上依然存在不足，竞技体育发展的职业化、社会化和娱乐化趋势进程缓慢，但在世界竞技体育发展的大趋势下，我国竞技体育的价值和角色将会不断拓宽，必将在世界竞技体育发展趋势的指引下蓬勃发展。

二、新时代中国竞技体育发展的挑战

（一）国际外部环境的挑战

从国际形势看，新时期我国竞技体育发展将面临更加严峻的国际形势，世界各国在政治、外交、经贸、军事、科技等领域的竞争会愈加激烈，体育意识形态化回潮、体育全球化进程减速、体育大型赛事停摆、全球体育产业增长乏力等可能成为新常态，不断变化的外部环境给竞技体育发展带来多重影响，世界各国竞技体育的快速发展对我国竞技体育发展质量与管理水平提出了新要求。

第一，国际环境的复杂多变给竞技体育发展带来变动不居的多重影响。新时代，我国竞技体育发展将面临更加复杂多变的国外环境，国际政治、经济、社会环境和外部形势跌宕起伏，新冠肺炎疫情在全球范围造成了远超预期的影响，国际社会政治上因大国竞争加剧而日渐保守，世界多极化产生复杂变化；经济上财政金融危机显现，世界经济下行风险加剧，贸易和债务争端加剧，全球产业链、供应链政治化切割频发，不稳定不确定因素显著增多；文化上因政治、经济困境日趋僵化封闭，西方发达国家"右转"势头加强，意识形态单一化与反传统、反建制、反精英思潮上升，民粹主义、身份政治、宗教政治化进一步抬头。全球在对抗新冠肺炎疫情新形势下，世界政治、经济、社会、文化固有格局加速变动和重构，"世界百年未有之大变局"加速呈现，新冠肺炎疫情叠加经济下行，社会运行和民生短板亟待补齐，国家治理能力和治理水平现代化亟待提升。在这种复杂的环境下，主要国际体育组织可能会承受更多源于国际政治、经济、文化动荡带来的冲击，全球主要职业体育联盟、联赛可能受经济影响，步入收缩周期。这种情势下，各国围绕竞技体育成绩、大型赛事举办、高科技体育资源等领域的投入充满了不确定性，我国筹办中的世界大学生运动会、2022年北京冬奥会、足球世俱杯、杭州亚运会等国际大赛可能遭遇不可预测的风险。国际环境的复杂多变将使我国竞技体育发展步入难度更大、改革任务更重的新时期，一些动态要素影响了对国际体育组织和国际体育发展形势的预判，参加国际比赛的风险性和不确定性增加。

第二，东京奥运会等系列大赛延期影响了全球赛事节奏和体育秩序格局。新冠疫情的全球大流行对国际政治格局和走势产生着不可估量的影响，由此给全球体育发展带来诸多挑战。疫情防控常态化让竞技体育活动难以正常开展，2020年东京奥运会延期在很大范围内波及全球体育发展，赛事日程的预定性和疫情蔓延的不确定性成为影响国际竞赛环境的最大矛盾。东京奥运会延期导致了全球范围内的连锁性反应，对全球各类赛事的赛历安排、整个国际体育发展秩序、奥运经济文化等诸多相关领域都产生巨大影响，欧洲杯、美洲杯、世界田径锦标赛、世界游泳锦标赛等多项大型赛事备战"撞车"，国际大赛体系被打乱节奏，原有的体育全球化发展趋势和国际体育秩序可能会因此发生改变。东京奥运会延期给世界各类大型赛事带来的影响和变数不可避免，各国备战参赛的不确定性因素增多，国际竞争日趋激烈，出现了奥运备战工作日常化、竞技人才国际化、训练攻关科技化、队伍管理团队化、项目发展职业化等国际潮流，奥运竞争格局使得备战东京奥运会、巴黎奥运会的形势更加严峻。在这种情势下，我国各项目的奥运备战节奏被动变更，训练参赛面临巨大负担。

第三，各国更加注重从国家战略高度统筹强化竞技体育发展。世界各国越来越注重发挥体育的综合价值和多元功能，各国对奥运会的重视程度和参与热情高涨，都将国际赛场作为综合国力展示和较量的重要平台，奥运会、世界杯及各类国际大赛等优质赛事资源将备受追捧，国际竞争格局正在发生重大变化，奥运会常态化备战成为各国共识。竞技体育作为国家竞争力的组成部分，在引领政治、经济、社会发展、协调人际关系、促进社会和谐等多个方面具有综合功能和多元价值，将越来越受到各个国家和地区的重视。随着国际竞争日趋激烈，各国重视竞技体育发展，都专门出台了一些重要的政策举措。美国作为世界第一体育强国，多年来一直推行体育的社会化发展，其竞技体育发展建立在健全的法治基础之上。美国奥委会制定了《金牌行动计划》，将金牌指标定为世界第一。2014年，美国奥委会发起了"美国体育人才发展模式"（ADM），帮助运动员发挥全部潜力，并且重视搜集竞争对手的备战信息，实施"科技驱动"奥运备战，构建了重点项目科技辅助训练体系。日本注重发挥竞技体育在振兴国家发展中的作用，强化以国家为主导的奥运备战，推行"全日本体制"备战政策体系，提出了《体育立国战略》，获取优异的奥运成绩成为战略内容之一。近年来，日本又相继颁布了《奥运奖牌数倍增计划》《铃木计划》《2020年奥运会运动员育成与强化计划》等多项政策，提出东京奥运会进入世界前3~5名的目标。英国实行"特色举国体制"，实行"以夺牌潜力为导向"的投入战略。近年来，英国颁布了《黄金赛事系列》《体育治理法规》《世界级运动成绩计划》等多项政策，对优势项目重点支持，短期内实现了竞技体育强势崛起。

第四，各国竞技实力整体提升，国际竞争日益激烈。美国、英国、俄罗斯、日本等世界竞技体育强国是我国的主要竞争对手。美国一直是奥运金牌和奖牌大户，美国在近三届奥运会奖牌数上占据优势，金牌数连续两届位居第一；英国金牌和奖牌呈上升态势，金牌与奖牌屡创新高；俄罗斯追赶势头强劲，2018—2019赛季多个重点项目表现良好；东道主日本，近年来新人辈出，羽毛球、游泳、体操等项目成绩突出，综合实力不断提升，赶超中国的势头明显。并且，各国竞技体育重点项目与我国日渐重叠，随着奥运竞争不断激烈，各国围绕奥运会打造的重点项目不断增多，导致各国重点项目交叉重叠，形成直接对抗。尤其是获得2020年奥运会举办权的日本，近年来整体竞技实力上升明显，在羽毛球、摔跤、柔道、体操、游泳等项目与我国优势项目重叠，我国传统优势项目的优势不明显。此外，各国对竞技体育的投入增加，尤其是针对竞技体育重点项目都有专门的强化计划或援助举措。如东京奥运周期，日本提供74亿日元专门援助经费，重点资助空手道、体操、羽毛球、柔道等项目；英国针对重点运动员投入超过 2.35 亿英镑的"天才资助基金"。各国对竞技体育的重视和采取的强化手段，对新时期我国竞技体育发展造成巨大压力，对如何有效提升竞技体育综合实力提出了新的要求。

（二）国内社会环境的挑战

从国内形势看，我国正处于实现"两个一百年"奋斗目标的重要历史交汇期，是向基本实现社会主义现代化迈进的起步阶段，整体社会环境将处于新常态不断深化延展的深度改革、创新驱动的新时期，我国的政治、经济、文化、社会、生态等领域的建设将对各项事业提出更高的要求，国内掀起的一系列经济社会改革和重大战略举措为竞技体育发展提供了新的机遇，同时也对竞技体育的创新发展提出了新的挑战，对竞技体育的综合功能和多元价值提出更高的要求。

第一，中华民族伟大复兴中国梦对竞技体育有着新的要求。新时代，中国特色社会主义现代化建设为竞技体育发展带来了新的机遇，同时，也赋予了竞技体育前所未有的历史使命和时代责任。传统以奥运争光为中心的竞技体育发展方式，主要通过发挥政治价值助力国家崛起，对增强国民体质、树立国家形象、振奋民族精神、增强国家凝聚力等发挥了重要作用。新时期，全面建成小康社会奋斗目标和中华民族伟大复兴中国梦，赋予了竞技体育新的发展活力，竞技体育与国家经济、政治、文化建设的关系将更加紧密，传统单纯以奥运争先、偏向于政治使命的竞技体育与社会主义现代化建设的多元诉求不适应。这就需要从多个维度来重新认识竞技体育发展的新内涵，从国家发展和民族振兴的高度提升竞技体育的发展目标，把体育强国梦与实现中国梦紧密结合，将竞技体育发展与国家、民族的命运密切关联，赋予其为实现全面建成小康社会的奋斗目标和中华民族伟大复兴中国梦服务的新内涵。

第二，健康中国建设对竞技体育有着新的要求。在健康中国战略引导下，体育被提升为打造民众健康生活方式的重要途径，成为人民健康投资和休闲娱乐的重要方式。新时期，推动全民健身与全民健康融合发展，大力提升青少年体质成为一项重要工作，竞技体育与健康的关系密切，竞技体育能够很好地带动和引领全民健身工作开展，能够通过竞技体育赛事活动和优秀体育精神提高人民的体育参与程度，提升人民体质和生活质量。随着"健康中国"战略的出台，以及"大体育""大健康"理念的不断深入，对通过竞技体育引领群众体育发展、带动健康产业发展，发展竞技体育引领全民健身工作深入开展提出了新要求。

第三，国家发展战略转变对竞技体育有着新的要求。新时代，党的十九大将加快建设创新型国家作为一项重大事业，我国的国家战略有了新的调整。党的十九大报告提出"中国特色社会主义事业的战略布局是'四个全面'，总体布局是'五位一体'"。"五位一体"指经济建设、政治建设、文化建设、社会建设、生态文明建设同步推进、协调发展。中国特色社会主义事业的战略布局对通过竞技体育助力"五大建设"提出了新要求。在"四个全面"战略布局的统领下，我国相继提出了全民健身战略、健康中国战略、体育强国战略、国家新型外交战略、乡村振兴战略、区域协调发展战略等，多项国家战略的出台和实施改变了经济社会环境，对国家各项事业的创新发展提出了新要求。竞技体育作为一项重要的社会文化，新时期，如何紧密对接新时代现代化强国建设新需要，转变发展方式，更好地融入国家各项战略，实现自身发展和带动人的全面发展、经济社会的全面进步成为一项重要任务。国家战略转变对社会各个领域的协同互进、联动发展提出了新要求，对进入新时代的中国竞技体育围绕国家战略转变，服务于国家经济、政治、文化、社会、生态文明建设的多元价值提出了新要求。

第四，国家经济社会转型升级对竞技体育有着新的要求。党的十九大报告将优化经济结构、推进经济社会转型升级、加快完善社会主义市场经济体制作为社会改革的重要目标。我国经济已由高速增长阶段转向高质量发展阶段，正处在转变发展方式、优化经济结构、转换增长动力的攻关期，深化供给侧结构性改革将对竞技体育与经济社会的协调发展提出新的要求。在中国经济社会发展进一步走向市场化和集约化发展的趋势下，步入"新常态"发展的中国经济既要保持经济增长不下滑，又要加快调整经济结构和转型升级，将对依托于传统管理体制的竞技体育带来挑战。由于长期受国家体制机制影响，我国竞技体育主要采取的是以政府行政命令为中心的发展方式，这与市场经济发展相匹配的体育发展方式相抵触，竞技体育实现自身发展的内生动力不足、产业效益不高，短期内不能很好地适应新时代经济社会发展的要求。竞技体育项目产业作为提高民众生活质量的文化服务业，是我国体育产业的重要组成，有着巨大发展潜力和经济价值，能够推动产业结构转型升级，助力经济强国建设。新时代，国家经济社会转型对竞技体育融入经济社会发展大局有着新的诉求，对通过发展运动项目产业，提升体育竞赛表演、体育赛事转播、职业体育等第三产业比重，全力助推经济社会转型升级提出了新要求。

第五，国家新型外交战略对竞技体育有着新的要求。中国特色大国外交是中国特色社会主义建设的重要部分，新时代的"一带一路"外交战略和构建人类命运共同体战略对国家各项事业提出了新要求。竞技体育作为一种政治符号，能够超越国界和种族，具有搭建公共外交平台、促成文化沟通、推动人类价值观融合等多元价值,利用竞技体育塑造良好的国家形象,是凝聚中国力量、助力"中国梦"的重要方式。随着中国不断走向世界舞台中央,国家全方位、立体化外交的新格局对竞技体育提出了新要求,对通过竞技体育塑造新时期大国新形象,增强国际话语权,树立互信友好、包容共赢、和平崛起的大国新姿态有着新的要求。

第六,国家治理体系与治理能力现代化建设对竞技体育有着新的要求。党的十九大报告将创新社会治理体系、提升社会治理能力作为社会改革的重要内容。体育治理是社会治理的重要组成,加快推进体育事业管理体制改革、打造适合我国国情的体育治理体系、提升体育治理能力现代化水平是助力国家治理现代化的新要求。竞技体育作为体育工作中最活跃的组成部分,在创新新时期体育治理体制、完善举国体制与市场机制相结合的新机制、打造多元参与的训练备战新模式等方面承担着新的任务,这就对不断健全竞技体育治理体系和提升治理能力提出了新的任务。

第七,和谐社会建设对竞技体育有着新的要求。党的十九大报告指出"加强社会建设是社会和谐稳定的重要保证,要从维护广大人民根本利益的高度,加强和创新社会管理,推动和谐社会建设。"社会和谐是新时代中国特色社会主义的基本特征,和谐社会的根本是人的身心和谐、人际和谐、民族关系和谐,实质是文化的和谐。竞技体育作为一种健康活跃的社会文化,是社会文明的黏合剂,具有显著的教育价值和精神文化价值,在沟通人际、弥合社会疏离、民族疏离中的作用明显。新时期的和谐社会建设对通过发挥竞技体育的教育价值和精神文化价值,促进社会文化整合,推动和谐社会建设有着新的要求。

第二节 新时代中国竞技体育在强国建设中的战略使命

一、拓宽竞技体育发展内涵,服务强国建设新需要

体育强则中国强,体育承载着国家强盛、民族振兴的梦想。在新时代实现强国梦的伟大征程中,竞技体育要把握体育强国梦与中国梦的密切关系,在加快推进体育强国建设中做出新的贡献。竞技体育要拓宽自身的功能和价值,积极融入实现"两个一百年"奋斗目标,发挥经济、政治、文化、教育等多元价值,在推动经济转型升级、助力大国外交、增强国家凝聚力和文化竞争力等方面发挥综合功能。

（一）竞技体育要助力于国家经济社会转型升级

党的十九大报告将优化经济结构、推进经济社会转型升级、加快完善社会主义市场经济体制作为社会改革的重要方略。现代竞技体育项目产业作为提高广大民众生活质量的文化服务业，具有无比巨大的发展潜力，是国家经济生产力的重要组成部分，能够推动新时代产业结构转型升级，破解中国经济发展的难题，助力经济强国建设。新时代，随着经济社会供给侧结构性改革的不断深入和民众休闲、健康、赛事消费意识的不断增强，竞技体育项目产业在促进经济社会转型升级中的主体作用将日益明显，要把握中国经济进入"新常态"的历史契机，将竞技体育相关产业打造成现代服务业中的支撑产业，全力助推中国经济转型升级。

第一，通过发展竞技体育项目产业助推国家产业结构调整，促进产业结构向服务化、高端化方向转型。推进产业结构向合理化和高级化发展是新时代国民经济改革的重要内容，大力发展竞技体育能够促使体育赛事表演、体育场馆运营、体育电视转播、职业体育等第三产业的比重上升，将运动项目产业打造成现代服务业中的支撑产业，从而实现我国产业结构向服务化、高端化方向转型。并且，新时代健康新观念、科技新成果的融入将为竞技体育产业发展带来新动力，助推竞技体育产业与相关产业融合，从而实现与其他产业在生产、技术、产品、消费等各个环节密切关联、相互渗透，带动相关产业不断创新和转型。当前，要通过调整与竞技体育相关的产业结构，扩大产业规模，大力推动"体育+"发展，使竞技体育与健康、交通、旅游、餐饮、消费、传媒、保险、娱乐等相关产业深度融合，形成多元产业链。如通过拓展"体育+竞赛"市场空间，促使体育媒介、竞赛表演等产业合并，转化为全新独立的业态体系。

第二，通过发展职业体育和健身休闲产业，引导消费结构升级。要进一步优化职业体育和健身休闲产业结构，打造多门类的职业赛事品牌，为社会提供高质量的体育竞赛产品，引导人们投入体育赛事消费，促使体育消费方式从实物型向参与型和观赏型扩展。要大力推广运用政府和社会合作的产业运作"PPP+"模式，广泛利用社会市场资源，培养具有广泛市场的运动项目俱乐部，打造不同项目的职业体育联赛体系，提升竞赛表演、健身休闲、场馆运营、职业体育等业态比重，为经济发展"新常态"下扩大消费需求、拉动经济增长、转变发展方式提供有力的支撑和持续动力。一方面，各种体育赛事本身就可以带来非常可观的经济效益，如出售门票、彩票、纪念品、广告和电视转播权等获得直接经济收入。目前，竞技体育、商业赞助商及电视转播已逐步紧密结合，构成经济社会中的"三驾马车",相互支撑和依托,成为推动竞技体育发展的主要经济动力。另一方面,通过体育赛事推动,还可以拉动其他产业发展,利用体育赛事助推体育产品制造业、旅游业、交通业、保险业、通讯业和餐饮业等全面发展。可以说,竞技体育的巨大经济潜力正成为我国第三产业的生力军,成为当之无愧的经济新引擎。

第三,通过扩大竞技体育的综合效益为经济社会发展创造间接财富,提高人民的身心素质。竞技体育不仅是一种赛场博弈,还是一种生活方式、一种教育手段、一种精神载体,是塑造健全人格、培养健康体魄、促进人全面发展的有效途径。随着我国经济社会的转型发展,竞技体育的潜在价值将被进一步挖掘,为社会发展创造宝贵的精神财富。经济学界认为,劳动生产力的提高是社会经济发展的重要标志,提高劳动者的身体素质、调动劳动者的生产积极性,是提高生产力的重要途径。竞技体育具有调节身心、促进健康的本源功能,竞技体育对发展社会经济的功能源自其特有的本源功能,即通过参与体育运动,可以提高劳动者的身体素质和健康水平、调节心情、增加劳动者的生产效率,因此,竞技体育在体力投资方面所做的贡献有力地促进了社会经济的发展。随着现代城市化进程的加速,人们的生活方式发生了重大转变,运动不足、肥胖人口增加、心血管疾病骤增等已严重影响了人的健康发展。竞技体育活动在改善人们健康方面具有重要作用,丰富多彩的竞技体育赛事活动吸引着越来越多的人群参与,让人们在运动中感受快乐,改善体能,促进身体和心理的健康发展,人们健康水平的提升对提高劳动生产率具有积极的促进作用。因此,随着人们物质生活的丰富和余暇时间的增加,竞技运动以其特有的魅力将会受到越来越多民众的喜爱,竞技体育在人们生活和社会进步中将发挥日益丰富的多元价值。

(二) 竞技体育要服务于国家对外战略

中国特色大国外交是国家新型外交战略的重要部分,体育外交是国家外交的重要内容,新时代的竞技体育要积极适应国家全方位、立体化外交的新格局,担当起增进国家间对话交流、协调国际关系的战略角色。竞技体育作为一种政治符号,能够超越国界和种族,具有搭建公共外交平台、促成政治文化沟通、推动人类价值观融合等价值,利用竞技体育塑造良好的国家形象,是凝聚中国力量、实现"中国梦"的重要诉求。新时代,在举国上下致力于实现中华民族伟大复兴中国梦的征程中,要进一步发挥竞技体育的政治价值,对外塑造中国体育大国形象,对内提升民族凝聚力,体现中国特色社会主义制度的优越性,使竞技体育履行好建设体育强国应尽的职责与义务。

首先，竞技体育的发展要服从于新时代国家对外战略，服务于国家利益。中国体育发展进步离不开世界，世界体育的繁荣也离不开中国。在当前世界多极化不可逆转、经济全球化深入发展的趋势下，中国竞技体育的发展要紧密服务于新时代的国家发展战略，积极服务"一带一路"国家外交战略和构建人类命运共同体战略，与各国开展多边体育外事合作，搭建体育公共外交新平台，进一步推动竞技体育的对外开放，与"一带一路"沿线国家开展双边体育交往，在教练员援外、运动员交流、场馆建设等方面加深合作，为促进世界体育的和谐发展做出更大贡献。要继续加深与国际体育组织合作，积极参与国际奥委会、国际单项体育联合会等组织，参与多边体育事务，承担相应的国际体育责任和义务，维护国际体育秩序朝着更加公正合理的方向发展。要通过竞技体育树立起一个负责任的大国形象，为人类的和平和世界体育发展发挥更加积极的作用。

其次，竞技体育要搭建公共外交平台，担当起服务国家外交的新使命。竞技体育作为世界共通的语言，能够起到攻破外交壁垒、缓解外交摩擦的重要功效。要利用竞技体育搭建公共外交平台：一是要继续发挥大型赛事的外交价值，利用举办2022年杭州亚运会、2022年北京冬奥会等重大国际赛事契机，促进国家间交流，展现新时代的中国大国形象；二是定期开展"一带一路"沿线马拉松、乒乓球、武术等赛事活动，推动传统体育文化"走出去"，将一些影响力广泛的传统体育项目推广到世界各地；三是服务于首脑体育外交，在国家领导人外事活动中积极谋划形式多样、内容丰富的体育赛事活动，通过赛事平台加强国际交流，使具有中国特色的体育赛事成为对外人文交流的新名片；四是选拔一批优秀退役运动员、教练员、裁判员等进入各类国际体育组织，参与多边体育事务治理，在国际事务中不断发出中国声音，提升国际体育话语权。

最后，竞技体育要做好促进社会对话交流的载体，推动民族团结与社会和谐。中国正处于全面建成小康社会的新时期，全面小康社会呼吁社会和谐、人民团结、和谐友爱，竞技体育作为社会文化的重要部分，在促进社会交流、增进社会和谐、推动文化交融等方面具有重要作用。新时代，竞技体育要进一步拓宽政治价值内涵，担当起丰富社会文化、弘扬中华体育文化正能量的战略角色。另外，和谐民主的文化氛围是稳定社会的有力保障，但是，随着经济社会的快速发展，我国在诸多领域中依然存在社会文化建设滞后、社会道德文化不高、社会精神文化不健全等问题。在经济改革大潮的影响下，人们的生活节奏越来越快，社会竞争压力越来越大，工作、生活上的挫败和压抑影响着正常的生活，甚至引领心理不健康者走向犯罪的道路。竞技体育可通过自身的社会功效很好地弥补社会发展中的不足，在法律、法规、规则的约束下，竞技赛场能为人们提供一条宣泄情绪、排除愤懑的有效渠道。另外，一些大型的民族传统体育竞赛、地区体育竞赛，如少数民族运动会等体育比赛，也在全国各族人民之间架起了一座座友谊之桥，有力地加强了各族人民团结。新时代，要认清竞技体育的多元价值功效，积极利用体育赛事平台，增进社会交流，弥合社会高速发展滞留的不和谐因素，更好地促进社会团结和谐。

（三）竞技体育要助推国家文明与社会和谐

党的十九大报告指出"加强社会建设，是社会和谐稳定的重要保证，社会建设必须以保障和改善民生为重点，从维护广大人民根本利益的高度，加强和创新社会管理，推动和谐社会建设。"和谐社会建设是一项伟大的系统工程，覆盖整个社会发展的方方面面，因竞技体育附带着丰富的社会交流和多元文化属性，而逐渐成为广大民众兴趣和情感沟通的有效载体，助推社会文明建设。

第一，竞技体育要完善公共服务体系，为群众提供广阔平台。要紧密围绕新时期和谐社会建设，发挥竞技体育的文化交流价值，结合不同地域竞技体育发展水平和不同人群对竞技体育的诉求，健全覆盖全面的竞技体育公共服务体系，要整合教育系统、体育系统、社会组织和各项目协会的体育资源，围绕社会日益增长的体育文化需要，拓宽竞技体育公共服务的内容，不断增强竞技体育的公共服务性。通过举办多种层次的体育比赛和民间民俗体育文化主题活动，引导不同民族和社会背景的民众广泛参与，利用体育搭建平台，促进不同民族、不同地区的文化交流，沟通人际，弥合民族疏离，增强民众超越宗教、民族、文化背景的集体意识和情感认同，通过借助体育交流平台促使各个民族求同存异，从而减少不同民族文化间的摩擦，增强民族凝聚力，促进全国各民族的团结与和谐。

第二，竞技体育要拓宽公共服务主体，推广体育核心价值观，引领和谐社会建设。大力推动竞技体育的社会化发展，将政府与社会组织的竞技体育公共服务职能相结合，建立多类型、多层次的体育赛事服务指导中心，创建集多功能于一体的赛事网络服务平台，深度挖掘竞技体育自身所具备的公平、公正、公开竞争的精神品质，挖掘竞技体育背后附带的道德、礼仪、审美、情感、创新等文化元素，积极与和谐社会倡导的新理念进行对接。大力培育政府以外的竞技体育公共服务主体，让市场、社会共同参与承担竞技体育公共服务的供给，充分调动各类主体的积极性。竞技体育要利用自身独具的意志教育功能，让广大民众在学会运动技能的同时，体味运动中顽强拼搏的精神品质，提升公民内在修养。通过推广中华体育精神及励志性体育故事，推广不怕困难、团结协作、顽强拼搏等竞技体育文化价值观，激发民众勇敢激昂、吃苦耐劳的精神品质，为新时代社会建设提供精神动力，实现竞技体育公共服务效益最大化。

二、完善竞技体育发展战略，赋予为国争光新内涵

为国争光是党和人民赋予中国竞技体育参与国际竞争的神圣使命。新时代，加快推进体育强国建设对竞技体育提出了新的要求，同时赋予了竞技体育为国争光新的内涵。进入新时代的中国竞技体育要完善发展战略，在继续为国争光的同时，不断向均衡、协调、可持续发展转变；要丰富为国争光新内涵，通过竞技体育宣传改革开放以来社会主义现代化建设新成就，彰显经济社会发展新风貌，塑造新时代中国负责任大国新形象。

第一，竞技体育要坚持实施奥运战略，继续在国际大赛中取得优异成绩。新时代，面对日趋激烈的国际竞争，中国竞技体育要科学统筹重大赛事的备战参赛工作，做好"两夏一冬"奥运会备战工作的综合协调与组织保障，继续发挥奥运战略优势，完成各类世界大型赛事的备战参赛任务；要实现优势项目巩固扩大、潜优势项目突破发展、一般项目水平提高，新增项目有所表现；要保持夏季奥运会和世界大赛成绩处于世界一流，冬季项目综合水平和国际竞争力持续提升，在东京奥运会和北京冬奥会等世界大赛上保持领先地位；要把竞技体育办得更好、更快、更高、更强，不断提高竞技体育国际竞争力和影响力，提升为国争光能力。

第二，竞技体育要拓宽战略目标，丰富为国争光新内涵。一是对内要从单向度的为国争光向全面服务社会转变，要促进群众体育发展，为群众体育提供更多的体育消费产品，让青少年、中老年等不同群体有更多的选择参与体育；要带动体育产业发展，推动运动项目市场开发，培育竞赛表演、职业体育等成为支柱产业，促进我国产业结构向服务化、高端化转型；要塑造与体育强国相适应的健康积极的金牌观，从单纯追求提高运动技术水平向提升整体实力和综合竞争力转变。二是对外要促进国际交流，提升中国体育的国际地位，要注重提高国际体育话语权、大型赛事规则制定权、承办国际赛事的能力、训练的科学化程度、职业赛事的国际竞争力等；要更加注重运动员在赛场上展现出来的综合素质和精神风貌，不断挖掘竞技体育背后折射出的国家形象和时代精神；要树立遵守国际体育规则的良好形象，塑造互信友好、包容共赢、和平崛起的大国新姿态，为国家建设提供强大的正能量。

第三，竞技体育要实现均衡发展，全面提升竞技项目发展水平。新时代的竞技体育发展战略要向协调发展、全面发展转变，要转变以优势项目为中心的奥运战略项目布局，在加大优势项目核心竞争力的同时，将发展重点放在世界范围内

开展更广泛、影响力更大的基础项目、集体项目、"三大球"、水上项目；要以潜优势项目和弱势项目为突破口，拓宽项目夺金（奖）点、面，使争金夺牌的重点小项和重点运动员人数显著增多，实现竞技体育项目的职业化均衡发展、区域布局协调发展；要提高金牌背后的科技含量，推动竞技体育由数量规模型向质量效能型转变、由人力密集型向科学密集型转变，全面提升竞技体育综合实力。

三、推动竞技体育与群众体育融合发展，助力健康中国建设新要求

习近平总书记指出："健康是促进人全面发展的必然要求，是经济社会发展的基础条件，是民族昌盛和国家富强的重要标志"[①]。没有全民健康，就没有全面小康，健康中国成为新时代提升全人群健康水平的有力抓手。竞技体育与健康密切关联，随着"大体育""大健康"理念的不断深入，竞技体育要创新发展理念，积极适应我国社会主要矛盾的转变，以提高人民的健康水平、促进人的全面发展为重要方向，积极与群众体育相融合，通过发展竞技体育引领全民健身工作深入开展，不断挖掘和释放竞技体育的健康促进价值，助力健康中国建设。在健康中国战略背景下，竞技体育要成为打造民众健康生活方式的重要途径，成为人民健康投资和休闲娱乐的重要方式。竞技体育要以提高人民的健康水平、促进人的全面发展为重要方向，积极与群众体育融合；要不断普及竞技运动项目，在改善青少年体质、促进青少年人格养成和社会化等方面做出新贡献；要利用竞技体育特有的精神魅力、激励效应和带动效应，吸引更多群众参与体育，引领全民健身工作深入开展。

竞技体育与群众体育是体育事业的两个重要内容，群众体育是竞技体育的基础，竞技体育是群众体育的延伸，两者关系密切。竞技体育与群众体育融合发展的本质是促进体育的全民化，通过满足人民群众日益增长的体育需求，共同探索一条运动促进健康之路，最终目的是解决我国关系健康的重大和长远问题，实现健康中国战略目标。竞技体育能够对群众体育起到引领作用，运动员在国际赛场的优异表现可以感召更多人参与运动，运动员退役后转到群众体育领域，把多年积累的训练心得和方法带给爱好者和普通大众，从而能够指导群众体育活动开展。竞技体育资源还可以服务于群众体育，解决群众体育的资源不足问题。同样，群众体育可以为竞技体育后备人才培养和选拔提供广阔的基础，中小学校、

---

①新时代青少年体育当有新作为［EB/OL］. http：//zj.people.com.cn/n2/2018/0224/c356505-31278507.html.

大学的体育教育和体育俱乐部可以为竞技体育提供丰富的人才资源，普及群众体育能够转化为提高运动项目技术水平。促进竞技体育和群众体育融合发展是新时代体育发展的大趋势，也是建设体育强国发挥"大体育"功能的内在要求。

第一，竞技体育要引领全民健身运动开展，助力健康中国建设。一是在协会组织上引领。竞技体育要把普及运动项目、提升运动项目参与度作为新的使命，要加强对基层项目协会的指导，支持基层协会发展个人会员，让群众广泛参与到协会当中，定期组织民间体育活动，利用协会组织把群众体育带动起来。二是在赛事活动上引领。竞技体育要搭建大众赛事平台，大力推广民间体育赛事，要设置专业赛事业余组，通过专业赛事把业余赛事带动起来，利用赛事引领扩大体育人口。三是在竞技标准上引领。竞技体育要构建不同项目的业余标准，激励群众参与，让不同项目业余爱好者每年都有新的上升目标，要加强对不同等级标准参与人群指导，让更多群众享受竞技运动乐趣。四是在科学技术上引领。竞技体育要把科学训练方法、康复手段推广到大众中去，对民众的科学健身提供指导，利用运动训练中的新科技打造覆盖不同人群的健康指导方案。五是在竞技文化上引领。竞技体育创造的中华体育精神一直是中华民族精神和社会主义核心价值观的重要部分，要通过积极宣扬中华体育精神、践行中华体育精神来引导民众参与体育，培养意志力。要利用体育明星引领群众体育开展，通过开展体育明星公益类社会活动，让明星接近民众，向民众普及运动常识、推广从事的运动项目。六是在运动项目上引领。要以人民对竞技体育需求结构的变化不断调整竞技体育的项目结构，积极推动运动项目的普及工作，如尽快推动冰雪运动推广工程，通过创新运动项目激发人民参与体育的积极性。此外，竞技体育要在体育场地设施上做到与群众体育共享，大型场馆建设要立足于多种功能的充分利用，要结合人们长期的健身、休闲、娱乐需求，充分利用竞技体育资源弥补群众体育资源的不足，各类训练中心和基地在完成训练任务的同时，可以向社会开放，为群众提供基本公益性体育服务。

第二，竞技体育要推动青少年体育发展，提升健康素养水平。一是竞技体育要以促进青少年身心健康为重要任务，在遏制青少年体质下降、提升青少年身体健康方面承担新任务；竞技体育要由单纯的后备人才培养方式转变为普及推广运动项目和促进青少年人格养成的重要途径，通过设计满足不同年龄青少年的运动项目标准，在普及提高运动技能的同时，广泛选拔发现各类优秀后备人才，使广大青少年群体成为竞技体育人才的"储备库"。通过大力普及运动技能，使青少年掌握健身的基本方法，全面提升身体健康，为终身体育打下坚实的基础。二是竞技体育要成为青少年社会化和品质提升的主要实践方式，竞技体育要发挥自身具备的公平竞争、规则至上、顽强拼搏的内在教育价值,让青少年学会遵守规则、提升意志品质、健全人格,有效提高社会适应能力;竞技体育要打造系列体育品牌活动,在丰富青少年业余生活的同时,成为提升行为规范的重要途径,通过经常性的体育参与促进青少年身心健康,促使青少年养成良好的体育锻炼习惯、形成健康文明的生活方式。三是竞技体育要与校园文化建设相结合,为青少年提供沟通交流平台,要建立健全符合青少年成长规律和文化教育要求的体育竞赛体系,构建体育和教育部门青少年体育竞赛协作机制,通过打造多样性的校园体育竞赛活动,沟通融合人际关系,引导青少年学生养成健康积极的体育价值观,提升内在修养,促进心理健康。

四、健全竞技体育治理体系,提升国家体育治理能力新水平

新时代,国家治理体系与治理能力现代化建设对竞技体育提出了新的任务,对不断健全竞技体育治理体系和提升治理能力,发挥竞技体育治理在国家体育治理中的引领作用有着新的要求。国家"十三五"规划将创新社会治理体系、提升社会治理能力作为推进国家改革的重要目标。体育治理是社会治理的重要组成,加快推进政府职能转变和体育事业改革,打造适合我国国情的体育治理体系,是提升国家治理能力现代化水平的重要内容。竞技体育作为体育事业的组成部分,与国家各项事业关联密切,竞技体育治理能力的提升能够有效提高社会自治水平,可以把竞技体育治理作为推动我国体育事业治理和社会治理的突破口,发挥竞技体育在体育治理体系建设中的作用,发挥竞技体育治理在衔接社会各个领域治理的桥梁作用,通过提升竞技体育治理能力引领体育事业整体治理能力实现现代化。

第一,竞技体育要统筹政府、社会和各类项目协会关系,推动多元主体协同治理。新时代,体育事业的"扁平化"管理、运动项目协会的实体化改革等能够激活社会体育组织活性,有效调动运动项目协会、市场组织等多元主体参与竞技体育治理的主动性,从而提升体育治理水平。新的环境下,竞技体育要担当起服务提升体育治理能力现代化建设的任务,要打造共建共治共享的治理新格局,提升治理能力现代化水平;要厘清国家、社会和市场在竞技体育治理中的角色定位,合理规划不同主体的治理权限,协调不同主体的关系,推动政府、社会组织和市场构成的多元主体协同治理;要重点发挥社会市场在竞技体育治理中的主体作用,利用市场资源创新组织活性,规范项目协会组织合作的行为准则,通过多元主体的共商共治推动竞技体育发展。

第二,竞技体育要健全内部相关制度,推动制度治理能力现代化。竞技体育

要根据社会化改革需要，完善自身制度体系建设，主要包括人才培养管理制度、职业体育制度、竞赛制度、运动员社会保障制度，以及其他相关配套制度。竞技体育要健全多元参与主体利益保障制度和联赛监管、仲裁制度，建立利益相关者共同参与的决策制度、监控问责制度、诚信制度、权力制衡制度、财务透明制度、绩效评估制度等。尤其在竞技体育社会化改革进程中，要对职业体育联盟、职业俱乐部、运动员等不同主体建立相应的配套制度，通过制度规范不同主体的治理权限和利益边界，充分调动不同主体的积极性，最终实现竞技体育的制度善治。

第三，竞技体育要加强法治建设，提升法治治理能力水平。竞技体育要完善法律法规，增强管理部门的立法能力，打造满足市场需求导向的法治构架；要加大竞技体育执法队伍建设，培育和拓宽法治社会基础，将竞技体育法律法规落到实处；要强化竞技体育内部各领域的执法能力，健全行政执法程序，规范体育仲裁制度，将体育行政、仲裁和司法体制紧密衔接，利用法治保障竞技体育健康可持续发展，通过提升竞技体育法治化水平引领我国体育事业的法治建设。

五、深挖竞技体育文化教育元素，培养现代化公民新意识

新时代，经济社会的转型升级赋予了人们在处理身心关系、人与社会关系，以及人与自然关系的行为时更多的自由和责任，需要具备高素质的现代化合格公民。公民建设是社会建设的基础工程，不从公民建设着手的社会建设都会基础不牢。公民建设的核心是为社会培养合格公民，而竞技体育在造就合格公民方面功效独特。竞技体育具有极强的文化教育价值，不仅能够促进身体协调、动作健美，而且可以培养高尚道德，促进智力发育，在培养凝心聚力的感召力、为国争光的爱国主义、敢于争先的拼搏精神、扬我国威的民族自信等方面具有特殊功效。此外，积极向上的竞技体育文化可以充实生活，缓解压力，增加人们的愉悦感和幸福感，并凝聚成有着广泛号召力和凝聚力的社会共识，能不断地为强国梦输送持续而强大的正能量。

第一，竞技体育要挖掘文化教育价值，提升全民族的意志品质。竞技水平、话语权、媒体影响力、科学技术、文化软实力等诸多因素综合决定了一个国家是否是体育强国，其中，文化教育的因素尤其重要。竞技体育具有特殊的教育价值，竞技体育中的运动训练过程既是不断克服各种艰难困苦、迎接对手各种挑战的过程，又是不断挑战自身生理极限、忍受极度疲劳的过程。意志教育需要置身于艰难环境且需要通过战胜各类困难方能见到成效，而参与竞技体育比赛本身就是一种意志教育体验，通过体味竞技体育中的顽强拼搏、不卑不亢的文化精神，

发挥强大的凝聚人心、激励斗志、整合体育文化价值的作用，对提升公民精神、意志和文化素养意义重大。

第二，竞技体育要发挥独特的技能教育价值，提升公民的文化素养。技能教育是竞技体育价值的核心要素，是竞技体育教育的物质载体。通过鼓励竞技体育项目从业者深入基层指导大众开展技能学习，吸引不同行业的人群从事竞技体育锻炼，让广大民众通过技能教育学会健身的基本方法，通过打造各种各样的民间竞技体育活动丰富人们的业余生活，通过经常性的体育参与提升公民的文化素养，提升公民为国争光的爱国主义、敢于争先的拼搏精神和扬我国威的民族自信，打造健康文明的体育生活方式，培育具有现代意识的合格公民。

第三，竞技体育要大力融入学校教育体系，塑造青少年健康的文化价值观。充分发挥竞技体育的教育价值，实现校园竞技体育与校园文化建设相结合，通过借助各类媒介，积极宣传"乒乓外交""女排精神"等优秀体育文化，引导青少年学生养成健康积极的体育价值观。通过校园体育赛事、学生课余体育活动等形式引导学生参与体育，根据不同地域学校竞技体育的发展情况，打造校园特色体育赛事，让广大青少年学生在参与体育赛事的过程中感受竞技文化，提升内在修养。

第四，竞技体育要打造和谐的人文价值观，促进民众交流。现代竞技体育具有浓郁的文化价值，竞技体育不仅能够促进国家、地区之间各方面的沟通和合作，推动不同民族、种族的和谐共处，而且竞技体育对于指导人们采取正确的行动，促进事物向好的方向发展具有积极功效。在人与人之间的关系上，竞技体育可以构建一个公开、公平、公正的竞赛模式，可以通过比赛促进使人的身体、心灵实现统一，从而塑造良好的人文观念，推动社会文明建设。

第二章 历史与经验：中国竞技体育的发展回顾

新中国成立以来，我国经济社会发展经历了历史性变革、取得历史性成就，中国竞技体育在国家改革发展的大潮中也实现了大的发展、大的跨越。在这个伟大进程中，我国经济社会发生了巨大而深刻的变化，实现了由封闭、贫穷、落后和缺乏生机到开放、富强、文明和充满活力的历史巨变，中国人民的生活实现了由贫穷到温饱，再到整体小康的跨越式转变。与此同时，我国体育事业也取得了前所未有的成就，尤其是竞技体育在举国体制的强力保障下，走出了一条中国特色的发展道路，践行了勇攀高峰、为国争光的宏伟目标，彰显了不同时期经济社会发展的伟大形象。

第一节 中国竞技体育的发展历程

根据不同时期国家经济社会发展环境、体育事业发展史实、竞技体育发展战略、相关政策文本等，对新中国成立以来竞技体育的发展历程进行了划分，认为新中国成立以来中国竞技体育经历了主线清晰、任务不断承载且功能不断扩大的四个历史阶段[1]。

一是曲折发展阶段（1949—1978年）。1949年中华人民共和国成立至改革开放前期，是我国竞技体育的曲折发展和强化阶段，主要贯彻"缩短战线，保证重点"的体育战略方针，强化竞技体育在政治宣传和外交展示方面的作用，在"普及与提高"的发展模式推动下，竞技体育实现了初步发展。

二是稳步发展阶段（1979—1992年）。自1979年我国恢复在国际奥委会的合法席位以来，竞技体育的主要任务是勇攀高峰，完善竞技体育基本管理体制和制度体系，在"优先发展战略"推动下实现在国际比赛中取得优异成绩，部分项目保持国际领先，为国家培养优秀运动员。

---

[1] 杨国庆，彭国强. 改革开放40年中国竞技体育发展回顾与展望[J]. 体育学研究，2018（5）：12-22.

三是快速发展阶段（1993—2008年）。自1992年我国竞技体育走职业化道路以来，竞技体育的主要任务是吸收职业化改革成果，实施《奥运争光计划纲要》，在"奥运战略"助推下获取国际大赛成绩，实现北京奥运会金牌奖牌数世界第一，提升竞技体育综合竞争力，塑造良好的国际形象，为国争光。

四是内涵发展阶段（2009年至今）。2008年北京奥运会后，我国继续推动竞技体育的转型升级和全面发展，竞技体育的主要任务是全面回应社会发展新需要，积极实践可持续发展方式，深化竞技体育体制机制改革，创新奥运备战模式和实施全运会制度改革，尤其是进入新时代以来竞技体育获得了新的发展动力，竞技体育逐步实现了从单一管理到"多元治理"的体制转变、从"争光体育"向全面体育转变、从"金牌至上"向展示综合实力的复合型目标转变，竞技体育集聚了新的发展活力。

一、曲折发展（1949—1978年）：竞技体育波澜起伏

1949年新中国成立赋予了竞技体育发展的新机遇。新中国成立初期，由于旧中国社会、政治、经济、文化等原因，人民的体质和健康状况还不能满足各项社会建设需要，我国迫切需要提高全民身体素质，体育便担当起了改善人民体质的重任。这一时期，通过对旧体育改造等一系列举措确立了体育发展的方针政策、完成了基本的体育组织机构与制度建设，逐步建立了全国群众体育组织，举办了业余体育短训班等形式，推动了体育运动的经常化和普及化。在大力推动群众体育"普及"工作的同时，也把竞技体育的"提高"提上了议程。新中国成立初期，国家各项事业百废待兴，竞技体育发展完成了从革命根据地和解放区时期的"旧军事体育"，向具有新民主主义特色的"新体育"过渡，在对旧体育接受和改造的基础上初步建立了以为人民服务为根本宗旨的新体育事业。这一时期，竞技体育发展缺乏经验，竞技体育发展较为单一，主要通过举办各项运动竞赛的形式呈现[①]。20世纪50年代，我国竞技体育发展思路主要是在普及的基础上提高，通过提高指导普及。从实际发展形态来看，主要在普遍开展群众体育活动的基础上发展竞技体育，在群众体育活动中发现具有特长的运动员，然后使之提高运动技术水平，参加各类国内外大赛。整体而言，新中国成立之初，我国竞技体育事业取得了初步成效。

第一，国内竞赛方面。1952年9月，广州首次举行了全国游泳比赛。1953—1956年短短几年间我国竞赛得到了广泛开展，举行地、市以上运动会达到6000

---

① 曹广臣. 中国改革开放三十年竞技体育发展战略回顾[D]. 石家庄：河北师范大学，2010.

多次，其中全国性的竞赛就有 75 次，打破全国纪录 1300 多次。1958 年我国举行了第一届全运会，共有各省、市、自治区和人民解放军 30 个单位 10658 名运动员参加，有 7 人 4 次打破 4 项世界纪录，664 人 844 次打破和创新了 106 项全国纪录。国内竞赛的积极开展及所取得的成绩激发了全国人民投身社会主义事业建设的积极性，为参加国际赛事打下了坚实基础。

第二，国际竞赛方面。1952 年我国与波兰代表队在北京、上海、天津等城市进行了 10 场男女友谊赛。1952 年 7 月，我国体育代表团参加了在赫尔辛基举行的第 15 届奥林匹克运动会。1953 年 8 月 9 日，我国选手在罗马尼亚布加勒斯特举行的第一届国际青年联欢节大学生运动会上以 1 分 8 秒 4 的成绩夺得男子 100 米仰泳冠军，为我国赢得了第一个国际比赛的金牌。1959 年 4 月 5 日，我国运动员容国团在联邦德国多特蒙德举行的第 25 届世界乒乓球锦标赛上战胜匈牙利选手，获得中国第一个世界冠军。众多国际竞赛活动加强了与世界体育的联系，展现了新中国积极与世界各国建立友好关系的真诚态度。

第三，优秀运动员培养方面。20 世纪 50 年代，运动员的培养方式总体上呈现出"业余集训式"特征，主要体现在：一是训练组织上，运动技术水平的提高主要通过临时集训的方式。1952 年 2 月，为迅速提高运动技术水平，中华全国体育总会成立了"中央体训班"，设立了篮球、排球、足球、田径、游泳、体操等项目，通过从地方选拔各项目的优秀选手进行集训，争取获得优异成绩，为国家争取荣誉。二是运动员来源上，大多来自群众性业余体育活动中的优秀人才，其身份不仅是一名业余运动员，还有各自的工作身份。此外，青少年业余体校也是运动员的一个重要来源，青少年业余体校的创办对于竞技后备人才的培养起到了重要的作用。三是运动队组队方式上，省市、行政区、中央的集训队和体训班都是临时集中的集训式训练，运动员的培养方式基本呈现出业余集训式的特征。

20 世纪 60 年代后期，竞技体育遵循"全国一盘棋""缩短战线，确保重点，猛攻尖端"的指导思想、坚持从难、从严、从实战出发，进行大运动量训练的以"三从一大"为核心训练原则，贯彻不怕苦、不怕累、不怕难的"三不怕"精神，思想过硬、身体过硬、技术过硬、训练过硬、比赛过硬的"五过硬"作风，形成了国家集中领导的管理体制，为我国竞技体育快速发展奠定了坚实基础。1961 年 4 月，在第 26 届世界乒乓球锦标赛上，中国队夺得男子团体、男子单打、女子单打 3 项世界冠军。从此，中国乒乓球队步入了世界乒坛前列，开辟了乒乓球中国时代。1965 年第 28 届世锦赛上中国队荣获 5 项冠军，其中女团击败日本首次获得冠军，中国乒乓球队开始进入全盛阶段。1965 年，以第二届全运会为重要标志，我国竞技体育迎来了新中国成立后的第二个高峰。此届全运会，共有

24人10次打破9项世界纪录,331人469次打破130项全国纪录。经过20世纪60年代的调整,我国初步建立了计划经济体制下的"举国体制",为竞技体育发展打下了坚实基础①。这一阶段,竞技体育竞赛制度逐步完善、竞赛数量增加、竞赛级别多样、国际间体育交流明显,初步形成了与计划经济体制相适应的竞技体育发展模式和运行机制。

1966—1976年,正当我国竞技体育奋发向上、努力攀登世界高峰之时,"文化大革命"使国家陷入内乱之中。在"体育革命"与"路线斗争"的影响下,体育的政治色彩浓厚,我国体育事业陷入了10年动乱。这一阶段竞技体育遭受到了前所未有的破坏,发展速度大幅下降,多数国内外体育竞赛被取消、专业运动队被迫解散、多项规章制度和训练体制被废除②。直到1972年全国各地才普遍恢复了竞技体育活动,1975年全国第三届全运会上一些运动项目取得了较好的成绩,部分运动项目成绩相比"文革"前期有了大幅度提高,但我国竞技体育发展水平与世界竞技体育强国差距较大。

总之,新中国成立之初,为了摘掉"东亚病夫"的帽子,树立国家形象,党和国家非常重视竞技体育工作,构建了"思想一盘棋、组织一条龙、训练一贯制"的竞技体育保障体系,初步形成了系统化、科学化的竞技体育发展模式。竞技体育以为国争光为主要目标,在国家推动下各类运动项目水平得到了快速提升,在国际竞赛中的优良表现激发了国民参与体育活动的积极性,计划经济体制下竞技体育"举国体制"发展模式初步形成。

二、稳步发展(1979—1992年):竞技体育勇攀高峰

1978年12月,中国共产党召开了具有历史意义的十一届三中全会,确立了新时期的改革开放路线。1979年10月,国际奥委会通过了著名的"名古屋决议",恢复了中华人民共和国在国际奥委会的合法席位。这两件大事是我国体育事业发展的转折点,促使竞技体育逐步走上了一条具有中国特色的快速发展道路。1978年12月,党的十一届三中全会确立了改革开放路线,改革开放带来的政治、经济社会发展赋予了竞技体育新的历史使命,同时为竞技体育发展提供了新机遇。为了探索一条适合现实状况的体育发展道路,科学合理地走出发展水平低下的困境,国家集中了十分有限的人力和物力优先发展竞技体育。全国体育工作会议围绕着"奥运模式"做出了相应调整,确立了新的发展目标,围绕如何

---

①张翠芳.新中国以来我国竞技体育政策演进研究[D].武汉:华中师范大学,2017.
②于文谦.竞技体育学[M].北京:人民体育出版社,2010:47-50.

提高竞技体育水平制定了一系列路线、方针和政策。随着改革开放的深入推进，在振兴中华、为国争光等思想引导下，竞技体育在国家发展中的作用进一步提升。1979 年，我国恢复了奥委会合法席位，确立了通过竞技体育积极融入世界的战略方针，竞技体育成为一种外交展示和政治宣传方式。在举国体制和"优先发展"战略双重推动下，竞技体育成为我国体育事业的发展重心。1979 年 2 月，全国体育工作会议召开，围绕着"新八字方针"提出体育工作具备了转移条件，一定要把注意力集中到高速发展体育事业上来，努力攀登世界高峰，为加速实现四个现代化服务。此次会议确定了在 1979 年和 1980 年，国家体委和省一级体委要在普及和提高相结合的前提下，侧重抓提高的方针，指出"国际、国内体育竞赛活动都应以有利于参加奥运会和世锦赛为目标进行安排""为使我国进入世界体育强国行列而奋斗"[①]。这一时期，在举国体制和"优先发展"战略推动下，我国竞技体育实现了跨越式发展，见表 2-1、表 2-2。

表 2-1 1984—1992 年中国运动员参加夏季奥运会获奖牌情况

届次	地点	时间	金牌	银牌	铜牌	金牌数排名
第 23 届	洛杉矶	1984	15	8	9	4
第 24 届	汉城	1988	5	11	12	11
第 25 届	巴塞罗那	1992	16	22	16	4

表 2-2 1982—1990 年中国运动员参加亚运会获奖牌情况

届次	地点	时间	金牌	银牌	铜牌	金牌数排名
第 9 届	新德里	1982	61	51		1
第 10 届	汉城	1986	94	82	46	1
第 11 届	北京	1990	183	107	51	1

一是实现了竞技体育发展重心的转移。在集中优势、突出重点、优化结构、分类管理的指导思想下，按照有利于奥运会上取得好成绩的原则，对重点运动项目布局做出了调整。主要增加了田径等基础项目比例，消减了足、篮、排三大球比重，此后又将游泳、跳水、体操、举重、射击等 13 个项目列为发展重点。为了保证我国竞技体育发展的后备力量，从 1980 年开始按照"思想一盘棋、组织一条龙、训练一贯制"的要求，对优秀运动队、业余体校和学校运动队进行了调整，组成了代表国家最高水平的国家队，改革国家队单一训练体系，不断探索运

---

① 郑文强. 我国竞技体育政策及其变迁研究 [D]. 桂林：广西师范大学，2018.

第二章 历史与经验：中国竞技体育的发展回顾

动项目发展制胜规律。1986年，《国家体委关于体育体制改革的决定》提出建立科学的训练体制，把训练路子拓宽，积极鼓励有条件的城市、行业、大专院校等设立高水平运动队。1987年，审批了59所普通高等院校作为办高水平运动队的试点，成为竞技体育迈向集中与分散相结合训练体制的第一步。

二是重新划分了体育发展的责任分工。进一步强化了初步形成的专业化运动员培养方式，并对专业化的运动人才培养方式进行改革，优秀运动队的运动员作为国家的工作人员，其主要工作就是从事运动训练。积极鼓励有条件的城市、行业、企业、高校办运动队，逐步形成了专业化方式之外的学校、行业、厂矿、社会团体等多形式的运动员培养方式。为解决竞技体育发展人、财、物、力问题，国家体委对竞技体育发展进行了分工，开始强调调动社会力量参与办体育的积极性，开始利用学校选拔优秀体育后备人才，发挥社会力量在体育后备人才选拔中的作用，创新了体育部门、教育部门、社会力量共同培养后备人才的方式，逐步形成了政府与社会共同培养体育后备人才的局面。

三是大力实施奥运战略。1979年"奥运模式"创立后，我国选择了竞技体育适度赶超发展战略，加强对竞技体育管理成为国家体委的首要任务和亟待考虑的首要问题。决策层把在奥运会上取得优异成绩上升到政治高度，看作是关系国家、民族荣誉的政治问题。1982年国家体委对内设机构做出了较大调整，尤其加强了竞技体育的管理力度，国家体委规定把重大的国内和国际比赛作为各级体育部门的中心任务。1988年增设负责管理全国优秀运动队的"训练竞赛综合司"，细化了对运动项目的科学管理，通过竞技体育管理体制的强化，逐渐形成了以奥运会为核心的优先发展模式，即"奥运战略"。

四是不断强化竞赛训练体制改革。在竞赛方面，坚持"分级分类管理"的基本原则，围绕实现竞赛"社会化、多样化和制度化"进行改革。首先，为创造社会化的有利条件，体委放开对竞赛组织管理与参与范围，以吸纳有效的社会资源增强竞赛活力。其次，围绕"形成制度、培养人才、为奥运做贡献"，对全国综合性运动会进行改革，从举办时间、地点、项目设置、参赛单位等方面进行改革。再次，利用竞赛推动竞技体育整体发展，以"促进训练、创造佳绩"对省市一级竞赛及青少年竞赛提出明确要求。在训练体制上，围绕建立科学的训练体制，形成多样式、多渠道、多层次的人才梯队改革目标，坚持"全国一盘棋"发展思路，不断拓宽训练思路，解决训练体制单一，各层次的训练组织衔接不良、关系不清等问题[①]。

---

① 于文谦. 竞技体育学 [M]. 北京：人民体育出版社，2010：56-60.

五是竞技体育成绩短期内实现历史突破。经过改革开放后的一系列改革创新,我国竞技体育实现了冲出亚洲、跻身世界前列的目标,运动水平得到了快速提高。1981年,中国男排首次冲进排球世界杯;1984年洛杉矶奥运会我国竞技体育实现了奥运金牌"零"的突破;1981—1986年,我国女排取得了"五连冠"的辉煌成绩。奥运会赛场上,我国在1984年美国洛杉矶奥运会和1992年西班牙巴塞罗那奥运会上均跻身金牌总数第二集团。1990年成功举办了第11届北京亚运会,我国体育代表团在第9届至第11届亚运会上均获得金牌和名次第一的好成绩。1991年我国积极申办了2000年奥运会,虽然最终惜败,但为后来的申奥取得了宝贵经验。

总体而言,这一阶段我国竞技体育发展的基本思路仍然是坚持"全国一盘棋",积极落实奥运战略,并在20世纪80年代制定了一系列侧重发展竞技体育的方针政策。从1979年开始,历经了三次全国体育工作会议后,进一步明确了以竞技体育为体育工作中心,形成了以"举国体制"为保障的发展方式。随着经济社会改革的深入,我国体育事业逐步开辟了提高资源配置效率,进一步理顺关系、转变职能,不断推动体育事业与社会、经济、文化协同发展。但是,受特殊时期国家发展战略影响,这一时期的群众体育一直处在发展边缘,奥运赛场争金夺银仍然是国家体育事业的主要目标。

三、快速发展(1993—2008年):竞技体育创造辉煌

1992年10月,党的十四大明确提出了我国经济体制改革的目标是建立社会主义市场经济体制。1992年11月,国家体委在广东中山召开了全国省、区、市体委工作座谈会,确立了新形势下深化体育改革的目标、原则、方法和举措,提出新时期体育改革"以体制改革为关键、转换机制为核心,加快体育改革步伐,逐步建立与社会主义市场经济相适应、符合现代体育运动规律的新格局"。自1992年我国竞技体育走职业化道路以来,市场经济为竞技体育注入了新的活力,以足球项目改革为突破口,我国竞技体育改革不断深入。这一阶段竞技体育的主要任务是吸收职业化改革成果,实施《奥运争光计划纲要》,在"奥运战略"助推下获取国际大赛成绩。2008年北京奥运会实现了金牌榜世界第一的目标,提升了竞技体育综合实力,塑造了良好的国际形象,竞技体育国际竞争力取得了历史性飞跃,详见表2-3、表2-4。

第二章 历史与经验：中国竞技体育的发展回顾

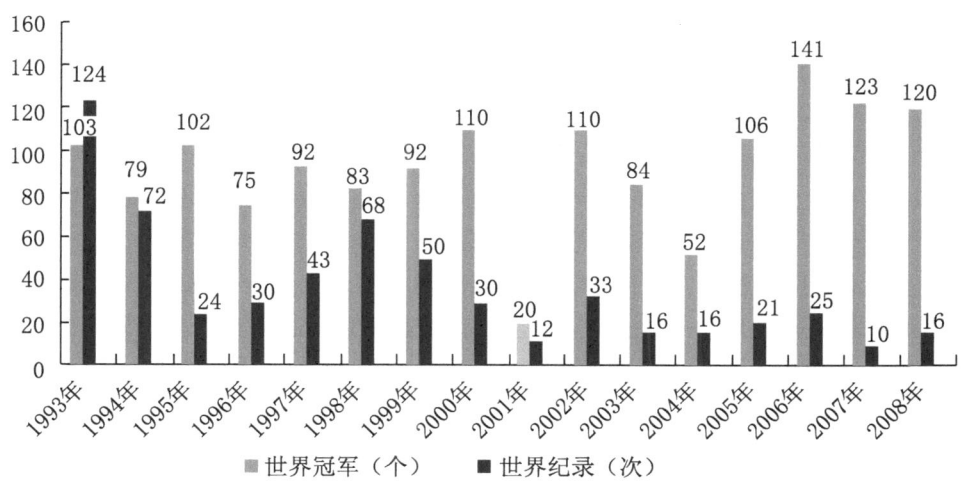

图 2-1 20世纪90年代—2008年我国获得的世界冠军和破世界纪录情况

表 2-3 1996—2008 年中国运动员参加夏季奥运会获奖牌情况

届次	时间	金牌	银牌	铜牌	金牌数排名
第 26 届	1996	16	22	12	4
第 27 届	2000	28	16	15	3
第 28 届	2004	32	17	14	2
第 29 届	2008	51	21	28	1

表 2-4 1994—2006 年中国运动员参加亚运会获奖牌情况

届次	地点	时间	金牌	银牌	铜牌	金牌数排名
第 12 届	广岛	1994	126	83	57	1
第 13 届	曼谷	1998	129	77	68	1
第 14 届	釜山	2002	150	84	74	1
第 15 届	多哈	2006	165	88	63	1

一是颁布了一系列围绕竞技体育发展的政策文件。在国家经济社会改革的背景下，1993 年，国家体委制定下发了《关于深化体育改革的意见》，提出推进竞技体育的社会化、产业化、科学化和法制化进程，建立与社会主义市场经济发展相适应、符合现代竞技运动规律的国家办与社会办相结合、集中与分散相结合的竞技体育体制和运行机制。1995 年《中华人民共和国体育法》颁布，作为我国第一部关于体育的法律法规，其中多处涉及有关竞技体育发展的法制问题，标志

着我国竞技体育开始全面走向法制化管理。1995年《奥运争光计划纲要》颁布，重点对竞技体育发展任务及思路做出了规定，并围绕竞技体育发展制定了相应办法。2000年12月，国家体育总局颁布了《2001—2010年体育改革与发展纲要》，提出"贯彻落实奥运争光计划，全面提高竞技体育国际竞争力"的发展目标。2002年，中共中央国务院下发《关于进一步加强和改进新时期体育工作的意见》，提出以新时期在奥运会等国际重大赛事上取得优异成绩为目标，进一步发挥社会主义制度优越性，坚持和完善举国体制，整合全国资源来发展竞技体育，利用筹备北京奥运会这一机遇全面加快体育事业发展。2006年7月，国家体育总局公布《体育事业发展"十一五"规划》，提出优化竞技体育发展方式，做好2008年北京奥运会工作，实现竞技体育与经济社会协调发展、相互促进。

二是成功申办2008年北京奥运会，实现历史突破。2001年7月13日，国际奥委会宣布我国申办北京奥运会成功，自此之后，直至2008年，我国的竞技体育重心转移到北京奥运会之上。2008年北京奥运会是中国竞技体育发展的重要时间节点，也是一个告别历史、开创未来的新起点。北京奥运会共有参赛国家及地区204个，参赛运动员11438人，设有302项（28种）运动项目，共有60000多名运动员、教练员和官员参加，成为有史以来参赛国家和地区最多的一届奥运会，也是奥运会历史上转播规模最大的一次。本届奥运会中国体育代表团共由1099人组成，其中运动员639人，创历届奥运会参赛人数之最。我国履行了申办奥运会时给世界的承诺，将一届"有特色、高水平"的奥运会呈现给了世界。2008年北京奥运会共创造了43项世界纪录、132项奥运纪录，共有87个国家和地区在赛事中取得奖牌。本届奥运会，中国体育代表团史无前例地参加了全部28个大项、38个分项、262个小项的比赛，中国代表队取得奥运会有史以来最辉煌的成绩，成为奥运历史上首个登上金牌榜首的亚洲国家（表2-5），北京奥运会实现了全面突破、全面超越。国际奥委会主席罗格用"无与伦比"一词对北京奥运会进行了概括性的评价。

表2-5　2008年北京奥运会世界各国奖牌榜（前十名）

排名	国家/地区	金牌	银牌	铜牌	总数
1	中国	48	21	28	97
2	美国	36	38	36	110
3	俄罗斯	23	21	28	72
4	英国	19	13	15	47
5	德国	16	10	15	41

第二章 历史与经验：中国竞技体育的发展回顾

续表

排名	国家/地区	金牌	银牌	铜牌	总数
6	澳大利亚	14	15	17	46
7	韩国	13	10	8	31
8	日本	9	6	10	25
9	意大利	8	10	10	28
10	法国	7	16	17	40

第一，获奖项目覆盖面进一步扩大。从获得奖牌的运动项目看，北京奥运会中国体育代表团在15个项目中获得金牌，在20个大项和85个小项目中获得奖牌，26个大单项和136个小项进入前8名，所获得的金牌中有16枚是在历届奥运会中从未获得的，多个潜优势项目和弱势项目取得了重大突破，如射箭、赛艇、蹦床、帆板、女子团体体操等实现了首次夺金。获得奖牌项目的分布充分反映了我国竞技体育整体实力在逐年加强，竞技水平在全面提高。

第二，金牌榜首次名列世界第一。中国体育代表团在北京奥运会上共获得48枚金牌（男子项目24金、女子项目24金）、21枚银牌、28枚铜牌，居金牌榜首位，以100枚奖牌总数位居奥运会奖牌榜第二，创造4项世界纪录。获金牌数超过美国，奖牌数超越俄罗斯。这是中国参加奥运历史上的最好成绩，创造了中国竞技体育新的辉煌。

第三，新人辈出，展现了竞技体育的强劲势头。在中国代表团的639人中，初次参加奥运会的运动员占到了三分之二，涌现出一批初出茅庐的小将。在48枚金牌中，有28枚是由第一次参加奥运会的年轻运动员获得，占到了金牌总数的近60%。跳水队9名参赛选手中，只有郭晶晶、吴敏霞、王峰有过奥运经历，其他选手都是新人；体操队启用了两名年轻选手陈一冰和邹凯，而女队除了程菲参加过奥运会，其余全是近两年的新人。通过这届奥运会培养了一大批中国竞技体育的新生力量。

第四，凸显了出色的举办水平和广泛的国际影响。北京将奥运会推进到了一个新的发展水平，在场地建设、赛会组织、志愿者服务、观众服务、安全保障、奥林匹克教育、新媒体运用和商业开发等诸多方面都在前几届奥运会基础上有所创新。国际奥委会公布，北京奥运会转播的多项指标刷新了历史纪录，45亿不同肤色、不同语言、不同国家和地区的观众共同分享了北京奥运会；实现了奥运史上最大的全球数字化覆盖，与奥运有关的网站创造了最大浏览量，中国收视率达到了80%，美国和欧洲的信号覆盖国家达到了50%。北京奥运会为世界留下了一份宝贵的奥运遗产。

三是世界冠军、奥运冠军和世界纪录数量攀升。从1978年中国运动员在世界级体育赛事获得4项冠军开始，竞技体育水平得到了迅速提升，竞技体育的国际竞争力也大幅提高，1993—2008年，我国竞技体育创造世界纪录590次，获得世界冠军1382个。从1996年第26届奥运会中国代表团获得第四名开始，其后的四届奥运会我国竞技体育成绩持续攀升，一直到2008年北京奥运会取得了48枚金牌、100枚奖牌的优异成绩，第一次名列奥运会金牌榜首位。从1994年参加广岛第12届亚运会到2006年多哈亚运会，我国一直保持在亚洲第一，其中多哈亚运会获得165枚奖牌，实现了竞技体育奖牌数量的新突破。此外，我国还创造了大量的世界纪录，尤其是我国女运动员对中国竞技体育做出了突出贡献，1978—2007年，我国女运动员创超世界纪录次数占到中国创超世界纪录总次数的75%，凸显了我国女子竞技体育的实力。另外，在创超世界纪录的运动项目方面，北京奥运会之前共创超世界纪录1001次，涉及举重、射击、短道速滑、游泳、射击、滑冰等多个项目。竞技体育在国际赛场上取得优异成绩的同时，国内各类体育比赛也快速、全面地开展。20世纪90年代以来，我国开展的赛事包括全运会、城运会、大学生运动会、足球职业联赛、篮球职业联赛、排球联赛、乒乓球联赛、大学生篮球联赛等，其他各种赛事逐步形成制度化和体系化。初步形成了分类型、分级别的国内竞赛体系，呈现出了各类赛事蓬勃发展的繁荣局面。我国逐渐形成了以全运会为核心，包括全国城市运动会、全国农运会、大学生运动会等的综合性赛事。

四是竞技体育的职业化、社会化改革不断深入。20世纪90年代以来，我国竞技体育改革的总体目标是改革现有的体制机制，逐步实现两个根本转变，即实现由计划经济体制下的体育体制向与社会主义市场经济体制相适应的体育体制转变，其根本目的是转变竞技体育发展方式，形成国家办与社会办相结合、集中与分散相结合的竞技体育管理格局。1994年和1997年，国家体委分两次改革了内部机构，加强宏观调控能力，建立了运动项目管理中心，为加快单项实体化改革的步伐，先后将41个全国单项协会、56个项目转入实体化管理，其中54个单项按照项目特点分别划归14个运动项目管理中心实行项群集束式管理，初步形成了体委宏观管理，运动项目中心和单项体育协会实施专项管理的新的竞技体育管理体制。为适应社会主义市场经济体制，我国不断探索职业道路，开发竞技体育市场，稳步推进竞技体育职业化发展。主要按照"管理有序、发展可控、服务奥运"的原则，推进我国竞技体育的职业化发展，部分项目探索具有中国特色的职业化发展模式，积极为奥运争光服务。以赛制改革为"龙头"，建立了更加完善有效的联赛制度，并不断扩大比赛规模。不断开发竞技体育竞赛和表演市场，通过市场的竞争性实现体育服务的形式多样化，利用竞赛和体育表演市场连结竞技体育和群众体育，使社会参与竞技体育的积极性充分调动起来，提升了竞技体育的发展活力。

总体而言，1992年足球职业化改革为中国竞技体育发展带来了新活力，自1993年国家体委颁布《关于运动项目管理实施协会制的若干意见》以来，我国竞技项目协会实体化改革的力度不断深入，逐步形成了运动项目管理中心与运动项目协会双轨制运作模式，与社会主义市场经济环境相适应的竞技体育发展模式逐步完善，竞技体育发展的目标日益多元化，追求经济利益成为竞技体育项目发展的重要目标。此外，这一阶段是我国竞技体育勇攀高峰、运动项目成绩快速提升的重要时期，我国在奥运会、亚运会、世锦赛等多个国际大赛中取得了一系列辉煌成绩，实现了竞技体育为国争光的目标。

四、内涵发展（2009年至今）：竞技体育改革奋进

2008年北京奥运会是中国竞技体育深化改革的重要历史节点。北京奥运会后，优化竞技体育发展内涵、深化竞技体育体制机制改革成为时代发展的新要求。尤其是2012年党的十八大开启中国特色社会主义新时代以来，我国竞技体育不断顺应经济社会改革步伐，积极推进结构性改革，在体制结构、组织结构、目标结构、价值结构等方面的改革特征显著。北京奥运会后，我国体育相关部门围绕北京奥运会后建设体育强国的要求，不断完善竞技体育举国体制，优化竞技体育发展方式，大力推进竞技体育社会化改革，加快推进国家队和后备人才选拔方式改革，竞技体育体制机制改革不断向纵深推进，竞技体育发展方式不断创新、竞技体育项目结构布局持续优化、竞技体育综合实力和国际竞争力进一步提升。

（一）竞技体育体制机制改革取得显著成效

从1984年洛杉矶奥运会金牌"零"的突破，到2008年北京奥运会获得金牌总数第一只用了24年，极具代表性地展现了中国速度、中国面貌和中国成就。支撑这一成就的体制基础是全国一盘棋的"举国体制"，其发展方式是速度优先、效率优先的局部赶超、奥运争光的战略思想及其实现方式。应该说，这种发展方式所取得的成就有目共睹，使我国竞技体育在短时间内实现了飞速崛起，提升了中国体育的国际影响力。但是，任何发展方式都是历史进程中的发展方式，它不是绝对的、静止的，随着我国社会经济体制的转型升级，我国传统的竞技体育发展方式与经济社会转型的矛盾日益凸显，不利于竞技体育的可持续发展。我

国竞技体育在2008年北京奥运会后开始转型，根据新时期竞技体育发展的需要不断转变发展战略，强调竞技体育与群众体育协同发展、冬季项目与夏季项目均衡协调、基础大项和优势项目协调共进。在客观面对传统竞技体育体制带来辉煌成绩的同时，围绕2008年北京奥运会后建设体育强国和竞技体育自身改革的艰巨任务，体育相关部门通过大力推进竞技体育体制和运行机制改革，围绕竞技体育项目布局、后备人才培养、训练体制、竞赛体制等多个方面进行了改革。主要通过不断完善举国体制，优化发展方式，坚定不移地走竞技体育社会化道路、适时调整和实现运动项目结构的科学布局，大力加强国家队建设与改革，使竞技体育管理体制和运行机制不断完善。进一步转变政府职能，取消、下放和清理了若干行政审批事项，稳步推进了全国性单项体育协会试点改革和赛事审批制度改革，出台了《中国足球协会调整改革方案》，重点推出了以足球为突破口的项目实体化改革，全运会等综合性运动会和单项体育竞赛体制改革取得了显著成效。2008年以来，我国竞技项目结构有所优化，潜优势项目、田径、游泳基础大项、冬季项目取得突破和新的进展，竞技体育后备人才培养机制进一步得到完善，运动员文化教育和保障工作有所提高，竞技体育体制和制度创新取得了新成绩，竞技体育管理体制改革更为突出"开放"，"放管服"改革取得实效，运动项目协会实体化改革不断深入，初步形成了社会化的竞技体育运行机制，竞赛体制和训练体制改革取得明显成效，不断推动着中国由体育大国向体育强国迈进。

（二）世界大赛创造优异成绩

2008年北京奥运会以来，中国竞技体育取得了辉煌成绩，总体实力全面提升，竞技体育的影响力和国际竞争力进一步提高。其中，2006—2010年，我国共获得世界冠军634个，创造世界纪录88次。2011—2015年，我国运动员共获世界冠军596个，创超世界纪录57次。2012年伦敦奥运会，中国队获得了38枚金牌、88枚奖牌，占亚洲金牌总数的41.7%、奖牌榜的26.4%，金牌和奖牌总数超过了传统体育强国俄罗斯，取得了我国境外参赛的历史最好成绩。2016年里约奥运会，中国队获得26枚金牌、70枚奖牌，保持了奖牌榜世界前三位的优异成绩，并且扩大了优势项目，一些潜优势项目和弱势项目取得了新的突破。冬奥会方面，2010年温哥华冬奥会，中国派出了参加冬奥会以来规模最大的代表团，以5金2银4铜的成绩列金牌榜第七位，首次进入冬奥会奖牌榜前八位。2014年索契冬奥会，中国代表团获得3金4银2铜，共9枚奖牌，金牌数超过韩国，成为亚洲第一。2008年以来，我国参加了世界锦标赛、世界杯赛及亚运会等各类大赛，多个项目都取得了优异成绩。由表2-6可以看出，2008年以来的

第二章 历史与经验：中国竞技体育的发展回顾

十年时间，我国共获得世界冠军1182个，创造世界纪录124次，各年份世界冠军数量基本保持在100个以上，竞技体育综合实力继续保持世界前列。2010年广州亚运会，中国队获得199枚金牌，创造了亚运会金牌总数新高。2014年仁川亚洲会，中国队连续第九次雄居亚运会奖牌榜首位，多个运动项目取得新突破。2008年北京奥运会以来是我国竞技体育发展史上不平凡的重要阶段，也是中国竞技体育波澜壮阔的历史时期，三届奥运大战，中国军团一直保持金牌榜前三位，成为奥运赛场的主要角色，见表2-7、表2-8。我国不仅取得了一系列辉煌的成绩，而且确立了由奥运榜首的"体育大国"向全面发展的"体育强国"迈进的伟大战略目标。竞技体育发展的突出成就集中彰显了中国特色社会主义制度的优越性，映射了中国经济社会快速转型的伟大飞跃。

表2-6　2008—2017年我国获得的世界冠军和破世界纪录数量（个）

年份	世界冠军数量	破世界纪录数量
2008	120	16
2009	147	22
2010	108	16
2011	138	8
2012	107	14
2013	124	13
2014	98	10
2015	127	10
2016	107	9
2017	106	6

表2-7　2012年伦敦奥运会世界各国奖牌榜（前十名）（枚）

排名	国家/地区	金牌	银牌	铜牌	总数
1	美国	46	29	29	104
2	中国	38	27	23	88
3	英国	29	17	19	65
4	俄罗斯	24	26	32	82
5	韩国	13	8	7	28
6	德国	11	19	14	44

续表

排名	国家/地区	金牌	银牌	铜牌	总数
7	法国	11	11	12	34
8	意大利	8	9	11	28
9	匈牙利	8	4	5	17
10	澳大利亚	7	16	12	35

表2-8　2016年里约奥运会世界各国奖牌榜（前十名）（枚）

排名	国家/地区	金牌	银牌	铜牌	总数
1	美国	46	37	38	121
2	英国	27	23	17	67
3	中国	26	18	26	70
4	俄罗斯	19	18	19	56
5	德国	17	10	15	42
6	日本	12	8	21	41
7	法国	10	18	14	42
8	韩国	9	3	9	21
9	意大利	8	12	8	28
10	澳大利亚	8	11	10	29

（三）竞技体育项目亮点纷呈

自1979年我国在国际奥委会恢复合法权益以来，我国竞技体育搏击奋进、砥砺前行，在国家经济社会发展的大潮中迅速发展，尤其是根据我国的国情大力发展竞技体育运动项目，打造了诸多优势项目、潜优势项目，取得了重要成绩。尤其是2008年北京奥运会以来，我国竞技体育综合实力保持世界前列的同时，多个运动项目在世界大赛中亮点纷呈，充分展示了我国竞技体育的发展水平。2012年伦敦奥运会，田径、水上等基础大项实现历史突破，陈定收获了男子20公里竞走金牌，中国田径时隔8年重返奥运金牌榜。孙杨在400米、1500米自由泳决赛中勇夺两枚金牌，并打破了1500米自由泳世界纪录，改写了中国男子游泳奥运参赛历史。徐莉佳在帆船项目激光雷迪尔级比赛中获得该项目首枚奥运金牌，实现历史突破。2016年里约奥运会，中国女排时隔12年再夺奥运冠军，女排精神再次引起社会热议。自行车项目首次夺得奥运金牌，实现了历史性突破。

高尔夫项目首次进入奥运大家庭，我国运动员就登上了领奖台。新中国成立以来，我国田径项目全面进步，在多次国内外大赛中取得了突出成绩，从 1984 年洛杉矶奥运会到 2008 年北京奥运会，我国田径项目成绩总体不断提升，2008 年北京奥运会后的五届世界田径锦标赛中，三届获得两枚金牌，三次排名世界前十，尤其是 2017 年伦敦世锦赛，我国田径代表队获得 2 金 3 银 2 铜，总排名第五，男女 20 公里竞走、女子投掷、短跨、跳高等多个项目取得了好成绩。同时，我国优势项目乒乓球、羽毛球、跳水等在奥运赛场和世界大赛中继续保持优势。2012 年伦敦奥运会，乒乓球和羽毛球两个项目均包揽所有金牌，展现了我国优势项目的综合实力。此外，我国冬季运动项目取得了明显进步。2010 年温哥华冬奥会，我国奖牌分布面由 2 大项 8 小项扩展到 3 大项 9 小项，进入前八名的运动员人数由 3 大项 14 小项 49 人次增加到 4 大项 17 小项 66 人次，我国短道速滑队成为冬奥历史上首支包揽女子项目金牌的队伍。2014 年索契冬奥会，在速度滑冰项目上取得历史性突破，速度滑冰女子 1000 米决赛创造历史，张虹以 1 分 14 秒 02 夺得中国冬奥会历史上首枚速滑金牌，展示了冬季项目的巨大潜力。

（四）成功申办、举办了各类世界重大比赛

承办奥运会是中国竞技体育实施奥运战略的重要组成部分，申办奥运会不仅具有重要的政治意义，也同样具有重要的经济价值和社会意义。各类重大赛事很好地继承和发扬了我国举办 2008 年北京奥运会的成功经验，为国内外运动员搭建了良好的平台。尤其是 2022 年北京冬奥会的申办，使北京成为世界上唯一一个举办过夏季、冬季奥运会的城市，我国将以举办冬奥会为契机，大力推动冰雪运动开展，加快我国冬季项目全面发展和竞技水平的进一步提高。

1. 申办并筹备 2022 年北京冬奥会、冬残奥会

随着冬季运动快速发展，冬奥会的世界影响力不断提高。为更好地传播优秀体育文化，为世界奥林匹克运动发展做出中国贡献，我国积极申办了 2022 年北京冬奥会、冬残奥会。举办冬奥会是北京的历史选择，也是一项庞大的民生工程，申办 2022 年北京冬奥会、冬残奥会具有重大的经济价值和社会效益。

一是有利于推动京津冀地区的协同发展。申办 2022 年冬奥会是贯彻落实习近平总书记重要讲话精神的生动实践，是推动国际一流和谐宜居之都建设和区域协同发展的重大机遇，北京联合张家口申办冬奥会与京津冀协同发展战略完全一致，将在促进地方经济进步、推动京津冀协同发展中发挥重要的作用。

二是有利于增加人民群众福祉。北京冬奥会将极大推动冬季体育运动的普及，助推 3 亿人上冰雪，促进冬季项目的普及，改善人们的健身生活方式，满足

广大人民群众日益增长的精神文化需求。同时，申办冬奥会有利于加快完善相关基础设施，加大污染治理和生态环境建设力度，推动体育文化旅游产业发展，这些都将惠及广大人民群众。

三是有利于促进奥林匹克精神的传播和奥林匹克事业的发展。申办冬奥会将推动我国3亿人参与冰雪体育运动，特别是在全国4亿青少年中普及奥林匹克教育，培育广大群众健康向上的生活方式，促进全国亿万群众对奥林匹克事业发展做出新的贡献。

四是有利于服务国家发展大局。在我国处于全面建成小康社会的重要时期，申办冬奥会将充分发挥举办重大国际活动凝心聚力的作用，有利于展示我国改革开放和现代化建设的伟大成就，更好地激发广大人民群众为实现"两个一百年"奋斗目标、中华民族伟大复兴中国梦而团结拼搏的热情和干劲。

北京作为世界上首个既承办过夏季奥运会又将承办冬奥会的城市，在冬奥会改革的大背景下，筹备工作成为一项重要任务。为做好2022年北京冬奥会的各项工作，我国从运动员体验、参赛规模、会后可持续发展等多个领域做好了筹备工作，颁布了《冬季项目后备人才培养中长期发展规划》等文件，实施了"冬季项目后备人才培养工程"，加强了高水平后备人才基地建设，加大了冰球和高山滑雪等落后项目的政策扶持，完善了国家队的组建、选拔、训练、管理等各项制度，不断提升了冬季项目的竞赛组织水平。此外，我国政府还调整了全国冬运会和年度竞赛制度，根据备战2022年冬奥会的目标，进一步调整完善了全国冬运会竞赛规模、项目设置、竞赛编排、运动员注册交流等政策，提供财政支持，赛事编制预算约15.6亿美元，竞赛场馆和非竞赛场馆在内的场馆建设预算约15.1亿美元。一系列扶持政策的颁布，为成功举办一届精彩、非凡、卓越的冬奥会打下了坚实基础。

2. 承办各类世界重大赛事提升国家影响力

一个国家的强大和对世界的影响力，不仅体现在其战争能力及经济实力上，而且体现在国家的精神风貌和民族的文明气质上，还体现在它是否能向世界展示出更多的精神力量，是否能从这个国家感受到更多的亲切与热情。没有一个平台像世界大型赛事那样，能够集中展现一个国家的综合实力。大型赛事不仅是体育竞技的比拼，更是文化、外交等软实力的彰显。承办奥运会、世界杯、世锦赛等大型赛事，对新兴市场的吸引力与日俱增，很多国家视此为构建全球影响力的重要渠道，主办国或主办城市可借此提升全球声誉，加速经济、政治和社会发展。

2008年以来，我国承办了多项世界重大体育赛事，承办了2010年广州亚运

第二章 历史与经验：中国竞技体育的发展回顾

会、2011年上海世界游泳锦标赛、2012年海阳第三届亚沙会、2013年天津第六届东亚运动会、2013年南京第二届亚青会、2014年南京第二届青奥会、2015年北京世界田径锦标赛、2018年无锡世界击剑锦标赛、2018年杭州世界短池游泳锦标赛、2019年男子篮球世界杯赛、2019年武汉世界军人运动会，还将承办2022年杭州第十九届亚运会，以及2022年北京冬奥会、冬残奥会等世界重大体育赛事。每一届赛事的成功举办都对城市的现代化和国际化进程产生着巨大的推动作用，不仅提高了市民整体素质，推动了城市精神文明建设，而且对主办城市居民的精神态度产生了积极影响。通过积极承办各类世界重大赛事，很好地展示了我国现代化建设的伟大成就，扩大了与国际社会的交流与合作，增强了我国的文化软实力和国际影响力。

放眼世界上的国际化大都市、世界体育名城的形成都离不开体育赛事的大力推动，如美国纽约、英国伦敦、日本东京、西班牙巴塞罗那、韩国首尔等都曾举办过奥运会或足球世界杯，甚至许多城市都是因体育赛事的成功举办而一举成名。在全球化不断加速的今天，现代体育在提升城市影响力和彰显国家形象中的多元价值被不断发掘，体育已经被视为推进城市国际化、提升城市国际影响力的"催化剂"。2008年北京奥运会的成功举办，提升了北京在全球体育城市中的影响力，申办2022年冬奥会、冬残奥会使北京成为世界上唯一一个举办夏季奥运会和冬季奥运会的城市，将进一步提升北京在全球体育城市的影响力。《全球体育影响力100强城市排行榜》显示2013年、2014年因成功举办亚青会、青奥会，南京连续两年排名第28位，位列北京、上海之后，2016年飙升至第23位，2017年南京排位再次跃升至第10位，仅次于北京。通过举办各类国际赛事，塑造了城市国际化形象，展现了新时代中国城市建设的新精神、新风貌，提升了国家的影响力。

表2-9 南京青奥会奖牌榜（5枚金牌以上的国家）

排名	国家/地区	金牌	银牌	铜牌	总数
1	中国	38	13	14	65
2	俄罗斯	27	19	11	57
—	混合	13	12	14	39
3	美国	10	5	7	22
4	法国	8	3	9	20
5	日本	7	9	5	21

续表

排名	国家/地区	金牌	银牌	铜牌	总数
6	乌克兰	7	8	8	23
7	意大利	7	8	6	21
8	匈牙利	6	6	11	23
9	巴西	6	6	1	13
10	阿塞拜疆	5	6	1	12
11	英国	5	5	10	20
12	波兰	5	0	1	6

2014 年南京青奥会精神内涵

1. 用一种独特而有力的方式来推广奥林匹克精神。
2. 在年轻人之间提升体育运动意识和参与感。
3. 以创新的形式激发关于奥林匹克精神和社会挑战的教育与讨论。
4. 在奥林匹克发展运动中成为一个创新的平台。
5. 向世界各地的不同青年团体推广奥林匹克精神。
6. 将全世界的青年运动员们都集合起来,并为他们而庆祝。
7. 在节日般融洽欢快的气氛中分享世界各地的文化。
8. 成为能代表国际最高运动水平的赛事之一。
9. 激发青少年自我创新的意识。

  2014 年南京青奥会是继北京奥运会后我国举办的又一个重大奥运赛事,中国体育代表团表现出色,在赛场内获得了 38 枚金牌、13 枚银牌、13 枚铜牌(表2-9),在赛场外参加了组委会安排的 20 项文化教育活动,很好地展现了新时期中国现代化建设的精神风貌。南京青奥会承载着传达赛事精神、传播办会理念的重要使命,同时也是展现城市风采、凸显城市文化底蕴和人文精神的文化载体。"让奥运走进青年,让青年拥抱奥运"是南京申办青奥会的理念,更是对青奥文化理念的高度概括和集中体现。南京青奥会成为青年奥林匹克运动与南京城市文化交汇的品牌载体,向世界各国青少年传达了奥林匹克教育的健康内涵。国际奥委会主席巴赫评论"中国、江苏、南京向世界呈现了一场十分精彩的青奥会开幕式,充分体现了中国的高效率、完美无瑕的运行和中国人民的热情友好……在南京举办青奥会是非常正确的选择。"南京青奥会把积极、健康的理念成功地传达

第二章 历史与经验：中国竞技体育的发展回顾

给世界各地的青年人，将承载卓越、友谊、尊重的中华民族优秀精神传统广泛传播。

此外，2008年以来，我国还成功举办了各类国际、国内重大比赛，如认真筹备、精心组织了2010年第十六届广州亚运会、2011年第七届全国城运会、2012年第十二届全国冬运会、2012年海阳第三届亚沙会、2013年第十二届全运会、2013年天津第六届东亚运动会、2013年南京第二届亚青会和2014年南京第二届青奥会、2015年第一届全国青年运动会、2015年世界田径锦标赛等综合性运动会和重要国际单项赛事。单是2017年，我国运动员在奥运会、世锦赛、世界杯总决赛中，在23个大项上就斩获了107个世界冠军，获得了27个项目的世界冠军或者世界排名第一。在国内外重大比赛的成绩中，奥运小项的世界冠军占总数的比例略有提升，跳水、举重、乒乓球等传统优势项目继续保持了优势，田径、自行车、跆拳道等项目也取得新的突破，特别是女子排球时隔12年重获奥运冠军，也是我国以"三大球"为代表的集体球类项目近年来在奥运会取得的最好成绩，我国竞技体育综合实力和竞技水平稳步发展。2018年平昌冬奥会上，我国参赛规模进一步扩大，我国代表队在5个大项、12个分项、55个小项参与角逐，参赛项目为中国参加冬奥会历史最多的一届，中国军团共获得1金6银2铜，处在金牌榜第16位，中国运动员的精彩表现给世人留下了深刻印象。通过积极参与国内外各类重大比赛，不仅促进了我国竞技体育的快速发展，而且很好地展现了新时代中国特色社会主义现代化建设的国家形象。

（五）竞技体育法规建设不断完善

法律法规在竞技体育发展过程中具有规范、管理和调节的作用，是保障竞技体育健康发展的基础。新中国成立以来，国家体育相关部门不断加强体育法规建设，在全国各级体育系统的共同努力下，我国竞技体育从发展规模到发展效益，从政策制定到法规建设，不断健全具有中国特色的法制体系，逐步形成了具有中国特色的依法治体新格局。

第一，从法制层面规范国家队建设。2014年12月，为规范国家队运动员、教练员选拔工作的监督与管理，提高选拔工作的科学性和透明度，国家体育总局颁发了《国家队运动员、教练员选拔与监督工作管理规定（试行）》，该办法从国家队运动员、教练员选拔工作的基本原则、选拔工作的基本程序与要求、选拔工作的公示与公开、国家队运动员与教练员的基本条件、参加综合和单项性重要体育赛事的选拔、选拔监督与处罚七个方面进行了规范，提升了国家队选拔工作的公开、公正、公平性。近年来，党中央国务院高度重视运动员保障工作，先后制定出台了一系列运动员保障方面的政策制度。2014年2月，国家体育总局人事司专门出版发行了《运动员保障政策100问》，内容涵盖了运动员招录聘用、社会保险、行业保障、就学、就业等。在各级体育及有关部门的共同努力下，我国运动员保障工作取得了明显成效。《全国体育竞赛裁判员选派与监督工作管理办法（试行）》，提出了牢固树立公平、公正、公开、透明的选拔原则，坚持正风肃纪，加强行业作风建设，成为推进竞技体育人才发展的重要保障。

第二，不断提高全国综合性运动会组织管理工作的科学化、规范化和标准化水平。2017年2月，国家体育总局根据《中华人民共和国体育法》（以下简称《体育法》）的相关要求，制定了《全国综合性运动会组织管理办法》，从运动会组织机构、场馆、规模、竞赛组织、文化活动等12个方面进行了规定，建立并完善了廉洁办赛的机制和制度，严格执行党纪党规和国家各项法律法规，实现了风清气正的办赛目标。为了规范武术赛事活动，整治武术乱象，根据《中华人民共和国体育法》《中华人民共和国境外非政府组织境内活动管理法》等法律，2017年8月，总局制定了《关于进一步加强武术赛事活动监督管理的意见》，推进武术运动持续健康发展，文件明确列出了八大违法违规行为和活动，对违反规定的行为实施严格监管和处罚，依法处置。为加强体育标准化工作，规范体育标准化活动，2017年11月，国家体育总局印发了《体育标准化管理办法》《体育标准制修订工作实施细则》，以标准化手段来助推体育事业改革，成为加速体育标准供给、推动标准化助力体育强国建设的重要抓手。此外，我国竞技体育相关安全法规建设得到加强，体育安全法是推动竞技体育健康发展的重要法规，随着现代竞技运动发展需要，我国不断完善了竞技体育相关安全法制，围绕《体育法》《刑法》《治安管理处罚法》等与大型体育活动相关的法规和规章，在国家体育总局发布的《举办体育活动安全保卫工作规定》《体育安全管理制度》《射击竞技体育运动枪支管理办法》基础上，对竞技体育参与中的安全保障进行了合理规划和完善，如2012年我国散打队建立了医务监督委员会，从而确保了比赛更加安全。

第三，不断开展赛风赛纪和反兴奋剂专项治理。国家体育总局大力推进预防与惩治相结合的国家反兴奋剂综合治理体系建设，完善赛风赛纪和反兴奋剂教育监督和检查惩处，不断健全了体育竞赛仲裁制度。认真贯彻落实《反兴奋剂条例》，不断完善运动队反兴奋剂准入制度。2015年1月1日，国家体育总局实施《反兴奋剂管理办法》，这部共9章54条的《反兴奋剂管理办法》，取代了1998年颁布的《关于严格禁止在体育运动中使用兴奋剂行为的规定（暂行）》（简称《一号令》），标志着中国的反兴奋剂工作进入新阶段。并且，国家体育总局还建立了反兴奋剂责任制,通过与有关责任部门签订《反兴奋剂工作责任书》,通过积极开展反兴奋剂宣传教育,开创了运动员反兴奋剂教育参赛准入制度,不断提高反兴奋剂工作水平,逐步建立健全了中国特色的反兴奋剂法律法规体系。兴奋剂检测水平和数量始终处于世界前列,我国兴奋剂检查数量近年来增长到每年1.5万例左右,而阳性率则低于国际平均水平,仅2017年国内兴奋剂检查数量已超过17000人次,一系列举措和成果,得到了国际社会的普遍认可。

第二节 中国竞技体育发展的成就与经验

一、中国竞技体育发展的成就

新中国成立以来,我国竞技体育在国家发展的大潮中不断摸索,尤其是1978年改革开放带来的政治、经济、社会发展赋予了竞技体育重大历史使命,同时为竞技体育提供了新的发展机遇。在举国体制和奥运战略的保障下,竞技体育实现了自身实力的快速发展,不断提升了综合竞争力,多次取得了国际大赛的优异成绩,塑造了良好的国际形象,实现了为国争光的奥运目标。2012年进入新时代以来,竞技体育获得了新的发展动力,逐步实现了从单一管理到"多元治理"的体制机制转变、从"争光体育"向全面体育转变、从"金牌至上"向展示综合实力的复合型目标转变,竞技体育不断发挥出多元价值和综合功能,在新时代全面小康社会建设中取得了一次次重大成就①。中国竞技体育在世界舞台上创造了中国速度,拼出了中国精神,奏响了中国旋律。

(一) 奥运征程创造优异成绩

新中国成立以来,在"冲出亚洲,走向世界"、建设体育强国的目标驱动下,我国竞技体育以在国际大赛上取得优异成绩、"为国争光"为主要任务,在奥运会等国际赛场上取得了优异成绩。从参加1984年洛杉矶奥运会到2016年里约奥运会,我国共参加了9届夏季奥运会,共获得224枚金牌、167枚银牌,155枚铜牌,其中,2008年北京奥运会以48枚金牌共97枚奖牌名列金牌总数第一,实现了历史突破,2012年伦敦奥运会创造了境外最好成绩。从1980年参加第13届冬季奥运会开始,我国共参加了11届冬奥会,从1992年实现冬奥会奖牌"零"的突破,到2002年实现金牌"零"的突破,尤其是2010年温哥华冬奥会

---

① 杨国庆,彭国强. 改革开放40年中国竞技体育发展回顾与展望 [J]. 体育学研究,2018 (5):12-22.

中国首次进入冬奥会奖牌榜前八名。截至 2018 年，中国共获得冬奥会金牌 13 枚，银牌 28 枚，铜牌 21 枚。从 1984 年洛杉矶奥运会实现奥运金牌"零"的突破，到 2000 年悉尼奥运会首次进入奥运金牌榜第一集团，再到 2008 年北京奥运会首次位列金牌榜首，仅用了 24 年的时间，竞技体育实现了跨越式发展，创造了世界竞技体育史上的奇迹。

（二）世界冠军和世界纪录数量攀升

新中国成立以来，我国积极参与国内外重大比赛，并取得了一系列优异成绩，从 1978 年中国运动员在世界级体育赛事获得 4 项冠军开始，中国运动员们不断为国争光，勇攀高峰，改革开放到 2018 年我国运动员共获得奥运冠军 237 个；获得世界冠军 3319 个，占新中国成立以来总数的 99% 以上；创超世界纪录 1125 次，占新中国成立以来总数的 86.4%。其中，1978—2000 年，中国运动员获世界冠军 1392 个，23 年时间年平均获得世界冠军 60.5 个，远远超过同期世界其他国家的增长速度。2001 年北京奥运会申办成功后，竞技体育整体保持了较高的水平，2001—2017 年的 16 年时间，中国获得世界冠军的数量达到 1844 个，年均获得世界冠军数量达到 115.25 个，特别是 2008 年中国运动员获得 142 个世界冠军，再次刷新了世界冠军数量新纪录。自 1978 年以来，中国运动员创超世界纪录 1294 次，其中，北京奥运会之前创超世界纪录 1001 次，创超世界纪录的运动项目呈现出遍地开花的现象。

（三）打造了一大批稳定的奥运金牌大项

新中国成立以来，在竞技体育层面上着力解决"三大球"等群众喜爱的项目长期落后问题，在夏季与冬季项目上强调恶补冬季项目的短板，注重打造适合我国国情的重点项目。经过各级体育系统的不断努力，我国竞技体育形成了一个比较稳定的重点项目群，打造了跳水、乒乓球、羽毛球、体操、举重、射击、柔道七大优势项目，摔跤、击剑、射箭、自行车、跆拳道等众多潜优势项目，我国竞技体育成为国际体育舞台上一支重要力量。从改革开放之初的 1 个运动大项冠军发展到 2017 年的 24 个运动大项，且稳定在每年 20 多个大项，尤其是 2009 年一度达到 36 个大项的冠军。我国运动员获奥运项目世界冠军的项目范围也在不断扩大，2008 年获得冠军的运动大项数量达到 19 个，囊括了大部分奥运项目。此外，我国还涌现了一大批优秀运动项目代表队，如五连冠的中国女排、长盛不衰的中国乒乓球队、勇攀高峰的中国登山队、被誉为"梦之队"的中国跳水队等。整体而言，中国运动员获世界冠军的运动大项在 1978—2000 年呈现不断上升的趋势,在2002—2017年保持在相当高的水平上平稳发展,形成了在世界重大比赛中夺取优异成绩的项目基础,各类运动项目朝着均衡发展的方向稳步前进。

(四) 形成了举国体制和奥运战略制度优势

举国体制和奥运战略是高效提升我国竞技运动水平、保障竞技体育取得辉煌成就和跨越式发展的科学制度设计,是我国竞技体育在奥运征程中搏击奋进的坚强保障,也是中国特色社会主义制度优越性的最好体现。改革开放以来,我国体育主动适应市场经济发展的要求,在坚持中不断调整和完善举国体制,使举国体制始终能够发挥巨大的凝聚力、动员力和协调力,充分调动起全国体育系统共同做好竞技体育工作的积极性。经过几代体育工作者的不断实践检验,举国体制成为推动我国竞技体育快速发展、取得辉煌成就的制胜法宝。依靠举国体制能够在特殊时期广泛调动全国资源和体育系统的积极性,高效地形成政府主导、部门协同、社会共同参与的体制机制,塑造强大的工作合力,推动竞技体育在世界大赛中取得了优异成绩。竞技体育举国体制和奥运战略适应了中国基本国情的发展需要,成为我国竞技体育事业搏击奋进的宝贵财富,很好地彰显了中国特色社会制度的优越性和先进性。党的十八大以来,在发挥举国体制制度优势的同时,充分发挥市场机制和社会力量的作用,与时俱进地赋予举国体制市场经济条件下的新内涵。

(五) 成功申办和承办了奥运会、世锦赛、亚运会等重大国际比赛

我国将申办和承办奥运会等国际大赛作为竞技体育奥运战略的重要组成部分,积极申办了各类重大国际赛事。新中国成立以来,在国家对体育事业的大力支持下,我国积极承办各类国际赛事,主要成功举办了1990年北京亚运会、2008年北京奥运会、2010年广州亚运会、2011年上海世界游泳锦标赛、2012年海阳第三届亚沙会、2013年南京第二届亚青会、2013年天津第六届东亚运动会、2014年南京第二届青奥会、2015年北京世界田径锦标赛等多项综合性国际赛事,还成功申办了2022年北京第二十四届冬奥会、2022年杭州第十九届亚运会、2019年男子篮球世界杯赛等各类重大国际赛事。尤其是2008年北京奥运会和2022年北京冬奥会的申办,使北京成为世界上唯一一个举办过夏季奥运会和冬季奥运会的城市。各类赛事的成功申办不仅为运动员搭建了良好的竞技平台,而且是中国国家综合实力不断强大的体现,借助各类大赛很好地彰显了中国改革开放新成就,塑造了国家新形象,提升了国际影响力。

（六）培养了一支规模庞大的优秀竞技体育人才队伍

新中国成立以来，通过充分发挥举国体制优势，在体育领域大力实施"人才强体"战略，逐步建立了运动员、教练员、体育管理、科研人员、医务人员等各类优秀人才培养制度，造就了一支数量充足、结构合理、素质优良的人才队伍。新中国成立以来，我国竞技体育人才数量稳步增长，人才队伍规模不断壮大，人才结构不断优化。截至2007年，全国各类优秀运动员总计17937人，其中，国际级健将489人，国家级健将4230人，一级运动员5635人，二级及以下运动员7583人。2008—2016年，我国累计培养国际运动健将2725人，国际级运动员21020人。2008—2017年，国家级健将运动员每年都超过5000人，国际健将运动员每年新增超过700人，2014年新增达到854人。截至2017年，我国共有教练员24354人；到2016年，全国裁判员数量总计95472人，其中，国际裁判员485人，国家级裁判员1819人，分布在72个运动项目中。

（七）竞技体育职业化和社会化改革成效显著

推动竞技体育的职业化、社会改革是提升竞技体育发展水平的重要突破口。自1992年足球实施职业化改革以来，我国竞技体育项目职业化、实体化进程不断推进，到2005年，共成立了23个运动项目管理中心，成为我国竞技体育实体化改革的显著标志。2008年北京奥运会后，通过积极探索社会主义市场经济条件下的职业体育发展方式，继续推动具备条件的运动项目走职业化道路，提升了足球、篮球、网球等多个运动项目的职业化水平，利用社会市场助力竞技体育发展，形成了一定规模的职业联赛市场。2015年以来，以足球改革为突破口，不断提升了足、篮、排三大球等项目的职业化发展水平，不断扩大了职业体育的社会参与。另外，运动项目实体化改革不断深入，以单项体育协会为突破口，大量运动项目陆续实行了实体化改革。截至2017年底，已有中国篮协、中国滑冰协会、中国冰球协会等15个单项体育协会实现了实体化改革，竞技体育的职业化、社会化改革取得了显著成效。

（八）竞技体育服务国家战略的地位与作用日益彰显

新中国成立以来，竞技体育在国内外大赛取得优异成绩的同时，自身的内涵和外延不断丰富，与经济、社会、文化、外交等领域不断融合，在国家发展中发挥了重要作用。首先，竞技体育发挥政治价值，助力中国大国崛起。通过举办和参与各类大型国际赛事，既展现了中国良好的形象和经济社会发展新风貌，塑造了大国形象，又展现了中国改革开放的伟大成就。其次，竞技体育发挥经济价值，推动经济社会建设。改革开放以来，随着我国经济体制改革的深入，竞技体育与社会市场的关系日益密切，通过大力发展竞赛表演市场、职业体育市场、体育健身娱乐市场等推动竞技体育项目产业化发展，2015年我国体育竞赛表演业总产出149.5万亿元，实现增加值52.6亿元；2016年体育竞赛表演业总产出186.8万亿元，实现增加值达65.5亿元。最后，竞技体育发挥人文价值，满足于社会需要。改革开放以来，随着我国体育事业改革的深入，竞技体育从主要服务国家崛起的政治价值，逐渐向满足社会需求的人文价值转变，围绕满足于人民文化生活需要，不断发挥出竞技体育的休闲、教育、健康等多元价值。

（九）中华体育精神在实践中不断丰富，在全社会得到弘扬

中华体育精神是我国竞技体育领域产生的重要文化财富。改革开放以来，我国体育事业逐渐形成了以"为国争光、无私奉献、科学求实、遵纪守法、团结协作、顽强拼搏"为主题的中华体育精神，中华体育精神继承了中华民族历久弥新的民族精神，凝聚着体育战线一代又一代人的心血，在实践中不断被弘扬。通过优秀运动员的形象展现国家形象、民族精神和时代精神，体育健儿在赛场上取得的成绩和表现出的拼搏精神成为鼓舞全国人民前进的号角，中国女排不畏强手、顽强拼搏，创造了五连冠的辉煌，"女排精神"极大地鼓舞了全国人民的改革激情，成为整个民族锐意进取的强大精神动力。并且，中华体育精神在实践中不断发展丰富，从为国争光到塑造体育文化软实力，"人生能有几回搏""胸怀祖国，放眼世界""冲出亚洲，走向世界"等远远超过了体育的范畴，成为一个个激励全国人民自强不息、奋发图强的强大精神力量。中华体育精神丰富了社会主义精神文明建设的内容，成为激发全国人民积极投身社会主义现代化建设的瑰宝，在全社会得到广泛弘扬。

二、中国竞技体育发展的经验

（一）坚持和完善举国体制，不断探索中国特色竞技体育发展模式

举国体制是中国特色社会主义制度，是实现竞技体育勇攀高峰的重要保障。经过几代体育工作者的实践检验，举国体制适应我国基本国情的发展需要，成为推动竞技体育搏击奋进、勇攀高峰的制胜法宝，彰显了中国特色社会制度的优越性和先进性。我国是社会主义国家，集中力量办大事是社会主义制度优越性的重要体现，举国体制是高效提升竞技运动水平、实现竞技体育取得优异成绩和跨越发展的制度保障。新中国成立以来，我国无数体育健儿在国际赛场为国争光，实

现了世界冠军和世界纪录数量的持续攀升,成功申办了北京奥运会、南京青奥会、广州亚运会等重大国际比赛,实现了"冲出亚洲,走向世界"的目标,各项辉煌成就的取得都离不开举国体制的坚强保障。自1984年洛杉矶奥运会以来,我国共获得237枚金牌,产生了251名奥运冠军,竞技体育在短短几十年内取得了惊人的成绩,中国从一个体育落后的国家迅速发展成为世界竞技体育强国,创造了世界体育发展史上的奇迹。这既是中国举国体制制度优越性的彰显,也是中华民族团结统一、自强不息伟大精神的体现,让全世界清楚地看到了中国特色社会主义制度的巨大优势。

同时,为适应社会主义市场经济体制需要,我们不断完善竞技体育举国体制,贯彻国家计划与面向市场相结合,政府主体、社会补充的发展思路,不断探索适合社会实际需要的竞技体育发展模式,举国体制不断向政府、社会与市场协同的管理体制转变,举国体制优势逐步向社会化、协会化、市场化、个体化、立体化发展模式转型。从1979年全国体育工作会议确立竞技体育"思想一盘棋、组织一条龙、训练一贯制"指导思想开始,我国竞技体育举国体制基本形成并逐步完善。1988年,国家体委对足球、登山、武术、棋类等项目管理体制进行协会化试点改革,举国体制开始主动向市场经济体制要求的方向转化,由单一行政主体不断向社会广泛参与的多元主体发展。1993年《国家体委关于深化体育改革的意见》提出转变政府职能,实现政事分开,将大量事务性工作交给事业单位和社会团体,举国体制开始以运动项目管理改革为重点、全面推进运动项目协会实体化改革。2002年,《中共中央国务院关于进一步加强和改进新时期体育工作的意见》对于如何完善举国体制提出了更加明确的指导,强调合理运用计划和市场两种手段,从宏观和微观两个层面调动社会资源发展竞技体育。2008年北京奥运会后,围绕建设体育强国的要求,进一步转变政府职能,推出了以足球为突破口的项目实体化改革,举国体制不断深化与社会市场相结合,获得了新的发展活力。实践表明,中国竞技体育的伟大成就得益于不断坚持和完善举国体制,不断探索适应基本国情、具有中国特色的竞技体育发展模式,不断改革与完善举国体制的过程折射了国家改革开放和全面深化社会改革的过程,彰显了我国社会主义制度的独特优势。

(二)坚定不移地实施奥运战略,推动竞技体育由优先发展不断走向协调发展

新中国成立以来,通过坚定不移地实施奥运战略,在成就我国竞技体育快速崛起的同时,也推动了我国竞技体育从优先发展、赶超发展向协调发展、全面发

展转变，竞技体育积极顺应我国社会主要矛盾的变化，战略思路整体呈现出从效率优先向注重公平、协调发展转变。改革开放后，国家制定了"在本世纪成为世界体育最发达国家之一"的战略目标。面对国际竞技体育的激烈竞争，我国竞技体育确立了以奥运会上争金夺银为重心的"优先发展"战略，"赶超"发展成为重要方向，将有限的资源投入"小、精、尖"项目，提高竞技体育优先发展效率。1979年，随着我国国际奥委会合法席位恢复，"优先发展"战略得到进一步确立，以层层争光、在国际大赛中创造优异成绩为战略定位，竞技体育实现了快速、全面的"赶超式"发展。1984年8月，全国体育发展战略会议正式提出实施"奥运战略"，以在奥运会上创造优异成绩为最高战略任务。1995年，国家体委颁布了第一部《奥运争光计划纲要》和《全民健身计划纲要》，竞技体育经历了"两个战略协调发展"的战略转变。2001年北京奥运会成功申办后，更加注重竞技体育全面发展与北京奥运备战同行，制定了《2001—2010年奥运争光计划纲要》，调整了运动项目布局，促进了不同项目间的协调发展。2008年北京奥运会后，为更好地推动我国由体育大国向体育强国迈进，在整体层面上强调竞技体育、群众体育协调发展，在竞技体育内部结构上强调夏季项目与冬季项目、优势项目与弱势项目协调发展，国家体育总局颁布了《2011—2020年奥运争光计划纲要》，战略目标上专门提出以优化结构为重点，强调均衡发展、统筹兼顾、协调发展、全面提升，奥运战略得到了很好的继承与完善。

（三）坚持以改革促发展，不断完善竞技体育管理体制和运行机制

新中国成立以来，我国竞技体育的辉煌成就得益于始终坚持以改革促发展的正确思路，通过不断推进竞技体育体制机制改革，优化运动项目结构布局，坚定不移地走社会化、实体化道路，竞技体育管理体制和运行机制不断完善。

一是不断推动竞技体育社会化改革。我国竞技体育管理体制从单一管理主体不断向多元治理主体转变，从政府管办合一"独轮驱动"向政府、社会、市场、个人"四轮驱动"转变。改革开放后，随着社会主义市场经济体制的逐步建立，通过不断推进竞技体育社会化改革，以优化运动项目结构改革为基础，促进竞技体育有限资源的优化配置，逐步改革了依靠国家"独家管办"竞技体育的发展方式，改变了国家或省市政府一家投资的状况，由体育部门办体育，逐步转变为全社会共同参与办体育。2008年北京奥运会后，随着竞技体育发展方式的转变，竞技体育社会化改革不断深入，竞技体育的社会化程度不断提高，初步形成了国家办与社会办相结合的管理体制。

二是不断推动运动项目协会实体化改革。我国运动项目管理体制从国家体委

统一管理到项目中心双轨制管理，从项目中心管理功能弱化不断向协会实权化转型。1988年，国家体委选择了足球、武术、网球等12个项目协会作为实体化改革试点，开始初步实施运动项目协会实体化改革。1992年红山口会议，把足球改革作为运动项目管理体制改革的突破口，确立了足球职业化改革方向。1994年国家体委成立"运动项目管理中心"，作为独立的事业单位和协会办事机构。随着项目协会改革的深入，2005年，国家体育总局成立了23个运动项目管理中心，结束了运动项目管理的双轨制。2008年北京奥运会后，运动项目协会实体化改革不断深入，2016年2月，国家体育总局足球运动管理中心撤销，中国足协与国家体育总局"脱钩"，以单项体育协会为突破口，大量运动项目陆续实施了实体化改革。

三是不断推动国家队管理体制改革。我国国家队管理体制从垂直式管理向扁平化管理，从单一组建体制不断向多元化、复合型管理体制转变。改革开放后，随着市场经济的发展，我国不断改革国家队组建体制，不断探索国家队内部新型管理模式，形成了集中型、集中与分散结合型、分散型三种组建方式。1993年《国家体委关于深化体育改革的意见》提出只对少数奥运优势项目国家队实行集中管理长期集训，提高了国家队管理水平。进入21世纪后，为备战北京奥运会，进一步发挥了国家队集中训练的举国体制优势，适当扩大了国家队编制和集训规模。2008年北京奥运会后，国家队组建方式日益多元，不断向地方、向企业、向社会开放，国家与社会共同建设国家队的新模式日益形成。国家队内部管理体制同样与时俱进不断改革。改革开放到1985年，国家队实行领队负责制；从1985年到20世纪末，实行主（总）教练负责制；进入21世纪，逐步向队委会领导下的分工负责制转变。不断打造复合型国家队训练管理团队，体现了国家队管理的科学化水平不断提高。

（四）坚持不断推进竞赛体制和训练体制创新，探索科学化训练管理新模式

一是以全运会为"龙头"，全面推进竞赛体制改革。我国竞赛体制从国家统办向社会化、市场化方向发展，从全运会主导不断向多元竞赛体系协同发展转变。改革开放以来，我国体育部门紧抓全运会体制改革，带动和不断深化竞赛体制的全面改革。1983年，从改革第5届全运会举办地开始，拉开了以全运会为"龙头"的竞赛体制改革序幕。1986年，国家体委颁布《关于体育体制改革的决定（草案）》，提出"竞赛要向社会化、制度化方向发展，国内比赛与国际比赛衔接，业余比赛与专业比赛衔接"，贯彻"全运会为奥运战略服务"的思想，为后期竞赛改革指明了方向。从第 7 届全运会开始，实行了奥运奖牌带入全运会的政策，将参加奥运会取得的成绩与全运会成绩联系起来，实现项目设置与奥运会全面接轨，推动了奥运战略的实施。2008 年北京奥运会后，围绕全运会竞赛体制、项目设置、参赛方式等多个方面进行了深入改革，不断推进了竞赛的社会化、市场化发展。尤其是 2017 年第 13 届全运会，取消了金牌奖牌榜，打破了专业和业余、国际和国内界限，竞赛的社会化程度不断提升。我国已形成了以全运会为龙头，以全国城市运动会、冬季运动会、各单项运动会及青少年运动会等为主体的系列竞赛体系。并且，以全运会为龙头的竞赛体制改革，带动了其他各类赛事的改革，我国竞赛组织水平和科学化程度不断提升。

二是不断探索竞技体育制胜规律，稳步推进训练体制改革。我国训练体制经历了从"单打独斗"到"奥运攻关"，从"自然"初始训练，向多学科理论与技术介入、基础科学和成体系的科学训练理论支撑的奥运科研攻关与科技服务不断深入转变，运动训练的科学化水平不断提高。1979 年以来，随着社会主义市场经济体制的建立，原有国家管办的单一训练体制不能适应新形势下竞技体育发展需要，在继续巩固、发展以三级训练网为标志的"一条龙"训练体制的基础上，稳步推进了训练体制改革，大力拓宽训练渠道，完善国家队组建方式，改革单一的训练体系，不断探索运动项目发展和制胜规律。1986 年，《关于体育体制改革的决定（草案）》提出建立科学的训练体制，把训练路子拓宽，积极鼓励有条件的城市、行业、大专院校等设立高水平运动队。1987 年，审批了 59 所普通高等院校作为高校办高水平运动队的试点，成为竞技体育迈向集中与分散相结合训练体制发展的第一步。1993 年，《国家体委关于深化体育改革的意见》提出了改变训练工作分段管理、多头领导体制，建立若干项目综合管理与协会专项管理相结合的训练体制。进入 21 世纪后，不断深化对不同运动项目训练规律的认识，在训练方法、手段及技战术方面勇于创新，不断探索国家队多元办队方式，探索科学训练和管理新模式，逐步建立了以国家队为"龙头"，面向社会和市场的多元训练体制。

（五）坚持"人才强体"战略，不断加强后备人才选拔、培养和保障工作

新中国成立以来，通过充分发挥社会主义制度优越性，不断完善竞技体育人才培养体系，我国后备人才选拔、培养和保障工作从无到有、从国家单一投入不断向国家、社会多途径多渠道齐抓共管转变，在"科教兴体""人才强体"方面取得了明显的成效。

一是竞技体育后备人才多元培养方式不断创新。改革开放以来，我国不断扩宽后备人才选拔方式，通过推进体教结合，广泛利用学校资源选拔优秀体育人才，发挥社会力量在体育人才选拔中的作用，创新了体育部门、教育部门、社会力量共同培养后备人才的方式，逐步形成了政府与社会共同培养体育人才的新格局。2008年以来，相关部门专门出台了《关于加强竞技体育后备人才培养工作的指导意见》《冬季项目后备人才培养中长期发展规划》等多个指导性文件，不断创新竞技体育人才选拔方式，以国家高水平体育后备人才基地建设为龙头，改革与完善了三级训练网络，通过推进"跨界跨项选材"，实施国家队多元共建工作，创新了后备人才培养模式。

二是运动员文化教育和保障工作不断提高。改革开放后，为推动优秀运动员社会保障工作，国家相继颁布了一系列法规条例。1982年，国家体委颁发了《优秀运动员教练员奖励试行办法》，对获得优异成绩的运动员、教练员给予奖励。1986年，国家体委颁布《优秀运动队工作条例（试行）》，各地开始不断推进运动员文化教育和保障工作，通过建立运动员文化教育联席会议制度和督导制度，完善了运动员职业转换社会扶持体系。进入20世纪90年代后，运动员文化教育和保障工作进一步加强，国家相继出台了《优秀运动员奖学金、助学金试行办法》《关于对部分老运动员、老教练员给予医疗照顾的通知》《运动员聘用暂行办法》等多个文件，从多个领域推动运动员保障工作，涵盖了运动员招录、社会保险、行业保障、就学、就业等多项内容。2011年3月，国务院办公厅专门下发了《关于进一步加强运动员文化教育和运动员保障工作的指导意见》。2017年12月，国家体育总局、教育部联合制定并印发了《关于加强竞技体育后备人才培养工作的指导意见》，初步建立了与国家社会保障制度相衔接，国家、社会、行业、地方和个人共同承担的多层面、全方位的运动员保障体系。

第三章 角色与担当：中国竞技体育的功能价值

竞技体育作为一种特殊的文化现象，具有竞争性、娱乐性、规则性、教育性等多元属性，在长期实践中形成了特殊的功能与价值，主要包括政治功能、经济功能、教育功能、娱乐功能、促进个体社会化功能、军事功能与健身功能等。竞技体育功能和价值是对社会发展需求的满足和对社会进步的贡献，竞技体育自身附带的功能价值映射了我国体育的发展趋向，彰显了我国体育事业发展的伟大成就。作为我国体育事业发展的主战场，竞技体育在改革开放和体育体制转型的推动下，在不同阶段承载着重大使命，发挥出了助力国家崛起的重要价值，为体育事业和国家建设做出了不可磨灭的贡献。从新中国成立到全面建成小康社会的新时代，我国经济社会经历了大发展、大转型，竞技体育也随时代社会变迁体现出与经济社会发展相匹配的政治、经济、文化、教育等多种功能，发挥出服务国家战略、促进社会稳定和丰富人民文化生活的多元价值。

第一节 竞技体育的政治价值服务中国大国崛起

竞技体育是体育强国建设的重要内容，是实现中华民族伟大复兴中国梦的重要载体，对树立国家形象、振奋民族精神、推动国家外交、增强国家凝聚力等发挥着重要作用。新时代背景下，竞技体育俨然已成为推动我国体育强国建设的中坚力量，其辐射作用与带动作用得到不断彰显。

一、塑造大国形象，彰显精神风貌

国家形象是一张"国家名片"。国家形象在根本上取决于国家的综合实力，体育形象是国家形象的一部分，竞技体育作为国家社会文化的重要组成部分，与国运兴衰密切关联。自1979年中国在国际奥委会的合法席位恢复以来，到2008年北京奥运会结束，中国竞技体育走过了一段辉煌的发展道路，利用体育彻底洗刷了"东亚病夫"的耻辱，在多个项目上打破了西方人一统天下的局面，显著提高了中国的国际地位，向全世界展示了改革开放以来中国社会的勃勃生机。新中国成立以来，国家崛起的战略目标赋予了竞技体育特殊的使命，竞技体育肩负着重大的时代责任，通过继续发挥自身的政治价值，对内提升民族凝聚力，对外塑造大国形象，助力中国和平崛起。通过申办和筹办北京奥运会、广州亚运会、南京青奥会、杭州亚运会、北京冬奥会和冬残奥会等重大国际比赛，展现新时期中国的良好形象和经济社会发展新风貌。2008年北京奥运会的成功举办，充分展示了中华民族的良好形象，增强了中国的世界影响力，中国的新精神得到国际社会的广泛认同，让世界进一步了解了改革开放后中国的新风貌；2014年南京青奥会，将一个负责任、有担当、活力四射的大国形象展示在世界舞台中央；2022年北京冬奥会、冬残奥会的成功申办标志着中国体育在当代国际体坛中取得了新的坐标，预示着一个新的世界大国正在崛起。通过承办各类大型综合性国际赛事，展现了中国作为一个大国强烈的国际责任感，通过竞技体育赛事对国际社会产生了积极影响，塑造了大国形象。此外，竞技体育还是提升中国国际声望和地位的重要途径，通过举办奥运会等国际重大赛事，使中国的政治、经济、文化、基础设施建设及环境等方面，得到了向世界宣传、展示、交流和发展的机会，世界大赛成为提升中国国际地位和声望的助推器。我国优秀运动员的形象展现了国家形象、民族精神和时代精神，为满足国家体育外交的需要，越来越多的中国体育明星在国际舞台展现了国家的新风貌，优秀运动员在赛场上表现出的高水平运动技能、坚韧顽强的毅力、包容大度的风格、积极阳光的面貌，向世界传递着中国体育的新风貌。众多顶级体育明星如姚明、李娜、朱婷等优秀运动员陆续进入国外高水平职业联赛，用勤奋、幽默、睿智的人格魅力为西方重新审视中国打开了一扇窗。丁俊晖、邹市明、刘翔、孙杨、林丹、武大靖等在国际赛场上的高水平运动技能、自信坚毅的精神品质彰显了新时代中国人的体育精神和民族精神，不仅提升了中国体育的国际影响力，而且提升了中国竞技体育的国际地位。

二、丰富国家外交形式，推动大国外交

竞技体育作为一种独辟蹊径的外交手段，可以成为攻破外交壁垒、缓解外交摩擦的利器。竞技体育作为一种政治符号，能够超越国界和种族，具有搭建公共外交平台、促成政治文化沟通、推动人类价值观融合等多元价值。在竞技体育所创造的特殊外交语境中，国家外交空间能够得到进一步拓展。新中国成立以来，我国以竞技体育为载体，与世界各国和多个国际体育组织密切联系，在大型赛事

举办、体育外交、体育对外援助等多个领域展开了国际交流与合作，取得了巨大成就。如通过 2008 年北京奥运会吸引了全球 205 个国家和地区参加，80 多个国家元首和政府首脑出席，各国政要利用奥运契机商讨外交事宜，以和平手段促进国家间利益实现，使竞技体育盛会成为一次国家外交的大戏。北京奥运外交表明，竞技体育作为国家间的特殊交往方式，传达了我国政府关于中国和平崛起、建立和谐世界的主张，深化了与世界各国的友好关系，为推动中国走向世界发挥了重要作用，竞技体育已成为世界各国共同分享的仪式符号，它能够以和平手段促进国家间利益实现。并且，我国举办和参与区域体育赛事、世界大型赛事实现人文交流、民间交往的方式日益增多，尤其是在"一带一路"倡议、金砖国家经济伙伴战略、中国与"东盟"国家发展战略等重要的多边交往中，竞技体育赛事成为各种文化交流活动的有效载体，环青海湖国际自行车赛、"一带一路"乒乓球邀请赛、兰州马拉松赛、丝绸之路国际汽车拉力赛、中国武术丝路行、中俄青少年运动会、"一带一路"国际马拉松系列赛等不断登陆"一带一路"沿线国家，加深了中国与世界体育文化的深层次交流，成为实现中国特色大国外交的助推器。通过参与国际间高水平的竞技比赛，以及承办一些世界大型体育赛事，将进一步促进中国与全世界国际的友好往来，增进友谊，加强战略对话，增进互信，深化合作，为实现世界的和平与稳定做出重要贡献，同时，也为中国赢得良好的国际发展环境创造条件。

三、提升国际话语权，增强国家影响力

体育话语权是一个国家体育发展水平和国际体育地位的标志。通过提高国际话语权，可以彰显一个国家的体育形象和大国责任意识。在中国和平崛起的大背景下，"一带一路"倡议正在全方位构建中国文化外交新模式。2008 年北京奥运会以来，凭借奥运会、亚运会等国际大赛的优异成绩在国际体育领域不断提升了影响力，不断提升了我国体育的"软实力"和国际影响力，竞技体育综合实力和国际竞争力进一步的提高，很好地展现了中国的良好形象和经济社会发展的新面貌，提升了中国的世界影响力。

通过积极参加国际体育组织提升话语权，改变了通过中国官方单边主导、直接任命中国官员出任各种国际体育组织委员的传统方式。2010 年，中国第一个冬奥会冠军杨扬以 89 票赞成 5 票反对的绝对优势成为中国第一个以运动员身份当选的国际奥委会委员，也是继何振梁、吕圣荣、于再清后第四位来自中国大陆的国际奥委会委员。2018 年 2 月，国际奥委会第 132 次全会上，经国际奥委会主席巴赫提名，中国速度滑冰运动员张虹当选国际奥委会运动员委员会委员，并因

此成为国际奥委会委员。近年来，我国还创新了提升国际体育话语权的新模式，中国企业家有很多机会帮助中国提升在国际体育事务中的话语权，甚至这些企业家有望直接出任国际体育组织领导人，很好地提升了我国体育国际话语权。在这方面，前有万达并购盈方，后有王石出任亚洲赛艇联合会主席并表态将竞选国际赛艇联合会副主席、国际奥委会委员。中国企业家和各种国际体育组织达成深度合作，甚至在体育组织内担任要职，这也必将促进中国整个体育事业的高速崛起。

通过竞技体育赛事提升城市影响力。在全球化不断加速的今天，现代体育在提升城市影响力和彰显国家形象中的多元价值正被不断发掘，体育已经被视为推进城市国际化、提升城市国际影响力的"催化剂"。全球体育城市影响力指数通过一系列涵盖经济、体育、媒体和社会影响的数据来评价，根据城市举办比赛的大小、规模和影响来计算。其中，权重最大的赛事部分，是针对过去7年和未来7年的700多个主要运动会和世界锦标赛进行深入分析。该指数涵盖了70多项体育项目，包括夏季和冬季的奥运体育项目和奥林匹克"认可的"体育项目。我国许多城市都是因体育赛事的成功举办而一举成名，如北京、广州、上海、南京、杭州等城市通过举办各类国际精品赛事，塑造了城市国际化形象，提升了城市影响力，也极大地提升了国家的影响力。

四、加强国际交流合作，提升国际声望和地位

竞技体育是展示一个国家体育运动技术水平、综合国力和民族精神面貌的重要窗口，能够不断增进友谊，加强交流，促进各国人民之间相互了解，也是促进国际交往的重要形式。新中国成立以来，我国通过积极承办各类世界重大赛事，很好地展示了我国改革开放和现代化建设的伟大成就，扩大了与国际社会的交流与合作，增强了我国的文化软实力和国际影响力。新中国成立以来，经济社会的快速发展使得中国竞技体育走出去、请进来的机会骤然增多，我国举办的大型国际赛事不断增多，国际体育领域的人员交流活跃，我国在国际体育事务中的作用不断增强。我国主要举办了广州亚运会、北京奥运会、南京第二届青奥会等多项国际大赛，成功申办了2022年北京冬奥会、2022年杭州亚运会等重大国际赛事，多项世界大型赛事的申办，进一步提升了我国的国际影响力。并且，我国还通过积极加入国际体育组织提升话语权。2008年北京奥运会后的十年内，我国在国际体育组织中任职人数稳定在254~275人，任职职位数稳定在403~440个。2010年，中国冬奥会冠军杨扬以89票赞成5票反对的绝对优势成为中国第一个以运动员身份当选的国际奥委会委员。不仅提高了中国在国际体育事务上的决策

力，同时也有利于进一步传播积极、正面的中国体育形象，增强国家影响力。

此外，我国还不断通过社会力量，利用中国企业家"走出去"，参与国际体育组织提升中国体育的影响力。我国主要通过两类人加强国际交流合作，一类是姚明、邓亚萍这类体育巨星出身的新锐企业家；另一类则是万达、阿里这类巨无霸企业。前者具有超级号召力和国际知名度，后者则拥有令国际体育组织垂青的核心资源。这两者有一个共同的称谓——中国企业家。对于中国企业家而言，发起全球性体育产业并购固然重要，但更重要的是，可以藉此敲开与国际体育组织对话的大门，获得更多的话语权，这将从更高层面直接推动整个中国体育的高速发展。中国企业家吴迪在2014年成功当选国际拳联副主席，他的博盟体育通过运营APB赛事使得多名中国拳手顺利晋级里约奥运会；王石则在2014年当选亚洲赛艇联合会主席并表态将在未来竞选世界赛艇联合会副主席、国际奥委会委员；王健林则因为和国际足联达成战略合作关系而受邀参加2015年的国际足联大会，他是唯一一个非国际足联委员却受邀参会的人士，在大会首排中间位置就座的他全程颇受国际足联礼遇。他利用参加国际体育大会，推动了中国足球发展的多个项目，并在2016年联合推出"中国杯"国际足球锦标赛，通过体育项目传播中国文化，很好地提升了我国在国际体育领域的话语权。

第二节 竞技体育的经济价值助推经济社会建设

竞技体育与国家的经济发展息息相关，竞技体育的发展离不开经济社会的稳定与支持，国家强盛与否直接影响和制约竞技体育发展。新中国成立以来，我国竞技体育不仅在国际大赛中创造了无数优异成绩，而且充分发挥其经济价值，并为国家经济社会发展服务、为经济社会的发展创造了宝贵财富。随着我国经济社会的发展、科学技术水平的提高、物质生活资料的日益丰富和国民余暇时间的增加，竞技运动以其特有的魅力不断受到广大社会民众的喜爱，竞技体育的经济价值被进一步挖掘，不断服务于经济社会建设。当前，我国职业体育发展迅猛、竞赛表演市场火爆，竞技体育通过竞赛表演、电视转播、广告赞助等形式不断产生经济效益，竞技体育的职业化趋向不断深化，已成为我国体育产业中的重要组成部分，组织、参与和观赏竞技体育已成为越来越多的人群生活中不可缺少的内容，竞技体育在人们的社会生活和社会发展中发挥着越来越大的作用。并且，竞技体育相关产业作为一种蓬勃向上的朝阳产业门类，具有无比巨大的发展潜力，对社会经济的发展起到显著推动作用，并将不断发展成为拉动我国经济快速增长的新引擎。

一、竞技体育项目更加注重产业化发展

新中国成立以来，伴随着我国经济体制改革的深入，竞技体育与社会市场的关系日益密切，产业化成为奥运赛场以外体现竞技体育发展水平的重要标志。在国家大力发展体育产业的背景下，竞技体育不断推进着以不同项目俱乐部为实体、以运动员竞技表演为商品、以利润最大化为目的产业化发展，通过大力发展竞赛表演市场、职业体育市场、体育健身娱乐市场、无形资产市场等推动着竞技体育项目的产业化发展，特别是不同运动项目的竞赛表演市场规模不断扩大，逐步形成了以"协会+俱乐部"和"公司+俱乐部"为主体的经营模式。改革开放以来，我国竞技体育项目的产业化进程不断推进，赛事举办、赛事转播、体育无形资产开发方式等不断拓宽，体育竞赛表演、职业体育、体育场馆运营等产业效益不断提升，为经济社会发展创造了宝贵的财富。2010年3月，《关于加快发展体育产业的指导意见》提出"通过大力开发体育竞赛和体育表演市场，不断推进全国综合性运动会和单项赛事的市场开发"。2014年10月，《关于加快发展体育产业促进体育消费的若干意见》提出"以竞赛表演业为重点，大力发展多层次、多样化的各类体育赛事"[①]。在国家系列政策扶持下，我国竞技体育项目赛事的市场化、产业化进程不断提升，2015年体育竞赛表演业总产出149.5亿元，实现增加值52.6亿元；2016年体育竞赛表演业总产出186.8亿元，实现增加值达65.5亿元；2018年总产出达到292亿元，涨幅达到95.3%，实现增加值103亿元，涨幅达到95.8%，预计到2025年体育竞赛表演业规模达2万亿元。随着新时代全面建设小康社会进程的加速，竞技体育项目在社会发展中的产业化趋势将越来越明显。

现代竞技体育涉及的领域逐渐扩大，竞技体育项目的产业化、职业化发展很好地带动了经济增长。如2008年北京奥运会对中国经济发展带来了福利，北京奥运会举办期间，我国旅游行业、食品行业、服装行业等相关领域都有明显的变化。竞技体育的经济功能还表现为可以提供满足人们需要的体育劳务、扩大就业，并为国民经济增加收入。如英国体育部门，每年为英国提供上万个就业机会。当今世界涌现的竞技体育项目商业化发展趋势，使体育比赛的商业价值直线上升，特别是具有较强观赏性的竞技体育项目门票带来的收入十分可观。竞技比赛本身就是一种经济活动，美国职业篮球赛、棒球赛都吸引了成千上万的观众涌

---

① 国务院印发《关于加快发展体育产业促进体育消费的若干意见》[EB/OL]. http://www.gov.cn/xinwen/2014-10/20/content_ 2767791.htm.

第三章 角色与担当：中国竞技体育的功能价值

入赛场。举办大赛事拥有广阔的观众市场，其电转播权价码也一再水涨船高。竞技体育附带的健身、休闲、娱乐等功能也在发挥越来越大的经济效益，并且，各种大型运动会的增加和规模的扩大，可以促进其他行业的发展，如建筑业、服装业、餐饮业、旅游业等，举办一场竞技比赛，其带来的价值和作用远远超出赛事本身。进入新时代，伴随着我国对体育产业的不断重视，竞技体育进一步围绕不同项目赛事拓宽了自身的产业价值，并颁布了一系列文件制度，多数都有专门涉及竞技体育项目产业发展的相关内容，见表3-1。

表3-1 北京奥运会后国家颁布的与竞技体育相关的产业政策

年份	名称	政策内容
2010年3月	《关于加快发展体育产业的指导意见》	开发体育竞赛和体育表演市场，探索完善全国综合性运动会和单项赛事的市场开发和运作模式，打造有影响、有特色的赛事品牌
2011年4月	《体育产业"十二五"规划》	引导体育竞赛表演业健康有序发展，积极引进国际知名的体育赛事，努力打造有影响、有特色的赛事品牌
2012年12月	《服务业发展"十二五"规划》	以体育健身休闲业、体育竞赛表演业为先导，带动体育用品、体育中介等行业的联动发展
2013年10月	《关于促进健康服务业发展的若干意见》	鼓励发展多种形式的体育健身俱乐部和体育健身组织，以及运动健身培训、健身指导咨询等服务
2014年10月	《关于加快发展体育产业促进体育消费的若干意见》	鼓励具备条件的运动项目走职业化道路，改进职业联赛决策机制，以竞赛表演业为重点，大力发展多层次、多样化的各类体育赛事，充分发挥俱乐部的市场主体作用
2016年5月	《体育发展"十三五"规划》	积极推动体育与经济社会协调发展，探索社会主义市场经济条件下职业体育的发展方式，大力发展冰雪运动产业
2016年8月	《竞技体育"十三五"规划》	探索社会主义市场经济条件下职业体育的发展方式，促进体育竞赛社会化，形式多样的竞赛管理体系
2019年7月	《武术产业发展规划（2019—2025年）》	支持符合条件的武术产业项目，打造一批以武术运动为主题的体育产业示范单位和示范项目
2019年	《国务院办公厅关于促进全民健身和体育消费推动体育产业高质量发展的意见》	推动体育赛事职业化。着力发展现有职业联赛，鼓励有条件的运动项目举办职业赛事，合理构建职业联赛分级制度。支持成立各类职业联盟
2020年	《体育赛事活动管理办法》	体育赛事活动应当坚持政府监管与行业自律相结合的原则，实行分级分类管理，加强赛中赛后监管，优化体育赛事活动服务

续表

年份	名称	政策内容
2021年	《冰雪旅游发展行动计划（2021—2023年）》	发挥冰雪赛事带动作用。以2022年北京冬奥会为契机，大力拓展冰雪竞赛表演市场，依托滑冰、冰球、冰壶和滑雪等观赏性强的冰雪运动品牌赛事，推动冰球职业联赛，引导培育冰雪运动商业表演项目，打造冰雪赛事旅游目的地

二、竞技体育项目的产业效益不断提升

运动项目产业是体育产业的核心，具有巨大的产业效益。改革开放以来，我国进一步提高对发展体育产业的认识，强化产业思维、产业意识、产业责任，把体育产业和体育事业协同发展作为体育发展的重要方向，不断推动竞技体育项目市场化改革，运动项目的产业效益不断提升。足球、篮球、排球、乒乓球等球类项目，马拉松、竞走、自行车等景观体育项目，马术、滑雪等体验类项目产业都得到快速发展，相关运动项目产业总量、产业覆盖面、市场认可度也在快速上升。并且，我国运动项目精品赛事不断涌现，从足球、篮球、排球、乒乓球等国内职业联赛，到NBA季前赛、中国网球公开赛、F1汽车拉力赛等国际大型比赛，不同项目赛事创造的经济价值和品牌价值不断增长，各类运动项目的经济效益越来越明显。2014年10月，国务院印发了《关于加快发展体育产业促进体育消费的若干意见》（以下简称《意见》），提出抓好潜力产业，以足球、篮球、排球三大球为切入点，加快发展普及性广、关注度高、市场空间大的集体项目，推动项目产业向纵深发展，该《意见》激活了竞技体育项目在经济领域的巨大能量，开拓了竞技体育项目产业化发展的新思路。以足球为例，在国家大力发展体育产业的背景下，足球产业效益不断提升，中超联赛16家俱乐部总收入由2013年的16.16亿元上升到2016年的70.82亿元，中超联赛有限公司总收入由2012年的1.19亿元上升到2016年的15.2亿元。并且，各俱乐部门票收入大幅提升，2013年恒大俱乐部门票突破了1亿元，其余多数俱乐部的票房收入在1000万元~2000万元。2014年，中国平安签约为中超联赛冠名，冠名费年均达1.5亿元，阿里巴巴以12亿元换得恒大足球俱乐部50%股权，恒大胸前广告卖出1.1亿元，"第一大球"的商业价值逐渐凸显。此外，伴随着竞技体育的市场化改革，各种竞技体育资源成为众多企业抢夺的焦点，国内自主竞技体育赛事如雨后春笋般涌现，冰雪运动、航空运动、山地户外运动、水上运动等一系列运动项目赛事不断走入民间市场，让体育产业有了更多的发力点，对经济社会的发展

发挥了重要作用。

此外，大型竞技体育赛事推动了地区经济发展。2008年北京奥运会和2016年广州亚运会，为我国提供了数以百万计的就业机会，带动了旅游业的发展，并吸引大量外资投资，加强我国与世界各国在文化、科技、经济等方面的合作。北京申奥成功后，2002—2008年，中国经济增长速度每年额外增加0.3%。中国经济发展提速，7年间额外增加GDP达137600亿元。2004—2008年间，奥运因素拉动北京GDP增加了1055亿元。2008年北京奥运会的举办和筹办过程吸引了全世界大量的观光客，2008年到北京旅游的海外人员达500万人次，奥运会为北京带来的旅游收入达1700亿元。

三、电子竞技产业助推经济社会发展

电子竞技运动是利用电子设备作为运动器械进行的、人与人之间的智力对抗运动。通过运动可以锻炼和提高参与者的思维能力、反应能力、心眼四肢协调能力和意志力，培养团队精神。随着以赛事为核心的产业链日益趋于成熟，电子竞技代表着一种新型业态成为我国体育产业的重要组成部分。电子竞技的产业化是经过漫长的摸索和发展才逐渐形成的，这既来源于整个产业的共同努力，也得益于国家政策和社会环境发展的促进。2003年11月18日，国家体育总局正式批准，将电子竞技列为第99个正式体育竞赛项目。国家多个部门为发展电子竞技运动提供了大力支持，将电子竞技作为"十三五"期间重点发展的文化产业之一。随着网络信息技术的发展，电子竞技行业日益成为社会的重要产业门类，形成了较为完整的电子竞技产业链。2011年，国家体育总局将电子竞技改批为第78个正式体育竞赛项目。随着行业的不断规范、主流媒体的关注、商业化、规范化的趋势已愈发明显，中国数字经济和居民收入水平的不断发展和提高，为电子竞技提供了成熟的产业基础和良好的消费环境，我国电子竞技行业市场规模不断扩大。移动电竞在国内电子竞技市场的占比由2015年的21.70%提升至2017年的53.74%。2017年，我国电子竞技市场用户规模达到3.5亿人，同比增加40%，2019年增加至4.4亿人。如图3-1，随着电子竞技用户规模的增加，2017年电子竞技市场规模达到908亿元，同比增长73.28%，在2018年突破千亿大关，达到1121亿元，2019年达1175亿元同比增速在25%左右。2016年，中国移动电竞用户规模达到了1.54亿人，较2015年增长了75%，2017年用户规模达2.25亿人，2019年用户规模达4.59亿人。2016年，国内移动电竞市场规模达到162.8亿元，环比增幅高达152.01%。可以预见，移动电竞产业会在未来依然保持较快增长，同时基于国家产业政策的扶持和资本投入的加大，甚至有可能迎来

"全民电竞"的时代。2018年,中国电子竞技代表团在雅加达亚运会的电子竞技表演项目中获得了2金1银的优异成绩,在对整个产业起到了重要鼓舞作用的同时,也受到了社会各界的高度肯定。随着体育产业行业的不断规范、主流媒体的关注、商业化、规范化的趋势已愈发明显,电子竞技作为一个新兴的竞技体育项目,成为了我国新兴的体育产业门类,具有巨大的产业经济效益,在新时代我国体育产业发展和经济社会转型升级中将会创造出更多的经济效益。

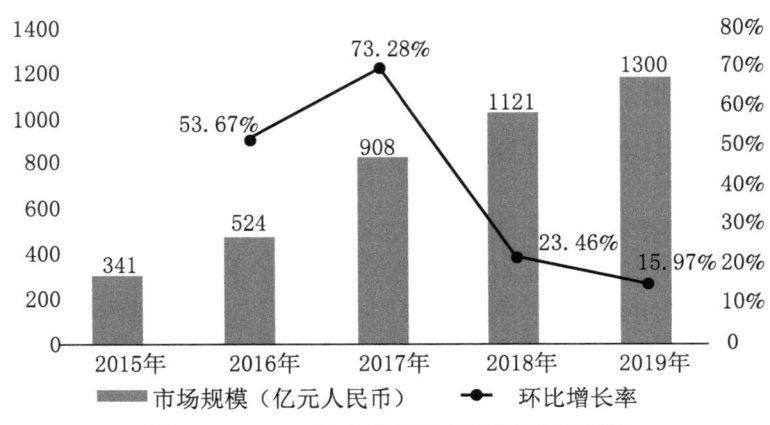

图3-1 2015—2019年中国电子竞技市场规模

第三节 竞技体育的人文教育价值提升人的综合素养

竞技体育不仅能够推动国家的政治、经济建设,而且能够凸显一个国家和民族的文化素质和精神面貌,在塑造人的健康体魄、培养人的健全品质、促进人的全面发展等方面具有重要作用。在我国经济社会发展过程中,竞技体育具有重要的社会功能和丰富的文化价值,竞技体育以其强烈的对抗性、激烈的竞争性,不断的进取和永远的超越,特别是竞赛中体现出来的公平、公正、团结、进取的原则和精神,成为社会文化景观中一道亮丽的风景。尤其是进入新时代以来,伴随着我国体育事业改革的深入,竞技体育从主要服务于国家崛起的政治价值,逐渐向满足于社会需求的人文价值转变,不断发挥出以"休闲、娱乐、教育、文化、服务"为中心的多元价值。

一、竞技体育的人文价值理念通过奥运赛事不断推广

竞技体育不仅是一种赛场博弈的方式,而且是一种教育手段、一种精神载

体、一种生活方式。竞技体育特有的人文价值理念通过奥运赛场不断推广,对于促进人的生理、心理、道德和精神的全面发展,促进人类文明的繁衍和社会的演进,有着巨大而持久的影响。2008年北京奥运会以"人文奥运"为核心理念,在赛事筹办过程中强调人文思想与体育文化相融合,展现了以人为主体的奥运参与,为世界打造了一届"和谐、交流与发展"的人文主题奥运会。2008年北京奥运会开幕式国内收视率创下国内收视调查以来最高纪录,有8.42亿观众通过电视收看开幕式直播。据不完全统计,全球范围内的收视数字为12亿。通过奥运赛场很好地宣传了运动员的精神面貌和顽强拼搏的优良品质,在全世界广泛推广了奥林匹克精神的教育价值,特别是竞赛中体现出来的公平、公正、团结、进取的原则和精神,为经济社会发展积淀了丰富的精神财富。2014年南京青奥会同样以特有的方式推广了奥林匹克运动的人文价值,将"让奥运走进青年,让青年拥抱奥运"作为办赛理念,在年轻人之间提升体育运动意识和参与感,激发了青少年自我创新意识,打造了一届充满人文教育色彩的青年奥运会,并将参与奥运赛事作为塑造青少年健康体魄、培养青少年健全品质的有效途径,向世界各国青少年传达了奥林匹克文化教育的健康内涵,也为社会的健康发展提供了源源不断的精神动力。

二、竞技体育满足人们文化生活需要的社会价值不断提升

现代社会的发展使人类自身的需求发生了巨大变化。现代人追求的不仅是物质生活的满足,同时也高度重视精神生活的丰富。伴随着经济社会的高速发展,社会生活节奏越来越快,工作压力也越来越大,现代人承受巨大的心理压力,特别需要高品位的文化生活来缓解。高水平的竞技赛事为人们提供了缓解压力的渠道,各种不同形式和类型的体育竞赛,以竞技体育独有的形式和方式为人们生产出丰富多彩的精神食粮,提高人们的生活质量,丰富业余文化生活。尤其是改革开放以来,伴随着国家各项事业融合能力的提升,在国家体育部门的大力推动下,不断推动竞技体育与文化、卫生、医疗、养老、教育等多个领域合作,为人民提供优质的社会服务。体现在以服务人民业余文化生活为目的的体育赛事产品质量不断提升,以满足人民健身需要的大型体育场馆数量不断增多,以体育竞赛表演业、体育场馆服务业、体育赛事转播业等为主体的体育服务业比重稳步提高,竞技体育赛事活动不断走向民间。2014年国务院"46号"文件颁布以来,我国体育服务业迅速发展,传统主要用于高水平运动队的体育场馆不断拓宽公共服务领域,大型体育场馆逐渐成为集竞赛表演、文化娱乐、体育培训、商贸会展等多功能集聚的体育服务综合体。此外,通过推动竞技体育社会化发展,挖掘竞

技体育的社会价值,利用竞技体育赛事、职业体育、竞技体育技能培训等多种形式,扩宽了竞技体育的服务价值,推进了全运会等大型综合性运动会和主要单项赛事改革,促使各类体育竞赛不断走向社会。并且,通过大力发展民间商业性、群众性赛事,调动地方体育部门和社会力量办赛的积极性,初步建成了适应社会主义市场经济需求,政府引导、形式多样的竞赛体系,不断满足人民群众日益增长的文化生活需要。

三、竞技体育的人文教育价值不断弘扬

习近平总书记强调:"加快建设体育强国,就要弘扬中华体育精神,弘扬体育道德风尚,坚定自信,奋力拼搏,提高竞技体育综合实力,更好发挥举国体制作用,把竞技体育搞得更好、更快、更高、更强,提高为国争光能力,让体育为社会提供强大正能量。"[①] 世界历史上具有较大影响的民族和国家,在崛起和发展的重要历史时期,都会产生具有深远影响的精神力量,这种精神力量是民族和国家取得伟大成就的重要财富。中华体育精神是中国体育健儿为中国社会贡献出的一种精神力量,以"为国争光、无私奉献、科学求实、遵纪守法、团结协作、顽强拼搏"为主要内涵的中华体育精神是一个相互联系的有机整体,共同在中国体育实践中发挥着强大的凝聚人心、激励斗志、整合体育文化价值的作用。

新中国成立以来,我国竞技体育不仅在世界大赛中取得了一系列优异成绩,而且竞技体育的精神文化价值不断凸显,在青少年意志教育、品德教育中发挥了重要作用。为充分发挥竞技体育的精神文化价值,全国各地打造了一系列体育文化育人活动,通过开展以"弘扬女排顽强拼搏、永不言弃精神"为主旨的优秀运动员进校园活动,培养青少年专注、拼搏的运动精神和团结奋斗、乐观向上的人生态度,帮助青少年身心健康成长。另外,全国各地学校还开展了体育明星进校园活动,李娜、姚明、孙杨、林丹等优秀运动员陆续走进校园,通过体育明星讲述励志故事,传递正能量,培养青少年学生的意志品质。通过积极弘扬中华体育精神和讲述励志性体育故事,竞技体育特有的顽强拼搏、不怕困难、团结协作等文化价值观得到弘扬,激发了青少年学生勇敢、激昂、吃苦、耐劳的精神品质,为新时代的社会建设提供了源源不断的精神动力。1981—1986年,中国女排创下世界排球史上辉煌的"五连冠",开创了我国大球运动新篇章,女排精神深入人心。2004年雅典奥运会和2016年里约奥运会上,中国女排在逆境中迎难

---

① 习近平:加快把我国建设成为体育强国[EB/OL]. http://news.cri.cn/20170827/eed59a57-aff4-75c3-d646-4602b0dd16fd.html.

而上，两次问鼎，点燃了大江南北的爱国热情，女排精神薪火相传。2008年北京奥运会后的10年时间里，在全运会和其他各大赛场，无数中华体育健儿所展现出来的为国争光的爱国主义、敢于争先的拼搏精神、扬我国威的民族自信为建设体育强国聚集了强大的力量。中华体育精神具有强大的感召力，在新时代的优秀体育道德风尚引领下，运动健儿展现出了积极健康的竞技风貌。他们意志坚定、精诚团结、奋力拼搏，从一个胜利走向另一个胜利。2010年广州亚运会摔跤竞技场上，中国选手高峰抱起受伤的伊朗对手下场的温情一幕，感动亚洲；第十三届全运会马拉松比赛中，四川选手王刚红在距离终点700米时体能耗尽，四次摔倒在地，三次顽强站起，最后在全场观众的加油声中，爬着触到终点。2013年全运会，帆板选手马娇放弃比赛、抢救落水对手的行动得到无数国人称赞，彰显了比金牌更有价值的体育道德风尚。在天津全运会赛场，张山、谭宗亮、朱启南等一批老将以昂扬的姿态出现在人们视野，为年轻运动员做出榜样；怀有5个月身孕的奥运冠军易思玲"带娃上阵"，表达了对射击事业的无限热爱，也为下一代留下了一笔宝贵的精神财富。

在竞技体育强国建设过程中，要继续发挥中国体育精神力量，通过打造新时代的中华体育精神，向社会展示强大的影响力和推动力，传递"人生能有几回搏"的奋斗精神。新时代，中华体育健儿正在用扎实的脚步、辛勤的汗水，为中国竞技体育续写辉煌。只有大力弘扬中华体育精神，才能更全面地推进体育文化建设；只有实现了体育文化的繁荣，提升了体育文化的软实力，才能更好地实现体育强国梦。

四、竞技体育项目文化价值的影响力不断提升

传统体育项目是我国优秀文化中不可缺少的部分，也是一笔丰富的文化遗产。中国传统体育项目所蕴含的内在精神意蕴和价值，能够有效地解决现代化所导致的精神危机，与西方现代体育互补，为世界贡献中国智慧，在凝聚价值认同上能够纠正西方中心主义偏见，重塑良好的中国新形象。新中国成立以来，伴随着国家在世界的影响力不断提高和竞技体育实力的迅速提升，中国传统文化不断被世界所推崇，中国功夫、太极拳等传统体育也逐渐走出国门，成为他国民众认识和了解中国的载体。龙舟这项充满趣味且强身健体的中国传统体育项目在世界一些国家非常流行，并以其独特的魅力获得广泛的民众参与和认同，成为我国走向世界的传统体育项目。随着对中国的了解不断深入，俄罗斯人对中国传统文化兴趣十足，2014年6月12日，在俄罗斯国庆日"俄罗斯日"，其北方城市圣彼得堡举行了一场具有中国特色的龙舟赛，为当地增添了浓浓的节日气氛。近年

来，中国的传统体育项目也悄悄渗入到了美国人的运动习惯，如今从旧金山、纽约到沿密西西比河周围的很多地方，都有人专门组建了龙舟队，有400多支，渐渐成为美国发展最快的流行体育娱乐项目之一。每到中国农历新年，澳大利亚悉尼市都要在达令港举办龙舟赛。加拿大的龙舟节每年6月中下旬都在温哥华福溪水域举行，来自100多支队伍的几千名运动员参加这个盛会，是北美地区最大的龙舟赛事之一①。

2008年奥运会后，我国不仅在竞技体育领域实现了重大突破，而且借助奥运会不断地将一些影响力广泛的传统体育项目推广到世界。北京奥运会后，前乒乓球国家队教练员刘国梁担任起了推广乒乓球运动的角色，他认为体育人有责任向年轻人推广乒乓球，向全世界推广中国文化，特别指出了"中国乒乓，世界分享"的概念："中国乒乓文化应该是中国体育界的宝贵财富，希望能够把中国乒乓球的精神和文化在全世界去传递，这是中国最值得骄傲的一支球队、一个项目，应该有足够的自信和足够的能力可以向全世界推广。"② 通过到具有影响力的国家举办乒乓球推广活动，并邀请当地政府领导、商界企业大亨、一线文体明星及社会各界名流出席推广活动。在每年参加的国际公开赛之后，与他们的国家队或当地高水平的俱乐部队共同训练，进行业务辅导、技术讲座和比赛交流，冠军球员和著名的教练员与当地的球迷现场互动，进行示范表演等普及推广活动。

2012年伦敦奥运会结束后，国家体育总局曾提出"第三次创业"的构想，推动传统体育项目的国际推广，通过乒乓球向全世界传播中国文化，希望提升乒乓球影响力，让更多的人特别是青少年喜欢上这项运动。因此，在训练周期中把大赛夺金和项目推广作为两大核心工作，推广普及运动和弘扬乒乓文化。在国际推广方面也加大了交流与援助力度，先后培训了数百名国外的教练员和运动员。据统计，在国际乒乓球运动发展的百年历程中，共有46项打法与技术创新，而中国运动员创新达到27项，占总数的58.7%。在国际大赛上，通过积极倡议双打的跨协会组合，并与韩国运动员联手，赢得了苏州世锦赛的混双冠军。此外，伴随着现代社会自媒体井喷式增长，乒乓球项目迅速融入了新媒体浪潮，借助奥运会的影响力，不断尝试利用赛事平台推广项目、传递正能量和乒乓文化，在世界年轻人喜欢的各类媒体平台上推广乒乓球运动。作为拥有着众多世界冠军、先进发展理念和丰富实践经验的乒乓强国，不仅有责任为促进项目在全世界的发展

---

①走向世界的中国传统体育项目——龙舟［EB/OL］. https：//mp. weixin. qq. com/s?＿biz=MzA3NTMyNTkyMw%3D%3D&idx=1&mid=402652818&sn=538272c03b9b38e01f53dc7d4c921205.
②刘国梁：我们有责任向中国年轻人推广乒乓球，向全世界推广中国文化［EB/OL］. https：//www. sohu. com/a/131168118＿580074.

做出努力，而且有能力为中国文化在全世界的传播做出新的贡献。

第四节 竞技体育的公共服务价值满足社会需要

体育公共服务是指为公众提供体育公共产品和体育服务的行为，是满足公众最基本体育需求的服务。从政府施行公共管理的角度看，体育公共服务的内容包括健身设施、健身组织、体质监测、健身指导、体育活动、信息咨询服务6个方面，见图3-2。竞技体育不仅是一种赛场博弈，而且是一种生活方式、一种教育手段、一种精神载体，是塑造健全人格、培养健康体魄、促进人全面发展的有效途径。我国要实现从体育大国到体育强国迈进，一个显性的指标是冠军和金牌，但是更为隐性的是国民的健康素养和社会的整体发展水平，即如何发挥好竞技体育的公共服务价值，为整个社会的进步和国民素质的提高做出贡献。

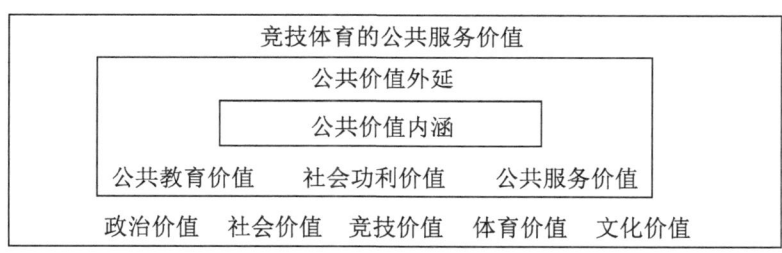

图3-2 竞技体育的基本价值与公共服务价值构成

一、竞技体育的公共服务价值成为社会新需要

新中国成立以来，我国以竞技体育优先发展为中心的体育战略很好地发挥了振兴中华、为国争光和彰显国家崛起的战略价值。然而，这种战略导向一直偏重于竞技体育的国家政治利益，对于社会人本需求下的经济利益、文化利益，以及体育的健康、教育、文化、休闲、娱乐等方面的价值关注不足。2008年北京奥运会以来，我国不断转变体育事业的发展重心，从关注竞技体育的政治诉求，转向为注重社会公民人本需要的趋势日益明显。社会对金牌的价值观也发生了转变，以"休闲娱乐、健身、经济、教育、文化"为中心的竞技体育公共服务价值成为社会的需要。随着我国政府职能的不断深化，行政管理体制改革的不断推进，以及构建和谐社会重大战略任务的提出，公共服务逐渐成为人们关注的话题之一。党的十八大报告提出了加强社会主义核心价值体系建设，丰富人民精神文化生活的要求，这促使我国体育对以公共服务价值为核心的需求越来越迫切。竞

技体育因其具备的政治、经济、文化、教育等多元价值，成为体育强国建设的重要支撑点。新时期，竞技体育作为我国社会发展的重要组成，不断转变发展重心，侧重点不再停留在只关注政治、经济、社会价值等方面，而是从多维性、复合性、公共性价值等角度，更多地关注竞技体育的公共服务价值，以满足社会需要、促进国民健身需要为目标，不断满足公民日益高涨的体育利益与体育权利的诉求。社会需要是推动体育起源与发展的核心动力，竞技体育的公共服务价值来源于其本身所具有的社会文化属性。竞技体育作为社会文化的重要组成，依据新时期社会对体育需求的新变化、新特点，近年来不断提高竞技体育的公共服务水平，通过不同的公共需求表达、选择机制，逐渐适应并不断满足公民日益增强的体育文化需求，努力打造了具有中国特色的竞技体育公共价值运行体系，让公民真正分享竞技体育发展的成果和利益。

此外，竞技体育践行公共服务价值的方式日益多元。通过推动竞技体育的社会化发展，不断挖掘竞技体育的公共服务价值，通过利用竞技体育赛事、竞技体育产业、职业体育等多种形式，不断强化竞技体育的公共服务价值。相关部门不断推进全运会等大型综合性运动会和主要单项赛事的市场开发，促进体育竞赛社会化，对商业性、群众性赛事，坚持谁主办、谁负责的原则，加强服务监管，调动地方体育部门和社会力量办赛的积极性，逐步建成了具有中国特色的、适应社会主义市场经济要求的政府引导、形式多样的竞赛体系，从而不断满足民众日益增长的文化生活需要。

二、竞技体育的公共服务价值助力全民健身开展

全民健身关系人民群众身体健康和生活幸福，是综合国力和社会文明进步的重要标志，是全面建设小康社会的重要组成部分。同时，全民健身是竞技体育社会化发展的诉求表达，是竞技体育公共服务的核心目标。全民健身需要竞技体育提供公共服务，竞技体育所具备的完整科学训练方法和专业的技术教练，是指导全民健身的坚实力量和有效手段，竞技项目的大众化程度是提升全民健身发展水平的有效途径。伴随着全民健身上升为国家战略，我国的体育公共服务水平正在逐年提升，其中竞技体育公共服务的可持续发展，与全民健身相互促进、相互影响，竞技体育公共服务以促进体育文化形态发展、服务大众需求为重要方向，以加大实现竞技体育社会化力度为责任，扎实有效推进体育公共服务发展。尤其是2012年进入新时代以来，我国各地不断挖掘竞技体育的多元价值，不断推动竞技体育与国家健康、养老、卫生、医疗、文化、教育等多个领域协作，为社会提供优质的公共服务。在需求日益多元、全面深化改革、多元主体供给优势等动力

因素推动下，我国竞技体育公共服务产品供给主体日益多元。如围绕建设体育强市、打造体育名城，2018年，沈阳市体育总会完成了多项国际化高品质体育赛事的筹备和组织，全市70余个单项体育协会、俱乐部，全年开展300余场体育赛事活动。打造了1000场覆盖城乡、贯穿全年、贴近百姓的全民健身活动，聚集各区、县（市）等社会力量，确保周周有活动、月月有比赛，包括乒乓球项目120场、足球项目69场、篮球项目61场、羽毛球项目67场、毽球项目48场等全民健身活动①。全力满足沈阳人民群众日益增长的公共体育需求，也实现了竞技体育服务社会发展的价值转变。

目前，我国体育公共服务的制度性建设还不够完善，竞技体育公共服务的实施过程还相对薄弱。新时期，社会主义现代化强国建设对竞技体育的公共服务价值有着新的诉求，要在全民健身中充分发挥竞技体育公共服务的引导示范作用，不断加强竞技体育公共服务的制度建设，切实维护公众的基本体育权益，全方位、多层次地满足公民的体育健身需求，以竞技体育先进的专业技术和前沿的科学健身信息等促进全民健身稳步发展。同时，竞技体育要不断更新观念，不断强化自身发展，以更加多元化、科学化和前沿化的发展理念，逐步实现体育公共服务基层化、广泛化发展。

---

① 沈阳体育提供更优质公共服务［EB/OL］. http：//news.sina.com.cn/o/2018-02-28/doc-ifyrzinh0008308.shtml.

第四章 结构与优化：中国竞技体育的体制机制

新中国成立以来，我国竞技体育在举国体制的保障下，通过集中有限的人力、物力和财力资源，最大限度地调动各方积极性，努力提升我国竞技体育水平和国际竞争力，在以奥运会为最高层次的国际体育大赛上取得了无数优异成绩。自20世纪90年代，我国竞技体育开启职业化发展模式以来，通过不断完善竞技体育体制机制，优化竞技体育发展方式，推动竞技体育在短期内不断向社会化、产业化方向发展。尤其是党的十八大开启中国特色社会主义新时代以来，我国竞技体育不断顺应经济社会改革步伐，积极推进结构性改革，通过大力推进体制改革、坚定不移走竞技体育社会化道路、适时调整和实现运动项目结构科学布局、大力加强国家队建设与改革，竞技体育管理体制和运行机制得到不断完善。

第一节 竞技体育管理体制和运行机制改革

伴随着经济社会的不断改革，我国体育相关部门通过大力推进竞技体育体制和运行机制改革，坚定不移地走社会化道路，适时调整和实现运动项目结构科学布局，大力加强国家队建设与改革，使竞技体育管理体制和运行机制不断完善。一系列改革举措主要体现在五个方面：一是完善竞技体育举国体制，健全竞技体育管理制度，逐步形成了国家办与社会办相结合的管理体制，从多个方面完善了竞技体育运行机制；二是进一步转变职能，改革项目管理体制，不断优化竞技体育项目结构，深化单项体育协会改革，管办分离，推进项目协会实体化进程，提高竞技体育的公共服务能力；三是推进职业化发展进程，打造了与社会市场密切关联的"职业俱乐部"和国内职业联赛，完善了职业体育竞赛体系，以足球改革为突破口，提升了足、篮、排三大球发展水平；四是不断完善国内综合性运动会和单项竞赛组织与管理办法，调动社会资源参与办赛积极性，打造品牌赛事；五是初步形成了与经济社会发展相适应、符合世界竞技体育发展趋势，更加开放、更具活力的竞技体育管理体制和运行机制。

一、坚持和完善竞技体育举国体制

举国体制是中国特色社会主义制度,是实现竞技体育勇攀高峰的重要保障。经过几代体育工作者的实践检验,举国体制适应我国基本国情的发展需要,成为推动竞技体育搏击奋进、勇攀高峰的制胜法宝。新中国成立以来,竞技体育取得的伟大成就,可以看作不断坚持和完善举国体制的必然结果,坚持竞技体育举国体制和实施奥运战略是社会主义初级阶段的中国参与国际体育竞争的必然选择,是一种高效提高我国运动员竞技运动水平的合理制度设计,也是我国竞技体育全面参与国际竞争与合作的一个十分重要的战略举措。新中国成立后,国家为了发展体育运动,积极参与奥林匹克运动,根据新中国竞技体育十分薄弱的发展基础,不断借鉴和学习苏联体育体制的基本经验,研究制定了我国竞技体育的管理体制。1963年国家体委在《〈关于试行运动队伍工作条例〉的通知》中指出:"必须坚持优秀运动员训练和青少年业余训练两条腿走路的方针,才能使优秀运动队得到源源不断的补充。"要求运用各种业余训练形式,其中主要是青少年业余体育学校来发现、选拔运动人才,这种基础大、层次清、衔接紧的业余训练网,为后期竞技体育举国体制的建立奠定了十分厚实的基础。1979年全国体育工作会议上确定,省级以上体委在普及与提高相结合的前提下,侧重抓提高,集中力量解决运动技术水平落后的矛盾,同时完善运动员、教练员等级制度,进一步明确了竞技体育"思想一盘棋、组织一条龙、训练一贯制"的指导思想,我国竞技体育举国体制形成并得以逐步完善。1988年,为了充分发挥单项体育协会在竞技体育事业发展中的作用,国家体委对足球、武术、登山、棋类等运动项目管理体制开始进行协会化试点改革,竞技体育举国体制由过去的单一行政管理主体向社会广泛参与的多元化管理主体方向发展,迈出了竞技体育社会化的步子。2008年北京奥运会后,为了推动我国竞技体育的可持续发展,在后奥运时期仍能保持北京奥运会上的强劲势头,根据社会经济发展水平和体育事业发展的阶段特征,逐步调整政府发挥主导作用的方式,渐进地放开社会力量和市场力量在体育事业发展中的地位和作用,加快建立与社会主义市场经济体制相适应,符合我国竞技体育发展规律的组织管理体制、运动训练竞赛体制和竞技体育从业者的社会化保障体系,运用计划和市场两种手段,从宏观和微观两个层面调动社会资源,逐步形成了一种结构合理、管理有序、效率优先的管理体系,对现行的"举国体制"注入了新的内涵,进一步提升了我国竞技体育的国际竞争力。新中国体育事业的伟大实践表明,竞技体育举国体制适应了我国改革开放、竞技体育走向世界、积极参与国际竞争、社会主义现代化建设和市场经济改革与发展的需要，适应了当代国际竞技体育激烈竞争的内在要求，提高了我国竞技体育的综合实力，促进了我国体育事业的全面发展和社会的全面进步。

二、不断优化竞技体育管理体制和运行机制

举国体制具有"国家意志、全民动员、资源整合、关键突破"等显著优势，能够充分调动全国各级系统的工作积极性，利用"上下一条龙、全国一盘棋"集聚优势资源，在各方面更容易促成全国一体化。随着新时代社会主义市场经济体制改革的不断深入，要坚持和完善举国体制，构建举国体制与社会市场相结合的新机制，更好地发挥举国体制在竞技体育攀登顶峰中的优势。2008年北京奥运会是中国竞技体育深化改革的重要历史节点，北京奥运会后，深化竞技体育体制机制改革成为时代发展的要求。体育相关部门围绕北京奥运会后建设体育强国的要求，不断完善竞技体育举国体制，优化竞技体育发展方式，大力推进竞技体育社会化改革，加快推进国家队和后备人才选拔方式改革，竞技体育体制机制改革不断向纵深推进。我国竞技体育管理体制和运行机制逐步完善，竞技体育管理体制改革更为突出"开放"，"放管服"改革取得实效。

一是打破了依靠国家"独家管办"竞技体育的发展方式。通过转变政府职能，取消、下放和清理了若干行政审批事项，推进了全国性单项体育协会试点改革和赛事审批制度改革。把体育内部的一些工作逐步放开给社会，由体育部门办体育逐步转变为全社会共同参与办体育，不断打破了行政、事业、社团和企业四位一体格局，初步建立了与社会主义市场经济相适应、国家办与社会办相结合的竞技体育管理体制。通过调整，竞技体育的管理体制迈出了管、办分离的第一步，逐步形成了体育总局宏观管理、各项目管理中心和体育协会协同实施的管理体制。在运行机制上，由过去的行政驱动向利益驱动转化，逐渐形成了计划与市场并行、国家体育总局集中领导下的"集中双轨制"的运行机制，进一步提高了我国竞技体育的发展质量和效益。

二是大力推进实施竞技体育事业的"扁平化"管理。尤其是改革开放以来，通过不断转变竞技体育发展方式，深入推进各领域的"放管服"改革，将原有竞技体育事业中各自分管几个部门、单位的块状管理方式，调整为条块结合的"扁平化"管理方式，我国竞技体育逐步从管办分离、简政放权中获得了可持续发展的动能和全方位拓展的空间，逐渐形成了计划与市场并行、国家体育总局集中领导下的"集中双轨制"运行机制，不断打造了更加开放、更具活力的竞技体育管理体制和运行机制，提高了竞技体育的发展质量和效益。更多的社会力量开始介入竞技体育发展的多个领域，初步形成了市场化的竞技体育运行机制，个

人、社会组织、企业团体共同参与开展运动训练，组织、承办运动竞赛，将传统依靠行政驱动"自上而下"的竞技体育管理方式，转变为通过利益驱动调节竞技体育参与主体的行为、以市场为主要手段调节竞技体育资源配置和以法律手段维护竞技体育发展秩序等。

三、推进竞技体育有限资源的优化配置

竞技体育举国体制是有效配置体育资源，提升我国竞技体育水平和国际竞争综合实力，在以奥运会为最高层次的国际竞技体育大赛上取得优异运动成绩的基础。竞技体育资源是满足竞技体育需要的某些因素或条件，竞技体育资源是实现竞技体育发展的必要条件。新中国成立以来，围绕我国社会主义初级阶段的基本国情，在通盘考虑社会经济发展水平和现有竞技体育发展基础上，围绕我国不同运动项目的竞技实力和布局不断进行有限资源的优化配置。结合我国实际情况，集中优势，凝聚力量，优化资源配置，在社会资源极其匮乏的条件下，选择了"缩短战线，保证重点"的发展策略。按照有所为、有所不为原则，调整了我国体育工作重点，在侧重竞技体育发展的同时，将运动项目区分为重点项目与非重点项目，确定了优先发展重点项目的工作方针。20世纪80年代以来确定的"竞技体育适度超前"的发展战略、以"奥运争光计划"为龙头的发展战略、奥运项目与非奥项目区别对待的项目发展战略等，在体育投入总量不足的情况下，确保竞技体育实现了高速赶超、跨越式发展目标。进入20世纪90年代，我国按照项群理论将现已开展的运动项目分为优势项目、潜优势项目与一般项目，基础项目与集体项目等。其中，优势项目指我国运动员在重大国际竞技体育比赛中，特别是在奥运会比赛中，运动成绩表现出比较稳定的特点，经常在国际竞技体育比赛中取得优异运动成绩的体育项目。包括射击、跳水、乒乓球、羽毛球、举重、体操、女子柔道七大传统竞技体育优势项目，围绕这些项目主要采取"专项划拨、重点支持、确保优势"等措施，使之在以奥运会为最高层次的国际竞技体育大赛中屡建奇功。潜优势项目是现有的运动成绩已经达到了较高的水平，具有一定的国际竞争力，在重大国际竞技体育比赛中有可能夺取奖牌甚至是金牌的运动项目，主要包括击剑、女子跆拳道、女子自行车、女子摔跤、女子射箭等一批运动项目。基础项目主要指田径、游泳和水上等运动项目，不仅是奥运会比赛的金牌大户，同时也在世界各个国家开展和普及，影响力大。在我国竞技体育发展过程中，根据不同项目在国家体育事业中的布局，有选择、有偏重地进行竞技体育资源的有效配置，保证了一些重点项目的优先发展，使我国竞技体育在短期内实现了快速提升，彰显了我国竞技体育制度的优越性。

四、推动各项目国家队管理体制改革

国家队是由国家所组建的体育运动队伍，它通常用来进行国与国之间的体育类竞技活动，也往往代表一个国家的精神面貌与最高水平。国家队是实现奥运战略目标、勇攀世界竞技体育高峰的攻坚力量，代表着我国竞技体育的最高水平，也是坚持和贯彻奥运战略的重要组成部分。新中国成立以来，我国体育相关部门注重国家队建设，围绕我国各类运动项目成立了多支高水平国家队。在国家队的内部管理体制上走出了一条与时俱进的改革创新之路。早期国家队组建采取的是"三集中"的方式，即集中训练、集中学习和集中食宿模式。这种简单的管理模式与当时国家队项目较少、规模较小，以及国内各地竞技体育开展规模和水平十分有限等有着密切的关系。随着体育体制机制改革的不断深化和我国竞技体育水平的快速提高，早期国家队的简单管理模式与管理体制已难以适应新形势下的国家队建设与发展需要，我国体育相关部门不断创新国家队管理体制，改革国家队组织管理模式，实施扁平化管理，逐渐形成了三种组建方式，即集中型、集中与分散结合型和分散型。改革开放以来，我国各项目国家队实行的是领队负责制，强调的是领队的政治领导作用。1985年至20世纪末，国家队大多实行的是主（总）教练负责制，突出了主教练业务上的全面指挥权。20世纪90年代我国开展竞技体育职业化发展以来，进一步改革国家队的组建形式和选拔制度，国家队的内部管理逐步向着队委会领导下的分工负责制方向转变，只对少数奥运优势项目国家队实行集中管理长期集训，多数项目国家队放到有一定训练能力和训练条件的地方和部门，使国家重点项目布局点与承担国家队任务的单位结合起来。集中型成为国家队赖以有效提高运动水平的主要训练组织形式。进入21世纪后，为了更好地备战2008年北京奥运会，我国进一步加强了国家队建设，发挥了国家队集中训练的举国体制优势，使国家队的训练更为充分发挥集体的智慧和力量，在时间、人力、经费等方面更好地保障了训练。与此同时，还适当扩大了国家队编制和集训规模，通过打造复合型国家队训练管理团队，能使中心管理者、主（总）教练、领队、科研人员和医生组成一个知识更为系统、各方形成合力、实现了"国家最高水平"的训练体系。

五、持续优化竞技体育项目结构

布局合理的运动项目结构是竞技体育可持续发展的重要保障，优化项目结构一直是我国竞技体育发展的重要改革举措。尤其是2008年北京奥运会后，面对奥运项目存在的问题及体育强国的建设目标，我国对一些潜优势项目和弱势项目进行了扶持,在继续保持优势项目竞技实力的基础上,努力实现各运动项目全面发展的目的。在长期实践中,我国各类竞技体育运动项目结构不断优化,体操、跳水、举重、射击、乒乓球、羽毛球、柔道7个传统优势项目构成了我国竞技体育总体实力的核心,并且,我国针对优势项目主要采取了"专项划拨、重点支持、确保优势"等举措,使之在奥运会等高层次国际大赛中屡建奇功。击剑、跆拳道、自行车、摔跤、射箭等潜优势项目结构不断调整,但从近几届奥运会参赛成绩来看,射箭、击剑、女子自行车、女子摔跤、女子跆拳道等潜优势项目整体还缺乏竞争力。总体而言,优势项目是我国奥运会保证奖牌优势的主要力量,潜优势项目则担当起了新的金牌增长点的重要角色。

整体而言,在不断优化竞技体育项目布局的努力下,我国竞技体育发展取得了卓越成绩,竞技体育项目结构不断优化,潜优势项目、田径、游泳基础大项、冬季项目取得了新的突破,多个运动项目在奥运赛场取得了优异成绩。如2012年伦敦奥运会,我国竞技项目成绩显著,基础大项田径取得了明显进步,我国共在11个大项中获得金牌,17个大项、73个小项上获得奖牌。其中,乒羽、跳水、体操、举重等传统强项贡献了27枚金牌。我国还在多个潜优势项目上取得了新的突破,游泳、击剑、蹦床、跆拳道、拳击、帆船帆板和田径7个项目共收获12枚金牌。此外,一些弱势项目也取得了历史性突破,如男子游泳、女子重剑等项目实现了金牌"零"的突破。2016年里约奥运会巩固和扩大了优势项目,继续在奥运会大赛上取得优异成绩。中国队参加了除手球和橄榄球外的所有项目,在8个项目上获得25枚金牌(不包括之后女排获得的金牌),120个小项上进入前八名,刷新了中国代表团在境外参加奥运会运动员数最多的纪录。潜优势项目也取得重大突破,自行车和男子跆拳道在奥运参赛历史上首次取得突破。总体而言,我国的基础项目如田径、游泳等,与美国、俄罗斯、德国等世界体育强国相比还存在较大差距,在项目结构上,存在着夺金项目分布面窄,优势项目不多,田径、游泳等基础项目薄弱,潜优势项目缺乏竞争力,冬季项目仅有少数小项目达到世界先进水平等诸多问题。在新时代体育强国建设的道路上,我国竞技体育项目结构还需要不断优化。

第二节 竞技体育的竞赛体制和训练体制改革

竞赛体制和训练体制是我国竞技体育发展的两翼,是直接影响竞技体育发展水平和综合实力的基础。我国体育部门注重创新体育竞赛体制和训练体制,不断深化竞赛体制和训练体制改革,通过完善办赛方式和组织管理办法,深入挖掘竞技体育项目特点和训练规律，在巩固、发展以三级训练网为标志的"一条龙"训练体制的基础上，大力拓宽训练渠道，加强训练创新，不断探索科学训练和科学管理新模式。

一、推进赛事审批制度改革

竞赛制度是国家为有效协调各类竞赛活动，提高运动竞赛管理的规范化和制度化而制定的有关组织竞赛的法规与准则。竞赛体制在竞技体育的发展中起着"杠杆"作用。多年来，我国已形成了以全运会为龙头，以各单项锦标赛、杯赛、职业联赛为主体，以各类青少年运动项目选拔赛为基础的相对完备的竞赛体制。这一竞赛体制在计划经济时期已形成基本框架，并随着改革开放进程的推进，以及世界竞技体育赛事发展的需要，几经改革、调整，逐步稳定成型①。由于它契合了我国当时的现实国情，较好地推动了竞技体育的快速发展，因而这一体制的很多内容值得被珍视与保持。另外，随着我国经济社会的转型发展，我国竞赛体制的部分内容滞后于社会整体的改革节奏，束缚了竞技体育职业化、社会化、市场化的步伐，亟待改革与调整。针对竞赛体制存在的不足，我国不断推进全运会、冬运会、青运会等多类竞赛改革，完善办赛方式和组织管理办法，围绕不同项目的特征，对项目设置、计分办法、竞赛编排、竞赛规模、运动员注册交流、管理手段和监督措施等多个方面进行了调整和完善。专门出台并实施了《体育赛事管理办法》和《体育竞赛裁判员管理办法》，加大政策引导，促进体育竞赛社会化，规范竞赛组织体系，将国内比赛和国际比赛有机紧密结合。通过形式多样的系列赛、大奖赛、分站赛等，增加运动员的参赛机会和实战练习，促进市场化、社会化程度较高的项目逐步建立职业联赛体系。通过完善竞赛激励制度，调动地方体育部门和社会力量办赛的积极性，逐步建成具有中国特色的、适应社会主义市场经济要求的政府引导、形式多样的竞赛管理体系。2014年10月，国务院《关于加快发展体育产业促进体育消费的若干意见》（46号）提出"取消不合理的行政审批事项，凡是法律法规没有明令禁入的领域，都要向社会开放。要求取消商业性和群众性体育赛事活动审批，加快全国综合性和单项体育赛事管理制度改革，通过市场机制引入社会资本承办赛事"。2014年12月，为全面推进体育赛事制度改革，充分调动社会各方承办体育赛事的积极性，国家体育总局颁布了《关于推进体育赛事审批制度改革的若干意见》，明确提出取消审批，除

---

①孟号翔，马德浩，孟献峰. 我国竞技体育竞赛体制的弊端表现、致因及其改革策略 [J]. 沈阳体育学院学报，2016，35（5）：115-118.

全国综合性运动会和少数特殊项目赛事外,包括商业性和群众性体育赛事在内的全国性体育赛事审批一律取消;提出创新赛事管理模式,编制《全国性单项体育协会竞技体育重要赛事名录》,完善赛事审批制度、改革配套制度等多项举措。文件颁布以来,我国竞赛市场环境得到优化,各类市场主体参与办赛的积极性得到调动,逐步建立起了办赛主体多元化的赛事体系。

二、开展全运会竞赛制度改革

在众多的竞技运动竞赛中,全运会的设立及其独特而巨大的作用,占据着十分突出和重要的地位。全运会不仅是推动我国竞技体育发展的重要环节,也是实施奥运争光计划的有利杠杆,对于推动我国竞技体育的发展和运动水平的提高具有不可替代的作用。新中国成立以来,我国竞赛体制的改革紧紧抓住全运会改革这一"龙头",带动和不断深化我国竞赛体制的全面改革,取得了显著成绩。1986年4月,国家体委颁布的《关于体育体制改革的决定(草案)》提出,竞赛改革是体育改革的一个重点,要充分发挥竞赛的杠杆作用,调动各方办体育的积极性,促进多形式、多渠道、多层次造就大批优秀运动人才,推动体育运动的普及与提高,拉开了我国以全运会为"龙头"的竞赛体制改革的序幕。20世纪90年代后,随着运动项目的职业化改革,1993年《国家体委关于深化体育改革的意见》提出进一步开拓体育竞赛市场,加强竞赛管理。按照"谁举办、谁出钱、谁受益"的原则,拓宽竞赛渠道,扩大商业性、娱乐性、表演性比赛,建立和完善全国综合性运动会申办制度和全国单项竞赛招标制度,逐步实行竞赛许可证制度。从第7届全运会开始,实行了奥运奖牌带入全运会的政策,在奥运会上获得的奖牌按照1:1的方式计入到全运会的各参赛代表团,从而将参加奥运会取得的成绩与全运会的成绩联系起来。第10届全运会进一步加大了奥运会奖牌带入的力度,规定1枚奥运会奖牌按2枚计入到全运会的各参赛代表团。充分地体现了"全运会为奥运战略服务"的思想,把各单位的工作目标都引导到支持备战奥运会的工作上来,进一步发挥了举国体制优势,起到了调动积极性,引导各地方和解放军体育部门调整项目布局,合理配置资源,为国家输送人才,为国家奥运战略作贡献。2008年北京奥运会后,围绕全运会竞赛体制,对项目设置、参赛方式、组织形式等多个方面进行了改革。随着体育管理体制社会化改革的深入,2017年8月,第十三届全运会出台的一系列改革举措成效显著,无论是办赛理念还是体制机制都做出了重大创新。通过新增群众项目,打破专业和业余、国际和国内界限,打破地区壁垒,实施教练员激励政策等八项措施,取消了金牌奖牌榜,以杜绝金牌至上的扭曲政绩观和体育观。通过改革,业余选手走上了赛场，普通人、草根体育走上了全运会舞台，实现了从竞技体育到全民体育的大转变。多项改革措施使全运会既起到引领全国竞技体育发展的龙头作用，又成为引导人民群众广泛参与全民健身活动的重要平台，实现了综合性运动会的多元价值和综合效益。

以全运会为"龙头"的竞赛体制改革极大地带动了我国其他各类赛事改革，全国竞赛数量快速增加。各运动项目管理中心从锻炼队伍、提高水平、推动项目发展出发，开发竞赛市场，不断设计和推出新赛事。继足球、篮球、排球、棒球、乒乓球、棋类等项目的主客场制改革后，一些项目的国内比赛也与国际赛事接轨，分站赛、系列赛、积分赛、大奖赛等相继出现。另外，通过举办城市运动会，加大了优势项目和重点项目后备人才的培养力度，锻炼了后备力量，进一步促进了项目的可持续发展。一些高水平、高质量的体育竞赛为提高项目的运动技术水平、锻炼队伍、增强运动员的大赛经验和实战能力等方面提供了更多、更好的机会，我国竞赛体制进一步完善，竞赛组织水平和科学化程度不断提升，取得了显著的经济效益和社会效益。

三、深化训练体制改革

新中国成立以来，我国各级体育系统不断深化对不同运动项目训练规律的认识，在训练方法、手段及技战术方面勇于创新，从"三从一大"训练、二元训练、项群训练，到核心力量训练、大周期训练、超量恢复训练理论，再到身体功能性体能训练，在长期实践中我国竞技体育逐步形成了符合现代运动训练发展要求的训练体系。

一是不断探索科学训练和科学管理新模式，提升训练参赛效率。在运动训练管理实践中，遵循与时俱进的精神，创新运动训练方法，坚持和完善了诸多科学化训练制度，如不同运动项目技战术专家会诊制度、专业科研人员长期跟队制度、优秀运动队陪练制度等。另外，根据不同运动项目技术特点和要求，不断丰富了多元运动训练管理模式，如领队负责制、总教练负责制、领队领导下的主教练负责制、领队主教练分工负责制、队委会制、队委会领导下的分工负责制等，通过系统引进国际前沿训练理念和方法，不断调动管理人员、教练员和运动员的积极性，有效提高了运动训练的效率与效益。

二是不断提高运动训练科学化水平，推进复合型训练管理团队建设。进一步加强了对训练基地科研、医疗、文化教育的投入和支持，不断完善了"科、训、医、教"一体化训练基地模式，提高了全国运动训练基地的训练、科研、医疗、教育和保障水平，以创新带动了科学化训练水平的不断提高。为了提高备战奥运会水平，国家体育总局加强国家队复合型训练团队建设，特别重视体能教练的培训、培养和配备。先后组织了"集体球类项目大数据与体能训练研讨会""中国体能高峰论坛""北京国际体能大会"等体能会议，建立了多层次、多角度的体能训练和技术交流平台。在全国各大城市建立了一批国家级训练基地，如2017年7月，中国南部成立了高水平国家级足球训练基地——南安国家级足球训练基地，可满足11支球队常年驻训。2017年9月，国家体育总局成立了全国首家政企联办的国家级综合训练基地——国家唐山九江体育训练基地。

三是不断完善训练体制，创建了多元互补的竞训模式。对我国的优势项目实施合理布局，完善复合型训练管理团队建设的体制机制和操作办法，保持并适度扩大了国家队集训规模，不断健全了国家队竞争机制和激励机制，进一步明确了国家队复合型训练管理团队的构成、职责、工作机制等。在培养渠道上，既有体育、教育、其他行业和社会个人培养，也有体育与教育联合培养。在培养形式上，有一、二、三集中形式的各类体校办学模式，以及体育试点学校模式、体育俱乐部模式、体育训练中心模式，与高校联办模式。并且，国家体育总局加强对训练基地科研、医疗、文化教育的投入和支持，构建了符合现代运动训练发展要求的训练组织形式，完善了"科、训、医、教"一体化的训练基地模式，改善训练条件，从而提高了全国运动训练基地的训练、科研、医疗、教育和保障水平，实现了以创新带动科学化训练水平的不断提高。

四是不断创新运动训练理论，探索不同运动项目的制胜规律。传统运动训练中的"三从一大"训练理论、项群训练理论、二元训练理论、大周期训练、超量恢复理论等长期以来指导着我国运动训练实践，并在竞技体育领域取得了辉煌的成绩。2000年悉尼奥运会基础大项的落后，促使我国运动训练领域引入体能训练，并提出了体能类基础大项的概念[1]。但是，功能性体能训练在我国的发展相对较晚，初期主要应用于竞技体育领域。2011年国家体育总局与美国体能训练机构签署合作协议，成立了"身体功能训练团队"，标志着功能性训练正式进入我国[2]。2012年伦敦奥运周期以来，国家体育总局竞体司组织翻译了16本国际体能训练的前沿理论著作，并组织编写了《中国体能教练员培训教程》，随后，首都体育学院作为第一个现代体能训练学科建设单位，开始培养身体运动功能专业方向的本科、硕士及博士生，开启了我国体能训练学科建设和人才培养的新实践和新探索，上海、武汉、山东等地相继成立了体能训练中心、体能训练基

---

[1] 刘震，韦雪梅. 功能性体能训练及其在运动健康中的应用 [J]. 安庆师范大学学报（自然科学版），2018（2）：95-99.
[2] 肖天. 论竞技体育创新的思想基础 [J]. 体育科研，2011（4）：1-4.

地等，加快了我国功能性体能训练的发展步伐①。长期的运动训练实践中，广大竞技体育工作者根据不同运动项目的特点与世界该项目发展的基本趋势与规律，不断探索运动项目发展和制胜的客观规律，是我国竞技体育运动训练实践的重要经验。在运动训练方面，各项目坚持"三从一大"科学训练原则，运动员、教练员及体育科研人员在不断的探索和创新中掌握了许多具有实战意义的制胜规律，通过深入研究竞技体育的发展规律、运动项目的制胜规律、体育竞赛的备战参赛规律、运动队伍的管理和训练规律等，使我国竞技体育在较短时间里取得了丰硕成果②。如我国女排"全、高、快、变"的四项制胜因素，就是对当代女子排球运动特殊规律的认识和正确把握；我国乒乓球队不仅历年来十分重视本项目的特点和规律的研究，总结出了"快、准、狠、变、转"等技术特点，还在把握乒乓球竞技最高层面上的制胜规律上，走出了一条具有中国特色的技战术发展道路。

第三节　竞技体育项目协会实体化改革

竞技体育项目协会实体化就是将各个单项体育协会逐步改造成为责权利相结合的具有法人资格的社会团体协会，由过去竞技体育管理的行政型转为社会型，由各单项体育协会全面负责项目管理，并按照市场规则运作，在市场中自主管理、自主经营、自我发展。长期以来，我国现行体育项目管理体制大多是管理中心与单项协会合署办公，两块牌子一套人马，管办不分、政事不分、事社不分、事企不分的弊端比较突出，这种行政、事业、社团、企业四位一体的组织，越来越不能适应体育事业发展的新要求。为了加快推进竞技体育发展，全面建成人人享有的体育，必须全面激活社会活力和动力，稳步推进运动项目协会实体化改革。在各级体育系统的共同努力下，我国竞技体育项目协会实体化改革取得了显著成效。

一、运动项目协会实体化改革历程

体育改革是一项错综复杂的系统工程，在这个系统工程中，运动项目管理体制的改革是关键。纵观我国运动项目协会改革的历程，依据改革目标和任务，可分为实体化试点改革、"中心+协会"管理模式改革、社团型协会实体化改革三

---

①闫琪．中美两国体能训练发展现状和趋势［J］．体育科研，2011（5）：37-39.
②田麦久．运动训练学［M］．北京：人民体育出版社，2000.

个阶段①。

第一，实体化试点改革阶段。1986年国家体委颁布《关于体育体制改革的决定（草案）》提出"有条件的协会可以建成半权力、半咨询性机构，并赋予其职称评定、业务考评、推荐人才、学术交流、审议政策法规以及为项目发展提供咨询参谋等职能"。1988年，国务院开始进行改革开放后的第二次机构改革，国家体委按照国务院的部署，足球、棋牌、武术、登山、摩托车、拳击等群众基础较好、有一定条件的项目协会展开实体化改革试点工作。到1992年，实体化试点改革进一步涉及网球、围棋、铁人三项、体育舞蹈、中国象棋、国际象棋等项目，参与试点改革的项目协会达到12个，占项目协会总数的20%。

第二，"中心+协会"管理模式改革阶段。1992年后，中国社会新一轮改革为体育协会改革注入了新的活力。1993年国家体委颁布《关于深化体育改革的意见》及《关于运动项目管理实施协会制的若干意见》，提出"协会实体化"改革目标。1994年经中央机构编制委员会批准，国家体委相继成立了冬季、航空无线电模型、射击射箭等12个运动管理中心，运动项目管理进入"项目管理中心+单项运动协会"模式阶段。截至2007年底，国家体育总局共成立了23个直属运动项目管理中心，69个全国性单项体育协会。在"中心+协会"管理模式运行过程中，其优势得到了充分发挥，2008年北京奥运会上，我国代表团获得金牌48枚，列金牌榜第一，优异成绩的取得与这一管理模式密不可分。

第三，社团型协会实体化改革阶段。2008年北京奥运会后，运动项目协会暴露出的问题受到重视，实体化改革再一次提上日程。2015年，中央深化改革小组会议通过了《中国足球改革总体方案》（以下简称《方案》），《方案》指出按照政社分开、权责明确、依法自治的原则调整组建中国足球协会，中国足球协会与体育总局脱钩，扩大足球协会的自主权。足球协会就此成为项目协会向社团型进行实体化改革的排头兵。同一年，中共中央、国务院出台《行业协会商会与行政机关脱钩总体方案》，体育项目协会实体化改革被纳入到国家社会组织改革的一部分。2017年2月，姚明全票当选新一任篮协主席，篮球协会实体化改革的步伐加快，表明运动项目实体化改革正从试点阶段逐渐过渡到全面铺开。

二、运动项目协会实体化改革成效

推动竞技体育项目改革是提升竞技体育发展水平的突破口，以运动项目管理

---
①新时代我国运动项目协会实体化改革的思考｜体育经理人［EB/OL］. http：//www.sohu.com/a/245625473_99900941.

体制改革为"龙头",全面推进运动项目协会实体化改革。2008年以来,体育相关部门积极探索社会主义市场经济条件下的竞技体育发展方式,鼓励具备条件的运动项目走职业化道路,支持教练员、运动员职业化发展。2014年国务院"46号"文件发布以来,国家体育总局加快推进体育行业协会与行政机关事业单位脱钩,竞技体育项目职业化改革取得了显著成效。

随着我国体育事业改革的不断推进,竞技体育项目实体化改革成为一项重要任务,形成了以足球改革为突破口的竞技体育项目社会化、市场化改革浪潮,并取得了良好的社会效益。2015年,以足球协会改革为开端,项目协会实体化改革再次启动,为篮球、排球等其他体育项目改革探索经验。2015年3月,国务院发布《中国足球改革发展总体方案》,提出了调整改革中国足球协会,将足协与国家体育总局脱钩,从国家层面明确了足球项目实体化改革的战略意义,标志着中国体育项目改革真正步入了深水区。2016年2月,随着国家体育总局足球管理中心的撤销,中国足协与体育总局的"脱钩"正式完成,至2017年3月,75%的地方足协实现实体化。2016年4月,《中国足球中长期发展规划(2016—2050年)》正式印发,对中国足球改革提出了更加详细的道路和方向,让中国足球发展不再是"摸着石头过河"。足球改革不仅给职业联赛带来了一缕春风,更让校园足球在全国各地蓬勃开展起来。全国校园足球特色学校已经达到1万多所,逐步建立的校园联赛体系将带动更多的青少年走上足球赛场。足球改革吹响了中国体育改革走向深水区、攻坚期的冲锋号,为中国体育管理体制改革提供了有力的借鉴和参考。

随着体育改革的不断深入,协会将发挥越来越大的作用。协会实体化、社会团体改革也成为体育改革的重点,让专业的人干专业的事,让优秀运动员发挥其专业优势,是新一轮体育社团的改革主题。2016年12月,李玲蔚当选中国奥委会副主席;2017年,姚明当选新一届中国篮协主席;郎平兼任中国排球协会副主席;刘国梁出任中国乒乓球协会副主席……越来越多的专业人士走进体育管理层,凸显了体育深化改革的决心和力度,为中国体育事业发展注入了新的活力。可以说,我国竞技体育项目改革取得了一定的成效,竞技体育正逐步形成政府扶持、企业赞助、个人投资的全社会参与体育的发展方式,并将进一步转变政府职能,改变了过去由国家单一投资的方式,进而向国家、社会、市场、个人等多元融资的发展方式转变。许多奥运项目和非奥运项目也依托实体化协会在职业化、社会化和产业化方面取得了长足的进步。足、篮、排三大球和部分项目不断提升职业联赛水平,许多非奥运项目协会如龙舟协会、武术协会的社会认知度也大幅提高。这表明协会实体化改革增加了社会办体育的积极性,符合我国竞技体育发展的阶段特点。

三、运动项目协会实体化改革动力

我国运动项目协会效率和质量的提升要靠体制机制的完善作为改革动力。

随着国家改革开放的深入，在计划经济体制下形成的传统体育体制越来越与体育自身发展不相适应。为此，国家体委经过长时间的酝酿讨论和调查研究，1986年颁布了《国家体委关于体育体制改革的决定（草案）》，首次把体育改革提到了体制改革高度，系统分析了体育体制改革的必要性和迫切性，明确了我国体育体制改革的指导思想。1988年，国家体委选择了足球、武术、登山、棋类、桥牌、网球等12个运动项目协会作为实体化改革试点。1992年初又决定把足球改革作为运动项目管理体制改革的突破口，积极推行协会实体化，把俱乐部作为足球运动的基本组织形式，逐步推进职业化。1994年成立了"运动项目管理中心"，各中心既是独立的事业单位，又赋予管理本项目的行政职能，同时又是协会的常设办事机构。到2007年底，共成立了23个运动项目管理中心，结束了运动项目管理的双轨制。2008年以来，运动项目协会实体化改革成为一项重要任务，以足球协会改革为开端，为篮球、排球等其他项目协会改革探索经验。2016年2月，国家体育总局足球运动管理中心正式撤销，中国足协与国家体育总局"脱钩"。2016年4月，《中国足球中长期发展规划（2016—2050年）》印发，标志着体育项目改革真正步入深水区。足球改革取得了立竿见影的效果，中超联赛观众上座率触底反弹；恒大两夺亚冠联赛冠军；奥斯卡、保利尼奥、孔卡等一大批国际球星纷纷加盟；中超版权费卖出80亿元人民币，中超海外转播覆盖全球96个国家和地区；2017年3月，75%的地方足协实现了实体化。以足球单项体育协会为突破口，其他运动项目协会陆续实施了实体化改革，让专业的人干专业的事，让优秀运动员发挥专业优势，成为体育协会改革的主题。截至2019年6月，国家体育总局主管的89家协会商会，已脱钩21家，拟脱钩68家，中国篮球协会、中国滑冰协会、中国冰球协会等一大批单项体育协会的负责人进行了调整，姚明、王海滨、冼东妹、周继红、张健等一批专业人士当选27家协会主要负责人，越来越多的专业人士走进管理层，凸显了国家体育部门深化运动项目协会实体化改革的决心和力度。实践证明，以运动项目管理体制改革为龙头，既可以解决机关政事不分、管办合一的弊端，又可以带动训练、竞赛乃至体育教育和体育科研体制改革，推动我国运动项目的普及与技术水平提高，促进体育的社会化和产业化。

第四节　竞技体育结构性改革的特征

一、从要素驱动向创新驱动的发展方式转变

竞技体育发展方式是实现竞技体育发展的方法、手段和模式，不仅包括竞技体育增长方式，而且包括体制机制、运行质量、经济效益、法律制度等多个方面。长期以来，我国竞技体育主要以政府导向下的要素驱动为主要发展方式，依靠政策和保障等要素推动竞技体育发展，体现出以政府资源供给为主体，以行政手段管理体育事务，以计划手段配置体育资源，通过人力、物力、财力等基本要素的高投入和高消耗，利用举国体制集中有限资源推动竞技体育发展。要素驱动下的竞技体育为我国体育事业做出了重要贡献，然而，由于这种发展方式的科学化程度较低，高投入、高消耗、高成本、低效益成为竞技体育面临的现实问题。《奥运争光计划纲要（2011—2020年）》指出"我国竞技体育在发展方式上仍然主要靠扩大投入和规模，依靠政策和保障等要素驱动，创新驱动不足，科学化管理和训练水平不高，复合型训练管理团队建设滞后，训练效益不高。[①]" 2008年北京奥运会后，我国竞技体育发展方式不断优化，发展重点不断由过去的行政驱动向利益驱动转变，从注重数量上的提升向追求综合实力的增强、质量的提高和结构效益的调整转变。传统依靠行政驱动"自上而下"的竞技体育发展方式，逐步转变为通过利益驱动调节竞技体育参与主体行为、以市场调节竞技体育资源配置和以法律手段维护竞技体育发展秩序的新型发展方式。

第一，通过体制创新优化竞技体育发展方式。2008年北京奥运会后，通过进一步完善"举国体制"，推动竞技体育管理体制改革，转变了政府单一的资源配置方式，政府主导、部门协同、社会参与成为新的竞技体育发展方式，不断推动着竞技体育的集约化、内涵式发展。通过引入社会主体，把社会市场作为竞技体育资源配置的重要方式，推动了竞技体育的"扁平化"管理，逐渐形成了政府、社会、市场共同参与的管理体制。通过转变政府职能，强化政府的服务和调控功能，调动社会资源参与竞技体育的积极性，不断深化了单项体育协会实体化改革，提高了竞技体育的发展质量和效益，初步形成了与新时期经济社会发展相适应，更加开放、更具活力的创新驱动型发展方式。

第二，通过机制创新优化竞技体育发展方式。围绕北京奥运会后建设体育强

---

① 彭国强，杨国庆. 新时代中国竞技体育结构性改革的特征、问题与路径 [J]. 武汉体育学院学报，2018（10）：5-12.

国的需要，从资源投入、项目布局、人才培养、训练体制、竞赛体制等多个要素不断优化竞技体育运行机制，推动竞技体育发展方式由依靠资源倾斜投入的粗放型逐渐向依靠科技引领、组织创新、制度创新、科技保障和理念创新的集约型转变。通过提高竞技体育运行中的各要素生产力来提高单位资源投入的产出率，竞技体育发展方式由依靠要素驱动的粗放型不断向多种机制耦合创新的集约型发展。2012年，党的十八大专门强调以创新驱动引领经济社会发展，依靠科学技术创新实现集约式增长，用技术变革提高生产要素的产出率。竞技体育作为经济社会的重要组成部分，在社会改革的驱动下，进一步创新了运行机制，不断由人力密集型向科学密集型转变、由重数量的外延式扩张向重品质的内涵式发展转变，利用科技、制度、市场等创新因素对竞技体育运行的有形要素进行优化，以创新的知识和技术提升了发展效益。

第三，通过制度创新优化竞技体育发展方式。制度创新是竞技体育创新驱动的根本保障，2008年以来，我国竞技体育不仅在政府管理制度、市场准入制度等方面进行了完善，还从后备人才、竞赛体系、协会改革、职业体育等多个方面进行了制度性创新，通过制定《奥运争光计划纲要（2011—2020年）》《关于进一步加强竞技体育后备人才培养工作的指导意见》《中国足球改革发展总体方案》《奥运项目竞技体育后备人才培养中长期规划（2014—2024年）》《体育竞赛裁判员管理办法》《国家队训练管理质量评估实施办法》《冬季项目后备人才培养中长期发展规划》《2022年北京冬奥会备战工作计划》等多项政策，通过制度体系的创新引导竞技体育不断走向内涵式发展。

可以说，我国竞技体育由要素驱动不断向创新驱动的发展方式转变有着必然性和时代性，是竞技体育不断适应经济社会改革趋势和自身发展规律的必然选择，是推动我国由体育大国向体育强国迈进的必然过程。通过转变政府职能，强化政府调控与市场资源配置的协同性，通过转变竞技体育发展观念，创新发展方式，增强了竞技体育发展活力，推动竞技体育由"赶超型"不断向"可持续型"转变，提高了发展质量和效益。

二、从单一管理向多元治理的体制结构转变

转变政府职能、优化竞技体育发展方式是一项重要任务，伴随着竞技体育事业的深入改革，拓宽竞技体育管理的体制结构，推动多元主体参与竞技体育管理成为一项重要任务，在国家相关部门的引导下，社会市场、协会组织等主体不断参与到竞技体育治理中。2011年，《竞技体育发展"十二五"规划》提出："进一步转变政府职能，充分调动社会各方积极性，逐步形成国家办与社会办相结合

的多元竞技体育管理体制",为新时期竞技体育管理体制改革指明了方向。社会组织、协会、市场等不断成为竞技体育管理的新兴主体,竞技体育发展模式整体呈现出从单一管理不断走向多元治理的改革趋势。

第一,从"垂直型"管理向"扁平化"治理转变,不断打造政府主导型治理体制。在国家社会体制改革推动下,竞技体育贯彻管办分离的原则,通过不断完善举国体制,转变政府职能,不断优化发展方式,主要从依靠行政指令单一管理不断向通过行政手段、市场机制和志愿者行为的多元治理转变;从政府权力无限向权力有限转变,围绕项目结构、人才培养、训练体制、竞赛体制等多个层面的管理体制进行改革,不断把社会的全面参与、市场的有效参与、公民的自觉自愿参与和政府统筹、政府主导融为一体,不断激发社会市场参与竞技体育治理的动力和活力,竞技体育不断向政府主导、企业赞助、个人投资、全社会参与的"扁平化"治理模式转变。

第二,从"中心边缘"结构向"网式多中心"结构转变,不断优化社会化运行机制。一是通过推进竞技体育项目的社会化改革,推动竞技体育不断走向社会。主要完善了运动项目管理体制,大力推进项目协会实体化改革,逐步将运动项目主要业务职责移交给协会。尤其是 2015 年以来,以足球协会改革为开端,项目协会实体化改革再次启动,稳步推进了部分全国性体育协会与行政事业单位脱钩改革,截至 2019 年 6 月,国家体育总局主管的协会商会已脱钩 21 家,拟脱钩 68 家。二是不断推进竞技体育人才培养模式的社会化,创新了体育部门、教育部门、社会力量共同培养竞技体育人才的组织机制,社会组织、企业团体、协会、个人等不断参与到了运动训练和竞赛中,国家队不断向地方、向企业、向社会开放,项目选材不再局限于体制内单位,而是面向全社会开放选材。

第三,从政府管办合一"独轮驱动"向政府、社会、市场、个人"四轮驱动"转变,不断完善多元协同治理体系。2008 年以来,我国竞技体育步入了多主体、多领域、多系统协同推进阶段,逐渐改变了我国体育事业管理主体单一的格局,打破了以行政指令为主体、依靠国家"独家管办"竞技体育的管理体制,由政府部门办体育逐步转变为全社会共同参与办体育,不断引入社会多元主体共同治理竞技体育事务,提升了各项目协会、俱乐部等多元主体的自主决策权。通过政府、社会和市场等多主体的密切合作、多主体的共同参与,逐步形成了充分利用社会资源、依靠社会力量,政府支持、协会主导、市场自主的新型竞技体育治理体系。

三、从金牌至上向展现综合实力的复合型目标转变

长期以来,在国际大赛上夺取金牌是竞技体育的至高目标,获取奥运会、世

第四章 结构与优化：中国竞技体育的体制机制

锦赛、亚运会等世界大赛的金牌数量成为展现国家实力的窗口，同时，把金牌作为考评国家各级地方体育管理部门和教练员绩效的指标。随着国家快速崛起，我国经济社会发展取得了举世瞩目的成就，综合实力不断增强。新时期，展现国家综合实力的方式日益多元，不再单纯依靠竞技场上的表现来宣示自身的强大，开始逐渐摒弃了金牌至上的金牌观，对金牌背后的国家发展、国家形象、民族精神等多元价值的认识提升到了新的高度。2015年1月，国家体育总局提出："取消亚运会、奥运会贡献奖奖项的评选，对全运会等全国性运动会只公布比赛成绩榜，不再分别公布各省区市的金牌、奖牌和总分排名"，并且，采取措施纠正金牌至上的政绩观，颁布了《国家队运动员、教练员选拔与监督工作管理规定（试行）》《全国体育竞赛裁判员选派与监督工作管理办法（试行）》等，加大了对扭曲体育精神、违反体育道德行为的预防和处罚力度，标志着传统金牌至上的价值观念开始从国家层面发生转变。

第一，从"争光体育"不断向全面体育转变。对中国选手参加的比赛，不再"唯金牌论"，而是更加看重金牌数在奖牌数中所占的比重、更加看重运动健儿在国际赛场的综合表现、更加看重参加世界大赛的综合效益。如2012年伦敦奥运会和2016年里约奥运会，更加注重整体项目结构的优化和参赛的综合效益。2012年伦敦奥运会是中国海外征战运动员人数最多的一届奥运会，在客场作战的情况下，中国军团在乒乓球、羽毛球、跳水、体操、举重、射击等多个项目取得了新突破，在游泳、击剑、帆船等欧美传统强项中强势突围，创造了境外参赛的历史最好成绩。2016年里约奥运会，再次刷新了中国在境外参加奥运会的运动员数量纪录和参赛项目纪录，中国参加了除手球和橄榄球外的所有项目，运动员年龄也是近3届奥运会最年轻的，部分项目实现了重大突破，自行车首夺奥运金牌，田径创造了历史最佳战绩，乒乓球、举重等优势项目取得新的进步，女排时隔12年再夺奥运冠军，彰显了新时代的中华体育精神。

第二，从突出奥运优势项目不断向各类运动项目全面协调发展转变。2008年以来，体育部门不断挖掘竞技体育项目新的增长点，努力恢复各类运动项目之间内在"生态平衡"，追求竞技体育项目的整体发展、整体效益。在业余体育与职业体育、奥运项目与非奥项目、夏季项目与冬季项目之间追求协调发展，在集体球类项目和基础大项上寻求突破，通过提高竞技体育项目的整体水平，提升中国竞技体育的国际影响力。尤其是北京奥运会以来，我国竞技项目结构有所优化，优势项目及一批潜优势项目、田径、游泳等基础大项取得突破，冬季项目得到了长足发展。2015年北京冬奥会申办成功后，冰雪运动进入快速发展期，为推动冰雪竞技项目发展，恶补冬季项目人才短板，努力实现冬奥会项目全项开展，国家专门制定了《全国冰雪场地设施建设规划（2016—2022年）》《冰雪运动发展规划（2016—2025年）》，计划到2022年全国滑冰场馆不少于650座，滑雪场地数量达到800座，通过大力扶持冰雪运动来促进冬季项目与夏季项目的均衡发展。

第三，从"以成绩为本"不断向"以人为本"转变。2008年以来，随着经济社会的快速发展，社会对金牌的认识不断发生转变，人们开始用更加宽容、理性的态度看待金牌。如2016年里约奥运会，国人对比赛首日零金牌的淡定与坦然充分体现出一种观念的转变，在女子100米仰泳半决赛结束后，傅园慧的一段采访透过电视屏幕，迅速在国内走红，没有拿到金牌但贡献了大量"魔性"表情包的傅园慧备受追捧，说明人们在关注金牌的同时，更关注的是运动员在赛场上展现出的综合素质和精神风貌，国人看待金牌的态度更加理性。此外，相比于金牌的数量，更加关注金牌的"含金量"。2008年以来，针对不同项目的市场化程度，不断推进运动项目管理体制改革，在一些弱势项目上取得新突破。如2009年网管中心允许李娜"单飞"后，李娜征战于多个职业赛场，2011年1月，李娜首次获得WTA顶级巡回赛冠军，同月，李娜在法国网球公开赛女单比赛中登顶。2014年1月，李娜第三次跻身澳大利亚网球公开赛并收获女单冠军，创造了亚洲女子单打选手在大满贯中的最好成绩。一系列成绩，体现出我国开始在一些欧美强势项目中取得新突破，具有至高的"含金量"。

第四，从少数人的体育不断向全民体育转变。竞技体育不再只是少数人提高技能、为国争光的舞台，更成为人们生活中不可或缺的一部分，竞技体育赛事不断走向社会，引导人们广泛参与。2017年8月，第十三届全运会高擎"全运惠民，健康中国"主题，坚持以人民为中心，在办赛理念上做出了重大创新，不设金牌、奖牌榜，在办赛模式和项目设置等方面加大了改革力度，新增了群众项目，打破专业和业余、国际和国内界限，将竞技体育与群众体育紧密结合，让普通民众亲身参与全运会比赛，享受全民运动的欢乐，最终有8022名群众选手参与到全运会角逐中。在19个项目中，既有乒乓球、羽毛球、马拉松等热门项目，又有龙舟、太极拳等传统项目，也有在中老年群体中颇为流行的柔力球、健身气功等，让本来"高大上"的全运会更加"接地气"。这充分说明办赛理念在不断转变，利用竞技体育提升人们生活质量、促进社会发展的作用日渐彰显。

四、从服务国家的单一价值向满足社会需要的多元价值转变

竞技体育的角色定位与国运兴衰密切关联。一直以来，我国竞技体育的价值结构相对单一，主要服务于国家崛起的政治需要，强调发挥竞技体育塑造国家形

象、彰显精神风貌、振兴中华的政治功能，通过大力发展竞技体育，提升国家影响力。竞技体育单一的社会角色主要重视达成国家层面的政治诉求，随着全面小康社会建设的深入，人们对体育需求不断高涨，竞技体育较为单一的政治角色已不能满足人们日益增长的休闲娱乐、健康促进、文化教育、消费升级等多方面的需要。新时期，竞技体育积极顺应经济社会改革的趋势，开始由服务于国家层面的政治角色，不断向满足社会需要的多元角色转变，逐渐凸显竞技体育在促进人的全面发展和经济社会发展中的综合作用。

北京奥运会是中国竞技体育角色转变的重要历史节点。2008年以来，随着竞技体育管理体制改革，不断拓宽了竞技体育角色的内涵和外延，不断挖掘竞技体育的多元价值，从文化娱乐、健康促进、文化教育、经济助力、社会缓冲等多个方面深化了竞技体育的战略角色。具体实践中，主要促使竞技体育从单向度的为国争光向全面服务社会发展转变，最大限度地释放竞技体育的外部正效应，通过主动服务经济社会发展为竞技体育自身发展拓展更大空间、集聚更多能量。2016年8月，《竞技体育"十三五"规划》提出"以建设健康中国和体育强国为目标，以服务全面建成小康社会、满足人民群众体育需求为出发点，充分发挥竞技体育在全面建设小康社会中的综合功能和重要作用"。与之前的竞技体育发展规划相比，新时期的竞技体育更加注重其综合功能的发挥，更加注重通过竞技体育发展推动社会建设和满足人民群众的体育需求，在国家政策导向下，竞技体育由较为单一的社会角色向多元角色转变的效益明显。

第一，从竞技主导向助推社会产业结构转型升级转变，竞技体育的经济价值不断挖掘。为适应新时代经济社会的快速发展，竞技体育不断拓宽了单纯以追求运动水平提高为中心的价值定位，将发展竞技体育相关产业与促进社会消费相联系，通过大力发展体育赛事表演、体育电视转播、体育健身娱乐、体育场馆运营、职业体育等第三产业，不断挖掘竞技体育的经济价值，促使竞技体育为社会创造出更多经济效益，助推社会产业结构转型升级。

第二，从训练竞赛向提升人们的精神素养转变，竞技体育的人文价值不断释放。随着新时代人民日益高涨的文化生活需要，通过不断挖掘竞技体育的精神价值和教育价值，开展形式多样的民间体育比赛促进人们交流，提升人们的精神素质。通过弘扬中华体育精神和讲述励志性体育故事，竞技体育中的顽强拼搏、不怕困难、团结协作等文化价值观得到发扬，对培育人格健全、具有良好社会适应能力的公民发挥了重要作用。

第三，从单一的成绩追求向全面提高人们的生活质量转变，竞技体育的休闲、娱乐价值日益彰显。2014年10月《国务院关于加快发展体育产业、促进体育消费的若干意见》提出取消商业性和群众性赛事活动审批以来，竞技体育赛事活动不断走向民间，与社会、市场相结合，全国各地通过举办形式多样的体育赛事活动丰富人们业余生活，广大群众不断参与到各类比赛中，竞技体育的娱乐、休闲价值不断释放，提升了人们的幸福感和体育获得感。

第五章 转型与演变：中国竞技体育的发展方式

竞技体育发展方式是推进竞技体育发展的手段、行为方式、发展模式、发展形态等集合。加快推动竞技体育发展方式转变，不仅是竞技体育自身发展的迫切需要，也是对我国经济社会发展方式转变的积极响应。新中国成立以来，竞技体育依靠"赶超型"发展方式取得的成就有目共睹，竞技体育在短期内实现了快速崛起。新时代，在体育强国建设背景下，我国竞技体育与时俱进，积极适应体育发展总体规划和国家战略布局，深入推进发展方式改革，由要素驱动不断向创新驱动转变，由投入规模型不断向质量效能型转变，由传统训练体制不断向科学训练体制转变，由金牌至上不断向全面服务社会发展转变，由"赶超型"不断向"可持续发展型"转变，推动竞技体育不断实现创新驱动、均衡协调和可持续发展。

第一节 竞技体育发展方式的结构

竞技体育高质量发展追求的是整体效益，强调高质、高效和可持续发展，转变发展方式是实现竞技体育高质量发展的基础。竞技体育发展方式是一项复杂的系统工程，不仅要对竞技体育发展的效率、效益、效能等进行改进与整体提高，而且要对竞技体育发展的目标定位进行调整，让竞技体育更好地服务于体育强国建设和经济社会发展。要优化竞技体育发展方式，首先要剖析竞技体育发展方式的结构，厘清竞技体育发展方式的构架与内涵。

一、竞技体育发展方式的分类

竞技体育包括复杂的构成要素和结构特征，围绕竞技体育的发展目标、竞技体育的发展方向、竞技体育的发展主体、竞技体育的发展理念、竞技体育的发展动力等要素，竞技体育发展方式可以分为五类[1]。

---

[1] 鲍明晓，李元伟. 转变我国竞技体育发展方式的对策研究[J]. 北京体育大学学报，2014，37（1）：9-23.

第一，根据竞技体育发展的动力特征，可分为内生式发展方式和外生式发展方式。内生式发展方式遵循竞技体育自身发展要求和发展规律，围绕竞技体育自身的选材、训练、竞赛、保障等基本要素需要进行发展，其发展动力来源于竞技体育内部结构；外生式发展方式是竞技体育在外在因素或力量推动下产生的发展方式，主要依靠国家和社会投入获取发展动力，如新中国成立初期我国竞技体育的政府主导型发展方式，主要借助"举国体制"实现竞技体育自身发展，社会市场、运动项目协会及竞技体育自身发展规律体现得不多，外生式发展方式在特殊时期推动了我国竞技体育快速发展。

第二，根据竞技体育发展的主体特征，分为政府主导型、社会主导型和结合型发展方式。受特殊时期政治、经济、文化等因素影响，新中国成立以来，我国竞技体育发展依靠政府主导下的"举国体制"，在以"为国争光"为核心目标的任务导向下发展，发展方式是速度优先、效率优先的局部赶超，奥运争光的战略思想及其实现方式和体制机制，竞技体育发展中所需要的各种资源主要依靠国家行政手段进行配置。这种发展方式趋于"集权型"，以"思想一盘棋、组织一条龙、训练一贯制"为组织保障，主要依靠政府力量调动全国人力、物力、财力资源助推竞技体育发展。客观而言，政府主导型发展方式符合特殊时期国家体育事业发展需要，推动了竞技体育在短期内快速崛起。社会主导型发展方式是一种主要依靠社会和市场投入为主体的发展方式，政府不设立专门的体育管理机构，对具体体育事务很少介入和直接干预，政府主要起监督作用，通过社会市场机制，利用法律、制度、法规等进行间接治理，各社会体育组织往往采取自治的模式。政府不负责具体体育制度的制定，主要由社会体育团体组织承担。这种发展方式下的政府职能由宏观管理转向宏观监管，政府更多是利用制度、政策、法规对体育事业监管，并指导国家体育事业的发展，社会体育组织具有自治权。结合型发展方式主要是政府管理与社会治理相结合，政府负责体育事业的宏观管理，一般不参与体育的中观和微观管理，在国家宏观管理下，由社会体育组织负责体育事务的具体治理。国家设置相应的体育行政管理机构，但不直接负责体育治理，体育相关事务主要通过社会体育社团直接负责，政府主要发挥宏观调控作用。

第三，根据竞技体育发展的机制特征，可以分为自上而下驱动型和自下而上驱动型发展方式。从发展的体制机制而言，竞技体育发展需要自身内生动力的推动和外力的拉动，这就要依托基本的动力源，需要国家政治、经济、文化、社会等提供多层面保障，需要社会各领域提供强大的动力支持。自上而下驱动型发展方式属于政府主导，竞技体育的发展动力主要来自政府的行政指令，是一种被动型发展，属于外在动力驱动发展。自下而上驱动型发展方式属于社会主导，竞技体育的发展动力主要来自市场和社会,这种发展方式的参与主体较多,灵活性较大,一定程度上能够实现竞技体育的主动发展,符合竞技体育自身发展的需要,是新时期我国运动项目协会社会化、实体化改革进程中的一种重要发展方式。

第四,根据竞技体育发展的效益特征,可分为粗放型发展方式和集约型发展方式。竞技体育的发展涉及运动员选材、运动训练、参赛、保障服务等多个要素,需要借助外界资源的不断投入,如何提升资源投入的利用率,保障发展效益的最大化是一项重要任务。粗放型发展方式是在生产要素质量、结构、使用效率和技术水平不变的情况下,依靠生产要素的大量投入和扩张来实现经济的增长,主要依靠资源投入和发展规模的扩大推动竞技体育发展,主要体现在"量"上的发展,是一种依靠资源不断投入实现的粗放型发展[1]。集约型发展方式是依靠生产要素的优化组合,通过提高生产要素的质量和使用效率,通过技术进步、提高劳动者素质,以及提高资金、设备、原材料的利用率而实现增长。竞技体育的集约型发展主要依靠科技创新和科学管理催动的发展,是一种追求"质"的发展,通过提升科技元素、依靠制度创新推动竞技体育内生式发展。进入新时代以来,我国竞技体育发展方式主要由外延粗放型不断向内涵集约型转变。

第五,根据竞技体育发展的时空特征,可分为"优先"发展方式和"可持续"发展方式。"优先"发展方式是基于特殊时期国家发展需要,利用国家力量推动竞技体育发展的重要方式,也是一种"赶超型"的竞技体育发展方式。这种发展方式依托于"举国体制",以在世界大赛获取优异运动成绩为目标,使我国竞技体育在世界舞台上能够快速崛起,实现我国竞技体育的优异成绩。"可持续"发展方式指竞技体育发展主体在文明发展理念指导下,以文明的方式发展竞技体育以获取自身发展需求,这种方式注重竞技体育的集约化和内涵式发展,是一种关注竞技体育的全面性、协调性、可持续性的发展方式,是一种倡导协同共享理念的发展方式。

总之,竞技体育发展方式分类存在不同的划分标准和类型,不同视角、不同维度下的竞技体育有着不同的发展方式。并且,竞技体育发展方式的分类仅是一种理论上的划分,是为了有利于研究者从不同视角审视竞技体育发展进行的划分。需要明确,在竞技体育发展实践中,不同类型的发展方式往往相互交叉、相互融合在一起,竞技体育发展的结果不是单一发展方式的体现,而是多元发展方式的集合呈现。转变竞技体育发展方式,最根本的是要实现从目前的粗放型和政府主导型发展模式转向以科技支撑为核心要素,走资源再生型与可持续发展型相

---

[1] 辜德宏,吴贻刚,陈军. 我国竞技体育内生式发展方式的概念、分类、内涵、特征探析[J]. 天津体育学院学报,2012,27(5):382-385.

结合的高质量发展方式。

二、竞技体育发展方式的构成

竞技体育的发展方式主要由五大要素构成：一是发展的目标，是指导竞技体育发展的顶层设计，是引导竞技体育实现集约化、内涵式与创新发展的重要保障；二是发展的主体，是实现多元主体推动竞技体育协同发展的基本要素；三是发展的内容，是竞技体育发展的结构体系与构成要素；四是发展的环境，是竞技体育发展的形势与对国内外环境的要求，是推动竞技体育高质量发展的基础；五是发展的效益，是整合竞技体育各类资源，体现竞技体育发展水平的重要标志[①]。

第一，竞技体育的发展目标。目标是导航，是指导竞技体育发展路线不偏移的指南。发展目标是一种国家的宏观顶层设计，竞技体育的发展目标受国家发展战略的影响，不同时期竞技体育发展目标的设定呈现出不同的价值取向。以国家目标为中心的价值取向和以经济社会需求为中心的价值取向，是引导竞技体育发展的两种基本目标。前者主要将竞技体育作为服务于国家发展需要的重要方式，通过国家主导竞技体育发展，目标是在奥运会、亚运会等世界大赛上争金夺银、为国争光，并且以金牌的数量作为发展的直接目标。以经济社会需求为中心的价值取向则将竞技体育的发展立足于服务于人和经济社会发展的综合需求，将竞技体育的发展定位为服务于国家治理，以带动和引领大众体育、学校体育、体育产业和学校体育实现共同发展为重要取向。同时，竞技体育内部也有自己的发展目标，如不同运动项目的发展目标、后备人才培养的目标、科技助力运动训练的目标、复合型团队建设目标、奥运备战的参赛目标等。另外，不同国家对竞技体育发展也有不同的目标定位，各国通常根据自身发展需求和特点来确定不同类别运动项目的发展目标。如围绕备战2020年东京奥运会，英国、日本、俄罗斯等都对各自的重点项目做出了目标定位。

第二，竞技体育的发展主体。竞技体育发展是由不同参与主体的协同推动而实现的，实现发展的主体主要包括政府、市场、社会、俱乐部、协会等。由不同主体主导的发展方式主要有三种，分别是政府管理型（集权型）、政府与社会体育组织共同管理型（混合型）和社会体育组织管理型（分权型）。政府管理型是以政府作为竞技体育管理主体，政府除担负国家体育事业的宏观管理职能外，还涉足体育事业管理中的中观和微观层面，在我国包括以国家体育总局为最高领导的体育系统内的各级政府体育主管部门等。政府与社会体育组织共同管理型是政

---

① 辜德宏. 竞技体育发展方式构成要素与结构模型分析［J］. 沈阳体育学院学报，2016，35（2）：44-51.

第五章 转型与演变：中国竞技体育的发展方式

府和社会共同作为竞技体育的发展主体，国家设置相应的体育行政管理机构，但不直接负责竞技体育事务治理，在政府宏观调控下，主要通过社会组织负责引导竞技体育发展。社会体育组织管理型是以社会市场、俱乐部、协会等作为竞技体育的直接参与主体，主要通过自下而上的社会组织对竞技体育发展管理，政府担负监督作用，主要通过社会市场机制引导竞技体育发展。竞技体育的参与主体选择发展的方向、对象、路径，并按照发展主体的需求塑造竞技体育发展的结构，最终生成一种覆盖竞技体育各领域要素的结构形态。

第三，竞技体育的发展内容。竞技体育由选材、训练、备战、竞赛、保障、科技等多种元素构成，这就决定了竞技体育的发展要统筹兼顾，需要在整合各个要素的基础上提高竞技体育的综合实力和国际竞争力。首先，科学选材是实现竞技体育发展的基础，竞技体育要围绕如何针对不同项目、不同地域、不同年龄等运动员进行科学选材，要设计科学的选材标准实施动态选材，要不断完善和优化跨项选材，为竞技体育的深入发展打好基础；竞技体育的发展要处理好训练和竞赛的关系，秉承"赛练结合"的训练理念，不断提高训练和竞赛的科学化水平；竞技体育还要做好大型赛事的备战参赛工作，要通过创新备战机制拉动竞技体育发展方式创新，通过创新备战思路引导竞技体育发展方式转变，通过取得优异的世界大赛成绩引领竞技体育发展方式改革；要充分考虑保障服务工作，打造训练、科研、医疗、管理、保障"一体化"复合型训练保障团队，大力推进科技助力工作，以科技手段推动竞技体育的科学化发展；要坚持"世界眼光、国际标准"的思路，顺应国际竞技体育发展趋势，培育国际化科技合作平台，打造科技助力奥运工程和科学训练体系，提升竞技体育的科学化、智能化水平；要以创新驱动为关键、以优化结构为重点、以人才强体为支撑、以促进人的全面发展为核心，充分发挥竞技体育的综合功能，推动竞技体育实现集约化发展。

第四，竞技体育的发展环境。竞技体育发展要有相应的环境作为保障，作为社会文化的组成部分，竞技体育的发展受制于人类社会的发展状况和水平，受到社会经济、政治、文化、科技、环境等多种外界因素的影响。新时代，我国体育发展将面临更加复杂多变的国内外环境，"世界百年未有之大变局"加速呈现，国际政治、经济、社会、文化固有格局加速变动和重构，我国竞技体育发展的形势更加复杂，新环境下竞技体育发展将要应对各类风险与挑战，在这种背景下，竞技体育首先要处理好与内外部环境的关系。竞技体育发展应当体现在其与所处的外部环境、条件的互动。从竞技体育发展所处的外部发展环境和条件来看，人类社会发展是一个依靠科学技术进步来推进现代化进程的发展过程，科学技术水平反映了人类认识科学规律的水平，是影响竞技体育发展的外在发展条件。从竞技体育发展与外部发展环境和条件的互动来看,竞技体育的发展是发展主体改造竞技体育这一客体的过程,在这个复杂的过程中,竞技体育的功能和多元价值将被不断开拓,从而更好地满足经济社会发展和人的发展需要。竞技体育在外部发展环境和条件的约束下,通过对自身内部发展要素的配置,生产出特有的产品或服务,从而满足不同主体的需求。

第五,竞技体育的发展效益。竞技体育的发展效益是保持竞技体育发展活力、推动竞技体育可持续发展的基础,关系到竞技体育发展的质量、性质、效率等本质问题。客观而言,竞技体育的发展需要大量的物质、人力、科技、保障等条件投入,其中财力和物力资源主要为体育经费、体育场地、体育器材、体育设备等,人力资源主要为教练员、管理人员、科研人员等。竞技体育的发展效益关乎投入与产出的比例,主要依据竞技体育发展的投入与产出情况来权衡,其呈现方式具有多元性。一方面,竞技体育发展效益的直接显性指标包括世界大赛成绩、后备人才厚度、科技助力程度、复合型保障人员数量等,是体现竞技体育发展综合实力的外显指标。另一方面,竞技体育发展效益的间接隐性指标主要指通过竞技体育所带动的发展,主要指竞技体育的综合影响力和辐射力,竞技体育自身所表现出的政治、经济、文化、教育等综合价值,竞技体育在国家建设、经济发展、国家外交、文化传播等方面发挥的作用和价值,通常通过政治效益、经济效益、文化效益、社会效益、生态效益等进行综合评价①。新时期,竞技体育要把推动发展的立足点转到提高质量和效益上来,把握好速度和质量的平衡,以质量提升对冲速度的放缓,把思维方式、工作方法、政策措施切实转到以提高质量和效益为中心,紧紧围绕质量和效益定目标、出政策,切实把竞技体育发展推向"质量时代"。

第二节 竞技体育发展方式的演进

竞技体育发展方式的演进是一个考量客观历史发展进程的动态调整过程。随着社会、经济与文化的快速发展,全球化、信息化的不断推进,竞技体育发展方式的演进将成为贯穿于我国体育强国建设的主线,其中要不要转变、能不能转变、向什么方向转变,以及转变到什么程度等,都离不开对特定历史时期竞技体育发展历史演进和发展方式的系统归纳。

---

①辜德宏. 竞技体育发展方式构成要素与结构模型分析 [J]. 沈阳体育学院学报, 2016, 35 (2): 44-51.

第五章 转型与演变：中国竞技体育的发展方式

一、竞技体育的"赶超型"发展方式

新中国成立以来，我国竞技体育发展体现为一种以"赶超"为中心的发展方式。由于竞技体育具有外交方面的政治功能，其极易成为新生国家作为拓展国际空间、开展多边外交、展示政权合法性的媒介。新中国成立以来，我国竞技体育以"为国争光"为核心目标，以行政手段配置资源，用非均衡发展获得局部突破，但是竞技体育内在发展各要素间的自然逻辑遭到破坏，竞技体育在取得优异成绩的同时也呈现出一系列不均衡、不协调、不可持续的消极问题。在"赶超型"发展方式引导下，我国竞技体育整体呈现快速发展，超越了特定时期的经济社会发展水平。"赶超型"竞技体育发展方式的特征明显：在投入主体上，主要由国家体育行政部门投入，并逐步形成具有中国特色的举国体制；在目标定位上，突出在世界大赛获取优异竞技体育成绩，赶超西方发达国家水平，并展现良好的国家精神风貌，通过竞技体育助推经济社会发展；在发展要素上，突出竞技体育在优秀人才选拔、培养、训练、竞赛、保障等方面的"一体化"要素整合，通过要素驱动竞技体育发展；在发展重心上，国家体育事业整体以竞技体育发展为重点，突出体育的政治作用，把主要精力集中在优势项目发展。客观而言，新中国成立初期的竞技体育发展方式参照了大量苏联的竞技体育发展经验和模式，不仅借鉴了许多先进的训练理念和方法，而且形成了集中力量办体育的举国体制。再加上我国竞技体育的发展动力主要来源于国家和政府，竞技体育实质表现为一种外生性的发展方式。

第一，以国家投入为主体的要素驱动。赶超发展是新中国成立初期我国体育事业发展的主要动力，把赶超思维落到操作层面的具体办法就是用"突击"的方式实现体育发展的具体目标，即通过国家投入和要素驱动，我国体育发展逐渐形成了以国家体委到全国各地各级体委为主体的管理体制，取代了以往的以社团组织为主的管理体制，主要以业余体校、体工队和国家集训队为架构的三级训练体制，以及以全运会为中心的国内竞赛体制。在竞技体育物质资源、人力资源、财力资源投入上有所偏重，运用举国体制推动竞技体育发展。从实际的发展效果来看，这种发展方式很好地促进了我国竞技体育事业快速发展，群众体育也实现了随动发展，短期内取得了很好的社会效益。客观而言，国家投入下的要素驱动虽然有利于我国体育事业快速发展，但是这种发展方式不能持续，也造成了我国体育资源的分布不平衡。

第二，以为国争光为核心目标。为国争光是党和人民赋予我国竞技体育的基本使命，是竞技体育在国家发展大潮中砥砺前行的根本指南。同样，为国争光也是特殊时期我国"赶超型"发展方式的核心目标。新中国成立初期,我国经济发展水平与西方发达国家有着明显差异,如果没有这种发展方式的保证,我国竞技体育不可能在短期内取得快速崛起。新中国成立后,面对国际空间有限、民族振兴、改革开放、国家和平崛起等都需要竞技体育充分发挥内聚民心、外展形象的政治外交功能,塑造国际形象、提升国际地位成为国家建设的现实需求。竞技体育作为我国体育事业中最显性的重要部分,其在国家对外交流中承担着举足轻重的作用,可以成为塑造国际形象、提高国际地位的重要窗口。在这样的背景下,"为国争光"成为不同时期我国竞技体育发展的主题。

第三,以国家政治需要为价值定位。"赶超"发展是我国竞技体育在特殊时期的历史选择,一直服务于国家形象的塑造、政治发展、制度建设等。"赶超型"发展方式将社会的体育需求定位国家政治层面上,多从服务于国家需要的角度看待体育的价值定位,突出了人在体育中的工具性,却忽视了人的目的性,难以满足社会对体育的新需求。客观而言,我国虽处于社会主义初级阶段,但社会主义制度的政治优越性为竞技体育"赶超式"发展提供了政治保障。在"缩短战线,保证重点"战略的指导下,国家集中一定的人力、物力、财力,通过统一规划、调配、布置,来保证部分优势项目形成优势,这种方式使得我国体育在资源不足、基础薄弱的状况中迅速崛起,进而依托改革开放以来经济社会迅速发展的有利条件,造就了竞技体育前所未有的辉煌。我国竞技体育从发展阶段"零"的突破到2008年奥运会金牌榜榜首地位,充分体现了竞技体育发展的速度以及特殊时期以国家政治需要为价值定位的科学性。

第四,以优先发展为基本原则。新中国成立初期,我国竞技体育发展的起点低、基础差、摊子大、资源有限,这一发展的现实基础,制约了我国竞技体育可选取的发展方式。在"为国争光"这一核心目标的指导下,我国竞技体育需要尽快实现跨越式发展,而现实的发展条件又制约着竞技体育的创新发展,使其难以在短时间内实现全面均衡发展。因此,把有限的资源用于重点领域、集中优势资源、局部重点突破成为推动竞技体育项目优先发展的一项重要策略。通过"举国体制"的资源集约优势,以行政手段为主配置资源,缩短战线,保证重点,有效促进了我国竞技体育对西方竞技体育的赶超,实现了跨越式发展。在这一发展策略指引下,我国竞技体育将运动项目区分为重点项目、非重点项目、奥运项目、非奥运项目、优势项目、潜优势项目等,"小、快、灵"等优势项目获得超前发展,但基础大项田径、大球类项目等发展滞后,造成了竞技体育发展结构的不均衡。

二、竞技体育的"多元化"发展方式

长期以来,我国竞技体育走的是"粗放型"增长模式,这种模式是计划经济年代的产物,是国家在经济实力比较落后的情形下,以争取奥运金牌为最大目标,不具备社会化、职业化、商业化特征。1978年改革开放为我国竞技体育发展赋予了新的机遇、新的任务。在经济社会大力推进市场化改革的背景下,我国竞技体育在发展方式上有了巨大的创新空间。随着市场经济体制改革的不断深入,国家对竞技体育投入逐渐由量的体现向质的提升转变,国家不再是竞技体育发展的唯一主体,社会、市场、协会、俱乐部等多元主体广泛参与到竞技体育发展之中,并起到了越来越重要的作用。早在1979年2月,在北京召开的全国体育工作会议上,制定了"在本世纪内成为世界上体育最发达的国家之一"的奋斗目标,确定了"在1979年和1980年,国家体委和省一级体委要在普及与提高相结合的前提下,侧重抓提高"的方针。1980年国家体委在给中共中央的请示报告中提出,将加速提高我国运动技术整体水平作为今后一个时期内体育工作的重要任务,这一报告实际上形成了体育改革开放以来的第一个发展战略。1984年10月5日,中共中央颁发了《关于进一步发展体育运动的通知》,标志着我国体育进入了改革与发展的新阶段,推动了体育的普及化和社会化进程。虽然改革开放以后,国家投资仍然是当时竞技体育发展的基础,但伴随着竞技体育社会化改革、市场化改革的不断深入,竞技体育开始逐渐克服过于集中国家体制的弊端,竞技体育的整体发展环境有了很大转变。竞技体育在市场化、社会化改革的背景下,在市场经济体制改革和政治体制改革的驱动下,呈现出社会化、市场化、职业化、产业化等多元发展方式。

第一,以培养社会力量为基础,实现竞技体育管理主体多元化。随着政府职能转变和体育社会化、市场化改革的不断深入,各类体育社会组织不断涌现,全国正式登记的体育社会组织年均增幅达10.86%,这预示着社会力量在竞技体育治理中的作用场域将越来越大。随着社会主义市场经济体制的逐渐建立与完善,竞技体育不断顺应国家经济社会改革大潮,管理体制和运行机制逐步打破原有的政府单一管理模式,着力培养和壮大各类社会力量和运动项目协会组织。市场经济条件下的竞技体育利益主体具有多元性特征,国家、行业、院校、社会团体、企业乃至个人均可成为竞技体育发展的利益主体。这种形势下,竞技体育发展需要集聚政府与社会市场多方合力,建立与经济社会发展相适应的"强政府、大社会"的政府主导型治理体制,形成国家办与社会办相结合的运行机制。这就要求在竞技体育发展中更加注重培育更多社会市场主体,不断引入社会力量完善治理机制，为举国体制减负增能，打造适应我国国情和体情的竞技体育"新举国体制"，通过整合政府和市场力量，提升各类社会组织的资源聚集能力，从而建立起精干高效、运转协调、调控有力的"小政府、大体育"的竞技体育管理组织体系。在继续加大国家对竞技体育投入的同时，国家体育部门也鼓励、引导社会和个人办竞技体育的积极性，竞技体育运行的动力逐渐拓宽为社会团体、院校、行业、企业甚至个人，逐步形成了国家投入、社会和个人参与、体育产业支持等多方位、多渠道共同促进竞技体育发展的良好局面，提升了竞技体育的发展效益。

第二，以创新发展为核心，全面推行"立体化"体制改革。竞技体育的优先发展方式依托于政府部门，其管理与操作系统主要是以层级政府为主干，呈现出政府包揽竞技体育事务的鲜明特色。主要通过行政指令配置体育资源，运用行政手段管理并开展各种体育活动，以奖牌数量，尤其是奥运会、全运会等重大赛事的金牌数量为评价标准。"粗放型"竞技体育发展方式建立在不能反映市场需求的政府垄断基础上。为改变这一状况，我国采取了不断加大体育市场化进程的方式，不断推动竞技体育管理体制走向社会化，鼓励其他系统、行业等利益集团兴办竞技体育，从而建立竞技体育管理主体多元化竞争机制。在我国竞技体育体制改革中，既要有体制的"垂直分化"式纵向改革，又要有"水平分化"式横向改革，由此形成一个立体性的整体改革态势，加快体育社会化、产业化发展进程。针对传统竞技体育发展方式中主要依靠政府推动的问题，不断扩大市场参与成为竞技体育发展方式转变中的关注点，社会对竞技体育的实际需求、竞技体育自身发展的市场需求等逐渐成为重要推动力量。虽然政府依然是发展的主体，但在具体的发展过程中，市场化手段不断被运用，尤其是在竞技体育公共服务的供给过程中，"公办民营""民办公助"等多种形式不断出现，通过一系列市场手段，我国竞技体育发展效率不断得到提升。

第三，以结构调整与可持续发展为方向，推进竞技体育走向社会。随着国家治理能力现代化水平的不断提升，社会、企业和非营利组织在体育事业中发挥更大作用、承担更多责任成为重要趋势。在这种形势下，我国体育事业社会化、实体化和市场化改革逐步深入，竞技体育发展面临市场经济冲击的矛盾日益突出，其固有的治理机制存在与经济社会发展不适应、不协调的新问题，传统偏向于政治属性的竞技体育发展方式将不断拓宽，日益向适应多元社会需求的经济、文化、健康、教育等方向转变。这就要求竞技体育要更加深入地融入国家教育、医疗、卫生、产业、环境等领域，提升自身的社会融合力，在发展方式上实现与社会发展密切关联的部门、协会、企业等协同耦合，通过广泛引入社会、市场各类组织，共同搭建能够提供多元社会服务的治理关系网，从而更好地释放竞技体育的综合价值。这就需要竞技体育要进一步处理好不同主体的关系，科学引导发展方式转变，推进竞技体育由依靠行政指令的单一运行模式，向依靠行政、市场和社会参与的耦合模式转变。从可持续发展的角度看，竞技体育发展的关键在于能否满足社会体育需求，也就是说如何更好地推动竞技体育进入市场、融入人民的生活方式，最终实现依托经济社会的可持续发展。竞技体育社会化发展的前提是打造与社会市场相适应的运作模式，通过激发社会民众的体育消费增强发展动力，推动政府主导的单向度管理向政府、市场、社会互动的多向度治理转变。可以说，我国竞技体育要实现更好、更快、更强的发展，当务之急就是进一步依托社会市场，深度融入到经济社会发展的大环境中，尤其要发挥市场在竞技体育资源配置中的基础性作用，依靠政府与社会多方力量，最终形成"社会参与竞技体育、竞技体育服务社会"的良性发展局面。

三、竞技体育的"可持续"发展方式

转变竞技体育发展方式，首先要转变竞技体育发展理念，使竞技体育由"赶超型"向"可持续发展型"转变。同时也要明确，转变竞技体育发展方式是在直面既有发展方式的矛盾和问题、着眼推动我国竞技体育在新的历史条件下，实现全面协调可持续发展做出的系统谋划。随着经济社会发展，"赶超型"和"优先型"发展方式由于其自身固有的缺陷，已无法满足新时期体育事业深入发展的需要。在体育强国建设背景下，如何使竞技体育适应国家体育事业发展规划、如何推动竞技体育与社会发展与时俱进、如何促使其由"赶超型"向"可持续发展型"转变，是一项重要任务。近年来，竞技体育围绕发展主体、发展机制、发展形态、发展目标等多个层面不断调整，逐步从局部超越、争光为先的发展方式向全面协调、科学发展的方式转变。

（一）竞技体育可持续发展的内涵

竞技体育可持续发展具有鲜明的以人为本的价值取向，能动员各种发展体育的力量，合理地配置和使用资源，解决发展中不平衡、不充分的实际问题。竞技体育的可持续发展的内涵体现在两个方面：一是竞技体育实现自身可持续发展；二是竞技体育作为社会的重要组成部分，要在实现自身发展的同时带动经济社会可持续发展。可持续是未来更好地发展，而不是限制发展。虽然我国竞技体育在长期实践中取得了优异成绩，但竞技体育自身还存在诸多问题，如发展中的效益问题、协调问题、不平衡问题、职业化程度不高问题、运动员教育问题等，在今后相当长的时间内，这些问题可能依然存在。同时，我国经济社会的发展，社会体制机制的改革也影响了竞技体育发展方式变革。竞技体育自身固有的一些问题在发展中不断体现，发展中出现的新问题要通过进一步发展改革来解决，这是我国竞技体育实现可持续发展的必由之路。

随着体育强国战略的深入推进，我国竞技体育可持续发展的内涵也在不断拓宽，主要体现在四个方面：一是竞技体育的为国争光能力不断提升、综合竞争力增强；二是竞技体育的内部结构不断优化，结构性改革取得实效；三是竞技体育与其他体育的融合发展、联动发展水平不断提升，竞技体育不断发挥出强大的带动作用；四是竞技体育与经济社会、国家建设的协调融合不断深入，成为现代化强国建设的重要组成部分。同时，竞技体育的社会效用与综合实力也在不断提高，竞技体育在社会进步和国民全面发展过程中的作用日益凸显，其特征主要体现在以下四个方面。

一是在竞技体育发展目标上，由"赶超型"体育发展方式转变为"可持续发展型"，更加注重竞技体育的整体发展质量和综合效益，将发展竞技体育的价值取向由工具目标逐步转为人本目标。在注重个体发展的基础上，关注目标间的相互关系，不断拓宽竞技体育的发展内涵，转变竞技体育的发展方式，推动竞技体育发展理念从重成绩、重奖牌向以人为本、服务民生转变。

二是在竞技体育发展主体上，由国家单一主体向国家、社会、企业和社会组织等多元主体转变。在国家主导下，不断形成新的体育管理体制，力求多个参与主体之间各司其职、各尽其能、相互配合、协同共生。将条块分割、碎片化的封闭组织重构为开放的体育社会网络组织，为多元主体参与竞技体育管理提供支持，更好地适应体育治理体系与治理能力现代化发展的需要。

三是在竞技体育发展手段上，由竞技体育的单一发展向与群众体育、学校体育、体育产业的协同共进转变。促使不同的体育形态相互促进、共生共荣，为促进人的发展、满足国家和社会的多种体育需求发挥综合作用。并且，竞技体育的经济、文化、教育、社会效益能够得到充分开发，在满足社会体育需求的动态过程中竞技体育结构得到不断优化。

四是在竞技体育发展机制上，由依靠行政指令单一机制向行政手段、市场机制和志愿者行为的耦合机制转变。能够充分调动社会、市场参与竞技体育的积极性，从而打破传统国家单一发展竞技体育的局面，拓展并有效地利用社会资源，充分发挥不同机制优势，形成资源的整合、互补与良性循环。不断推动竞技体育由传统依靠要素驱动的粗放型向多种机制耦合创新的集约型发展，利用多种机制形成功能耦合，不断提升竞技体育发展的科学化水平。

第五章 转型与演变：中国竞技体育的发展方式

（二）竞技体育由"赶超型"向"可持续发展型"发展方式转变

竞技体育发展方式的转变是在不断解决实践中遇到的问题，并依据不同时期社会实际需要做出的应对性选择。新中国成立以来，我国竞技体育整体上经历了由"赶超型"向"可持续发展型"发展方式转变，竞技体育在实现自身发展的同时，不断推动我国由体育大国向体育强国迈进。

第一，由要素驱动向创新驱动转变。发展方式转变本质上是竞技体育发展的一次大变革，通过在改革中不断深入发展过程中的基本要素，实现由要素驱动向创新驱动转变，把改革创新作为实现竞技体育发展的动力源泉。尤其是改革开放以来，围绕如何推动竞技体育可持续发展，实施了多层面、多维度的改革创新举措，主要包括管理体制的创新、运动机制的创新、制度安排的创新、竞赛体系的创新和职业体育的发展创新等，通过不断创新竞技体育发展的价值目标，强调从"以成绩为本"向"以人为本"转变。在创新驱动下，我国竞技体育发展的核心目标不断通过体育"强国"与通过体育"惠民"结合起来，围绕促进人的发展，满足人的需要，进而在此基础上重新构建并整合竞技体育在国家和社会层面上的政治、经济、文化和其他领域的多重价值目标，推动竞技体育在经济发展和人的全面发展中发挥综合效能。

第二，由投入规模型向质量效益型转变。传统的赶超型竞技体育发展方式主要围绕生产要素的投入、数量增加等，在举国体制的保障下通过人力、物力、财力的规模增长，不断推动竞技体育在高水平人才培养、训练竞赛、国内外大赛成绩等多个方面快速赶超。转变发展方式关键在于遏制"数量"的盲目扩张，强调追求质量提升和效益提高，质量和效益是转变竞技体育发展方式的根本目标。可持续的竞技体育发展方式主要追求项目发展的质量和效益，通过完善举国体制与市场机制相结合等新思路，创新优秀运动员培养模式、构建体育科技协同创新平台、建立竞技体育经费投入产出评估机制、建立项目训练科学化水平评估体系等，实现由粗放型向集约型转变，走科学化、人性化、集约化的发展道路，将促进人的全面发展作为最高目标追求。实现这个目标需要从根本上优化竞技体育的发展模式，推动竞技体育从传统的大投入、大规模向追求高质量、高效益的方向转变。

第三，由"金牌至上"向综合目标转变。竞技体育的发展不仅是追求奥运争先，还有金牌背后的社会进步、人的教育、国家发展、国家形象等更高的价值目标，综合性目标也是实现竞技体育可持续发展的基础。以赶超为导向的竞技体育在发展过程中受"金牌至上"价值观影响，经常出现假球、黑哨、兴奋剂、潜规则等诸多问题，这种方式以"金牌至上"取代了"运动员至上"，把取得成绩作为最终目标，极大地损坏了体育的形象。在竞技体育发展方式调整的过程中，通过不断明确树立良好社会形象也是竞技体育可持续发展方式的核心诉求，通过转变传统单一畸形的价值观，对竞技体育能否成功转型具有极端重要性。另外，在实现可持续发展目标的过程中，通过建立竞技体育的相关法律制度，完善公平竞赛、公正选拔、公正评判的执行机制，从多个层面保证了竞技体育实现综合目标。

第四，由传统训练向科学训练转变。随着经济社会发展和科技进步，竞技体育的发展水平已经进入了一个新的历史阶段。竞技体育社会化、科学化、职业化程度不断提高，运动训练日益专门化、系统化、集约化，科学训练手段方法不断创新，一些过去认为是经典的理论和方法甚至被全部颠覆。在竞技体育可持续发展方式中，对科学训练理论和方法的诉求日益高涨，科学训练成为解决竞技体育矛盾和危机（如学习与训练的矛盾、教育缺失问题、道德缺失问题、人文关怀问题等）的重要方式。提高科学化训练水平成为优化竞技体育发展方式的重要手段，从而不断加强科学训练理论建设、加强科学训练复合型团队建设、加强科学训练评估体系建设、加强一线教练员科学训练能力的培养等，逐步将科技助力工作深度融入竞技体育发展之中，竞技体育的科学化、智能化水平得到不断提升。

第三节 竞技体育发展方式转变的特征

一个国家体育的发展是一个历史过程，不同时期的体育由于内外环境因素的变化呈现出不同的发展状态，体育发展方式也相应地具有历史阶段性。新中国成立以来，我国体育逐渐形成了具有鲜明特色的"赶超型"发展方式，这种方式使我国体育在资源不足、基础薄弱的情况下迅速崛起。2008年北京奥运会结束标志着中国竞技体育发展进入新的历史阶段，拿什么金牌和如何拿金牌成了奥运战略能否持续健康发展的关键，成为竞技体育发展方式转型的基本考量。随着经济社会的发展，满足人民群众日益增长的美好生活需求成为体育事业的根本出发点，竞技体育也日益实现了由粗放型向集约型发展转变，从局部超越、争光为先向全面协调、科学发展方式转变[1]。

第一，从单向度的为国争光向全面服务社会转变。现代竞技体育是一个多元繁杂的体系，单纯以在国际大赛上的成绩来衡量竞技体育水平和国际竞争力的观

---

[1] 鲍明晓，李元伟. 转变我国竞技体育发展方式的对策研究 [J]. 北京体育大学学报，2014，37（1）：9-23.

第五章　转型与演变：中国竞技体育的发展方式

念已不再适应经济社会发展的新要求，这就要求要进一步丰富竞技体育为国争光的新内涵，进一步明确竞技体育是促进社会、经济、文化建设的重要内容，变单纯的"争光"目标为满足多元需求的综合发展目标。同时，经济社会的快速发展，需要竞技体育要摒弃金牌至上论和金牌无用论，培养和塑造与体育强国相适应的健康金牌观，要充分认清竞技体育背后透射出的国家制度、国家发展、国家形象、民族精神和社会价值。在体育强国建设的要求下，竞技体育要积极适应经济社会发展的新要求，要由依靠扩大投入和规模，依靠政策和保障等要素驱动的发展方式，转向主要依靠科技创新、科学化管理和训练驱动的发展方式，从"金牌至上"向展现综合实力的复合型目标转变，从奥运大国向世界竞技体育强国转变。此外，在我国竞技体育发展方式演变过程中，各级系统不断挖掘了竞技体育独特的多元价值，在国家政治、经济、文化、社会、生态等建设过程中，释放出了竞技体育的外部正效应，通过主动为经济社会发展服务来为竞技体育的发展拓展空间、集聚更多能量。竞技体育在发展过程中不断处理好了与人、自然及经济社会的关系，逐步体现出公平、正义、环保、休闲、经济等多元价值特性。此外，竞技体育在发展方式转变过程中，不断调整体制结构，优化运动项目结构布局，注重通过科学训练和管理提高成才率，从而降低发展成本，提高发展效益，破除了以经验、感觉为主的训练、管理观念，逐步构建完善了经验、感觉与科学相结合的发展理念，不断进行科技创新和管理创新来提高人力资源素质、资源利用率、训练与管理的科学化水平等，从而不断提高竞技体育发展质量。

第二，从国家单一投入向多元主体共同投入转变。从主要依靠要素驱动到不断利用速度、质量、效益相统一的方式发展竞技体育，提升竞技体育发展的内生动力，在国家相关部门的推动下，竞技体育贯彻管办分离的原则，不断转变发展方式，从依靠行政指令单一结构向行政手段、市场机制和志愿者行为的耦合结构转变，从主要依靠集中资源投入的粗放型向注重科技引领、创新驱动的集约型转变，从粗放型向多种机制耦合创新的集约型转变。通过不断优化竞技体育结构，提升科学化发展水平，实现发展速度稳定，发展成绩稳中有升，推动竞技体育发展从重数量的外延式扩张向重品质的内涵式塑造转变。并且，围绕市场经济的需要，推进政府调控与市场资源配置协同，从切实服务人民、服务社会发展的角度不断拓宽竞技体育的经济、政治、文化、社会、生态功能，不断完善竞技体育公共服务体系，从而推动竞技体育更好地适应广大人民群众的体育需求与经济社会文化发展需要。客观而言，现代竞技体育是一个多元繁杂的体系，奥运会只是全球业余体育最高舞台，而在奥运会之外还有更精彩、更高水平的职业体育。我国要到 21 世纪中叶建成世界体育强国，就必须在大力发展冬季奥林匹克项目和职业体育运动项目、在世界公认的最具影响力的项目上实现更大突破。通过转变竞技体育发展方式，提高竞技体育的全要素生产力来提高单位资源投入的产出率，通过优化竞技体育全结构要素提升为国争光能力，推动竞技体育由人力密集型向科学密集型转变，引导竞技体育不断走向内涵式发展，实现我国由体育大国向体育强国迈进。

第三，从突出奥运优势项目向各类运动项目全面协调发展转变。转变竞技体育发展方式是在肯定既有发展方式的历史贡献、直面既有发展方式的现实矛盾和问题、着眼于推动我国竞技体育在新历史条件下，实现全面协调可持续发展而做出的系统谋划。在这一过程中，通过不断深化对竞技体育项目发展规律、训练竞赛规律的认识，转变发展观念，完善发展方式，优化项目布局结构，促进竞技体育从局部赶超、争光为先向全面协调、科学发展转变。主要通过巩固优势项目，加大项目核心竞争力的培育，加强优势项目群的开发，扩大优势项目数量，通过优化竞技体育项目结构，建立各项目分布合理、结构均衡的竞技体育发展新格局，提升竞技体育的国际影响力。尤其是重点扶持了三大球、基础项目和部分冬季项目的发展，积极开发和培育各类项目竞赛市场，提高项目的市场化、社会化水平，提高项目的市场价值创造能力。对于群众基础薄弱的基础项目和部分冬季项目，通过积极利用媒体宣传，普及项目运动知识，扩大项目的影响力。总之，在保持优势项目水平的前提下，不断挖掘新的增长点，恢复各类运动项目之间天然的、内在的"生态平衡"，力求业余体育与职业体育、奥运项目与非奥项目、夏季项目与冬季项目的动态均衡，敢于在集体球类项目和基础大项上寻求突破，最大限度提升中国竞技体育的国际影响力。在保持传统优势项目领先地位的基础上，做强、做大在世界范围内开展的更广泛、影响力更大的基础项目、集体项目、冬季项目，在保持夏季奥运会和世界大赛成绩处于世界一流的同时，冬季项目综合水平和国际竞争力实现了不断提升，不断追求夏季项目与冬季项目、男子项目与女子项目、职业体育与专业体育、"三大球"与基础大项等均衡发展。

第四，从单一行政手段向政府主导、市场参与、社会协同的"扁平化"结构转变。从竞技体育的发展机制而言，我国逐步实现了从单一管理机制向多元治理机制转变，从政府权力无限向权力有限转变。从传统的"垂直型"管理向新时期的"扁平化"治理转变，通过不断提升社会组织、市场组织和公民个人在竞技体育发展中的主体地位，健全社会组织、公民个人的自愿协作机制，弥补了单一行政管理手段的不足，市场机制在竞技体育发展中的角色日益明显。通过不断发挥市场在竞技体育资源配置中的基础性作用，强调竞技体育发展过程中实施政府主导下的社会组织、市场、项目协会和公民个人等多元主体组成的协作机

第五章 转型与演变：中国竞技体育的发展方式

制。再通过确立社会组织、市场组织和公民个人在发展竞技体育中的主体地位，政府开始逐步让出主导地位，把举办竞技体育的主体地位让位于市场和社会，政府日益发挥出拾遗补阙、弥补市场和社会不足的监督作用。在竞技体育发展过程中不断完善运行机制，尤其是让市场机制在职业体育发展中逐渐起到关键作用，让自愿机制在非奥项目和民族民间体育项目发展中开始发挥基础性作用。不断把社会的全面参与、市场的有效参与、公民的自觉自愿参与和政府统筹、政府主导融为一体，最大限度地激发社会的动力和活力，推动竞技体育不断向政府主导、企业赞助、个人投资、全社会参与的"扁平化"结构转变，提升竞技体育体制结构活性。从利益共赢、动力内生合理追求与实现竞技体育自身的发展利益，鼓励与引导市场、社会、政府等多元主体主动参与竞技体育的发展，打造多元主体共同支持竞技体育发展的局面，构建竞技体育多元协同治理体系，不断打造出充分利用社会资源、依靠社会力量，政府参与、市场支持的新型体制机制。

第五，从政府管办合一独轮驱动向政府、社会、市场、个人四轮驱动转变。长期以来，我国形成了以政府资源和低成本劳动力等要素投入为主导，以纵向科层制管理体系为支撑的体育发展方式。这种发展方式的重要特征就是政府主导下的单一发展主体，新时期，要不断推动竞技体育适应社会主义市场经济发展规律的常规化发展，将创新驱动、利益驱动、多元化发展作为竞技体育常规化发展的根本目标。从主要依靠集中资源投入的粗放型向注重科技引领、创新驱动的集约型转变，更加强调竞技体育发展的组织创新、制度创新和科技支撑。在可持续发展方式的引领下，通过将竞技体育资源向重点目标任务倾斜，推动竞技体育组织结构由依靠资源倾斜集中投入的粗放型，逐渐向依靠科技引领、组织创新、制度完善、科技保障、理念创新的集约型转变，不断积聚政府、社会、市场等多元主体的合力。尤其是北京奥运会后，不断进行竞技体育发展模式转变，通过提高竞技体育的全要素生产力来提高单位资源投入的产出率，利用组织创新激活科技、市场等要素对竞技体育的投入，以创新的知识和技术提升发展效益，推动了竞技体育的集约化、内涵式发展，不断保障了竞技体育内部各要素结构平衡发展，增强了竞技体育全面、协调、可持续发展的动力和活力，初步形成了与经济社会发展相适应，更加开放、更具活力的创新驱动型发展方式。创新日益成为我国竞技体育发展的主要驱动力，利用多元主体的协同驱动和创新发展，逐步提高了竞技体育资源配置的整体效益，在引导全国竞技体育的协调、均衡、可持续发展方面发挥了积极作用。

第六章 基础与保障：中国竞技体育的人才培养

CHAPTER 06

竞技体育人才包括优秀运动员、教练员、管理人员、科研人员、医务人员等多个群体，是实施体育强国战略的根基。竞技体育人才培养关系体育事业的全面、协调、可持续发展。新中国成立以来，我们充分发挥社会主义制度优越性，不断完善优秀体育人才培养体系，我国体育精英人才的选拔、培养和保障工作从无到有、从国家单一投入不断向国家和社会多途径多渠道齐抓共管转变，在"科教兴体""人才强体"方面取得了明显的成效。新时代，体育强国建设需要进一步完善竞技体育优秀人才培养体系，深入推进体教融合，更好地发挥竞技体育的综合育人价值，为国家培养更多德、智、体、美、劳全面发展的社会主义建设者和接班人。

第一节 竞技体育后备人才培养工作的发展与创新

尊重事物发展规律，尊重人的成长规律，促进人的全面发展，是马克思主义思想的重要价值观念，也是新时代中国特色社会主义建设的思想引领。体育后备人才是竞技体育发展之源，是为国争光的主力军，做好优秀后备人才的选拔培养，加强运动员文化教育和保障工作，对实现竞技体育的全面、协调、可持续发展具有重要意义。竞技体育的可持续发展同样要尊重规律，打造完备的人才梯队和优秀后备人才培养体系。

一、竞技体育后备人才培养模式的发展历程

后备人才是竞技体育发展的根基，后备人才的培养规模与质量关系到竞技体育的发展与兴衰。新中国成立以来，计划经济条件下的竞技体育后备人才培养体制在当时历史条件下能够动员全国力量和资源，在特定时期为我国竞技体育发展培养出大批优秀体育人才，为竞技体育的崛起发挥了巨大作用。但是，在市场经

第六章 基础与保障：中国竞技体育的人才培养

济冲击和体育强国建设要求下，政府主导的"举国体制"日益暴露出诸多弊端，政府统包统办的后备人才模式无法满足时代发展的需要，需要让更多力量参与到后备人才培养中去。我国竞技体育后备人才培养总体上经历了由"政府办"向"社会力量办"体制改革的发展历程，初步形成了多元后备人才培养体系，包括体育系统各级各类业余体校，教育系统开展业余训练的学校，以及社会力量所办的体育学校和体育俱乐部等。总体而言，各级体校依然是我国竞技体育后备人才培养的主渠道，竞技体育后备人才培养工作仍然主要由国家承担。

第一，计划经济下的后备人才培养模式（1949—1978年）。政府是后备人才培养的发起者和管理者，处于主导地位，包揽着后备人才培养的全部工作，包括选材、训练、比赛和退役安置等，通过行政指令调配后备人才培养。同时，政府也遵循市场发展规律，通过优惠政策、降低门槛、协助管理等方式引入不同社会力量参与人才培养，实现竞技体育后备人才培养效率的最大化。新中国成立初期至1951年，我国政府培养竞技体育后备人才主要是为了在国际比赛中获取优异成绩，为国家争得荣誉。1952年，为了参加第15届赫尔辛基奥运会，我国政府成立了"中央体训班"（国家队前身）进行管理训练，备战奥运会，并引发各省、市、自治区相继成立体育训练班，为建立专业体工队奠定了基础。1960年10月后，我国政府部门日益重视竞技体育的政治价值，把竞技体育作为体育事业的发展重心，为了迅速提高竞技体育水平，形成了"缩短战线，保证重点"的发展理念，建立了三级训练网的培养体系。这一时期，政府与社会力量的互动特点表现为：政府通过体委控制所有资源，根据重点项目需要进行集中调配，确保有重点地提高运动项目竞技水平。在这一制度下形成了"体育传统学校（中小学运动队）—体育运动学校（业余运动体校）—国家集训队和各省专业队"的"三级训练网"，在资源匮乏的时代体现出较高的人才培养效率[1]。但是，计划经济条件下的人才培养模式具有局限性，政府垄断了竞技体育发展，政府部门和社会力量的协同性不够，导致了青少年运动员的训练参赛脱离了教育系统，"举国体制"和市场机制缺乏有机结合，学校体育和社会力量没有共同参与后备人才培养。由于当时市场经济还没建立，这种政府包办的人才培养模式适应了计划经济条件下的竞技体育发展需要。

第二，"双轨制"下的后备人才培养模式（1978年—20世纪90年代）。1978年改革开放后，社会力量成为后备人才培养的有效补充。社会力量通过引入市场资本可以有效弥补或缓解政府资金不足和流动不畅的问题，一定程度上避免或修

---

[1] 王楠. 我国竞技体育后备人才培养模式的演变 [J]. 体育文化导刊，2013 (6)：60-62.

正了"政府失灵"现象。社会力量的组织形式多样化、管理机制灵活化，能够较快解决后备人才培养中的问题。随着计划经济逐步向市场经济转型，我国开始探索竞技体育后备人才培养的新路子，开始尝试把运动项目推向市场，走社会化、产业化的发展道路。党的十一届三中全会后，竞技体育不断进行尝试性改革，后备人才培养方式成为竞技体育体制机制改革的重要领域。1979年，我国重返奥林匹克大家庭，为了快速推动竞技体育发展，更好地攀登世界最高领奖台，政府部门开展逐步转变职能，逐步放权于社会市场。1992年6月，"红山口会议"把足球作为竞技体育事业改革的突破口，拉开了我国竞技体育市场化、职业化改革的序幕。1993年5月，国家体委下发《关于深化体育改革的意见》，引导足球、篮球等联赛相继进行职业化改革。从此，我国开始形成了政府与社会力量共同发展竞技体育的格局，竞技体育后备人才培养的市场化、职业化进程加快。这一时期，政府与社会力量的互动特点表现为：政府开始逐步放权于社会，减少对市场的行政干预，社会力量不断壮大，获得了极大的发展空间。国家体育总局在顶层设计上也做出了适应性调整，政府和社会力量日益依托社会主义市场经济，不断提高后备人才培养的效率与质量，服务于体育强国建设。但是，必须清楚认识到我国竞技体育后备人才培养的市场化程度不高，社会力量还没有能力完全承担人才培养工作，并且，体育部门和教育部门的协同性不够，导致运动员训练参赛脱离了教育系统，文化教育水平不高影响了运动员的升学和就业，制约了竞技体育的可持续发展。基层体校在规模上持续快速缩减，1990年我国有3687所体校，到2000年只有2679所，到了2010年则只有2112所，严重影响了我国竞技体育后备人才队伍的稳定[①]。

第三，多元化的后备人才培养模式（20世纪90年代至今）。随着市场经济快速发展，后备人才培养的传统形式（业余体校—体育运动学校—优秀运动队）受到强力冲击，国家不断改革后备人才培养方式，拓宽培养渠道。20世纪90年代后，随着经济社会的转型，我国体育后备人才培养开始打破体制机制壁垒，呈现出新的特征。

一是横向系统的拓宽。培养单位由体育系统扩展到包括体育、教育、社会及家庭系统四线并举的培养形式。其中，体育系统包括少年儿童业余体校、单项训练点、体育运动学校、体工大队（基地或中心）、体育院校附属竞技体校、体育职业学校（院）六种不同形式；教育系统包括中小学业余训练队、体育试点中学、传统项目学校、普通高校高水平运动队四种形式；社会系统包括青少年体育

---

① 姜晓珍，刘志民. 竞技体育后备人才培养模式研究[J]. 内蒙古师范大学学报，2013（6）：743-746.

俱乐部、职业俱乐部的二、三线梯队、社会经营性培训机构、行业体协的后备人才梯队四种形式；家庭系统包括家族传承、家庭自费培养两种形式。

二是纵向系统的合作。各系统对运动员培养层次的划分更加灵活，特别是对后备人才而言，培养阶段和培养层次的划分突破了传统形式的束缚，系统内横向之间的交流与合作不断得到加强，后备人才梯队的衔接更加紧密和自由。2016年9月《青少年体育"十三五"规划》颁布，提出"建立多元化青少年体育发展资金筹集机制，优化投融资引导政策，拓宽社会资源进入青少年体育领域的途径，引导社会力量支持发展青少年体育。积极推动财税相关优惠政策的落实和完善，引导社会力量捐助、捐赠和出资兴办青少年体育事业。"我国竞技体育后备人才的培养逐步由封闭转向开放，由同质单一性转向异质多样性，由静态转向流动，各系统在条与条、条与块、块与块之间产生了前所未有的相互关联，呈现出强劲的越界整合趋势。

三是培养单位的多元。自 1992 年，体育系统后备人才培养机构数量出现了明显递减趋势。传统一线运动员培养单位为优秀运动队，二线运动员培养单位为体育运动学校和竞技体校，三线运动员培养单位为重点业余学校、体育中学和普通业余体校。2003 年开始，竞技体育运动人才的培养单位开始突破传统路径的束缚，不仅包括以上培养单位，还扩展到包括体育场馆中心、训练基地及其他事业单位培养。2008 年后，隶属体育系统的后备人才培养机构出现了明显萎缩和分流现象，部分培养单位合并到其他系统，且这种合并趋势呈持续递增态势。到 2013 年，训练单位更是出现了多元化，培养单位包括优秀运动队、本科院校、运动技术学院、体育运动学校、竞技体校、业余体校、单项运动学校、训练基地及其他事业单位等。

二、竞技体育后备人才培养体系的发展转型

新中国成立以来，我国竞技体育坚持实施"人才强体"战略，依托体育、教育、社会、市场等多元主体资源，不断创新体育后备人才培养方式，主要形成了四种培养体系。

一是体育系统培养体系。新中国成立初期，为提高竞技体育人才培养效率，我国主要实行了"举国体制"下的竞技体育后备人才培养方式，以体校为基础的运动员三级训练网培养体制，即通常所说的"金字塔式"三级训练网培养模式，体育传统项目学校、业余体校承担着三线队伍的培养任务，这种人才培养采用"包办形式"，通过成立各级少体校，省、市体工队和国家队，走的是一条单一的少体校、青年队、专业队（职业队）"专业化"人才培养方式。这种人才培

养途径能够围绕国家发展战略，集中有限的人力、物力、财力发展竞技体育后备力量，为促进我国竞技体育的发展发挥了重要作用。

二是教育系统培养体系。主要以教育系统为主体、以高校为龙头的"小学—中学—大学"一条龙的后备人才培养模式。新中国成立后的30多年一直是传统三级培养体制，其中，中小学阶段是人才培养"金字塔"的基础，中小学的优秀体育苗子被输送到业余体校和专业体校，经过层层选拔进入大学高水平运动队。国家队、省优秀运动队（职业技术学院、运动技术学院）等承担着一线队伍的培养任务；体育运动学校、体育院校附属竞技体校承担着二线队伍的培养任务。但随着社会转型和经济发展，涵盖中小学校的传统三级训练网与市场经济不相适应，于是体育系统提出了"体教结合"，得到了国家教委、高校的普遍支持，但"体教结合"存在体制性障碍，"体"与"教"仍然处于"两张皮"的状态。

三是市场化、社会化的培养体系。主要是由市场、社会力量参与的体育后备人才培养系统。但在实际运行过程中，市场和社会力量介入的范围和程度有限，主要涉及一些竞争激烈、观赏性强、市场化程度较高的项目，如足球、篮球、羽毛球等，对于观赏性不强、市场前景差的基础大项，如田径和游泳则无人问津。同时，社会市场对后备人才培养的参与力度有限，如足球项目虽然在我国最早实施了职业化改革，民办足校和业余俱乐部在改革之初大量涌现，但多数职业足球俱乐部的梯队建设不完善，社会办体育、学校办运动队、俱乐部培养后备人才的协同机制不健全，市场化和社会化的竞技体育人才培养系统规模有限。

四是部分项目的"单飞"培养体系。在竞技体育后备人才培养中出现了"双轨制"，该模式的人才成长和发展基本是由家庭或个人自己承担，如网球运动员李娜和台球项目丁俊晖的培养模式。事实上，目前社会上存在的诸多青少年训练中心、项目业余俱乐部，其培训经费全部是由青少年的家庭承担，这种培养路径可以称之为"家庭"培养路径系统。但这种培养路径的作用主要定位于提高青少年的体质水平，培养运动爱好，在中国当前的大环境下，很少有家庭想通过这种路径将青少年培养成为高水平运动员。

总体而言，在四种优秀人才培养体系的基础上，我国竞技体育后备人才发展中出现了一些积极的探索，并形成了几种典型的人才培养模式[①]。①家庭培养的丁俊晖模式。这种家庭投入的方式，使丁俊晖在斯诺克项目上达到世界水平，成为家庭培养的典范。②清华大学"体教结合"一条龙模式。清华大学在其附属

---

① 李静. 我国竞技体育后备人才培养模式的研究 [J]. 河北工业大学学报（社会科学版），2018（4）：82-85.

中学开办了"马约翰"体育特长班,从中学阶段开始选拔培养优秀的体育人才,通过直通清华大学的"名校"品牌吸引力吸引生源,培养出一批优秀运动员,但由于各种原因未能延续。③职业体育的青训模式。自1993年我国进行职业体育市场化改革以来,国家相关政策文件和一些俱乐部开始了青训体系构建,尤其是在近几年的足球领域,不仅俱乐部自身,诸多的市场资本也参与青训体系建设。④市场主导的温州模式。温州模式是在经济发达地区,多元主体结合民办教育,遵循实用和效益导向,按需办学,建立的后备人才培养方式。

三、竞技体育后备人才选拔培养的持续创新

新中国成立以来,我国不断完善竞技体育后备人才培养体系,不断提高青少年体育训练质量和效益,推动竞技体育后备人才培养工作深入开展,在后备人才培养体制、人才选拔机制及新型国家队建设等方面不断创新,日益形成了多元化后备人才培养形式。

第一,创新了体育部门、教育部门、社会力量共同培养后备人才的格局。新中国成立以来,我国竞技体育后备人才选拔、培养工作不断创新,运动员文化教育和保障工作不断加强。主要体现在三个方面:一是各级体育部门与教育部门的协作加强,积极推进体教结合,协调青少年运动员训练、学习与生活的关系,广泛利用学校资源发现和选拔优秀体育后备人才。2017年11月,国家体育总局、教育部联合制定并印发了针对竞技体育后备人才培养的指导性文件《关于加强竞技体育后备人才培养工作的指导意见》,通过创新竞技体育后备人才培养体系,推动后备人才培养工作科学高效开展。二是积极引导、支持社会力量创办各种形式的体育人才培养机构,充分发挥了社会力量在体育人才选拔中的作用,逐步形成了政府与社会共同培养竞技体育人才的格局;三是以校园足球为引领,鼓励各级各类学校以足球、篮球、排球、田径、游泳、冰雪和民族传统体育等项目为重点,支持学校通过创建青少年体育俱乐部、与各级各类体校联办运动队、组建校园项目联盟等形式,创新了体育后备人才的培养模式。

第二,大力推进"跨界跨项选材"工作。"跨界跨项选材"是促进体育后备人才快速成长的一条捷径,也是推动体育资源共建共享的一个重要渠道,作为一种创新型人才选拔方式,"跨界跨项选材"有效改变了以往单一的人才输送渠道。2017年8月,国家体育总局下发了《关于开展攀岩、冲浪、滑板、小轮车四个奥运项目跨界跨项选材工作的通知》,成立了"跨界跨项选材"工作领导小组,设立了"跨界跨项选材"工作专家团队,率先在冬季项目开展"跨界跨项选材"。以备战2022年冬奥会"跨界跨项选材"工作为例,该项工作面向全国

30个省份开展,其中不乏常年与冰雪"无缘"的南方省份,如广西、四川等,也包含竞技体育欠发达的西部地区,如新疆、青海等。在北京、南京、广州、哈尔滨、昆明等11个城市组织了面向全国的测试,最终来自田径、体操、蹦床、武术、曲棍球等夏季项目的338名运动员进入冬季项目,成为中国冬奥军团的后备军,进入了速度滑冰、单板滑雪、自由式滑雪、雪车、高山滑雪、冰球、钢架雪车8个冬季运动项目国家队。"跨界跨项选材"不仅改变了以往的单一输送渠道,面向全国、开放选拔,而且还采取了优先选择少数民族苗子的原则。为实现"全面参赛"目标,国家体育总局冬运中心于2017年3月中旬启动冬季项目运动员跨界跨项选材工作,来自朝鲜族、藏族、回族、满族、蒙古族等19个少数民族的267名运动员参加了选材,有70人进入初选名单。经过初选,广西共派24名运动员前往北京、沈阳、南京等地参加越野滑雪、高山滑雪、自由式滑雪和单板滑雪四个项目的全国集中选材测试。参加测试的运动项目来源也很广泛,参加越野滑雪项目测试的3人均来自田径项目,参加高山滑雪项目测试的11人来自田径、拳击、水球项目,参加自由式滑雪项目测试的2人均来自蹦床项目,参加单板滑雪项目测试的8人来自体操、蹦床、武术项目。在2018年平昌冬奥会雪车、钢架雪车和女子跳台滑雪三个项目上,多名中国选手首获冬奥会参赛资格,这与"跨界跨项选材"工作密切相关。

第三,实施国家队多元共建工作,形成对弱势项目后备人才不足的补充。新中国成立以来,通过不断创新国家队备战体制改革,推进了国家队多元共建工作,高水平体育人才的选拔不再局限于国家体育总局项目管理中心和国家队,还充分调动了各省市资源、俱乐部、体育院校等共同培养竞技体育人才的积极性。尤其是2008年北京奥运会后,国家体育部门进一步扩宽了国家队的选拔和组建方式,充分利用各省市协会优势项目共建国家队,形成对国家队一些弱势项目的补充。2017年9月24日,国家体育总局和浙江省人民政府在杭州签署《共建中国(浙江)国家游泳队的战略合作协议》,积极利用浙江游泳的训练管理经验培养优秀体育后备人才。在鼓励跨地区跨单位"联合组队"的政策下,全运会一项打破地域藩篱的改革——在游泳、田径、赛艇、乒乓球等10个大项、49个小项上实施跨单位组队的参赛政策,鼓励各省市在技战术配合类项目上合作组队参赛。"跨单位组合"成为2018年天津全运会赛场上最大的热点,在田径、游泳、赛艇、跳水、乒乓球、羽毛球等赛场上,"联队"成为最大赢家。从效果来看,跨单位组合不仅能够为2020东京奥运会国家队备战选材提供支持,同时还有效减少了各单位之间临时租用、交换队员的行为,跨单位组队的改革效果明显,将为备战东京奥运会蓄力,也为国家队多元办队工作的开展奠定了基础。

第二节 运动员文化教育和保障工作

运动员是我国体育事业发展的重要群体，加强运动员文化教育、切实做好运动员保障工作，对体育事业的全面、协调、可持续发展具有重要意义。多年来，我国各级系统在开展运动员文化教育和运动员保障工作中积极探索，形成了一系列推动运动员培养的重要举措。在体育强国建设进程中，要着眼于运动员的长远利益和全面发展，进一步加强运动员文化教育，提高运动员的综合素质。

一、不断建立健全运动员社会保障体系

优秀运动员是竞技体育发展的基础，是为国争光的主力军。党和国家历来十分重视和关心运动员的培养工作，贺龙同志曾经讲过："对于运动员，我们要管一辈子"，多位国家领导人曾就退役运动员、教练员和的障工作做出过重视批示。新中国成立以来，国家相关部门围绕运动员社会保障体系建设做了大量工作，尤其是改革开放后，围绕着服从和服务于竞技体育事业的发展，国家坚持从文化教育、退役安置、收入分配、伤残抚恤、医疗照顾、福利待遇等方面不断推进运动员保障工作，优秀运动员的社会保障工作得到了全面发展。1979 年恢复我国在国际奥委会的合法权益后，国家相继颁布了一系列促进竞技体育发展的法规、条例，极大调动了运动员的积极性。

1980 年 4 月，国家相关部门联合制定了《关于招收和分配优秀运动员等问题的联合通知》，同年，国家体委印发了《关于优秀运动员建设的几个问题》，要求各级体育部门要"加强运动员文化教育，认真解决优秀运动员文化学习的问题，建立正规的文化学习制度"。1982 年，经国务院批准，国家体委颁发了《优秀运动员教练员奖励试行办法》，开始对在国际重大比赛中获得优异成绩的运动员、教练员给予国家奖励。1986 年，国家体委颁布了《优秀运动队工作条例（试行）》，对优秀运动员生活、学习、工资、福利等社会保障内容作了规定，提出"推行社会保险，对优秀运动员可以拨出一定经费缴付人身安全保险金，对于受伤致残的运动员，争取从社会保险中获得补偿"。1987 年，国家体委与国家教委颁发了《关于著名优秀运动员上大学有关事宜的通知》，同年国家体委发布了《优秀运动队工作条例（试行）》，提出了"推行社会保险"条款，涉及对于奥运会、世界杯、世界锦标赛单项前三名获得者和集体项目前三名主力队员及世界纪录创造者，可免试上大学等多项规定。

1992 年，竞技体育实施职业化改革后，我国竞技体育管理体制按照社会主

义市场经济发展要求，逐步实现管办分离，进一步创新了运动员培养和管理方式。国家体育总局针对优秀运动员的保障工作出台了一系列相关法规，提高优秀运动员工资、奖金和福利，扩大优秀运动员免试上大学的范围。1993 年，国家体委印发了《关于优秀运动队文化教育工作深入改革的意见》，进一步加强运动员文化教育工作。1995 年实施的《中华人民共和国体育法》对我国优秀运动员的退役保障和文化教育更是从法律层面上予以确立。1999 年，国家体育总局针对退役优秀运动员接受再教育的问题，印发了《关于国家体育总局直属体育院校面试招收退役优秀运动员学习有关问题的通知》。2003 年，国家体育总局印发了《优秀运动员奖学金、助学金试行办法》，提高优秀运动员工资和福利待遇。为了帮助在生活和伤病治疗方面有重大问题的国家队老运动员、老教练员，国家体育总局专门制定实施了《国家队老运动员、老教练员关怀基金实施暂行办法》[①]。

2006 年 11 月，国家体育总局与财政部、人事部联合印发了《体育运动员贯彻〈事业单位工作人员收入分配制度改革方案〉的实施意见》。2007 年 7 月，总局与人事部联合印发了《关于体育事业单位岗位设置管理的指导意见》，并于 9 月与教育部、公安部、财政部、劳动和社会保障部共同制定了《运动员聘用暂行办法》。2008 年北京奥运会后，针对我国竞技体育后备人才短缺、运动员文化教育不足和运动员退役后就业艰难等问题，国家相关部门相继出台了《关于进一步加强运动员文化教育和运动员保障工作的指导意见的通知》（国办发〔2010〕23 号）、《奥运项目竞技体育后备人才培养中长期规划（2014—2024 年）》《冬季项目后备人才培养中长期发展规划》《关于强化学校体育促进学生身心健康全面发展的意见》《高等学校体育工作基本标准》等多项制度，提升了运动员培养保障水平。

总体而言，经过多年的发展和逐步完善，我国运动员保障工作得到不断加强，初步建立起了与国家社会保障制度相衔接，国家、社会、行业、地方和个人共同承担、分级分类的多层面、全方位的运动员保障体系，形成了包括社会保险、运动伤病治疗、文化教育、就业指导、聘用管理、收入分配等方面的一整套优秀运动员保障制度，基本满足了不同时期运动队的实际需要，对于激发运动员刻苦训练、奋力拼搏，不断提高运动成绩起到了积极作用，推动了竞技体育事业的快速发展。

二、形成一系列推动运动员培养的重要举措

运动员是竞技体育事业的基础，加强运动员文化教育、切实做好运动员保障

---

①李倩. 我国优秀运动员文化教育发展探究［J］. 体育文化导刊，2015（7）：5-9.

第六章 基础与保障：中国竞技体育的人才培养

工作，对竞技体育的全面、协调、可持续发展具有重要意义。新中国成立以来，国家相关部门从多个领域大力推动运动员的培养，涵盖了运动员招录、社会保险、行业保障、就学、就业等多项内容。并且，不断创新运动员选拔方式，拓宽后备人才培养渠道，以国家高水平体育后备人才基地建设为龙头，改革与完善了三级训练网络，提高了选材育才的科技含量，有重点地增加了对全国后备人才基地的经费投入，不断发挥了学校尤其是体育院校在后备人才培养中的积极作用。竞技体育后备人才选拔、培养和保障工作不断创新，运动员文化教育和保障工作有所提高，教练员、裁判员等复合型团队建设日趋完善。针对运动员文化教育和保障工作，2010 年 3 月，国务院办公厅下发了《关于进一步加强运动员文化教育和运动员保障工作的指导意见》，对解决我国运动员文化教育和保障工作中面临的实际困难，促进运动员全面发展具有重要意义。2012 年 7 月，中共中央政治局委员、国务委员刘延东在全国运动员文化教育和运动员保障工作电视电话会议上强调："要着眼于运动员的长远利益和全面发展，进一步加强运动员文化教育，创新保障机制，提高运动员综合素质，为建设体育强国培养更多更好的体育人才"。党的十八大以来，我国各级体育系统积极贯彻落实总书记对体育人才培养的要求，围绕体育后备人才培养做出了大量工作，出台了《冬季项目后备人才培养中长期发展规划》《奥运项目竞技体育后备人才培养中长期规划（2014—2024）》等文件，不断创新各类人才选拔方式，拓宽后备人才培养渠道，改革完善三级训练网络，构建起了较为完善的体育后备人才培养体系。尤其是 2017 年 11 月，国家体育总局、教育部联合制定并印发了新中国成立以来第一个专门针对竞技体育后备人才培养的指导性文件《关于加强竞技体育后备人才培养工作的指导意见》，开启了新时代竞技体育后备人才培养的新局面，旨在通过创新完善竞技体育后备人才培养体系，不断提高青少年体育训练质量和效益，推动竞技体育后备人才培养工作科学高效开展，为建设体育强国、健康中国注入了新的生机与活力。该文件的颁布，对于贯彻落实党的十九大精神和习近平总书记关于体育工作的重要指示精神，完善竞技体育后备人才培养体制，创新竞技体育后备人才培养工作机制，开创新时代竞技体育后备人才培养新局面具有重要的战略意义[1]。尤其是 2008 年北京奥运会后，我国运动员培养和保障工作取得了更为显著的成效。

"十一五"期间，我国在竞技体育后备人才培养上采取了三个重要举措：一是全面实施"全国体育后备人才培养工程"，加强国家高水平体育后备人才基地

---

[1] 王峰. 完善我国运动员社会保障制度的思考 [J]. 体育科学研究，2011, 15（1）：21-24.

建设；二是不断重视竞技体育人才培养工作，努力改善体育后备人才培养的训练设施和师资等各方面条件；三是进一步探索"体教结合"的模式，鼓励社会力量培养竞技体育人才，拓宽体育后备人才的培养渠道。这一期间，我国培养了大批竞技体育高水平人才，竞技体育成就斐然，仅2008年就有16人23次打破世界纪录。

"十二五"期间，我国继续实施"竞技体育后备人才培养工程"，以国家高水平竞技体育人才基地和公办体育运动学校为骨干，以少年儿童体校、青少年体育俱乐部、体育传统项目学校、体育特色学校和社会力量兴办的后备人才培养机构为基础，不断夯实竞技体育可持续发展的基础。具体措施包括：一是制订奥运项目竞技体育人才培养中长期发展规划，进行重点项目后备人才培养布局；二是开展新奥运周期国家高水平体育人才基地认定工作，修订奥运项目青少年教学训练大纲；三是落实运动员文化教育相关政策，加强对青少年体育竞赛和注册工作的管理，加强相关人员的培训。这一期间，竞技体育人才培养进一步契合了人才成长规律和教育规律，竞技体育优秀人才数量不断攀升，单是2012年中国就有18人20次打破世界纪录。

"十三五"期间，我国围绕进一步完善竞技体育人才培养体系做了大量工作，《体育发展"十三五"规划》提出，推进运动员文化教育常态化，协调做好公办体育运动学校运动员文化教育督导工作，完善运动员职业转换社会扶持体系，继续完善运动员收入分配和激励保障政策，全面开展运动员职业意识养成教育、运动员职业生涯规划和职业培训工作，实现社会保障制度对运动员全面覆盖。2017年11月，国家体育总局、教育部联合颁发了新中国成立以来第一个专门针对竞技体育后备人才培养的指导性文件——《关于加强竞技体育后备人才培养工作的指导意见》，支持学校通过创建青少年体育俱乐部、与各级各类体校联办运动队、组建校园项目联盟等形式，引导和支持社会力量参与竞技体育后备人才培养工作，强化青少年三级训练网络建设，将各级各类体校作为竞技体育后备人才培养的主体，开创了新时代竞技体育后备人才培养的新局面。这就需要进一步加强新时期体育后备人才培养工作。一方面，竞技体育发展要长期努力、久久为功，以发现和培养优秀体育后备人才为宗旨，从娃娃抓起，通过分类指导促使竞技体育再上新台阶。另一方面，要用联系、发展的眼光看待体育，竞技体育发展应循序渐进，从基础开始，一步一个脚印地提高运动水平。

三、运动员文化教育和保障工作不断提升

人才是竞技体育发展之源，体育强国建设与后备人才的选拔与培养密切相

第六章 基础与保障：中国竞技体育的人才培养

关。为了更好地推动优秀竞技体育后备人才的培养工作，国家相关部门围绕运动员文化教育和保障工作采取了多项举措，取得了积极成效。

一是加强了竞技体育后备人才的文化教育工作。各级体育和教育部门建立了运动员文化教育联席会议制度和督导制度，逐渐形成了以体育行政部门为主，体育、教育行政部门各负其责的竞技体育后备人才管理体制和运行机制，各级各类体育运动学校不断完善日常管理，以及运动员训练、参赛、教练员配备和培训工作。同时，教育行政部门继续加强体育运动学校的教学管理、教师配备和教师培训等工作，不断把运动员的文化教育工作落到实处。尤其是党的十八大以来，在习近平总书记重要思想的引领下，我们大力贯彻"人才强体"战略，不断创新竞技体育后备人才培养方式，打造了体育部门、教育部门、社会力量共同培养后备人才的新格局，实施了国家队多元共建，大力推进"跨界跨项选材"，努力构建了新型的运动员文化教育体系，运动员培养和保障工作取得了明显成效。

二是不断完善各项激励和保障政策，切实维护好运动员切身利益。相关部门深入强化对运动员的有效激励，探索建立了与岗位责任、风险和工作业绩相挂钩的激励机制，不断发挥工资政策的导向作用，完善了运动员收入分配机制。如《关于深化体教融合 促进青少年健康发展的意见》，提出树立"健康第一"的教育理念，加强体育传统特色学校和高校高水平运动队建设，推动青少年文化学习和体育锻炼协调发展等新方案。同时，我国体育系统结合事业单位收入分配制度改革和规范特殊岗位津贴补贴工作，完善了运动员津贴奖金和运动员参加国际重大比赛的奖励方式，保障了运动员的切身利益。

三是不断构建和完善了运动员职业转换社会扶持体系，及时帮助运动员实现职业转换。建立了运动员自主择业经济补偿标准的动态调整机制，运动员退役时，按规定领取退役费或自主择业经济补偿金。同时，各地根据当地经济发展水平、物价指数等因素适时调整经济补偿金标准。对于运动员自主择业的，按规定享受相应的就业扶持政策，并且对退役运动员自主创业按规定给予政策性支持。

四是大力扶持运动项目的院校化建设，通过运动项目学校实施运动员文化教育和训练工作。校园足球工作从2009年启动以来建立了5000多所校园足球定点学校，命名了102个校园足球试点县区，同时也建立了12个校园足球改革试验区。每年举办全国冠军杯比赛，参与校园足球活动的学生人数不断增加，2015—2017年，中央财政投入校园足球的资金近6.5亿元。2015—2018年，已认定全国青少年校园足球特色学校20218所，到2025年，我国要再创建3万所校园足球特色学校。另外，一些高校不断探索竞技体育人才院校化改革。如南京体育学院秉承教学、训练、科研"三位一体"办学模式，坚守教育培育运动员的理念，勇担精英运动员科学培养之路的探路重任,坚持高水平办运动员文化教育的执行能力,在精英运动员培养模式方面进行大胆尝试和改革。为了破解学训矛盾问题,南京体育学院联合互联网企业、互联网教育培训机构,成功开发了PC端和移动端运动员文化教育平台,让运动员随时随地地进行不间断学习,从而为培养全面发展的高素质精英体育人才蹚出了一条新路。2017年第13届全运会上,学校运动员不仅超额完成任务,而且统计显示获得奖牌的运动员中本科在读33人,本科毕业26人,研究生在读7人,研究生毕业8人,充分发挥了体育院校在运动员文化教育中的作用,很好地纠正了运动员淘汰率较高和文化素质较低等饱受社会诟病的问题,取得了很好的成效。

总体而言,新中国成立以来,在各级体育及有关部门的共同努力下,我国运动员文化教育和保障工作取得了显著成效,不同学历层次办学体系进一步完善,体育运动学校与优质中小学共建、联办,优质教育资源得到不断整合,运动员在役期间的文化教育工作和退役运动员就业安置工作不断落到实处,广大运动员切实得到了实惠。并且,全国各地区、各有关部门认真贯彻落实中央有关要求,在开展运动员文化教育和运动员保障工作中积极探索,努力构建了新型的运动员文化教育体系。到2016年底,全国各级各类体校总量达2196所,其中,由体育部门和教育部门联合开展文化教育的各级各类体校有228所,从2010年到2016年,全国各级体校总量增加了18.2%,为运动员提供了更为便利的教育条件,推动了我国竞技体育的可持续发展。

第三节 竞技体育优秀人才队伍建设

竞技体育人才除了优秀后备人才队伍以外,还包括优秀教练员、管理人员、科研人员、医务人员等多个群体,是实施体育强国战略的根基。新中国成立以来,我国不断强化了教练员、裁判员、优秀运动员等人才队伍的培养工作,积极调动社会力量,加强体育后备人才培养,逐步建立了各类优秀人才的选拔和培养制度,复合型人才队伍建设不断加强,我国竞技体育人才数量稳步增长,人才队伍规模不断壮大,人才素质显著提高。

一、培养了一批世界顶级职业运动员和明星运动员

新中国成立以来,我国在体育领域大力实施"人才强体"战略,逐步建立了运动员、教练员、体育管理、科研人员、医务人员等各类优秀人才培养制度,造就了多支数量充足、结构合理、素质优良的人才队伍。我国竞技体育领域培养

第六章 基础与保障：中国竞技体育的人才培养

了一大批世界顶级职业运动员和明星运动员，中国体育健儿在国际赛场上的优异表现，为祖国赢得了巨大的荣誉，向世人展示了中国改革开放的巨大成就和崭新形象。从1984洛杉矶奥运会到2016年里约奥运会，我国参加了9届夏季奥运会，从1980年第13届冬季奥运会开始，我国共参加了11届冬奥会，从1978年中国运动员在世界级体育赛事中获得4项冠军开始，中国运动员共获得奥运冠军237个，获得世界冠军3319个，占新中国成立以来总数的99%以上。其中，1978—2000年中国运动员获世界冠军1392项，23年时间内年平均获得世界冠军60.5个，从2001年到2017年的16年时间里，中国获得世界冠军的数量达到1844项，年均获得世界冠军数量达到115.25个，国家级健将运动员从2009年到2017年，每年超过5000人，总体数量呈上升趋势。国际健将运动员，每年超过700人，2014年达到了854人。2008年有16人23次打破世界纪录、2012年有18人20次打破世界纪录、2015年有17人在10个运动项目上打破世界纪录。截至2007年，全国各类优秀运动员总计17937人。其中，国际级健将489人，国家级健将4230人，一级运动员5635人，二级及以下运动员7583人；2008—2016年，我国累计培养国际运动健将2725人，国际级运动健将21020人。2008—2017年，国家级健将运动员每年都超过5000人，国际健将运动员每年都超过700人。

新中国成立以来，我国涌现了一大批全国人民耳熟能详的优秀运动员和英雄集体。从1959年容国团夺得第一个乒乓球世界冠军开始，我国培养了大量的优秀竞技体育运动员，20世纪60年代出现了夺得三届世乒赛单打冠军的庄则栋，70年代出现了享誉中外的"乒乓外交"，80年代出现了"五连冠"的中国女排，90年代出现了快速崛起的中国体操，21世纪出现了世界级运动员刘翔、姚明等，还有勇攀高峰的中国登山队、被誉为"梦之队"的中国跳水队等，一大批优秀竞技体育人才见证了中国竞技体育的成绩与辉煌历程。在优秀竞技人才队伍中，李娜作为中国职业运动员的杰出代表，2011年在法网女单比赛夺得职业生涯第一个大满贯冠军，成为第一位揽获大满贯单打桂冠的亚洲人，改写了中国网球的历史。高尔夫项目方面，2012年，冯珊珊以282杆、低于标准杆6杆的成绩夺得文曼斯LPGA锦标赛冠军，实现了我国在世界女子职业高尔夫球四大满贯赛中冠军"零"的突破；孙杨实现了男子自由泳从200米到1500米的奥运会和世锦赛全满贯；徐嘉余勇夺中国首个男子仰泳世界冠军；2014年仁川亚运会，宁泽涛和沈铎分别夺下四枚金牌，宁泽涛还创造了男子100米自由泳亚洲纪录；2016年奥运会，傅园慧以"洪荒之力"直面挑战，用夸张幽默释放压力，激励所有人做生活的强者。田径方面的优秀人才也实现了重大突破，除了亚洲"飞人"刘翔外，苏炳添、谢震业、张培萌、谢文骏、莫有雪等优秀运动员在田径赛场取得了多项优异成绩。在2018年国际田联世界田径挑战赛马德里站、国际田联钻石联赛巴黎站比赛中，苏炳添在9天之内两次跑出了平亚洲纪录9秒91的优异成绩。2019年国际田联钻石联赛伦敦站，谢震业在男子200米短跑项目上取得了19.88秒的成绩，刷新亚洲纪录。中国的冰上速度让世界惊叹。2018平昌冬奥会男子500米短道速滑，中国选手武大靖以39秒584的成绩，将自己在1/4决赛创造的世界纪录再次打破。辛鑫在2019国际泳联世锦赛女子10公里公开水域比赛中，以1小时54分47秒20的成绩赢得冠军，成为中国队第一次收获的世锦赛公开水域金牌。体育健儿们创造的"为国争光、无私奉献、科学求实、遵纪守法、团结协作、顽强拼搏"的中华体育精神，极大丰富了社会主义精神文明建设的内容，激发了全国人民积极投身社会主义现代化建设的热情。

我国优秀运动员的形象展现了国家形象、民族精神和时代精神。20世纪50年代容国团的"人生能有几回搏"，这一豪情壮志感染和激励着所有的后来人。60年代，乒乓队"胸怀祖国、放眼世界""从零开始"的雄心壮志和辩证思想，登山队"敢笑珠峰不高，定叫红旗飘上顶"的英雄气概，激励着全国人民顺利渡过难关；70年代，中国足球队展现出的"志行风格"；80年代，中国跳水队"冲出亚洲，走向世界"的口号，栾菊杰为人民宁可倒在剑台上的气魄，游泳队不把中国游泳搞上去死不瞑目的决心，女排姑娘为祖国拼搏的最佳精神，鼓舞着中华儿女为振兴中华而奋斗；进入21世纪，篮球运动员姚明的职业品行和文化传播，北京奥运会上中国运动健儿金牌成就梦想，里约奥运会中国女排的逆转，平昌冬奥会武大靖500米短道连续打破世界纪录的奇迹，为实现民族复兴的中国梦注入了强大的活力。"为国争光、无私奉献、科学求实、遵纪守法、团结协作、顽强拼搏"的中华体育精神，已经成为全社会的共同精神财富，以为国争光的爱国主义思想为核心的运动员精神，被誉为"英雄志、民族魂"。一个包含了运动成绩、个性偏好和社会参与乃至言行举止在内的立体多维的运动员形象成为国际社会公众认知中国的一个重要渠道，也成为社会主义核心价值观、民族精神和时代精神的倡导者。

二、打造了一支高水平教练员和裁判员队伍

一个国家竞技体育水平的高低，背后体现的是高水平教练员、优秀运动员、优秀裁判员等团队的数量多少和质量高低，实现竞技体育强国目标，离不开一支专业水平突出、爱岗敬业、无私奉献的教练员和裁判员队伍，高水平教练及裁判员的培养关系着我国竞技体育人才可持续性发展的未来。新中国成立以来，我国

十分重视教练员队伍建设，制定了不同层次的教练员岗位培训规划，对外引进高水平教练员，加强了对中青年教练员的培养深造，完善了国外优秀教练员队伍的引进、聘用工作，我国在岗教练员和发展教练员人数整体呈上升趋势。截至2016年，全国裁判员数量总计95472人；到2017年，我国共有教练员24354人。尤其是2008年奥运会以来，中国国家级运动员在各类大赛备战过程中采用并实施了复合型训练团队的工作模式，围绕教练员、裁判员等团队建设开展了大量工作，不断完善了一系列提升竞技体育人才队伍的举措，通过资源整合，实现训练、科研、医疗和管理的有机结合，提升了运动训练的科学化水平。

第一，对内培养、对外引进高水平教练员。大力提升了教练员的专业素质和文化素养，提升了教练员的爱岗敬业精神，提高了教练员文化素质和科学训练水平。逐步建立了运动员学历教育、资格认证和岗位培训制度，加强了对中青年教练员的培养深造，不断提高了教练员队伍的整体素质。并且，做好了国外优秀教练员队伍的引进、聘用工作，教练员队伍实行竞聘上岗，优胜劣汰。值得一提的是，为加强高素质教练员队伍建设，国家体育总局从2012年开始组织实施精英教练员双百培养计划（简称"双百计划"）。2012年4月16日，国家体育总局印发了《国家体育总局精英教练员双百培养计划实施办法》，计划在未来十年重点培养100名专业运动队优秀教练员和100名业余训练优秀教练员。"双百计划"是一项高层次教练员专项人才计划，提高了专业运动队和业余训练教练员专项规律认识水平、创新能力和执教能力，提升了我国教练员队伍的整体素质。

第二，从多个方面加强了裁判员队伍建设。在一些有条件的项目如足球、篮球等，逐步建立了职业裁判员队伍，逐步健全了裁判员培训、晋升、选派和处罚制度，不断提高了裁判员的专业水平和职业道德。在保障裁判员合法权益的同时，严肃裁判纪律。培养了一大批专业技能高的国际级裁判员，积极推荐优秀裁判员和管理人员在国际体育组织中任职或在国际大赛中担任主要技术官员。

三、构建了多学科复合型训练管理团队

竞技体育复合型团队是一种新型、有效的优秀运动队管理模式，是提升运动训练科学化水平的重要途径。随着运动训练科学技术的快速发展，借助团队保障提升运动员竞技能力成为竞技体育发展的重要趋势，复合型团队能够有效提升运动训练的科学性，是世界各国推进大赛备战的重要手段。随着世界竞技体育科学化、智能化水平的不断深入，现代竞技体育呈现出多学科、立体化竞争的格局，单纯依靠运动训练的单一要素已难以适应现代竞技赛场日益竞争的需要，有效整合训练、科研、医疗、管理、保障多方要素，以团队形式综合专门人才，协同配

合、精准发力，共同提升竞技运动水平作为一项重大任务。由图6-1，竞技体育复合型团队是整合与训练有关的教练、队医、体能康复、营养监控、数据分析等多方面专门人才，以科学训练为目标，致力于提升运动员竞技能力和比赛成绩，探索和把握运动项目发展规律的团队。复合型训练团队在实现科学训练方面具有积极意义，对提高竞技水平和竞争力具有重要作用。

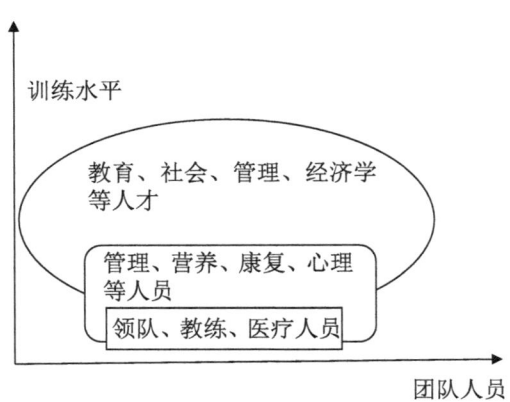

图6-1 复合型团队成员结构与训练水平的关系

新中国成立以来，为了更好提升我国竞技体育实力，充分发挥不同人才在竞技体育发展中的综合效益，我国在各类大赛备战过程中实施了复合型训练团队的工作模式，不断加强复合型训练管理团队建设，围绕提升教练员、裁判员等团队的整体素质开展了大量工作。通过颁布竞技体育人才队伍的政策举措，完善复合型训练管理团队建设的体制机制和操作办法，通过资源整合，实现训练、科研、医疗和管理的有机结合，提升了运动训练的科学化水平，充分发挥了管理人员、教练员、医务人员等在训练参赛中的积极性和创造性。随着现代竞技体育竞争的日益激烈，为了提高训练质量和效益，充分发挥各类高水平人才在实施奥运战略中的基础作用是推动竞技体育可持续发展的根基。尤其是2008年北京奥运会以来，国家相关部门充分发挥举国体制优势，积极调动社会各界力量，进一步加强了运动队复合型训练管理团队建设，完善了复合型训练管理团队建设的体制机制和操作办法，逐步建立了各类运动员、教练员、体育管理、科研人员、医务人员等竞技体育优秀人才的选拔和培养制度，加强了运动员、教练员、裁判员、竞赛管理人员等复合型人才建设，充分发挥管理人员、教练员、医务人员等在训练参赛中的积极性和创造性，造就了一支数量充足、结构合理、素质优良的竞技体育人才队伍。在国家体育部门的政策引导下，我国各地大力推进复合型训练团队建设，如江苏省体育局于2016年1月出台了《省体育局关于建立复合型训练管理团队加快推进训科医管一体化工作的通知》，有效整合了训练、管理、科研、医疗等专业人才资源，充分发挥了各类人才在训练参赛中的积极性，提升了训练、比赛水平。为了强化运动训练科学化、提高竞技体育水平，我国各国家级运动队在备战北京和伦敦奥运会过程中，普遍建立和实施了复合型训练团队的工作形式，取得了良好的效果。

另外，我国一些专业性体育院校根据自己的优势也逐步建立了复合型教练员、裁判员等团队。如南京体育学院多年来一直以培育精英体育人才作为竞技体育发展的指导思想，贯彻"精准培养人才"的理念，培养了一支实践经验丰富，理论知识全面，基本功扎实的教练员、裁判员等复合型队伍，形成了一支数量不大，但工作效率高、素质精良的管理干部队伍，打造了一套集场馆、餐饮、医疗、科研、文化教育的综合保障系统。累计培养输送了15位奥运会冠军，培养了100多位世界冠军，尤其在击剑、羽毛球等项目中向国家输送了大量的人才，成为国家竞技体育教练员、裁判员等团队建设的成功典范。

第七章 转变与多元：中国竞技体育的职业化发展

职业化是竞技体育发展的高级形式，是竞技体育提升自我发展活力和发展水平的重要体现，也是未来我国竞技体育发展的必然趋势。我国竞技体育职业化始于20世纪90年代初，在长期改革实践中，围绕运动项目的职业化发展、运动员的职业化、职业联赛的打造，以及职业俱乐部的发展等多个方面取得了一定成果，积累了丰富的经验。随着我国经济社会发展水平的不断提高，竞技体育职业化发展速度不断加快，足球、篮球、排球、乒乓球等多个竞技运动项目不断尝试走职业化道路，在长期实践中逐步形成了一条具有中国特色的职业化发展方式。

第一节 竞技体育的职业化进程与特征

一、我国竞技体育职业化的产生与发展

职业体育是竞技体育的重要组成部分，是一个国家体育核心竞争力之所在。职业体育最早在19世纪末20世纪初的欧美兴起，它是以企业法人为组织形式，以市场需求为导向，以生产和经营大众竞技娱乐产品为内容，以追求利润最大化为目的的一种新型体育。职业体育是竞技文化与市场经济互动、互利的必然结果。我国职业体育起步较晚，始于20世纪90年代初，随着改革开放的不断深化，社会主义市场经济体制逐步建立起来，竞技体育体制中的一些深层次矛盾越来越突出，原有的运动项目管理体制已难以适应体育事业发展的要求。1992年10月，党的第十四次全国代表大会确定了建立社会主义市场经济体制的改革目标，同年，"红山口"全国足球工作会议确立了中国足球走职业化道路的发展方向。1993年4月15—19日，全国体委主任会议在北京召开。这次会议着重研究了深化体育改革的问题，通过了《国家体委关于深化体育改革的意见》和五个相关文件，确定了新时期我国体育改革的总目标与总任务，提出了建立具有中国特色的社会主义体育新体制的改革目标，主要包括改变单纯依赖国家和主要依靠

第七章 转变与多元：中国竞技体育的职业化发展

行政手段办体育的体制机制，建立与社会主义市场经济体制相适应、符合现代体育运动规律、有自我发展活力的体育体制和良性循环的运行机制，形成国家办与社会办相结合、集中与分散相结合的新格局。随着现代经济社会的快速进步，竞技体育职业化呈现出势不可挡的趋势，职业化也成为世界最流行的赛事运作模式。

从某种意义上讲，职业体育是一种高度专业化、商业化了的高水平竞技体育，其核心是职业体育赛事的运作和推广。职业化明确了运动员的责、权、利，以"经济利益"调动了运动员参与体育竞赛的积极性。正是在这种体育体制改革的大背景下，我国竞技体育的职业化进程不断推进，部分运动项目以顶级体育竞赛改革为突破口，通过建立主客场赛制、成立职业俱乐部，尝试走上了职业化发展道路。我国职业体育俱乐部产生于20世纪后期，1994年全国足球职业联赛拉开序幕，随后篮球和排球相继于1995年、1996年步入职业化。我国职业体育从最初的足球，到篮球和排球，再到乒乓球和网球等项目，陆续成立了足球、篮球等职业体育俱乐部，打造了家喻户晓的足球中超联赛、篮球CBA联赛、乒超联赛、中国职业网球公开赛等顶级职业联赛。2004年，中国足球协会正式推出"中国足球超级联赛"；2006年4月，为进一步完善足球产业的市场化进程，中国足协与中超联赛俱乐部共同出资、合股成立了中超联赛有限责任公司。与足球项目相比，我国网球双轨制下的"单飞"新模式取得了很好的效果，2008年底，中国女子网球开始了职业化改革探索，网球管理中心推出了一种以人为本的新管理模式：彻底职业化选手+国家队集训（"双轨制"）。有能力的球员可以彻底职业化，实施"单飞"模式，其他球员则可以继续走国家队、省队集训的专业体制道路。2011年1月27日，在澳大利亚网球公开赛上，李娜击败7届大满贯冠军大威，闯入女单四强，成为首位进入世界前十的中国球员，这种"先举国，后职业"的职业化模式取得了可喜的成果。

表7-1 中美竞技体育项目职业化发展比较

国家	年代	发展环境	时间	俱乐部名称	体育项目	演变过程
美国	19世纪中后期	市场经济体制	1869年	辛辛那提红袜队	棒球	业余俱乐部到职业俱乐部；大众体育到职业体育
中国	20世纪90年代	社会主义市场经济体制	1992年	大连职业足球俱乐部	足球	专业运动队到职业俱乐部；竞技体育到职业体育

如表 7-1，与美国、英国等西方发达国家相比，我国职业体育是政府主导型和政策推导型，并非是市场经济环境自然形成，而职业体育在西方是"内生性"的，它是基于商品经济、市民社会这一大的社会制度背景，在经过充分的体育社会化基础上自然生成的，是一个"顺产"的过程。相对于西方模式，我国的职业体育是"嵌入式"的，它是在市场经济不完善、体育社会化程度极低的情况下启动和推进的。国外职业体育经历了从贵族俱乐部到社区俱乐部（大众普及型俱乐部）再到职业俱乐部，最后建立职业体育联盟的演变历程，与国外这种经营职业体育联赛的发展模式相比，我国职业体育是在没有经过充分社会化的条件下直接推进的体育职业化，发展阶段的跳跃必然会使职业体育在起步阶段和发展过程中面临诸多挑战。同时，我国职业体育也凸显了现代竞技体育的经济和社会价值，具有商品性和公益性的双重属性，其核心是职业体育赛事和职业运动员的组织管理和运营，不同项目的职业化进程大不相同，运动项目职业化的市场生存环境也差异较大。受我国国情影响，通常运动项目的职业化与奥运战略的目标任务时有冲突，导致职业赛事的公平竞赛环境面临严峻挑战[①]。

北京奥运会后我国竞技体育项目职业化进程加速推进，职业化水平不断提升。2008 年以来，随着竞技体育职业化改革的深入，足球、篮球、拳击、高尔夫、网球、冰球等多个项目的职业化进程加速推进，不同职业体育项目的社会参与面不断扩大，职业体育的成熟度和规范化水平不断提高。2009 年 4 月成立的广东恒大女排，作为国内第一支完全职业化排球俱乐部，开创了我国排球俱乐部自负盈亏、自主生存、自我发展的新模式，推进了我国排球职业化发展。此外，网球成为我国竞技体育项目职业化发展的成功典范。2014 年 2 月，李娜职业生涯排名升至历史新高度的第二位，谱写了亚洲网球的新历史，体现了我国竞技体育"双轨制"模式的成功。2015 年以来，以足球改革为突破口，进一步提升了足、篮、排"三大球"等项目的职业化水平，加速了多个运动项目的职业化进程。并且，我国不断完善职业体育政策制度体系，优化和规范职业体育发展环境，根据不同项目职业化的特点，加速推动了一批具备条件的运动项目走职业化道路。在国家各级体育部门的大力推动下，我国职业体育联赛形成了一定的市场规模，社会资金逐渐流向职业体育市场，如经营中国职业甲 A 联赛的 IMG（国际管理集团）与中国足协的第二个五年协议额接近 1 亿元人民币，ISL（国际体育休闲公司）与中国足协签订的六年合作协议额约 3 亿元人民币，中超现场观众由 2007 赛季的 223 万人次增加到 2016 赛季的 580 万人次，CBA 现场观众由 2007—

[①] 2012 年度国家体育总局体育哲学社会科学研究成果选编（竞技体育类）：中国职业体育特征研究 [EB/OL]. http://www.sport.gov.cn/n322/n3407/n3413/c564590/content.html.

2008赛季的105万人次增加到2015—2016赛季的179万人次。2016—2017赛季，中超、CBA电视转播收看人数分别超过4亿和7亿，2018—2019赛季CBA联赛全媒体价值达到413亿元人民币，2019赛季中超联赛平均上座人数为23336人，在世界主流联赛中排名第五，超过法甲联赛，中超联赛的赞助商已经覆盖了13个不同行业类别，总赞助金额为6.14亿元人民币。并且，俱乐部自身造血机能有了新的改善，经营活动覆盖到比赛门票、广告、转会、商业比赛、电视转播和商务经营等多个领域。

二、我国竞技体育职业化的本质与特征

竞技体育的职业化是竞技体育作为职业分工中的一种职业或者向职业演进的过程，是顺应我国政治经济体制改革和体育体制改革的结果，也是顺应国际竞技体育发展的必然要求。从1994年中国足球改制、足球联赛的市场化探索，到2015年足球全面改革，再到2017年中国篮协成功换届，我国职业体育初步形成了俱乐部体制、专业化市场、商业化运营机制。目前，世界上实施体育职业化的国家达到近百个，尤其是在《奥林匹克宪章》对"业余原则"做出修改后，允许职业运动员参加奥运会比赛，更加促进了职业化的全球进程。以职业体育模式发展竞技体育，是在新的历史条件下创新发展方式的伟大实践，对我国竞技体育持续发展具有重要战略意义。职业体育在我国具有一定的政治和社会属性。我国职业体育产生于国家干预下的竞技体育体制，职业体育是在政府改革推动与市场资源配置推动下发展起来的，我国竞技体育的职业化不只是竞技体育的市场化和私有化，也不只是把体育项目推向市场，而是依托市场机制开展的竞技体育市场化改革。因此，职业体育组织在吸引赞助商的过程中既要考虑经济因素，按照市场规律办事，又要充分发挥各级政府在职业体育与赞助商中的桥梁作用。并且，我国职业体育发展受到举国体制政治目标的制约，项目协会仍然依赖原有体制的管理经验来管理职业体育，为国争光的国家目标任务影响到职业体育体制改革的进程。可以说，我国体育职业化是政府和市场的双重力量推动的结果，这也是我国职业体育发展初期的重要特征。

我国职业体育发展模式创新是在专业竞技体育的市场化改造重组，转换专业竞技体育产权属性的实践过程中逐步完成的。职业体育产生于组织结构健全的政府管理型竞技体育体制，政府和市场双重力量的结合，是我国职业体育组织模式形成的社会基础。从竞技体育实践及其宗旨导向来看，我国竞技体育体制与西方竞技体育体制存在显著的差异。西方职业体育是在市场经济基础上由民间自发产生，并逐步建立起结构健全的民间组织形式——联盟制。美国的NBA、欧洲的五

大足球联赛、四大满贯网球赛等职业体育体制，都是经过一段历史时期后在不同的社会经济文化背景下建立起来的，但是我国的市场经济是从计划经济转型过来，是在社会主义初级阶段历史条件下形成。我国体育职业化是由政府发动、以政府的权威性为保障发展起来的，因此，即使在将来很长一段时间，我国职业体育的发展仍然会受到政府导向下的官办与民办相结合的混合体制制约。我国职业体育没有西方职业体育的历史积淀和文化传统，导致不同体育项目的社会化、市场化程度存在较大差异，职业进程大不相同，这就要充分认识职业体育的经济性质。另外，我国职业体育改革是依托市场机制开展的竞技体育的市场化改革，职业体育作为体育产业的重要组成部分，具有重要的经济性，要遵循基本的市场规律发展。这就需要从我国社会主义初级阶段国情的实际出发，既要遵循职业体育发展规律，又要充分遵循社会主义市场经济的规律，走出一条真正适合我国职业体育发展的道路。

总体而论，我国职业体育既有市场化特征，也有着显著的行政化特征。政府作为体育职业化的发起者，在改革中占据主导地位，起着导向作用。从我国职业体育组织的发展逻辑来看，职业体育组织是"举国体制"的市场化延伸，是在对专业竞技体育的目标模式、项目管理模式、产权模式的改进与创新中逐步建立起来的。市场经济为专业竞技体育的职业化改革提供了制度化环境，职业体育依托市场获得了巨大的社会资本，有效拓展了竞技体育的资金渠道，促进了专业竞技体育人才的市场化流动。不同的运动项目、不同的社会文化环境等，使各个运动项目的市场运作方式有着不同的特征，但职业化、市场化是竞技体育发展的大势所趋。通过体育项目的职业化，短期内快速提高了落后项目（如男子足球）运动水平，不断冲出亚洲、走向世界，实现了在国际大赛中取得优异成绩的目标。

三、我国运动员的职业化发展与特征

职业运动员是以参与体育比赛为职业，并依靠参赛获得生活收入的运动员。职业运动员是职业体育发展的人力资本，一般与某一职业体育俱乐部有固定合同关系，并可在不同俱乐部之间进行转会，以俱乐部名义进行训练、比赛。职业运动员作为一种特殊的商品，运动员的价值评估主要包括：运动员技术水平、身体素质、心理素质、年龄、运动员的声誉等。职业运动员通过参与商业化的职业比赛来获得基本薪酬、出场费、奖金等收入，并能通过自己在参赛过程中的关注而获得广告赞助收入。1992年我国体育运动职业化改革之前，没有职业运动员只有专业运动员，部分体育运动项目的职业化，使得许多专业运动员转变成为职业运动员。随着社会主义市场经济的深入推进，足球、篮球、排球、乒乓球、羽毛

第七章 转变与多元：中国竞技体育的职业化发展

球、围棋等具有广泛社会影响力和群众基础的体育项目相继进行了职业化改革，随之出现了一批颇具规模的职业运动员群体。进入职业化改革的初期，专业运动员转变成职业运动员是我国职业运动员的最主要来源，这也使得我国职业运动员文化素质普遍偏低、职业素养不足。但随着我国体育职业化的深入，出现了职业运动员来源的多样化。如足球项目职业运动员后备人才主要来源职业俱乐部、足球学校及各类高校等，而乒乓球职业运动员主要来源于各省市专业运动员或俱乐部等。

我国职业运动员主要有两种形式：一种是具有职业运动员身份的运动员，如参加中超、中甲联赛的职业足球俱乐部中的职业运动员；另一种是具有职业运动员和专业运动员双层身份的运动员，如许多职业乒乓球俱乐部中的职业运动员、绝大多数参加全国排球联赛的运动员等。目前，后者是我国职业运动员主体，这些运动员既有职业身份能参加职业体育比赛，同时又有专业运动员身份，还能代表省市参加全运会比赛。如我国奥运冠军选手邹市明，尽管其以职业拳击运动员身份参加国际拳击比赛，但其专业运动员身份同时存在。客观而言，职业运动员既是职业体育服务（产品）生产过程中最重要的生产要素，又是体育服务的生产者，未来具有专业和职业双重身份的运动员可能会长期存在，这是由特殊时期我国竞技体育人才培养体制决定的。随着竞技体育职业化改革逐步进入深水区，我国职业运动员人力资本投资方面存在的高不确定性、高机会成本、高额经济成本制约青少年及其家庭投资的积极性，被职业化光环所掩盖的运动员群体与俱乐部、职业联盟之间的各种矛盾也逐渐爆发出来，造成运动员与职业俱乐部之间存在劳动权利纠纷，从而影响了运动项目的职业化进程和高水平后备人才培养。另外，职业体育中运动员的自由流动是职业体育的特色，也是职业体育生存发展的重要前提，随着我国体育产业化和市场化改革进程的不断深入，职业运动员的转会流动逐渐成为一种常态。同时，职业运动员能否自由流动与职业运动员的转会制度密切相关，我国职业体育俱乐部为了保护其对青少年运动员人力资本投资的专用性，往往会用契约的形式约定青少年运动员的首份职业合同必须与培养他的职业体育俱乐部签订。在我国职业联赛发展的过程中，由于职业俱乐部的性质不同，俱乐部投资人构成不同，使得俱乐部在拥有职业运动员所有权上存在着差异，对运动员合同期满自由转会的权利存在诸多限制。由于职业运动员是以比赛和运动为谋生手段，收入很高，也存在着失败和被淘汰的压力，所以职业运动员往往对运动技术水平有着较高的要求。

此外，在社会主义市场经济体制下，我国职业体育发展迅速，以职业化、市场化运作方式不断深化了体育产业化、社会化发展进程，职业化促进了体育自身的可持续发展，培养了大批体育明星。一些运动项目不断创新职业化发展之路，如网球选手李娜成为举国体制转型职业"单飞"的成功典范。2008年底，网管中心宣布了具体"单飞"规定，形成了中国女子网球"双规制"的管理运行模式，网管中心允许部分优秀运动员"单飞"，成为中国举国体制一元培养模式下的调整和完善，也是中国竞技体育职业化未来发展道路上的有益探索。2014年2月，李娜职业生涯排名升至历史新高度的第二位，谱写了亚洲网球的新历史。同年，在WTA超五赛事卡塔尔Total公开赛女双比赛中，海峡组合彭帅与谢淑薇横扫对手夺冠，彭帅豪取生涯的第14个女双冠军，荣登女双世界排名第一，历史性地开启了中国女子网球的新篇章。这种"举国体制"管理模式下对人才培养多元化的有益探索，无疑是成功的，充分体现了中国网球"双轨制"模式的胜利，为其他项目的职业化进程做了很好的表率。

四、我国职业体育俱乐部的发展与特征

职业体育俱乐部是从事职业体育活动具有独立法人资格的实体，其实质是遵循市场经济的竞争、供求、价格等基本规律和体育运动发展规律来经营运动项目，向社会提供体育服务（产品）的体育组织形式。职业体育是运动项目市场化、商业化最重要的环节，俱乐部形式是推进这一目标的重要途径。职业体育俱乐部是体育运动高度专业化、市场化的产物，是职业体育组织中最为活跃、最重要的基层单位。职业体育俱乐部建设是一项复杂的系统工程，其运行机制既受到影响职业体育发展的政治、经济、文化、教育等外部因素的制约，同时也受到职业体育俱乐部之间的竞争，受到俱乐部性质、资金、人力等内部因素的影响。在长期实践中，我国职业或半职业性质的俱乐部主要产生了三类：一是体育行政部门独立管理，专业运动队+赞助形式，即企业赞助式的非实体化俱乐部，赞助商不参与其管理，双方的合作极为松散，并没有从根本上脱离专业队的形式；二是体育行政部门与俱乐部联合管理，专业运动队+企业形式，成立一个联合体、一个实体性质的俱乐部，各自分工，共同管理，自我经营，一般具体分工为体育局负责球队的训练和比赛，企业负责经营和宣传；三是俱乐部独立管理，股份或有限责任公司形式，企业自主经营俱乐部，完全自我管理，有的跟当地体育管理部门有一种默契，代表属地参加重要比赛。从世界范围来看，美国的四大职业体育联盟、欧洲的足球联赛及四大网球公开赛、环法自行车赛等具有国际影响力的赛事背后都是各个项目完善的职业体育俱乐部模式。国际影响力较高的足球、橄榄球和篮球项目，群众广泛参与的田径、网球和羽毛球项目，具有休闲拓展性的自行车、冲浪和攀岩等极限项目，都是以职业体育的形式在发展。

我国职业体育俱乐部是随着竞技体育职业化改革，在政策先导的推动下，采取自上而下的方式，由专业运动队"脱胎"组建而来。职业体育是运动项目市场化、商业化最重要的环节，俱乐部形式是推进这一目标的重要途径。对我国职业体育俱乐部而言，识别利益相关者组织的复杂网络和环境至关重要，我国职业体育俱乐部治理结构正在经历行政型向法人治理型转变的过程。在欧美体育产业发达国家，不同项目的职业体育俱乐部是职业体育治理的基本组织，职业化的目的是使运动项目以职业体育俱乐部的形式，按照现代企业制度对其组织进行改革，这是符合国际体育治理现代化的成功经验道路。随着社会经济的发展、人民生活水平的提高、余暇时间的增多，以及商品经济对体育的渗透，近年来职业体育俱乐部这一形式在我国迅速发展，一些群众基础好、观赏价值高、竞技性强的运动项目走上了职业化的发展道路，为扩大竞技体育的社会影响、促进运动技术水平提高、满足社会公众体育竞赛观赏需要发挥了重要作用。在我国职业体育俱乐部治理模式的选择与构建中，完善的内部治理结构是职业体育俱乐部治理的核心。在俱乐部运行上往往模仿西方职业体育俱乐部运行模式，但由于我国职业体育俱乐部与西方职业体育俱乐部生存环境的差异，从经济基础到上层建筑、从微观基础到宏观管理体系、从人们的思维观念到行为方式，包括职业体育俱乐部性质等都存在较大差距。我国职业体育俱乐部多种形式并存是客观存在的事实，这是由中国国情背景决定的，短期内，完全具备企业性质的职业体育俱乐部在中国的特殊国情下难以实现。如果要大力发展企业法人性质的职业体育俱乐部，就应尽可能地给这类俱乐部更多的优惠政策支持，如税收减免等，因为它们承担了许多体育的社会公益责任。

五、我国职业体育管理体系的发展与特征

加快我国职业体育发展既是建设体育强国、提升我国体育核心竞争力的内在要求，也是满足国人不断转型升级的体育需求、应对职业体育全球化发展的现实需要。职业体育是市场经济的产物，建立良好的管理体系和完善的政策法规不可或缺。我国职业体育管理体系主要包括三个层次：一是国家行政部门和机构，主要包括国家体育总局及各省市体育局；二是以职业运动项目管理中心或协会为主体的体育组织；三是各类职业或半职业体育俱乐部，主要包含一些社会和市场组织。随着我国运动项目协会实体化改革的不断深入，体育单项协会逐步成为职业体育的管理部门。协会的实体化成为中国体育体制改革的根本所在，是转变政府职能、进入服务型政府的关键。我国运动项目管理体制改革总目标是建立具有中国特色的协会制，使协会逐步成为自主决策、自主管理、自我约束、自负盈亏的

社团法人，政府和体育行政主管部门通过法律规定对各协会进行管理，行使建议权、指导权、监督权和审计权，加强全国性单项协会自身建设，建立健全组织机构、工作机制和规章制度，改变过去单纯依赖政府、主要依靠行政手段办体育的模式，发展和依托社会网络，按照协会章程开展活动，正确行使职能，承担应负的责任。

在我国负责管理职业体育的最高管理机构是单项运动协会（运动管理中心）。运动管理中心是国家体育总局兼有行政管理职能的具有事业法人和社团法人双重身份的组织机构。职业体育俱乐部位于管理机构的基层，它是在某运动项目协会和工商局注册的具有经营某项运动的民事权利和民事义务的法人资格的实体化经营团体。由于我国职业体育起步晚，政府主管部门对职业体育俱乐部的建立和完善，规范管理尚处在摸索阶段，职业体育行业的法律法规还不健全，许多制度的建立不够及时、不够到位，因此对职业体育市场的监督和约束作用不够。同时，我国职业体育管理中职业体育管理独立机构职业体育联盟的不完善或缺位，尚无真正意义的职业体育联盟，导致联盟管理政策法规的严重滞后，影响和制约了我国职业体育的健康发展。

职业体育法规与制度是国家实施职业体育管理的有力武器。为保障和促进职业体育的健康发展，依法行使政府体育行政部门对职业体育的宏观管理，我国相继出台了一系列职业体育管理的法规与制度。以中国足球为例，2005年，中国足球协会与16家中超联赛俱乐部联合出资成立中超联赛有限责任公司，在管理机制层面实现了赛事组织和商务运作的分开。2012年，中国足球协会与中超联赛、中国足球协会甲级联赛俱乐部联合成立了职业联赛理事会，理事会的成立是联赛管办分离改革的重要突破。2013年出台实施的《中超联赛商务管理实施细则》给予了俱乐部更多的利益获取空间。2014年《国务院关于加快发展体育产业促进体育消费的若干意见》提出，要完善职业体育的政策制度体系，扩大职业体育社会参与，鼓励发展职业联盟，逐步提高职业体育的成熟度和规范化水平。2015年《中国足球改革发展总体方案》提出，要改革完善职业足球俱乐部建设和运营模式、改进完善足球竞赛体系和职业联赛体制。2016年《中国足球中长期发展规划（2016—2050年）》提出"十三五"职业联赛提升计划，重点强调职业联赛的规范性和后备人才培养的重要性。中国足球协会也加强了对职业联赛的分级管理，如在2018年开始将联赛执行局拆分为中超联赛部、中甲联赛部、中乙联赛部，以提升职业联赛管理运营的针对性；计划通过成立注册管理部、准入审查部和裁判管理部等机构实现对联赛的有效监管和精准服务，更好、更规范地促进职业联赛发展，为实现《中国足球改革发展总体方案》提出的"职业联赛竞赛和组织水平达到亚洲一流"目标提供了机制保障。

六、我国职业体育联赛的发展与特征

职业体育赛事是以体育运动为基本手段，高度专业化、市场化和社会化的竞技体育比赛活动，是职业体育向社会提供的最为重要的体育服务（产品），职业体育赛事是职业体育联盟、职业体育俱乐部共同营造的一种商业模式。高水平的职业体育联赛能够为竞技体育的可持续发展不断蓄力，为群众体育的蓬勃开展提供活力，为做大、做强相关运动项目产业提供基础动力，因此，加快推进我国职业体育联赛的改革与发展是体育强国建设的必然要求。

我国职业联赛都是从计划经济时代的全国最高级别的单项比赛演变而来。计划经济时代，竞技体育完全被视为国家必须发展的一项体育事业，由国家投入组织训练和竞赛，因此，全国比赛的所有权归国家所有。国家体育总局作为国家发展体育事业的政府管理部门，代表国家拥有全国比赛的所有权。但随着比赛向职业联赛转变，职业联赛在对过去赛事价值挖掘的基础上，将进一步提升赛事的商业价值，实现赛事品牌的提升。在我国，足球与篮球运动具有相对较强的群众基础，足球与篮球项目的职业联赛起步较早，发展时间相对较长，职业联赛中的中外球星深受球迷关注和喜爱，职业联赛对企业和媒体具有广泛和持续的吸引力。特别是以"三大球"项目为代表的职业联赛改革不断深化，打造了形式多样的系列职业体育品牌赛事。20世纪90年代以来，重点以"三大球"联赛改革为突破口，调动了社会资源参与办赛的积极性，完善了职业体育竞赛体系，提升了以"三大球"为重点的职业联赛水平。其中，90%的省级政府出台并落实了《中国足球改革发展总体方案》实施细则，中国足协44家地方会员协会全面启动调整改革。篮球改革取得新突破，CBA联赛完成管办分离改革，姚明当选中国篮协主席，CBA公司独立开展联赛商务运作。排球联赛改革全面深化，实施了联赛俱乐部准入办法，更名为"中国排球超级联赛"，联赛的市场价值和社会影响力得到提升，国家队建设取得新成效，国家女排时隔16年再度获得国际排联大冠军杯冠军。此外，不断着力打造职业体育赛事和品牌，重视发展职业程度较高、市场需求较大的职业体育联赛。尤其是2008年北京奥运会以来，通过完善激励制度，调动地方和社会力量办赛的积极性，大力发展职业程度较高、市场需求较大的职业体育联赛，如"三大球"、马术、拳击、帆船等项目，通过引导和鼓励有实力的企业建立职业体育俱乐部，打造了多项职业体育品牌赛事。路跑、自行车、球类及冰雪运动等赛事项目逐步"飞入寻常百姓家"，环海南岛国际公路自行车赛用12年时间实现了赛事品牌的跨越式发展，实现了海南形象、竞技体育、全民健身和赛事价值融合共赢的开拓创新之路,趟出了一条中国自主品牌赛事昂首走向国际舞台的道路,成为职业联赛的成功典范。

职业体育联赛所提供的赛事产品属于非实物形态的服务产品,是否能够有效满足现场及媒体观众的观赛需求,以及观众对于赛事产品的主观感受是衡量职业体育联赛产品质量的重要标准之一。我国职业体育联赛的发展既受益于职业体育全球化发展所带来的良好发展机遇,同时也面临着来自西方体育强国职业体育赛事所带来的竞争压力和挑战。联赛产品质量的提升、消费者对于联赛产品消费意愿的增强是激发职业体育联赛产品有效需求,产生实质性消费的主要途径。随着体育强国建设的逐渐深入,我国消费者的体育赛事观赏需求正进入多元化的发展阶段,消费者对于职业体育赛事质量与参与体验的要求也在进一步升级,如何实现我国职业体育联赛改革与发展,打造高质量的职业联赛体系将成为体育强国建设中的重要任务。

第二节 竞技运动项目的职业化发展

一、竞技体育项目的产业化发展

运动项目是竞技体育的基本要素,是实现竞技体育职业化发展的基本保障。在我国竞技体育的职业化发展大潮中,运动项目的产业化趋向逐渐明显,以足球、篮球、排球"三大球"为中心的运动项目与社会市场的联系日益密切。尤其是 2008 年北京奥运会后,奥运会效益给我国经济带来了全方位的积极影响,同时也推动了我国竞技体育的产业化改革。随着我国体育市场化改革的深入发展,以竞技体育为主体的产业经营促进了体育产业的深入发展。近年来,我国竞技体育积极融入体育产业发展的大潮,取得了显著的社会效益。一是发挥市场主导作用,鼓励足球、篮球、排球等重点项目走社会化道路,促进乒乓球、羽毛球、网球、高尔夫球等具备条件的运动项目社会化和职业化转型,见表 7-2。2008 年奥运会以来,我国围绕很多项目的市场化运作进行了职业化改革。产业化成为奥运赛场以外体现我国竞技体育发展水平的重要标志,成为衡量体育社会化程度的一大标准。二是加快推进体育行业协会与行政机关脱钩,不断挖掘体育竞赛表演业的发展潜力,打造了一批影响力大、参与度高的精品赛事。鼓励具备条件的运动项目走职业化道路,以"经济利益"调动了社会市场参与体育竞赛的积极性,各类俱乐部把握市场脉搏,开发了一系列体育消费产品,运用市场化的运作方式带动了包括体育产业本身在内的表演、服装、器材、广告、传媒、旅游、健身等行业的发展。并且，培养了大批体育明星，他们带动职业体育发展的同时推动着体育产业化发展，从而创造了参与体育、喜欢体育、热爱体育的社会氛围，激发了群众参与体育的积极性。

表 7-2 我国竞技体育项目的三种产业类型

产业经营模式	主要竞技体育项目
产业化实体型	高尔夫球、台球、保龄球、赛车、赛马等
半产业化实体型	奥运会所设的球类项目（如足球、篮球、排球、网球）及武术等项目
非产业化实体型	其他奥运会项目，如举重、体操、田径、游泳等

2014年10月，国务院印发了《关于加快发展体育产业促进体育消费的若干意见》，提出抓好潜力产业，以足球、篮球、排球"三大球"为切入点，加快发展普及性广、关注度高、市场空间大的集体项目，推动产业向纵深发展。该《意见》的颁布，激活了中国体育产业市场的潜力，激活了竞技赛事转播权市场的活力，释放了竞技体育在经济领域的巨大能量。其中，"取消商业性和群众性体育赛事活动审批"的政策规定，打破了制约群众体育和竞技体育之间平衡发展的壁垒，开拓了竞技体育产业化发展的新思路。近年来，在大力发展体育产业的背景下，足球作为体育产业最大的单一项目，足球产业的发展潜力不容小觑，全球年产值超过5000亿美元，占体育产值总比重超过40%。我国体育产业规模为2000亿元，其中1000亿元为彩票，800亿元为体育相关鞋服。2014年，中国平安签约为中超联赛冠名，冠名费年均达1.5亿元；阿里巴巴用12亿元换得恒大足球俱乐部50%股权；恒大胸前广告卖出1.1亿元，"第一大球"的商业价值逐渐突显。2013年各俱乐部门票收入大幅提升，恒大俱乐部门票突破了1亿元，其余多数俱乐部的票房收入在1000万~2000万元，2018年恒大俱乐部营业收入达到了6亿元，相比2017年同期增长14.23%，2019年恒大俱乐部年总收入为9.489亿元，营业收入为7.82亿元。

在竞技体育的产业化进程中，各种竞技体育资源成为众多企业抢夺的焦点，国内自主知识产权赛事也如雨后春笋般出现。如中超联赛转播权拍出了80亿元的天价。冰雪运动、航空运动、山地户外运动、水上运动等一系列体育赛事不断涌现，让体育产业有了更多的发力点，同时激发了民间力量办赛的热情。以马拉松赛事为例，2017年，中国田径协会规模马拉松赛事1102场，而在2016年，这一数字为328场，增幅为236%。2017年，我国全年参加马拉松比赛总人次近498万元。2019年，我国境内共举办规模赛事1828场，较2018年增加247场，同比增长15.62%，累计参赛人次为712.56万人，较2018年的583万人增加

129.56万,同比增长22.22%。在全国337个城市中,共计300个城市在2019年举办过规模赛事,占比达89.02%。

二、竞技体育项目的职业化改革

北京奥运会是我国竞技体育发展的巅峰,同时也促使我国体育进入了一个新发展阶段,人们开始关注金牌背后的体育发展,深化竞技体育的社会化改革成为时代发展的要求。近年来,通过深化竞技体育体制改革,在政策、机制、措施等方面大胆创新,促使竞技体育发展方式不断优化。同时,通过借助社会力量办体育,充分调动社会市场的积极性,广泛吸纳社会资源为竞技体育发展提供支持,竞技体育的社会化程度不断提高,国家办与社会办相结合的多元化竞技体育投入体系逐步形成,从而改变了国家或省市政府一家投资的状况,实现了原来主要靠国家办体育的单一形式,向多渠道、多层面、社会广泛参与的多元形式转变。自2014年46号文件颁布至今,国家体育总局始终在坚持改革创新,为加快政府职能转变,不断简政放权,减少微观事务管理。推行政社分开、政企分开、管办分离,加快推进体育行业协会与行政机关脱钩,将适合由体育社会组织提供的公共服务和解决的事项,交由体育社会组织承担。并且,调整了体育总局党组成员的分工方式,将原先各自分管几个部门、单位的块状管理方式,调整为以业务"一竿子插到底"、条块结合的"扁平化"管理。在国家社会化改革的推动下,各个地方都出台了一系列促进竞技体育社会化改革的具体举措,如《四川省人民政府关于加快发展体育产业促进体育消费的实施意见》指出:"实行多点多极支撑,多元共建高水平运动队,发挥市场主导作用,鼓励足球、篮球、排球等重点项目走社会化道路,促进乒乓球、羽毛球、网球、高尔夫球等具备条件的运动项目社会化和职业化转型,支持教练员、运动员职业化发展。"当前,我国各个运动项目的发展经费中有一半左右来自社会市场开发收入,地方体育部门的事业支出中,社会资金也占到了近一半,部分地区市场开发收入已经大幅超过了国家财政拨款,我国竞技体育正在大踏步地向社会化道路迈进。

表7-3 全国性体育协会脱钩名单[①]

序号	全国性体育协会脱钩试点名单(第1~第3批)	业务主管单位
1	电力体育协会	国家体育总局

[①] 民政部:2017年全国性行业协会商会脱钩试点名单(第三批)[EB/OL]. http://www.ocn.com.cn/chanjing/201702/izdgf13085716-2.shtml.

续表

序号	全国性体育协会脱钩试点名单（第1~第3批）	业务主管单位
2	全国体育运动学校联合会	国家体育总局
3	中国兵器工业体育协会	国家体育总局
4	中国大学生体育协会	国家体育总局
5	中国化工体育协会	国家体育总局
6	中国火车头体育协会	国家体育总局
7	中国煤炭体育协会	国家体育总局
8	中国企业体育协会	国家体育总局
9	中国少数民族体育协会	国家体育总局
10	中国石油体育协会	国家体育总局
11	中国体育场馆协会	国家体育总局
12	中国体育集邮与收藏协会	国家体育总局
13	中国体育用品联合会	国家体育总局
14	中国中学生体育协会	国家体育总局
15	中国信鸽协会	国家体育总局
16	中国风筝协会	国家体育总局
17	中国健美协会	国家体育总局
18	中国龙狮运动协会	国家体育总局
19	中国老年人体育协会	国家体育总局
20	中国汽车摩托车运动联合会	国家体育总局
21	中国台球协会	国家体育总局
22	中国体育舞蹈联合会	国家体育总局
23	中国拔河协会	国家体育总局
24	中国龙舟协会	国家体育总局
25	中国门球协会	国家体育总局
26	中国飞镖协会	国家体育总局
27	中国毽球协会	国家体育总局
28	中国钓鱼运动协会	国家体育总局

在竞技体育社会化改革的进程中，竞技体育的"扁平化"管理是国家体育

总局近期推行的一项重要改革措施，通过推进全国性体育协会与行政机关脱钩，积极探索奥运项目协会实体化改革。体育协会改革的总体要求是"五脱钩"，实行实体化改革。一是机构脱钩，协会要与管理中心脱钩，协会要独立运行，充分发挥各个协会的自主权；二是职能脱钩，现在有很多事情是管理中心替代协会办，两者的职能要分离，管理中心要逐渐降低职能；三是资产脱钩，协会具有资产的具体管理权；四是人员脱钩，即分流，不断扩大项目协会社会化改革的门类和种类；五是党务工作与外事工作脱钩，党务工作由党的部门来管，外事工作要实行属地化管理。

2015年11月，民政部公布148家全国性行业协会商会脱钩试点名单后，2016年和2017年分别公布了第二批、第三批脱钩试点名单，其中，国家体育总局主管的体育协会共有28家成为脱钩试点（表7-3）。截至2017年底，28家脱钩试点改革协会已有10家完成脱钩任务，3家脱钩实施方案得到批复，7家完成脱钩方案报送。2019年6月，国家发改委官方网站发布了《关于全面推开行业协会商会与行政机关脱钩改革的实施意见》，有68个业务主管单位为国家体育总局的协会状态为"拟脱钩"，其中包括中国篮球协会、中国排球协会、中国滑冰协会等奥运项目协会，以及中国围棋协会、中国象棋协会等非奥项目协会。在竞技运动项目实体化改革过程中，社会对足球的职业化发展尤为关注。2016年2月，国家体育总局足球运动管理中心撤销，中国足协与国家体育总局"脱钩"，成为体育项目社团改革中第一个"吃螃蟹"的协会。在拥有人事自主权之后不到两年的时间里，中国足协通过社会招聘了30多名工作人员，人员数量比"一套人马、两块牌子"的时代增加了大约50%。《中国足球改革发展总体方案》公布还不到两年，便在顶层设计上已经形成了一连串配套的改革文件，概括起来是"5+5"，也就是5个配套文件和5个自主权。5个配套文件分别是《中国足球协会调整改革方案》《关于推进地方足球协会调整改革的指导意见》《中国足球中长期发展规划》《全国足球场地设施建设规划》《教育部等六部门关于加快发展青少年校园足球的实施意见》。如果说5个配套文件相对比较宏观，那么5个自主权则与中国足协与国家体育总局"脱钩"后的运转直接相关，它们分别是机构设置、工作计划制订、财务和薪酬管理、人事管理和国际专业交流等方面的自主权。继足球项目实体化改革之后，汽摩联合会紧跟足协、篮球协会脱钩，CBA公司获体育总局授权独立运营联赛，姚明、郎平、李琰、王海滨、沈金康等一大批专业出身的运动员、教练员走上前台，开始执掌协会。

第八章 锻造与弘扬：中国竞技体育的精神文化

中国人民从站起来到富起来，再到强起来，离不开强大的精神力量支撑。我国历来高度重视精神的引领作用，强调以文化之基奠强国之路、以精神之钙铸思想之魂、以精神之力引时代发展。习近平总书记曾强调广大体育工作者在长期实践中总结出来的"为国争光、无私奉献、科学求实、遵纪守法、团结协作、顽强拼搏"为主要内容的中华体育精神来之不易，弥足珍贵，要继承创新、发扬光大①。竞技体育作为社会文化的重要组成部分，能够为振奋民族精神、提升国家实力和促进国际交流提供良好的平台，对树立国家形象、增强国家影响力发挥着不可替代的作用。竞技体育精神是体育文化的核心内容，是体育运动的最高体现，展现的是人类通过体育运动对自身力量、智慧与进取心理等的一种升华。我们继承、发扬中华体育精神，为体育强国战略的实施，为民族精神和时代精神的弘扬、为中华民族的伟大复兴注入强大精神动力。

第一节 竞技体育精神文化的时代内涵

新中国成立以来，竞技体育领域产生的不仅是优异的运动成绩，还有具有中国特色的竞技体育夺冠之路和中华体育精神，为社会创造了极为宝贵的精神财富。精神文化来自中国竞技体育的长期实践，根植于中华民族的丰厚土壤，是体育精神和社会价值的高度概括和凝练，是中华民族精神在特定历史时期的丰富和发展。以中华体育精神为中心的竞技体育精神文化体现和保持了中华民族文化的独特性和持久性，具有鲜明的民族特色，是中国体育的灵魂和精髓。

一、竞技体育精神文化的时代演进

当今竞技体育已经成为一个国家软实力的显著标志，竞技体育事业成为我国

---

① 习近平：人民身体健康是全面建成小康社会重要内涵［EB/OL］. http：//china.cnr.cn/news/201308/.

社会精神文明建设重要组成部分。中华体育精神继承了中华民族历久弥新的民族精神，是中华儿女在引进、消化、创新和发展现代体育运动实践中，逐步产生和积累的精神成果，是体育精神在中国的具体化，是中华民族精神和体育精神共同作用的结晶。新中国成立以来，随着中国体育事业的快速发展，中华体育精神得以不断丰富与发展，被赋予丰富的内涵，并在各行各业取得令世人瞩目的成就。

1917年毛泽东在《体育之研究》中指出，"欲文明其精神，先自野蛮其体魄；苟野蛮其体魄矣，则文明之精神随之"；教育家蔡元培也说过，"完全人格，首在体育"，成为早期中华体育精神的文化继承。新中国成立之初，各项国家事业百废待兴，中国迫切需要取得一定成就树立国际新形象，竞技体育所具备政治交往、文化交流的外延社会性功能迎合了我国提升国家实力、树立国际新形象的诉求。新中国成立以来，在我国体育的发展道路上形成了一系列鲜活的事迹。20世纪50年代末，中国乒乓球队所取得的成绩振奋了全民族的精神；1961年为我国赢得第一个世界冠军的乒乓球运动员容国团在为国争光的拼搏中发出"人生能有几回搏"的壮志豪言，激励和鼓舞了包括体育界在内的各行各业人们为国争光、奋发向上，为中华体育精神注入为国争光的爱国主义精神和拼搏精神；1975年3月中国登山队重登珠峰，用实际行动为国家赢得荣誉，让国际登山界心服口服，为中华体育精神注入超越自我、挑战极限、甘为人梯的拼搏精神；1981年，中国男排在世界杯预选赛中反败为胜战胜韩国队，北大学子走上街头举行庆祝时发出"团结起来，振兴中华"的心声，为中华体育精神注入浓厚的爱国主义精神；1981—1986年中国女排刻苦训练、不畏强手、团结奋进、顽强拼搏、为国争光豪取"五连冠"，为中华体育精神注入了集体主义精神和英雄主义精神，在"胸怀祖国，放眼世界""冲出亚洲，走向世界"等口号的激励下，亿万中华儿女在建设社会主义祖国的过程中不断进取；1996年亚特兰大奥运会中国体育健儿取得了16枚金牌，再次鼓舞中华儿女，时任国家体育总局局长的伍绍祖总结提炼出中华体育精神，即"祖国至上、敬业奉献、科学求实、遵纪守法、团结友爱、艰苦奋斗"。从1984年洛杉矶奥运会金牌"零"的突破，到1988年"兵败汉城"、2000年悉尼金牌数位居第三、2004年雅典金牌数位居第二，再到2008年北京奥运会和残奥会高居金牌榜首位。我国的竞技体育在半个多世纪时间内，在艰难的道路上从基础差、底子薄跃升至世界"第一集团"，举国体制彻底洗刷了中国竞技体育的屈辱，所取得的伟大成就有目共睹。同时铸就了以国家至上、勇于拼搏、敢于创新、艰苦奋斗、百折不挠为主要内涵的竞技体育精神文化。

竞技体育精神文化的特殊价值，为中华民族的顽强拼搏、积极进取树立了榜样。2000年10月3日，江泽民同志在接见中国奥运军团时讲到："中华体育精神是我国社会主义精神文明的重要组成部分,是中华民族的宝贵精神财富。"随着中国体育健儿在悉尼和雅典奥运会上不断取得新突破,中共中央号召:"全国各个行业,各条战线的同志们都要向奥运健儿学习,大力发扬振兴中华、为国争光的爱国主义精神,大力发扬顽强拼搏、争创一流的革命英雄主义精神,把建设有中国特色的社会主义伟大事业不断推向前进。"2009年,时任国家体育总局局长的刘鹏同志将中华体育精神概括为"为国争光、无私奉献、科学求实、遵纪守法、团结协作、顽强拼搏"。

习近平总书记十分重视运动员在体育赛场发扬自强不息、顽强拼搏的精神品质。进入新时代以来,习近平总书记多次就中华体育精神做了重要指示。2013年8月31日全运会开幕之际,习近平总书记会见全国体育先进单位和先进个人代表时说道:"广大体育工作者在长期实践中总结出的中华体育精神来之不易,弥足珍贵,要继承创新、发扬光大。"2014年2月7日,习近平总书记看望索契冬奥会中国体育代表团时表示,"成绩不仅仅在于能否拿到或拿到多少块奖牌,更在于体现奥林匹克精神,自强不息、战胜自我、超越自我"。锦标不是为国争光的唯一方式,更重要的是展现良好的精神风貌,发扬敢于斗争、敢于胜利、不断进取、永不满足的大无畏奋斗精神,塑造良好的国家形象同样也是为国争光。2014年8月15日,习近平总书记在看望南京青奥会中国代表团时再次强调不要有锦标思想,要放松心态,甩掉包袱,赛出水平,展示风采,让外国朋友看到中华体育精神和中国人民的意志力。2016年8月25日,习近平总书记在接见里约奥运代表团时谈道:"我国体育健儿在里约奥运会上的表现,展示了强大正能量,展示了'人生能有几回搏'的奋斗精神。"将运动成绩和运动员的精神品质相结合,将竞技体育作为展示国际地位、国家实力、国民形象的重要内容,既肯定了我国体育健儿争金夺银的优异表现,也表达出对竞技体育促进国家发展和民族振兴的期待。在新时期体育强国的进程中,竞技体育的精神文化将不断得到继承和发扬,为中华民族伟大复兴中国梦提供源源不断的精神动力。

二、竞技体育精神文化的丰富内涵

精神文化是文化层次理论结构要素之一,是人的精神食粮,孕育人的精神家园,决定人的精神状态、精神生活、精神本质,具有赋予民族国家国魂、集体单位群魂、个体思想灵魂的社会属性。郎平曾对女排精神的内涵有独到的理解,认为"女排精神不是赢得冠军,而是有时候知道不会赢,也竭尽全力。你一路虽走得摇摇晃晃,但站起来抖抖身上的尘土,依旧眼中坚定"。"中国女排"四个字已然超越了体育本身,其丰富的精神文化内涵成为中国人民砥砺奋进的象征,成为中华民族自强不息精神内核发出的耀眼光芒。从历史渊源而言，竞技体育精神文化有着深厚的民族文化渊源，无论是近代中国通过体育"强国强种"梦想洗刷"东亚病夫"耻辱，还是争取民族独立和解放中的"锻炼身体，抵御外侮"，无不体现出鲜明而强烈的爱国情怀。竞技体育精神文化具有丰富的内涵，主要涵盖了爱国主义精神、英雄主义精神、乐观自信精神、公平竞争精神、团队精神、辨识实用理性精神等。新中国成立以来，中国体育健儿在长期的实践中形成了以"为国争光、无私奉献、科学求实、遵纪守法、团结协作、顽强拼搏"为核心的中华体育精神，成为我国竞技体育精神文化的内核。

一是"为国争光"展现出"天下兴亡，体育有责"的爱国主义精神。中华民族的爱国主义精神是中华儿女几千年来凝结、积淀起来的对祖国最纯洁、最高尚、最神圣、最深厚的感情，是对祖国的忠诚和热爱，也是我国竞技体育从业者对国家的绝对忠诚、热爱，以牺牲自我的实际行动争取优胜来献身国家的一种大无畏精神。爱国主义精神属于深层次、理性的爱国主义，中华体育精神是爱国主义最具活力的载体和最鲜明的表现，通过维护国家尊严和为国家争取荣誉而展开，围绕"荣誉与梦想"展开。在体育实践中，强烈的责任感、历史使命感体现的就是一种强烈的爱国主义精神。"为国争光"精神围绕"荣誉与梦想"的主题不断展开和深入发展，始终将民族和国家的荣誉放在第一位。在不同时期中国竞技体育坚持"为荣誉而战"。如 1986 年国家体委提出"创造优异成绩，为国家争取荣誉"。奥运争光计划是国家争取荣誉的发展战略规划，在体育人的梦想中蕴含着国家与民族，领奖台上冉冉升起的五星红旗，激发出满腔的爱国热情，传达出强烈的社会责任感，实现中华民族伟大复兴的中国梦、体育强国梦和运动员的冠军梦。中华体育精神始终强调爱国主义的核心思想。

二是"无私奉献"展现出大公无私的崇高道德和人民至上精神。把他人利益、集体利益及国家利益放在前面，个人利益放在后面，是理性与意志的统一，更是个人利益与集体、国家利益的有机统一。甘愿牺牲小我，成就集体大我，展现出强烈的社会责任感，竞技体育发展为了人民，发展成果由人民共享，体现出以人民为中心的价值取向。无私奉献是中华民族的传统美德，是在体育赛场上体现为祖国、民族和集体的荣誉和利益奉献一切的自我牺牲精神。中国运动员在比赛场上把国家和人民利益放在首要位置，将竞夺冠军、奏国歌作为献身体育事业所追求的崇高目标。在新中国竞技体育事业的发展历程中，涌现了许许多多无私奉献的人物和事迹，如容国团、汤仙虎、郎平、许海峰、李宁、栾菊杰、邓亚萍、姚明、刘翔等，他们为了祖国的荣誉，甘于寂寞，勇于奉献，以顽强的意志克服艰难困苦，在训练场和比赛场上奋斗不息。还有无数的教练员、科研工作者

第八章 锻造与弘扬：中国竞技体育的精神文化

及保障人员等，他们为运动员取得好成绩，无怨无悔地始终站在世界冠军的背后。"祖国利益高于一切""荣誉代表人民，功勋属于祖国""听祖国的召唤"等，这些话代表了体育健儿崇高的思想境界，体现了他们的人生价值。

三是"科学求实"展现出奋发进取的开拓精神和崇尚科学的工作作风。竞技体育本质上是通过对人类极限的挑战以促使人类不断前进的求新求变，只有不断创新才能合乎竞技体育发展的根本要求。在体育领域中，通过始终坚持科学训练，求真务实，开拓创新，不断攻坚克难，坚持"不屈不挠、勤学苦练、不断钻研、不断创新"，帮助中国竞技体育在世界上搏击奋进、砥砺前行。现代体育的一大特点就是科学决策和科学训练，为实现奥运金牌的不断突破，我国各级体育系统本着"科学求实"的精神，坚持"从难、从严、从实战出发，大运动量训练"的"三从一大"科学训练原则，使各个竞技运动项目成绩不断取得进步。中国体育事业之所以能够在短时间内获得跨越式发展，其重要经验之一就是坚持科学发展观，坚持科学务实的精神。在科技、战术、训练、精神等多个领域，我国竞技体育保持着科学求实、在继承优良传统基础上锐意创新的精神，如乒乓球、体操、排球、跳水等项目，在运动员、教练员、科研人员的共同协作下，遵循科学求实的精神，在技战术和训练方法手段上不断创新，从而使这些项目能够长期保持优势。新中国竞技体育的发展实践证明，科学决策对中国在世界最高竞技水平上不断取得突破，直至在金牌总数和奖牌总数上名列前茅起到了决定性作用。

四是"遵纪守法"展现出中华体育军团严于律己的职业道德和公平竞争精神。体育最强调规则意识，中华运动健儿严格遵守程序化、规范化、制度化、法制化的体育竞赛规则，保证比赛在公平公正的环境下进行。竞技体育运动员不但在赛场上顽强拼搏，取得优异成绩，同时还要在遵纪守法上成为全社会，尤其是广大青少年学习的楷模。赛风赛纪是体育行业作风的集中体现，赛风赛纪不仅影响体育事业的可持续发展，而且对社会风气有着重要影响。在中国竞技体育成长的道路上，国家管理部门始终对体育事业发展中出现的假球、黑哨、不尊重裁判、赌球等丑恶现象高度重视，国家体育总局提出了"教育、自律、制度、监督、惩处"的"五个环节和十字方针"，制定实施了一系列整顿赛风赛纪的规章制度和措施。

五是"团结协作"展现互助友爱、顾全大局的集体主义精神。为实现团队的目标，中华体育健儿之间进行互动、协调与配合，坚持"劲往一块使"，形成积极、持久的整体精神动力，实现个人利益、集体利益和国家利益的多赢局面。团结协作是中国体育的优良传统和精神品质，早在新中国成立初期，贺龙元帅担任国家体委主任开始,就一直强调运动队伍内部要团结友爱,互帮互助,取长补短,"国内练兵、一致对外"。这些优良传统为一代代体育工作者所继承和发扬。为了一个共同的目标而精诚团结,无私合作,共同实现团队的目标,在新中国体育历史中,中国女排就像是璀璨群星中最耀眼的一颗。从1981年首夺世界冠军,到2016年第三次登上奥运最高领奖台,女排姑娘们数十年团结拼搏的身影成为几代国人共同的成长记忆。她们缔造的"女排精神"也早已超出了体育范畴,成为激励国家前行、民族奋进的重要精神力量源泉。团结协作是"女排精神"的重要内涵,这也是女排姑娘们多次登上世界之巅最仰仗的法宝之一。在许多人眼里,女排的团结协作不是仅仅局限于队员、教练,还有更多在背后默默为女排付出的人。他们有的是陪练,有的是后勤保障人员,有的是基层的工作者,他们都在为这一份事业贡献自己的力量。

六是"顽强拼搏"展现艰苦奋斗的敬业精神和自强不息的英雄主义精神。顽强拼搏表现出奋斗不止、积极进取的人生态度,中华体育健儿在实践中不怕挫折、不畏牺牲、勇于拼搏、敢于胜利,凝练出以"顽强拼搏"为代表的英雄主义精神,激发全社会积极进取。顽强拼搏是一种永不放弃的超越精神,是一种不畏艰难、积极向上的人生态度,是信念与追求。新中国成立以来,从国家登山队创造人类首次从北坡登顶珠穆朗玛峰,到"乒乓外交"打开中美建交窗口,从中国女排五连冠、奥运会金牌"零"的突破,到成功举办北京奥运会,拼搏精神成为社会发展中不可或缺的组成元素,激励着一代代中国人倾其全力去努力,为实现中华民族的伟大复兴而不断奋斗。这种执着的追求,反映出一个人不懈奋斗的精神,并终将改变个人的命运。刘翔,中国体育田径史上、也是亚洲田径史上第一个集奥运会冠军、室内室外世锦赛冠军、国际田联大奖赛总决赛冠军、世界纪录保持者多项荣誉于一身的运动员,他正是凭着这种不服输的劲头,在2004年雅典奥运会上以12秒91的成绩夺得冠军;2006年,在瑞士洛桑田径超级大奖赛中,他又以12秒88的成绩打破了保持13年的世界纪录而再次夺冠;2012年,刘翔再次回到赛场,在室内赛中创造了7秒41的新亚洲纪录,并在5月19日钻石联赛上海站,以12秒97的佳绩夺冠,充分发扬了"永不放弃、永不气馁、永不低头"顽强拼搏的体育精神。

第二节 竞技体育精神文化的价值

竞技体育精神文化作为体育文化的核心内涵,是中华民族精神的重要组成部分,凝聚着丰富的精神价值。竞技体育精神文化的核心和精华涵盖了爱国主义、集体主义、艰苦奋斗等丰富内涵，是发展先进文化和加强社会主义思想道德建设的重要内容，在经济社会快速发展的今天有着鲜明的时代意义。新时代，竞技体育精神文化具有助力培育社会主义核心价值观，推动构建社会主义核心价值体系；提升人的身心素质，促进人的全面发展；展现良好体育形象，提升中国国家形象；有效凝聚民族共识，增强国家认同；推动体育强国建设，助力中华民族复兴等价值功能①。

一、竞技体育精神文化在国家层面的价值

竞技体育精神文化源于我国体育的伟大实践，根植于中华民族的丰厚土壤之中，高度凝结着优秀的体育精神和社会价值，是中华民族精神在体育领域的生动反映。竞技体育精神文化在国家层面具有无可替代的价值，具有塑造国家形象、民族精神和社会价值等功能。

一是展示良好的国家形象。国家形象是国家软实力的一种体现，良好的国家形象有利于提升国家的国际竞争力、增强国际影响力，从而提高国家的国际地位。中华体育精神能够展现国家精气神。2014年习近平总书记在看望南京青奥会中国代表团时指出："希望广大运动员发扬奥林匹克精神和中华体育精神，正确看待成败，坚守赛风赛纪、坚持文明礼仪，维护祖国的良好形象。"中华体育精神作为体育实践活动中凝练出的精神共鸣，是每一名运动员精神状态的写照，能够直观展示国家精神、展现国家形象②。中华体育精神背后体现的是亿万中华儿女由"站起来"到"强起来"的奋斗历程，向全世界展现了中华民族百折不挠、自强不息的能力，是全民族可贵的精神财富。中华体育精神生动诠释了"富强、民主、文明、和谐"的国家价值目标。同时，竞技体育精神文化也是整个国家、全国人民的精神写照，能够直观展现中国体育的精气神，直观展现国家的精气神。

二是为中华民族伟大复兴提供凝心聚气的强大精神力量。中华民族伟大复兴需要强大的精神力量来激励、引导和凝聚，竞技体育精神文化具有强烈的激励价值，多年来通过大力弘扬"为国争光，为祖国荣誉而战"的爱国主义精神，把个人的前途命运与党、国家和人民的前途命运紧密联系在一起，不断维护和提升国家尊严与荣誉。竞技体育精神文化展现了我国深厚的文化内涵和坚实底蕴，展现了我国的文化形象。进入新时代，国家事业的发展更加需要竞技体育精神文化

---

① 王梽有. 新时代弘扬中华体育精神研究 [D]. 北京：北京体育大学，2019：1.
② 孔阳. 社会主义核心价值观视域下中华体育精神的多维表达研究 [J]. 四川体育科学，2018，37（6）：12-15.

倡导超越自我、追求成功的价值追求，通过树立"健康第一"的思想观念和"终身体育"的长远目标，从弘扬社会主义核心价值观和为"两个一百年"奋斗目标的高度，塑造与体育强国相适应的积极金牌观，塑造良好的国家精神风貌，以凝聚起全党全国各族人民团结起来，为实现中华民族伟大复兴的中国梦而不断奋斗。

三是丰富社会主义核心价值观。竞技体育精神文化的价值内涵与社会主义核心价值观的社会价值取向深度契合，都以共同致力于建设自由、平等、公正、法治的社会秩序为价值取向，内在蕴含着"使体育运动为人的和谐发展服务，以促进建立一个维护人的尊严的和平社会"的奥林匹克主义宗旨。竞技体育精神文化形成了一种由多种力量结合、汇聚而成的合力，它所体现的爱国主义、英雄主义、顽强拼搏、公平竞争及团队合作精神等，将中华儿女吸引、团结、凝聚成一体，增强全体成员之间的吸引力、全体成员对民族整体的向心力和各民族成员之间的亲和力，提倡甘愿为民族利益牺牲个人利益，以极强的凝聚价值促进国家民族团结统一，提升了海内外同胞的自豪感，强化了民族与国家认同，提升了中华民族的民族向心力。竞技体育精神文化倡导的公平、团结、和谐等品质，有利于维护国家稳定和民族团结发展，通过体育特有的感染力使社会成员产生普遍的认同感，并转化为现实号召力，形成团结凝聚的局面，而其蕴含的英雄主义精神更能为国防事业发展提供不畏困难、勇于胜利的战斗精神，在国家发展过程中，中华体育精神将不断彰显出强大的影响力、推动力和持久力。

二、竞技体育精神文化在社会层面的价值

竞技体育精神文化能够在体育实践过程中增强人们对社会主义核心价值观的认知感和认同感，增强人们对社会主义核心价值观的理论自信和文化自信，促使人们对社会主义核心价值观内化于心，外化于行。竞技体育精神文化蕴含的"无私奉献、遵纪守法、团结协作"等价值内涵，对于建设自由、平等、公正、法治的社会秩序，促进社会经济发展和文化繁荣，保持社会整体的稳定，促进社会和谐发展具有重要的现实意义。

一是为社会发展提供先进理念。竞技体育精神文化所倡导的勇担社会责任、推进社会进步、讲究社会公平、团结协作等价值观念，明确体现了中华民族的优良品质，能够对社会成员形成健康的行为思想与道德品行提供引导作用，有利于丰富和完善社会主义核心价值体系。竞技体育精神文化通过整合多种积极的发展理念，形成了完整、明确、有体系的指导思想，并在长期实践中被社会各阶层认可与接纳，整合成我国社会整体精神的合力，促进社会各阶层相互团结，增强了

社会成员之间的协调性、整合性,能够很好地促进和谐社会建设,直接或间接地推动社会主义核心价值观的培育和践行。

二是助推社会精神文化的现代化转型。新时代,经济社会的转型必然对社会文化发展产生重大影响,积极营造健康向上的社会文化氛围是践行社会主义核心价值观的重要部分。竞技体育精神文化倡导的积极、健康的核心理念,能够融洽地将中国传统文化与西方文化进行深度交融,符合马克思主义学派"古为今用、洋为中用、批判继承、综合创新"的原则,具备开放性、主体性、辩证性、创新性等文化特质,并在实践中发挥出凝聚民心、振奋民族精神、稳定社会的积极作用,这对新时期我国社会文化发展具有强大的引导作用。此外,竞技体育精神文化继承和发扬了中华民族精神与时代精神,是中国精神的具体体现,能够指引中国体育发挥出强大的引领力,对推动社会文化的现代化转型具有重要的推动作用。作为体育领域的"精气神",能够助力全民族凝神聚气,成为全民族奋发向上、团结和睦的精神纽带,为广大人民群众的社会实践提供精神指引,这符合社会主义核心价值体系的要求。

三是推进社会法制化建设。国家治理能力的提升需要打造社会法制化体系,增加全社会、全人群的法制观念。竞技体育精神文化所倡导的公正、公开、民主、平等、规则、监督等文化特质,与中国治理体系与治理能力现代化建设理念具有一致性,通过建立一整套公开透明的制度来保障体育竞赛合理开展,从而实现体育竞赛的制度化和活动开展法制化。这种价值理念对中国社会法制建设具有重要的参考价值,能够为人民正确把握社会价值观提供指引,从而引领社会形成正向思想潮流,引导人民始终沿着积极向上的方向前行。

三、竞技体育精神文化在公民层面的价值

我国凝聚的优秀竞技体育精神文化与现代奥林匹克宗旨具有相通性,都倡导"体育运动为人的和谐发展服务,以促进建立一个健康和谐的社会",其目的是引导公民形成健康的价值观,这在促进人的发展方面具有重要作用。我国社会主义核心价值观的重要目的也是为人民提供正确的价值导向,让人民树立科学的生活观念,塑造健康积极的生活方式。

一是引导公民不断超越、挑战极限。中华民族有着坚韧的意志品质,竞技体育对民族意志的锤炼极为有效,训练中对负荷与强度的适应或忍受,比赛时与对手的抗衡与竞争,都是意志力的最好体现。竞技体育精神文化有助于人们加强德行修养、改正自身不足,使人的自身得到全面发展。竞技体育的这种时代价值是可以迁移的,精英群体克服磨难的意志传达至普通民众,使其不畏艰难、勇往直

前,这种坚强意志的传播扩至整个民族,使竞技体育成为民族意志延续及文化积淀稳定的自变量。长期以来,中华体育精神展现出超越自我的拼搏精神和挑战极限的英雄主义精神,引导公民以只争朝夕的进取精神建设国家,从容国团的"人生能有几回搏",到乒乓球队的"乒乓精神",以及中国女排的"团结拼搏精神",均能够成为人民工作和生活的精神动力。并且,竞技体育的竞争行动、规则意识、公平公正等建设创设良好的社会环境,营造一种遵守规约、平等相待的社会氛围,能够引领社会健康运行,进而使人得到全面成长。

二是发挥良好的榜样效应。"道德衰亡,诚亡国灭种之根基"。良好的道德品质对国家兴亡至关重要,而中华体育精神中蕴含的爱国、奉献、求实、守法等内容和中华民族传统体育项目的"礼""德"等品质,能够塑造积极正面的社会公德,生动形象地展现爱岗敬业、诚信友善,有助于帮助树立正确的人生观、世界观,对人的行为举止具有一定的约束性和纠错性[①]。竞技体育的规则特性与道德培养天然契合,它提高竞技者对法律法规的认识,违法乱纪、兴奋剂、球场暴力及假球黑哨等恶劣行为必定受到法律的制裁,这时刻规训着参赛运动员,不管哪个领域哪个层面,一定要遵纪守法;它可巩固人的道德规范,竞技赛场不仅是竞争的场域,也是展现体育家精神的舞台,尊重教练、裁判、对手及队友等常规做法都可转化在日常中,具有强烈的感召力、说服力和震撼力,能够积极引导人们以顽强的进取精神建设国家,对社会公民产生强烈的正向影响。

三是提升中华民族的综合素养。竞技体育精神承认人的主体价值、独立人格和自由精神,能够引领人们进行体育实践活动,引领人们通过体育运动、体育学习、体育交流和体育比赛提高人们的观察力、记忆力、想象力、分析判断能力、思维能力和应变能力等,进而使智力整体得到提升。竞技体育精神有助于人们加强德行修养,帮助公民释放压力、发泄情绪,促进人的身心和谐,提高国民抵御风险、承受挫折的心理素质,帮助公民树立正确的危机意识和竞争意识,培养人们形成良好的道德品质和正确的政治观念,磨炼公民的毅力和决心,促进公民在开放思维、不断超越中提升自身素养,成为现代化合格公民。总之,中华体育精神对人的影响是全方位的,在增加公民身体健康同时,促进公民精神层面的升华,帮助公民提升全面协调的综合素养,从而为社会主义现代化建设贡献更大力量。

第三节 竞技体育精神文化的践行

伟大的事业孕育伟大的精神,伟大的精神推进伟大的事业。竞技体育精神文

[①] 王桉有. 新时代弘扬中华体育精神研究 [D]. 北京:北京体育大学,2019:24.

化对培育和践行社会主义核心价值观具有直接的推进作用和重大的影响力,它们之间关系密切。在加快推进中国特色社会主义建设和实现体育强国梦的伟大征途中,必须不断弘扬和发展中华体育精神,为中华民族伟大复兴注入强大精神动力。伴随着2022年北京冬奥会的临近,我国各项体育事业发展面临新机遇、新局面,亿万中华儿女更要继续以时不我待的责任意识、舍我其谁的担当精神,发扬"永不放弃、永不气馁、永不低头"的顽强拼搏精神,多措并举推动新时代中华体育精神的弘扬,为助力伟大复兴中国梦的实现而努力奋斗。

一、为国争光精神的践行

中国体育强国梦和中华民族伟大复兴的中国梦紧密相连。中华体育精神的核心是为国争光的爱国主义精神,这一精神深深植根于中华儿女内心深处,激励着中华儿女为祖国而奋斗,成为中国亿万人民团结奋斗的一面旗帜,也正是在这种精神的鼓舞下,一代又一代的体育健儿们不惧强手、顽强拼搏、恪守职责、埋头苦干,为祖国赢得了一个又一个荣誉。以"为国争光"的爱国主义思想为核心的运动员精神,被誉为"英雄志、民族魂""祖国的光荣、人民的骄傲"。新时期,在中国特色社会主义现代化建设中,要继续发扬顽强拼搏、为国争光的精神传统。

一是激励体育强国建设中奥运健儿继续为国争光。在体育强国建设的道路上,需要不断弘扬为国争光的精神理念,并将其转化为体育健儿顽强拼搏的精神动力。2000年悉尼奥运会上我国实现了金牌榜进入第一集团的历史性突破;2001年随着北京申奥成功,竞技体育承担起新的使命;2008年北京奥运会上,中国体育代表团以48枚金牌数超越美国位列奥运金牌榜第一名,国际奥委会主席罗格用"无与伦比"一词高度评价北京奥运会。通过北京奥运会对外提高了国际地位与声誉,展现了中华民族良好的精神风貌和自立于世界民族之林的气概,对内进一步激发了中华儿女勇攀世界高峰,成为践行为国争光理念的真实写照。通过体育活动尤其是中华体育精神,能够深刻感受到"为国争光""祖国至上"的家国情怀和兴国之责,能够潜移默化地将自己的命运与国家的发展相系结,同呼吸、共命运,凝聚民族的国家共识,将国家放在首要位置,共树强国之志。毋庸置疑,竞技体育的优秀精神文化早已超出体育范畴,它不仅是中华民族精神和时代精神的生动体现,更是新时期鼓舞全国各族人民团结起来实现中华民族伟大复兴的强大精神动力。

二是为新时代伟大复兴中国梦提供强大精神动力。爱国、报国是每个公民义不容辞的责任担当,它们体现了人们对国家的深厚感情,反映了个人与祖国之间的相互依存关系。进入新时代，我国体育代表团响应习近平总书记的号召，把竞技体育办得更好、更快、更高、更强，提高为国争光的能力，不断为社会提供强大正能量。中华体育精神归根到底取决于伟大的体育实践，从1981年至1986年，中国女排在"顽强拼搏，为国争光"精神鼓舞下取得了"五连冠"的优异成绩，为祖国争得了荣誉，鼓舞了全国人民，成为践行为国争光精神的典范。2019年9月29日，新中国成立70周年国庆阅兵前夕，中国女排在日本举行的女排世界杯赛场上以11战全胜且只丢3局的成绩成功卫冕冠军，为祖国母亲献上了一份厚礼。习近平总书记不仅电贺女排夺冠，还于次日会见了女排代表。在会见中，习近平总书记特别指出，女排精神代表着一个时代的精神，喊出了为中华崛起而拼搏的时代最强音作为中华体育精神中最具影响力和生命力的代表，女排精神成为中华民族坚强不屈、百折不挠性格的生动映射，也成为中华体育文化的灵魂和精髓所在。再如中国奥运金牌第一人许海峰时刻铭记勇于拼搏、为国争光，1984年洛杉矶奥运会上夺金后他表示："这次虽然打得第一名，但是成绩不是很高，还需要今后多加努力，多为国争光"，退役执教后被称为"金牌教练"，时刻不忘国家的培养，为国家做出了重要贡献，这种精神品质成为新时代社会各行各业艰苦奋斗的精神力量。2012年伦敦奥运会，中华体育代表团获得境外最好成绩，2016年里约奥运会，我国体育健儿顽强拼搏，成绩保持在金牌榜前三位，为国争光精神在体育领域再次得到了很好的践行。在未来的道路上，我国无数体育健儿将以为国争光的崇高荣誉感和责任心继续前行。

二、无私奉献精神的践行

无私奉献精神是中华民族亿万劳动人民的至高目标，是战胜一切艰难险阻取得胜利的力量源泉。多年来，中华儿女不怕牺牲，敢于担当，不断传承和弘扬无私奉献精神，努力为人民和祖国服务。我国体育健儿刻苦训练，在赛场流汗流泪，以实际行动践行着无私奉献精神，将所从事的运动项目与报效祖国宏伟志向紧密联系起来，向党和人民交出了一份份忠诚的答卷[1]。20世纪50年代，容国团、侯加昌、王文教等一大批运动员与教练员，放弃国外优越条件，返回祖国为振兴新中国体育事业做出了巨大贡献，在那空间有限的泳池里、在那永远没有尽头的跑道上，中国体育健儿们咬紧牙关，默默奉献，不断实现着自己的人生价值。前中国女排教练陈忠和27年来为女排的发展默默做贡献，早期作为陪练的陈忠和，甘愿当一名"无名英雄"，不曾抱怨，因天南地北的比赛和训练，无法

---

[1]黄莉. 从北京奥运会视角审视中华体育精神与狭隘民族主义[J]. 体育文化导刊，2007（10）：30-35.

照顾家人，1992年初，爱妻在一次交通意外中丧身，4年之后母亲瘫痪，2000年悉尼奥运会期间父亲脑溢血去世，陈忠和都在默默承受着，为中国女排无私奉献，并带领中国女排在雅典奥运会夺冠。1981年，时任女排教练的袁伟民带着郎平、张蓉芳、孙晋芳等一批女排姑娘在湖南郴州的大竹棚里为当年的女排世界杯辛苦地准备着。队员们的裤子因反复翻滚救球而被磨破，柔嫩的皮肤时常会扎进木刺……就是在如此艰苦的环境下，女排姑娘们咬着牙刻苦训练，终于在那一年世界杯的舞台上成功折桂，从此开启了中国女排的冠军之路。

中国国家队的陪练同样是令人尊敬的无名英雄，每一位世界冠军在通向成功的大道上都离不开一位位陪练的支持，如国家柔道队、跆拳道队的男陪练们，既不能让对手轻而易举摔倒自己，又不能让对方受伤，把握好训练的度，如胡春雨整整干了5年陪练，每天都要被女柔道运动员摔300多次，刘磊磊陪练出一个又一个世界冠军，可他的腰椎却被摔裂。再如中国乒乓球队主力队员夺冠的背后，离不开陪练队员们的支持，陪练队员承担着模仿中国队的主要对手，充当主力的陪练任务，在比赛时充当球探，侦探敌情，一枚枚金牌的取得正是对陪练者默默奉献、任劳任怨的最好回报。

此外，在体育事业发展中，还有一群默默奉献的基层体育工作者与体育志愿者团队，众多基层体育工作者长期扎根一线，牺牲周末的时间服务民众，为全民健身运动的深入开展和全国各族人民群众的身体素质提升做出贡献。无数体育志愿者团队无私奉献，为大型体育赛事的成功举办做出了巨大贡献，特别是北京奥运会、残奥会志愿者，以"我参与、我奉献、我快乐"的理念，协助赛事高效运行，形成了积极向上、乐于奉献、服务社会的社会价值取向。总之，中华体育精神所提倡、引导的正是人们生活中积极向上的正能量，中华体育精神能够在实现体育强国战略的进程中提供源源不断的精神力量。新时期应继续发扬无私奉献精神，在体育强国建设进程中发挥更加积极的作用。

三、科学求实精神的践行

精神文化的优越性在于人类文化基因的继承性和在实践当中可以不断丰富完善的待完成性。科学求实精神是改革开放以来体育战线赋予中华体育精神的新元素，展现出了体育工作者开拓创新、求真务实的工作作风。改革开放之前，体育战线强调"人定胜天"，盲目地相信人的力量可以战胜一切，随着改革开放实行"科教兴国"战略，体育战线提出了"向科技要金牌""向科技要健康"的口号，在实际工作中不断开拓创新、求真务实，帮助我国竞技运动水平快速提高。改革开放以来，我国体育工作者不断践行科学求实精神，尤其是在竞技体育领域取得了显著成效。

一是以科学求实的精神深化竞技体育体制改革。我国竞技体育事业始终坚持科学的理论、体制和理念，相信科学、依靠科学、开拓创新，不断对运动训练体制与结构、运动训练的理论与方法、竞赛组织及人才培养体制等进行科学的检测和筛选，逐步形成了经过实践检验的竞技体育良性运行体制。进入新时代以来，体育相关部门坚持"改革永远在路上"，不故步自封，继续开拓创新，不断优化竞技体育体制机制改革。2012年，党的十八大强调"以创新驱动引领经济社会发展，依靠科学技术创新实现集约式增长，用技术变革提高生产要素的产出率"。竞技体育在社会改革的驱动下不断优化组织结构，呈现出由行政驱动向利益驱动转化，从注重数量的提升向追求综合实力的增强、质量的提高和结构效益的调整转变。

二是在竞技体育训练中贯彻科学求实精神。以中国乒乓球队为代表的中国国家队，坚持科学训练，开拓创新。早在20世纪50年代，国内乒乓球专家与选手总结乒乓球发展理念与经验时，就科学地归纳出"快、准、狠、变"四字经和适合中国选手的"近台快攻"指导思想；70年代，徐寅生等人研究乒乓球发展的新规律，将四字经发展成五字经，增加了"转"字；80年代，中国乒乓球队提出"特长突出、技术全面、没有明显遗漏"的要求。新时代，中国乒乓球队不断开拓创新，科学合理地掌握乒乓球运动核心技术。据统计中国乒乓球运动员创造了27项打法与技术创新，占国际乒乓球创新总数的58.7%，帮助一大批年轻中国运动员不断在大赛中脱颖而出，使中国乒乓球运动长盛不衰。

三是以求真务实的工作作风大力发展体育科技事业。不断实施科教兴体战略，促使体育自然科学和体育社会科学不断繁荣。尤其是针对体育领域的重大需求，多年来实现了前瞻性基础研究与引领性原创成果突破，形成了"国民体质监测和科学健身方法、优秀运动员竞技能力、体育政策与理论、体育工程技术"四大优势研究领域，坚持以科技创新助力竞技体育发展，为推动健康中国建设、体育强国建设提供了强有力的科技支撑。针对竞技运动训练，不断推动"科技助力"与运动训练紧密融合，大力实施"科技助力"和科技支撑计划，提升了运动训练的现代化科技含量，提升了运动训练科学化、智能化水平。

四、遵纪守法精神的践行

遵纪守法是国家文明的标志，是经济社会发展和体育事业发展的保障。新中国成立以来，我国竞技体育事业大力发扬中华体育健儿遵纪守法精神，扎实推进中国特色社会主义体育法制建设，自觉遵守各类规章制度和竞争法则，促进体育工作健康有序运行。多年来，体育工作者不断践行遵纪守法精神，主要表现在以下几个方面。

一是不断推进中国特色社会主义体育法治制度建设。新中国成立以来，通过颁布了体育领域的基础性与综合性立法《体育法》，颁发了7部体育行政法规，32件体育部门规章，以及148件体育规范性文件，涉及学校体育、群众体育、竞技体育、体育产业等各个领域，形成了以体育法为统领，以全民健身条例、反兴奋剂条例等体育行政法规为支撑，以体育总局和有关部委实施体育管理的规章及规范性文件，以及大量地方性法规为基础的体育法治体系，并不断依据社会情势的变迁和国家法律政策的调整，保证立法的科学性与时效性。这些体育法律法规将成为规范新时代体育事业发展的重要保障。

二是不断推进中国特色社会主义体育执法工作。新中国成立以来，我国体育事业成功建立了专门的体育执法队伍，实行持证上岗制度和执法责任制度，提高了执法能力与水平，同时将执法与普法结合起来，积极开展普法工作，加强了体育法治宣传，有效提高了公民体育法治意识。另外，我国不断推进中国特色社会主义体育法学理论体系建设，通过坚持体育理论与实践互动，围绕体育改革发展中的重大法治理论问题和法治实践问题，深入展开体育法学研究，相关成果的学术影响和社会价值显著，不断丰富中国特色体育法学理论体系。

三是中华体育健儿成为新时期遵纪守法的表率。公平竞争是竞技赛场的重要特征，我国优秀运动员一直严格遵守训练纪律与竞赛规程，在比赛中尊重对手、尊重观众、尊重裁判，坚持公平竞争，恪守体育道德，在生活中始终严格要求自己，在赛场内外都成为遵纪守法的表率，用实际行动获得了国内外一致好评，在体育领域树立的严格的纪律性和求实的作风，将成为新时期国家各领域公民遵纪守法的表率，对培养现代社会所需要的人的责任意识、权利意识、合作意识、规范意识等具有重要作用。

五、团结协作精神的践行

团结协作精神是中华儿女战胜困难的制胜法宝，是展现互助友爱、相互协同、顾全大局的集体主义行为准则，是人民勇于面对困难与挑战的重要精神法宝，是中华体育健儿敢于胜利的底气所在。多年来，我国体育界一直特别强调团结协作的优良传统，广泛发扬团结协作精神，尤其是在竞技体育领域有着明显的体现。新中国成立以来，经过几代体育工作者在竞技体育实践中不断探索，逐步形成了"思想一盘棋、组织一条龙、训练一贯制"的举国体制，很好地展现了体育战线同心同德、群策群力的精神风貌，通过凝聚集体的智慧和力量，使举国体制始终能够发挥巨大的凝聚力、动员力和协调力，充分调动起全国体育系统共同做好竞技体育工作的积极性，展现了团结协作的精神风貌。依靠举国体制在特殊时期广泛调动全国资源和体育系统的积极性，塑造了强大的工作合力，推动竞技体育在世界大赛中取得了一次次优异成绩。团结协作同样是女排精神的重要内涵，中国女排在国际赛场上团结协作、敢打敢拼，经历一次次跌倒又站起来的过程，背后是队员、教练、陪练、后勤保障人员及基层女排工作者的团结协作，团结协作精神在中国女排身上得到了完美的展现。女排精神就是团结协作中形成的一种宝贵的精神文化，这种精神文化的传承不仅体现在"老女排"对如今年轻一代队员实力的传承上，更体现在一代代伟大的教练目标、理念、信仰和精神的传承上。

中国田径男子接力队崛起的秘诀同样是团结协作，通过同吃同住、娴熟的交接棒技术和常年训练锻造的默契弥补个人能力的不足，帮助中国田径男子接力队跻身世界强队。坚持团结协作、相互扶持的中国登山队，一贯坚持团结协作精神，取得了一次又一次的胜利，在极其困难的条件下于1960年和1975年两次登顶珠峰，2008年中国登山队完成奥运火炬登顶。在登顶珠峰的过程中，依靠的是不畏艰险的勇气和团结协作的作风，曾采用人梯战术，在相互搀扶、团结协作的情况下创造出登顶的奇迹。还有中国跳水组合、乒乓球组合、羽毛球组合等多人合作项目，同样践行着团结协作精神，为中国队争金夺银、勇攀高峰做出了重要贡献。总之，团结协作是中国竞技体育成功的根本所在，也成为中华民族优良的传统和精神，为了一个共同的目标而精诚团结，无私奉献，心往一处想、劲往一处使，不断凝聚共识，共同实现团队的目标，以团结协作精神激励国家前行、民族奋进。

六、顽强拼搏精神的践行

竞技体育精神文化的魅力在于能够产生较强的鼓舞力、感染力和征服力，从而成为指导和影响人类生活方式的积极因素。顽强拼搏精神是体育健儿勇于挑战自我、超越自我和战胜自我的精神支撑，是展现不畏强手、敢于争先、勇于亮剑的真实体现，彰显着现代中国自信开放、活力奔涌的崭新形象。多年来，一代代体育健儿在赛场上奋勇争先，发扬顽强拼搏的精神，不断向世界证明了"中国人能行"。在世界大赛中，中国奥运代表团拼出了中国精神、自信与梦想，以敢打敢拼的精神，将意志品质磨砺得更为坚强，以不服输的精神对待得失。从1978年中国运动员在世界级体育赛事中获得4项冠军开始，中国运动员共获得奥运冠军237个，获得世界冠军3319个，创超世界纪录1125次，从2001年到2017年

第八章　锻造与弘扬：中国竞技体育的精神文化

的 16 年时间，中国获得世界冠军的数量达到 1844 个，年均获得世界冠军数量达到 115.25 个。自 1978 年以来，中国运动员创超世界纪录 1294 次，其中，北京奥运会之前创超世界纪录 1001 次。这些成绩都是中国体育健儿在敢啃"硬骨头"、敢打"硬仗"的精神支撑下，坚定信心、砥砺勇气，攻坚克难、奋力拼搏而来，向世人展示出了中国实现体育强国梦想的决心。在竞技体育领域积极践行顽强拼搏精神的例子比比皆是。2016 年里约奥运会中国女排时隔十二年重新问鼎奥运冠军，在一路不被看好的情况下，八强血拼东道主巴西，而后赢下荷兰，总决赛逆转塞尔维亚取胜，在赛场上的每一次发球、每一次防守、每一次进攻都展现出拼搏的精神与意志。2019 年，当中国女排第 10 次站上世界之巅，习近平总书记的一席话高度概括了女排成功的原因，那就是"天天坚持训练，咬牙克服伤病，默默承受挫折"。这种"追求极致"的顽强拼搏精神内化为一种习惯，是中国女排能在困境中崛起、逆境中反转获胜的秘诀所在，是塑造女排精神文化的基础之一。

在田径项目中，我国优秀运动员刘翔不断践行着顽强拼搏精神，以顽强的意志与伤病作斗争，以超常的毅力和决心，积极治疗，刻苦训练，以饱满的精神积极备战伦敦奥运会，在 110 米栏预赛中，刘翔在比赛中摔倒在地，右脚跟腱断裂的情况下，用左脚跳到了终点，体现出优秀运动员顽强拼搏、永不放弃的意志品质。在网球方面，李娜在网球四大满贯赛场上不畏强手，顽强拼杀。网球运动是灵活与力量的结合，亚洲人的体能劣势难以回避，而李娜靠着不服输的精神，不断拼搏，两次摔倒在澳网决赛场上，两次坚强地站起，继续投入比赛。正是靠这种精神李娜成为第一个捧起网球大满贯赛单打冠军的亚洲选手。"走下领奖台，一切从'零'开始"。中华体育健儿用行动践行顽强拼搏精神，坚持顽强拼搏只有起点没有终点，只有进行时没有完成时，无数体育健儿不断为全面深化改革的中国竞技体育事业贡献出源源不断的精神力量。2020 年上半年，在全球体育大赛因为新冠肺炎疫情按下暂停键之际，来自广东云浮的独臂篮球少年张家城的篮球故事感动了世界。在新冠肺炎疫情的冲击下，在逆全球化浪潮和保护主义的阴云下，世界正面临百年未有之大变局，中国体育健儿的拼搏精神继续传承，让中国体育的整体形象变得更加立体和鲜活。运动员们通过在竞技场上的顽强拼搏，奏出一首在世界体坛激荡回旋的交响曲，不断向世界发出中国声音。

第九章 经验与借鉴：竞技体育的国际发展

作为世界上公认的体育强国，美国、英国、俄罗斯等国家的竞技体育管理体制主要有政府管理型、结合型、社团管理型三种类型。政府管理型是政府设置专门的体育行政管理机构，对全国体育事业进行全面监控和管理；结合型主要由准行政机构及体育社团承担，政府主要起宏观调控作用；社团管理型是政府不设立专门的体育管理机构，基本不干预体育管理事务，主要由社会体育团体负责体育管理。各国不断强化政府对竞技体育发展的宏观调控，重视政府与社会组织在竞技体育发展中的合作管理，积极发挥市场组织在竞技体育发展中的重要作用，重视竞技体育后备人才的培养和科技助力运动训练，大力支持职业体育。探索世界发达国家竞技体育的发展方式和特征，对于新时代中国竞技体育体制机制改革具有重要意义。

第一节 美国竞技体育的发展与特征

美国是世界竞技体育强国，从1896年开始就一直雄踞夏季奥运会总奖牌榜前三名，在两百多年的时间中，美国竞技体育已经形成了适合自身生存和发展的管理体制和运行模式，取得了巨大成功。从1896年雅典奥运会的开幕，至2016年里约奥运会的闭幕，现代夏季奥运会已先后举办过31届，除了1980年在莫斯科举办的第22届夏季奥运会之外，美国参与了每一届夏季奥运会，16次居于世界金牌榜首，9次世界金牌榜第二名，2次世界金牌榜第三名，共获得奥运奖牌2537枚、金牌1020枚，是世界夺得奖牌和金牌最多的国家，美国也因此被誉为当今世界竞技体育的"超级大国"。

一、美国竞技体育的管理体制

美国是联邦制国家，国家事务采取分权治理，各个州、市的制度不一样，本着"小政府"的治理理念，联邦政府没有设立直接管理竞技体育的机构，国家

第九章 经验与借鉴：竞技体育的国际发展

体育事业交由社会，由社会民间体育组织具体负责，形成了社会化的竞技体育管理模式。美国竞技体育管理体制属于社会主导型，各类社会体育组织负责竞技体育的组织与治理。美国政府未设置专门的竞技体育行政管理机构，在社会多元主体的参与下，美国竞技体育发展所需的资源主要依靠市场，运动员的选拔、训练、竞赛等具体事务基本由各社会组织自行负责，政府对竞技体育发展的自治地位予以充分保证，基本不干预其发展的具体事务。在社会组织和市场主导下，美国竞技体育逐渐分化为业余竞技体育和职业体育，两者之间具有独立的治理体制和治理主体。其中，职业体育在美国相当发达，在长期实践中形成了以棒球、篮球、橄榄球为龙头的职业体育联赛和职业体育联盟。美国的职业体育实质是一个企业，按照市场规律进行市场化运作以维系自身的生存与发展。美国业余竞技体育组织分布广泛，《业余体育法》规定只有在美国奥委会、泛美运动会和残奥会框架下的项目才可称为业余竞技体育。美国业余体育有三大重要组织——奥委会、单项体育联合会、大学生体育联合会，三大组织形成了以美国奥委会为主导层，以各单项体育联合会为执行层，以美国大学生体育联合会为操作层的三位一体的竞技体育组织架构[①]（图9-1）。美国的三大竞技体育组织都属于民间体育社团组织性质，竞技体育发展所需的绝大部分资金需要各体育社会组织通过市场机制筹集或通过志愿机制募集，政府对其财政资助极为有限。

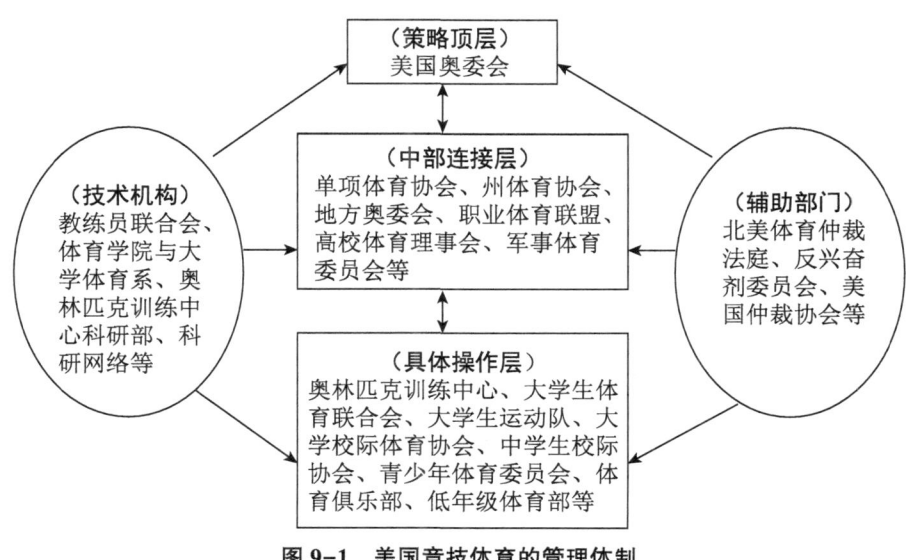

图9-1 美国竞技体育的管理体制

[①] 马德浩. 英国、美国、俄罗斯竞技体育管理体制演进趋势及其启示[J]. 天津体育学院学报，2018（6）：516-521.

美国竞技体育不仅具有社会主导的管理体制，重要的是它的体育组织结构能够保持竞技体育在各个领域持续地运行通畅，具有一套成熟的保障机制，多方联通的组织运行机制成为维持竞技体育持续发展的通道。在美国竞技体育管理中，具有直线型的权力操作机构，策略顶层是整个组织的最高管理机构，与其对应的是组织的具体操作层，承担具体的组织任务，而中部连接层是策略顶层与具体操作群体之间的枢纽（图9-1）。技术机构处于直线权力层之外，能够根据组织运行需要，提出具有针对性的技术手段和执行计划，辅助部门是在组织机构中提供各种服务的机构。《业余体育法》是美国竞技体育组织的最高"管理层"，是各类组织运行的枢纽，通过合理的法律手段实施，在整个竞技体育的运行中起着宏观监控的作用。

第一，竞技体育组织运行的策略顶层。美国奥委会（United States Olympic Committee）是竞技体育组织的策略顶层，是在政府颁布的《奥林匹克和业余体育法》下授权设立的一个非官方的协调机构，代表美国联系国家奥委会及各国奥委会的相关事务。美国奥委会是一个以服务为宗旨的机构，其重要任务是帮助美国运动员科学地提高成绩，美国政府对竞技体育的财政资助非常有限，美国奥委会的运行经费主要来源于市场开发、公司赞助、电视收入、募捐等渠道。

第二，竞技体育组织运行的中部连接层。包括各职业联盟、高校体育理事会、单项协会（National Governing Body）、州体育协会、地方奥委会等，这些机构既是奥委会的成员，又是各个竞技体育组织的管理机构，具有独立的管理权，在整个组织运行中起到承上启下的作用。

第三，竞技体育组织运行的具体操作层。包括奥林匹克训练中心、大学生体育联合会、校际体育协会、中学生校际协会、各类体育俱乐部等多个机构，其中大学生体育联合会（NCAA）是一个专门培养和选拔大学生运动员的组织，其他各组织主要负责自己领域的体育组织工作。

第四，竞技体育组织运行的技术机构和辅助部门。技术机构一般呈现出较为自由松散的形式，主要针对竞技体育运动开展中存在的问题，通过多方调查和诊断后，提出技术层面的指导，从而实现间接指导竞技体育的发展。辅助部门主要指体育仲裁法庭、反兴奋剂委员会等机构，主要是监督和保护参赛运动员的权益，保障竞技体育公平良好地开展。从美国竞技体育组织的分权类型来看，各类组织分类明确，各司其职，表现出明显的、多元组织结构的特征，能够很好地保障美国竞技体育的高效运作。

二、美国竞技体育的"联盟体制"

职业联盟的战略安排是美国竞技体育成功的典范，联盟体制实际是遵循企业模式来治理竞技体育,实施所有权与经营权分离。以四大职业联盟"棒球职业联盟(MLB)、篮球职业联盟(NBA)、橄榄球职业联盟(NFL)、冰球职业联盟(NHL)"为代表的职业体育联盟把美国文化传统与现代竞技文化有机地融合在一起,缔造了世界上最为发达的职业体育帝国。在运行结构上,美国职业体育由全国单项运动协会(NGB)、职业体育联盟和职业体育俱乐部组成,是一种"三级管理"体制(图9-2),三者之间是一种和谐的"伙伴"关系,彼此既相互依存,又相互独立,共同促进了竞技体育的稳定发展。美国各个项目的职业联盟实际上相当于一个企业或公司,各个项目中不同职业队的所有者组成董事会,董事会寻找并委托成功的职业经理人,代表董事会和业主们的利益,对该职业联盟进行经营与管理。联盟董事会由各球队老板组成,总裁是首席执行官,负责执行董事会的决议,负责经营和管理联盟,最大化地发展全联盟的经济利益。

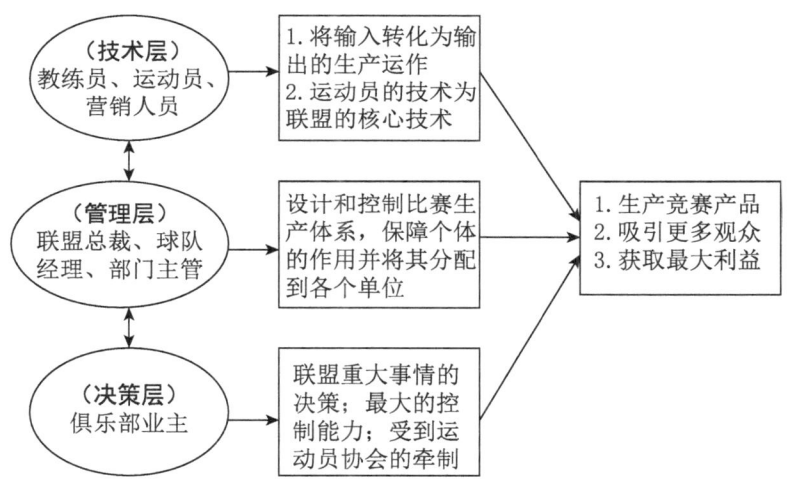

图9-2 美国职业体育联盟体制的运作机制①

职业体育联盟是俱乐部合作生产体育竞赛产品的具有自治权利的体育组织。其本质是俱乐部的管理人员、教练员、运动员、营销人员等通过联盟的组织结构,达成一个具有共同利益的组合体,利用联盟这个载体进行合理运作来实现共同目标。从效益的角度而论,"联盟体制"战略设计可以向市场生产最佳的体育产品,在满足联盟收益的同时,为社会提供了财富。如美国四大职业联盟俱乐部平均年收入为6600万美元,美国每年从职业联盟中利用税收的形式获得的经济

---

①彭国强,舒盛芳,经训成.回顾与思考:美国竞技体育成长因素及其特征[J].沈阳体育学院学报,2017(5):28-36.

利润高达上千亿美元。职业联盟不仅仅为国家提供了财富,更重要的是通过生产高质量的"体育产品",可以为国家在国际体育舞台上争金夺银,从而实现俱乐部、联盟、社会、国家四方共赢。联盟体制最大的亮点在于自力更生,不需要政府投入公共财政支持,联盟在创造巨大收益的同时还向国家纳税,为社会创造就业岗位。首先,对联盟俱乐部而言,联盟的公司治理方式使其在获得利润最大化的过程中,不断为社会提供了高质量的体育产品(如美国四大联盟高级别赛事),一些高规格体育赛事已经触及到世界各地,如NBA的全球扩张,使其在扩大利润的同时传播了美国文化,成为美国"软实力"外交的重要组成。并且,联盟俱乐部为美国竞技体育培养了大量后备人才,成为带动美国体育发展的重要载体。其次,对美国公民而言,作为职业体育市场的消费者,可以在工作之余享受到高规格的体育竞赛产品,提高生活质量,增加社会满意度。最后,对美国政府而言,职业联盟不需要花费政府的一分钱,反而能够征税和增加就业机会。职业体育催生了一系列相关产业,电视媒体、广告、餐饮、服装等产业在提供巨大利润的同时,还能缓解经济压力,增加体育产业产值在GDP中的比重,这无疑是一项最成功的战略布局,为美国竞技体育成长提供了源源不断的活力。

三、美国竞技体育的人才培养体系

美国竞技体育在发展过程中分化成为两种完全不同的发展方向,一是业余竞技体育;二是职业体育。两种形式的竞技体育有着本质的区别,业余竞技体育不是以盈利为目的,主要是与教育相结合,以大学竞技体育为主体,大学竞技体育同时也是美国竞技体育的主体,由学生体育协会(NCAA、NFHS等)负责管理。职业体育是高级别的竞技体育活动,一般以盈利为目的,由职业俱乐部和职业联盟负责管理。两种竞技体育形式虽然有着本质的不同,但关系密切,在竞技体育的发展过程中两者间形成了有机衔接的长效机制。

美国竞技体育是职业体育价值观与自由教育理念长期互动融合的产物,其成功的最重要原因在于有着完善的后备人才培养体制(图9-3)。这种体制遵循"学院式"的人才培养模式,最大的特点是把体育和教育有机地融合在一起,强调体育的教育价值,通过体育使运动员在体育和人生上同时获得成功,把培养全面型人才作为竞技体育的终极目标。美国竞技体育人才培养机制把文化教育和训练竞赛融入从小学到大学的整个过程,从小学的基础体育训练,发展到中学运动队一直到大学竞技体育协会,是一种承上启下的后备人才培养方式。其特征体现在三个方面:首先,竞技体育人才培养模式是美国自由教育理念的诠释,正是因为长期受到自由教育理念的影响,业余体育精神才被纳入美国竞技体育,美国竞

第九章 经验与借鉴：竞技体育的国际发展

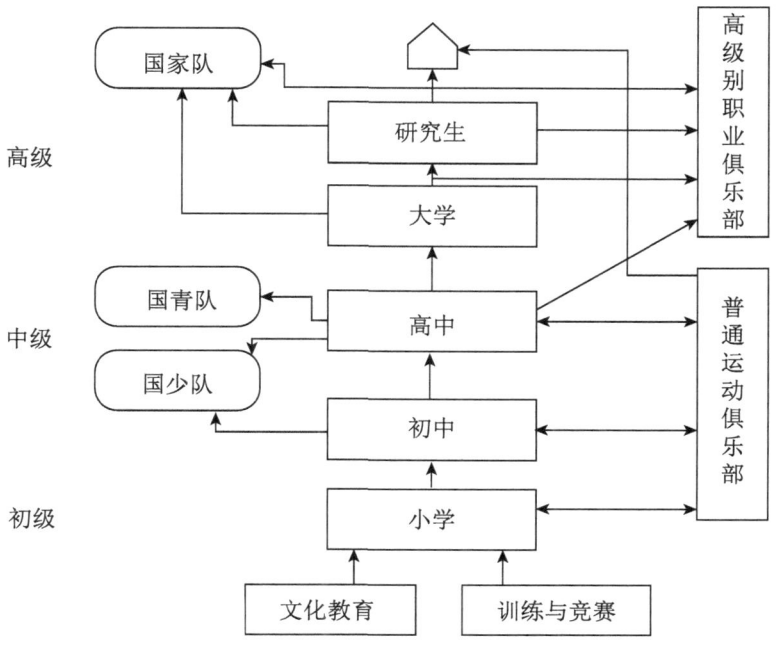

图 9-3 美国竞技体育人才培养机制①

技体育才与学校教育产生了不解之缘。美国竞技体育以教育体系为依托，中小学体育成为其不可分割的一部分，体教结合的"学院式"人才培养模式构成了美国竞技体育人才培养的基石。其次，在自由教育理念下，美国竞技体育强调后备人才首先是学生其次才是运动员，其人才培养路径合理、高效、实用，极大地促进了青少年体育的蓬勃开展，在竞技体育人才成长的每个阶段学校教育都起到了至关重要的作用。最后，职业体育价值观念的注入又提升了美国竞技体育的层次，职业体育作为一种新兴产业，为美国竞技体育提供了旺盛的生命力。美国实用主义文化传统对竞技体育的产业化发展提供了可能，职业价值观念的影响下，美国竞技体育走上了职业化和市场化道路，建立了完善的市场机制，竞技体育产业成为美国经济的重要组成。总之，职业体育价值观与自由教育理念的融合使美国竞技体育既有教育元素又有职业元素，教育元素成就了竞技体育持续发展的人才基础，职业元素促成了竞技体育发展的经济基础，使竞技体育运动员既有职业选手的技术素养，又有较高的文化素养，推动了美国竞技体育的可持续发展。

---

①上官一琳.中美竞技体育排球运动员人才培养模式比较研究 [D].石家庄：河北师范大学，2013：12-14.

四、美国竞技体育的科技助力工作

奥运赛场上的竞争是力量的角逐，更是技能的比拼和科技的较量。美国是科技强国，依托高科技力量，美国把体育运动当作科学项目来对待，全面实施奥运科技攻关，注重与世界品牌科技公司的合作，努力把高科技成果注入运动训练领域，构建了高科技辅助奥运的科学训练体系。美国竞技体育的持续走强，与竞技体育科研与科学化训练密切相关。1981 年，美国制订了以科技推动竞技运动的计划，并开始兴建现代体育运动中心，先后兴建了普拉西德训练（冰上运动）、斯普林斯（水上运动）、圣迭戈（综合运动）等训练中心，每年为 1.2 万~1.5 万名运动员提供科学指导和训练服务。1986 年，开始设立"科学服务与研究课题拨款计划"，资助各单项运动协会开展竞技体育研究，并要求各项目成立科学顾问委员会，由医学、体育、心理学专家和优秀教练员、运动员组成。美国奥委会与世界许多高科技公司建立了合作伙伴关系，致力于奥运项目技术的科技攻关。美国奥委会内设有运动医学、运动科学和教育委员会，该组织下设运动医学部、运动科学部、教育服务部，分别对运动员提供医疗保健、科学测试、科研信息和成果服务。此外，美国还拥有众多的体育科研组织，如高等院校承担着美国奥委会大量的课题研究和攻关任务；耐克公司等大型体育用品企业大都建有自己的实验室，开发和生产具有高科技的运动产品；一些大型医院或医疗中心建有私人研究实验室，开展健康与卫生方面的研究。

美国竞技体育已经成为高科技成果的试验田，一大批运动医学专家、其他领域的科学家与运动队一起，用科技的方式改进与提升运动员的技术水平，从而更好地备战奥运会等世界大型赛事。美国竞技体育科研为运动员的科学化训练、竞技水平的整体提升提供了有力的保障。如美国专家维克托·康特采用 ICP 光谱仪，通过对运动员血液、尿液及头发中的化学元素含量的分析，揭示了化学元素含量与竞技能力的关系，并以此调整运动员体内矿物质含量，改善了运动员的膳食结构；科罗拉州大学教授詹姆斯·马斯克研究发明了高速视频分析器，通过激光影像分析，提高了射击训练的命中率；美国田径教练汤姆·雷特兹通过红白肌指导仪选材、运用计算机进行生物力学分析、采取模拟训练筛选"最佳模式"，最大限度地挖掘运动员的潜能，培养造就了短跑明星刘易斯这一"生物力学研究的结晶"；印第安纳教授康西尔曼创立的"摇橹划水"理论，即直线后推前游理论，指导训练美国游泳队，使运动员施皮茨在慕尼黑奥运上获得了 7 枚金牌；美国男排前教练比尔在专家的帮助下，采用计算机、调整摄影图片分析研究男排技术，不断改进训练方法，使得多次无缘决赛的美国男排走上了第 22 届奥运冠军领奖台。在悉尼奥运会上，美国 130 多名运动员装备了"鲨皮"仿生科技连体紧身泳装，夺得游泳项目超过 2/3 的金牌；玛丽安·琼斯在悉尼奥运会上，穿着耐克公司专门为其设计的重量仅 99 克的"水晶跑鞋"，一举夺得了冠军等，无不体现了科技的力量与魅力。与一些国家不同的是，美国的奥运科技攻关注重项目覆盖的全面性，不仅在传统优势项目上不断强化高科技训练手段（如美国田径协会开发了 Trackman 设备，追踪铅球和链球在空中的运动轨迹；美国女足应用了卫星导航超级追踪系统[①]），而且对于一些潜优势项目甚至弱势项目，美国在科技投入方面也是不遗余力，如射击和射箭项目应用了高速摄像机技术，举重项目应用了地板探测器技术等。

第二节 俄罗斯竞技体育的发展与特征

竞技体育承载着俄罗斯民众的强国之梦。近几届奥运会，俄罗斯竞技体育在世界体坛上一直保持强有力的竞争实力。俄罗斯竞技体育的发展与普京上台后提出的重塑体育强国战略密不可分。俄罗斯联邦政府和各州、区、市的竞技体育组织在管理上基本都采取部、署、局的三级管理模式，其奥运备战体制以联邦体育与旅游署为领导核心，主要由总统管辖下的体育与高水平运动发展协调委员会负责。俄罗斯竞技体育管理体制处于不断地完善之中，竞技体育举国体制的管理体系优势加上市场化的运作机制和现代化的管理模式，形成了新时期俄罗斯竞技体育管理体制发展的重要特征。

一、俄罗斯竞技体育的管理体制

俄罗斯国家与社会组织共同管理竞技体育的发展，俄罗斯竞技体育走出一条介乎于苏联和欧美之间的结合型管理体制。如图 9-4，俄罗斯总统下属体育运动委员会、俄罗斯联邦会议、俄罗斯联邦体育部及俄罗斯联邦主体体育管理部门、联邦运动训练中心和地方运动训练中心为政府机构，负责竞技体育发展的决策咨询、法律制定、监督管理及赛事训练参赛等职能；俄罗斯奥委会、俄罗斯单项体育协会及俱乐部负责后备人才培养、国家队组建与集训等职能。在政府与社会组织的共同努力下，形成竞技体育结合型管理体制。俄罗斯竞技体育以国家经费投入的多少分为三个层次，概括为两头大中间小的竞技体育经费运行机制。所谓两头就是最低层次的竞技体育后备人才培养系统和以奥运会与国际大赛为代表的最高层次的国家队人才系统；所谓中间就是以俱乐部为代表的高水平运动队为中间层次。而两头大就是在这一

---

①陈小平. 科技助力奥运训练：形势、进展与对策 [J]. 体育学研究, 2018 (1)：76-82.

高—低两个层次上，国家在政策、经费上给予更大更多的支持和投入，在俱乐部这个中间层次上国家在经费上则投入较少。显然，这种两头大中间小的俄罗斯竞技体育经费管理办法，是苏联解体后俄罗斯经过十几年的摸索慢慢形成的，适应了俄罗斯竞技体育发展需要。

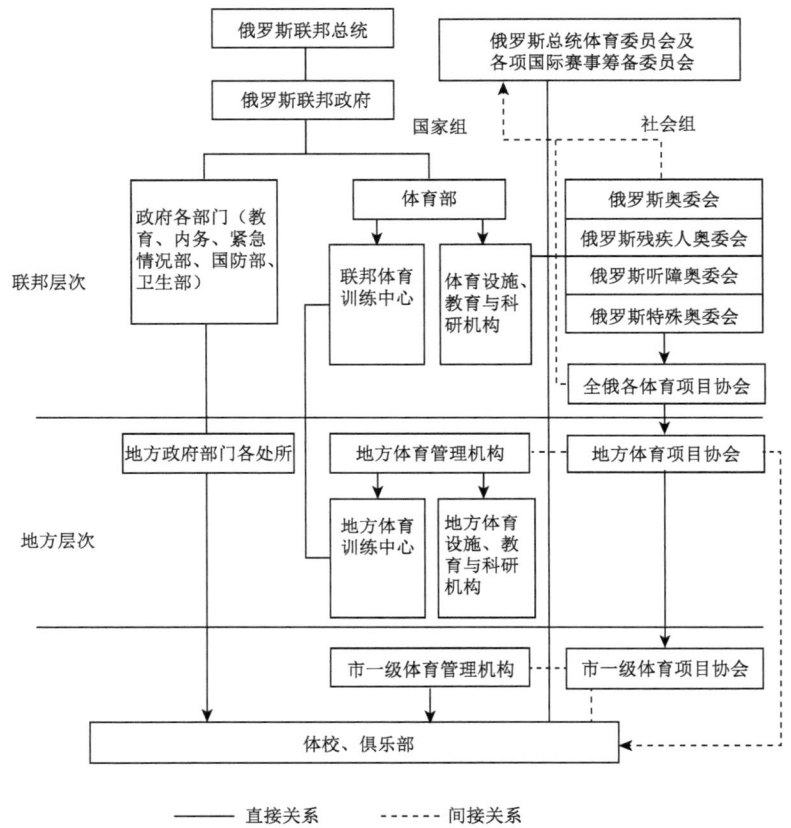

图9-4 俄罗斯竞技体育管理体制①

联邦政府直接参与管理竞技体育，联邦政府负责制定和实施国家竞技体育政策，批准和实施竞技体育发展纲要，参与国家奥运代表队的组织和培训，参与全俄各项体协的活动并提供预算资金，制定和批准各单项体育发展纲要，保障国家队后备人才的培养工作，组织国际、全俄及跨地区赛事，对参加国际赛事的代表团提供包括资金、物质、技术、医疗等全方位保障等。联邦体育部是俄罗斯专职

---

① 马德浩. 英国、美国、俄罗斯竞技体育管理体制演进趋势及其启示 [J]. 天津体育学院学报，2018（6）：516-521.

体育行业管理的联邦政府机构，是"举国体制"的重要实施环节，其职责主要为联邦政府和联邦总统提供体育法规草案，落实联邦体育发展纲要，参与组织和主办全俄或跨地区体育赛事，负责国家奥运代表队和国家队的培训和参赛等，制定裁判条例、全俄反兴奋剂法、国家队队员选拔原则和标准等，对奥委会、残奥会、听障人运动委员会、全俄单项运动协会、全俄体育运动联合体及联邦直属运动培训中心进行直接管理。俄罗斯奥委会领导俄罗斯奥林匹克运动，在国际奥林匹克运动中代表俄罗斯的利益，负责组队参加奥运会和俄罗斯国内各种奥林匹克品牌开发，俄罗斯单项体育协会负责一个或多个运动项目，进行后备人才培养、组建国家队、开展集训、组织和派队参加国内外比赛等。总之，俄罗斯形成了以国家为主导、社会组织共同参与的竞技体育管理模式。

俄罗斯体育科研体制正在逐步建立，体育科研经费除政府拨给部分行政维持费外，在可自筹资金的基础上实现独立核算的原则，对国家重大重点课题实行招标和订购，各科研单位可与用户通过签订合同明确工作的任务、要求和费用（包括对国家各部门及高水平运动队）。俄罗斯的体育科研都直接服务于运动实践，基本上每个高水平运动队都会有一个体育科研小组，一般是4~5人，长期跟踪服务，并且在运动队里处于重要地位。目前，俄罗斯体育科学研究所还归属于政府管理。正如同市场经济并不只属于资本主义一样，举国体制也并不是只属于计划经济，也可以发展适合市场经济运行规则的特色举国体制。前苏联和俄罗斯竞技体育水平虽历经沧桑，仍长盛不衰，使人们对俄罗斯的竞技体育改革进程充满了期待。因此，只要从理论上和实践上不断地丰富和完善市场经济条件下的竞技体育举国体制，继续改进和完善优秀运动员培养体系的运行机制，使其更符合竞技体育发展规律特点，走一条适合俄罗斯国情的市场经济条件下的、新型的竞技体育举国管理体制是完全可行的。

二、俄罗斯竞技体育的人才培养体系

俄罗斯在竞技体育人才培养过程中，逐渐摸索出一整套行之有效的竞技体育人才选拔、培养、训练、教育及就业保障体系，并通过立法和建立规章制度等方式将之落到实处，呈现出多方参与、多措并举、多元整合的鲜明特点。第一，俄罗斯竞技体育人才培养的多元整合模式。以体育运动学校为依托，以国家体育运动与旅游委员会、各行业系统及地方政府提供资金为保障，以青少年比赛体制来维系和控制，以俄罗斯各单项协会与奥委会牵头进行管理和监控，充分挖掘政府、学校、俱乐部、运动员等各方的积极性，形成一整套完整的竞技体育人才培养体制，以及完善的配套机制，将多种因素有效整合到竞技体育人才培养中来。

第二，建立了完整的运动训练体系，即三级竞技体育人才培养体系。如图9-5，底层为普通少年体育学校、寄宿体育学校和奥林匹克后备力量专项少年体育学校，训练分为体育健康运动阶段、初级训练阶段、教学训练阶段和体育完善阶段；中间层为高级体育技术学校和奥林匹克训练中心，训练分为体育健康运动阶段、触及训练阶段、教学训练阶段、体育完善阶段和奥林匹克运动员大师班；最顶层为国家代表队，训练分为体育完善和奥林匹克运动员大师班两个阶段。形成完善的高水平竞技体育人才的培养体系，明确青少年竞技体育的发展兼顾竞技性娱乐活动，完善全国性运动竞赛以吸引更多青少年参与体育运动①。第三，完善的竞技体育人才培养保障。俄罗斯通过《体育法》，保障竞技体育的机制运行，将运动员训练与学校教育相结合，保障了运动员退役后再就业，完善运动员的奖励机制，在重大赛事上取得运动成绩的运动员都能得到国家相当丰厚的奖励，伤残运动员则享受国家给予的妥善安置及生活保障措施，建立起比较完善的竞技体育运动员二次就业保障机制，为运动员的训练、学习和生活提供了充分的保障，解决运动员的后顾之忧。

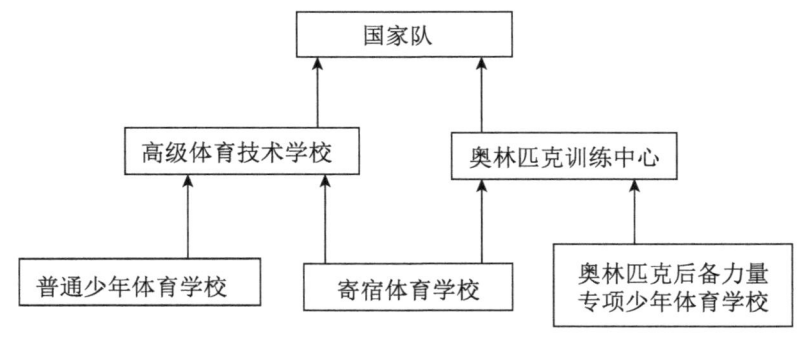

图 9-5 俄罗斯运动训练体系

三、俄罗斯竞技体育的发展与定位

国家利益是竞技体育发展的出发点和归宿，竞技体育在俄罗斯国家发展的历程中担当了重要的角色。在不同的历史时期，竞技体育在相应的国家发展战略影响下显示出不同的特征，满足了不同时期国家的利益需求。由于不同发展阶段国家利益的定位不同，竞技体育在实现国家利益上所发挥的作用、程度及效果也不一样。苏联时期，国家高度集权，运动员的选拔、训练、竞赛等具体事务均由政

---

①常利华. 俄罗斯体育管理体制及其对我国的启示［J］. 体育文化导刊，2016（1）：30-35.

府出资，竞技体育发展的各项具体事务也均由国家体育行政机构负责组织与管理，竞技体育完全表现为一种计划经济下的政府主导型竞技体育发展方式。并且，竞技体育一直被视为展示国家政治意识形态优越性的工具，国家将体育运动经费的90%以上都用于高水平竞技体育的发展。1991年苏联解体，俄联邦政府对原有的体育管理机构进行了调整，成立了由联邦体育委员会、全俄奥委会、体育运动协调理事会和国家体育运动基金会组成的体育管理机构。其中，保留下来的联邦体育委员会剥离了发展竞技体育的任务，改为主要负责实施促进全民健康的国家计划。俄国奥委会成为独立的非政府体育社会组织，负责管理竞技体育的发展。俄罗斯开始摸索社会主导型的竞技体育发展方式。但是随后俄罗斯的竞技体育水平下滑明显，政府于1999年又重新对竞技体育进行行政管理。此后，政府不断加大对体育发展的资金投入，均衡发展竞技体育与大众体育，资金投入在两者之间相对均衡。此外，原有的体育社团、协会继续承担具体事务性工作，政府侧重于宏观调控，形成了政府主导下的结合型发展方式。

俄罗斯竞技体育管理体制改革是竞技体育自身发展的必然。竞技体育的功能和价值在相当长的历史时期被传承下来，并且随着社会的发展变化而不断丰富，竞技体育的功能价值在不同的时期体现出不同的特点。在20世纪的中叶前后，竞技体育的政治功能、军事功能及提升国家的国际形象功能得到大幅加强，这样就使政府在国家竞技体育管理中的地位得到了强化。20世纪七八十年代以来，竞技体育的经济价值功能日益突显，市场化的运作方式在竞技体育管理过程中得到加强，各种社会组织、体育社团及民间机构参与乃至主导竞技体育管理成为必然。因此，随着竞技体育承载功能日趋多元化，以往以行政干预为主的模式已不能适应时代的需要，竞技体育管理结构本身必须进行相应的调整，多种管理方式、多种运行机制、多种组织构架才能适应体育功能的变化对竞技体育管理体制提出的新要求，俄罗斯也正是处在建立适合本国特点的，新型的竞技体育发展管理模式的过程中。总体上看，俄罗斯在追求竞技体育多元价值的同时，大力发展大众体育和青少年体育，积极建设体育基础设施，促进体育均衡发展，体育战略的经济文化价值突显。并且，少年儿童的体育教学与健康、后备人才训练、居民健康、医疗保健等领域均受到重视。群众健康、竞技体育及青少年体育均纳入了战略规划。可以说，进入21世纪后，俄罗斯的体育战略规划不断深入，经历了从偏重竞技体育到复兴大众体育，从缺乏国家调控到恢复国家作用的战略转移，更好地服务于国家利益。

第三节 日本竞技体育的发展与特征

日本竞技体育在第二次世界大战之前已经发展到较高的水平,在1932年洛杉矶奥运会上夺得7枚金牌位列金牌榜第五。其鼎盛时期是在1964年东京奥运会上取得金牌总数第三的辉煌成绩。当时日本奉行的是举国体制,竞技体育的资金投入和管理由国家负责,体现的是国家意志。在成功举办东京奥运会后日本迎来了国际化时代,其经济发展突飞猛进,逐步成为世界第二大经济强国,已经不再需要竞技体育作为其提高国际地位的载体,竞技体育为国家带来的影响逐渐缩小,国家体育政策的重心发生转移,群众体育的发展迎来了崭新的时期。而此时的竞技体育没有成功实现转型而导致竞技水平明显下滑,近30年的奥运成绩不佳,竞技体育的发展一蹶不振,严重打击了日本国民的民族自信,引起了国民的强烈不满。政府为此成立专门的奥林匹克运作机构,2001年文部科学省颁布《奥运奖牌数倍增计划》,制定竞技体育发展策略并严格贯彻落实到位,筹集资金建设国家体育科研中心,集中全国体育科研精英开展竞技体育提升研究,为运动队提供科研指导,取得了显著成果。详见图9-6。

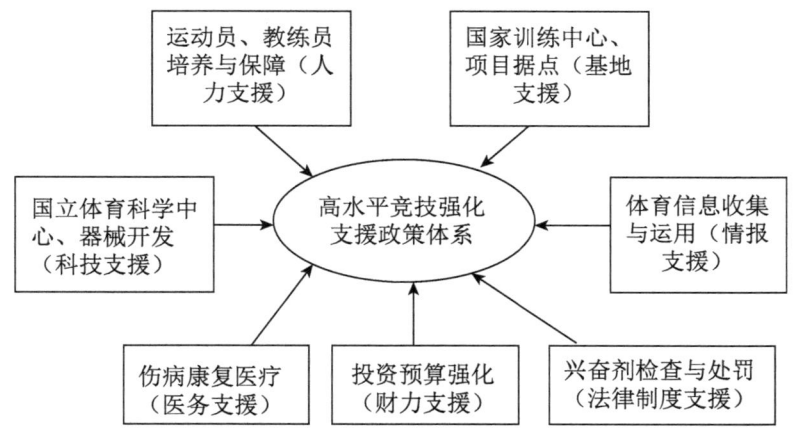

图9-6 日本高水平竞技强化支援体系[①]

在2004年希腊雅典举办的奥运会上日本一举夺得16枚金牌名列金牌榜第五位,备受世人瞩目,在2008年奥运会上获得奖牌的总人数创了历史最高,2016年里约奥运会列金牌榜第六位。日本竞技体育在经历了40年严酷寒冷的冬季后

[①] 彭国强. 日本竞技体育政策演变的历程、特征与启示[J]. 体育学研究, 2019 (3): 19-28.

第九章 经验与借鉴：竞技体育的国际发展

重新迎来了生机盎然的春天，从而进入了一个快速发展的轨道。2013年11月28日，日本奥委会确定了2020年东京奥运会金牌数量为"世界第三"，28个竞技项目全部获奖（8名以内）的目标。日本在近3届奥运会上成绩上升势头明显，优异成绩的背后来自完善的政策支持体系。为备战2012年伦敦奥运会，2010年8月，日本文部科学省发布了日本最新的体育十年政策计划《体育立国战略》，专门提出对国家训练中心进行机能强化，主要涉及建立国家级教练员制度和运动员技术支持系统；健全国家表彰制度，对有特别贡献的运动员给予国家贡献奖表彰；扩大奥运预算，对体育精英提供政策、训练、科研等保障。为备战2016年里约奥运会，2012年日本文部科学省发布了《体育基本计划》，涉及完善高水平竞技强化支援政策。一方面，建立以国家训练中心和各项目强化据点组成的强化支援机制，加强精英训练中心建设，注重青少年人才培养和落后项目扶持；另一方面，颁布重点项目支援和弱势项目补偿政策，提出构建中长期强化支援政策，增加财政投入。

从图9-7可以看出，日本竞技体育成绩起伏不定。1964年东京奥运会和2004年雅典奥运会达到顶峰，1996年亚特兰大奥运会跌至低谷，没能实现很好的延续性。不同时期日本竞技体育水平和体育政策的关系体现在四个方面。第一，日本竞技体育在1964年东京奥运会达到首次巅峰。这一时期国家重视竞技体育发展，不断颁布竞技体育发展政策，以国家力量介入竞技体育发展，构建了完整的高水平强化体系，实现了竞技体育崛起。这次政策红利持续了三届奥运会，直到《体育振兴法》颁布，国家才将政策重心转移到大众体育，竞技体育成绩逐步下滑。第二，1984—1996年，日本竞技体育成绩急转直下，主要源于体育政策从竞技体育到大众体育的大转向，对竞技体育的财政支持大幅缩减，文部科学省下属的体育局改组、废止重组，各团体间在培养竞技人才方面缺乏合作，联合发展机制不健全，竞技体育管理松懈，缺乏合作制度，没有强有力的政策体系支撑竞技体育持续发展。第三，日本竞技体育在2004年雅典奥运会达到第二次巅峰，这与系列政策的保障密不可分。1989年文部科学省出台"面向21世纪的体育振兴政策"，制定了奥运会奖牌目标；2000年文部科学省发布《体育振兴基本计划》，提出提升竞技体育综合竞争力；2001年日本奥委会制定《竞技体育发展策略》，国家力量的介入促使竞技体育实现再度崛起。第四，日本竞技体育成绩保持上升态势，可能迎来第三次顶峰。2020年奥运会在日本东京举办，对于亟待重返国际政治舞台的日本是一次重要机遇，日本需要优异的奥运成绩来彰显大国形象，振奋民众精神。并且，日本从2013年开始实施各类奥运备战政策，包括颁布《日本2020年奥运会运动员育成与强化计划》、成立"提高竞技体育水平特别工作小组"等,一系列围绕"奥运争先"的强化政策促使日本竞技体育上升势头强劲。

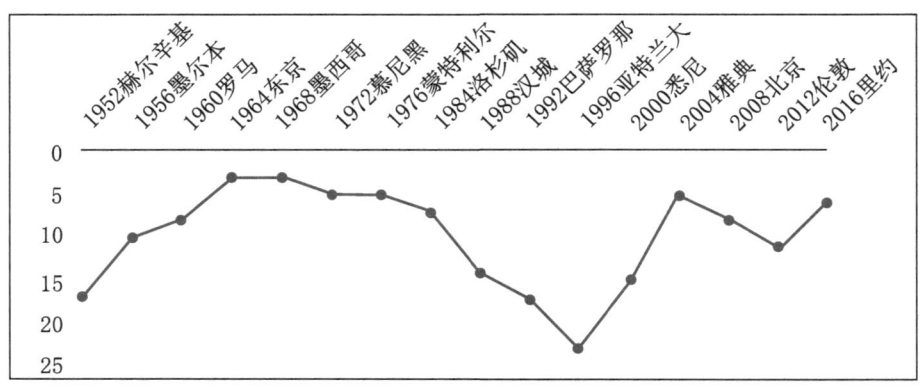

图9-7 "二战"后日本历届奥运会金牌榜排名

一、日本竞技体育的结合型管理体制

作为典型的市场经济国家,日本属于政府型体育管理体制,日本政府介入竞技体育发展,形成了偏重于政府管理的结合型管理体制。其中,日本中央政府文部科学省是竞技体育事业决策的中心机构,由日本奥林匹克委员会、日本体育协会、各竞技行政团体等负责具体工作,实现着各自的功能,互相配合共同促进竞技体育的发展。日本中央政府文部科学省是负责体育事业的最高行政机关,下设体育运动青少年局,该局又下设五个科室,分别为规划体育科、终身体育科、竞技体育科、学校健康教育科和青少年科。其中,竞技体育科负责的竞技体育行政管理工作主要包括提高体育运动技术水平、教练员资格认定、教练员培养、运动员培养、体育科学研究、体育社会团体的组织、体育设施设备的建设、体育经费的支持等。日本奥林匹克委员会主要负责奥运会和其他国际大赛的运动员派遣,具体职能方面包括以运动员强化事业为中心提高日本国际竞争力、奥运会运动员的选定、教练员的配置和培养、体育情报的调查分析及文部科学省的委托事业等。日本体育协会贯彻政府体育政策,承担政府较为零散的事务性工作,包括培养社会体育指导员、举办国民体育大会、开展体育科学研究、推动青少年体育的开展,以及进行国际体育交流等。体育少年团是日本体育协会组织的重要后备力量,具有长期性和广泛性特点,以地域综合性体育俱乐部为基础,以一贯性指导体制进行指导训练,根据孩子的年龄特点组织合理的体育项目和运动形式,对儿童到青少年阶段进行系统的培养。日本体育振兴中心是文部科学省发展体育事业的外围团体，负责国家体育场馆的运营，体育的普及和振兴，体育科学、运动医学、体育情报等方面的研究，为振兴体育而发起振兴基金、振兴彩票、灾难捐助及健康安全普及等，其下设国家体育科学中心。在这种管理体制下，日本参加大型国际比赛及训练并不是国家包办，日本的竞技体育经费来源较为广泛，除了部分国家拨款外，体育振兴基金扶持金、体育振兴彩票扶持金和国营竞技等收入也被纳为体育训练与比赛经费的主要来源。体育经费的广泛来源方式不仅调动了社会各界积极性，还减轻了国家财政负担。另外，日本有着明确的资助制度。日本资助制度规定了扶持对象、扶持对象活动，以及扶持对象经费用途。这些补助制度有的针对团体，有的针对个人，对团体的支持并不是全包全揽，不是全额资助，而是按补助对象消费的比例进行补助，并且消费的范围都有明文规定。

二、日本竞技体育的后备人才培养体系

日本高度重视高水平竞技人才工作，在各个时期的竞技体育政策中都有专门涉及人才选拔、培养与保障的举措。早在1961年颁布的《体育振兴法》就对各级教练员和运动员培养和保障有专门规定；1998年修订《体育振兴法》时进一步强调了高水平运动员竞技能力的提升；1989年文部科学省提出构建"一贯制"人才训练指导体系、成立国立体育科学中心及高水平训练基地等措施；2000年日本制定了《体育振兴基本计划》，要求竞技体育管理部门和各类学校要携手共同培养运动员，打造以"一贯指导系统"为核心的人才培养体系，并贯穿于运动员培养的各个阶段。"一贯指导系统"指在一贯理念的指导下，根据优秀运动员的成长规律，结合运动员个性特点，采用科学指导措施，有组织、有计划、连续地发挥其个性特点，直至培养成为优秀运动员。

见图9-8，日本实行社会自治型培养体制，体育后备人才的培养是通过学校运动部（小学、中学和大学的运动部）和综合型地域体育俱乐部，在"一贯制"的指导思想下培养运动员，"一贯指导系统"的运动员培养体系是在教育系统中贯彻与实施的。日本"一贯指导系统"体现在系统科学的运动员培养模式，分为导入、发掘、培养、强化四个阶段。导入阶段让青少年尽可能地体验竞技体育项目，增加竞技运动感悟，培养运动兴趣。发掘阶段实施多样化选材，通过竞赛选拔、与优秀运动员特征比对识别选拔、跨项选拔等方式实现科学选材；培养阶段分为项目化类型培养和非项目化类型培养；强化阶段以提高竞技水平为目的，有计划、集中展开持续训练。日本对竞技体育后备人才的选材有三种方式：一是选拔方式，二是识别方式，三是改变运动项目方式。采用三种方式结合充分挖掘后备人才，避免因选材方法过于简单而造成人才的浪费。培养体育后备人才有两

种类型：一是项目化类型，二是非项目化类型。在非项目化类型中，经常采用识别方式来选才。在竞技后备人才的选拔上采用除竞技成绩选拔外的识别方式和改变运动项目方式的多样化方式并存的选拔制度，使国家资源得到最大化利用价值，解决了资源浪费，更大幅降低了后备人才培养的淘汰率，使更多的后备人才全面权衡并加以利用。日本培养体系不仅考虑到体育后备人才各年龄段的身体、心理发展，还与运动项目特点相结合来制订运动能力、技术和战术、心理、营养，以及对指导者等多种要求，充分体现了以人为本的规范化理念。

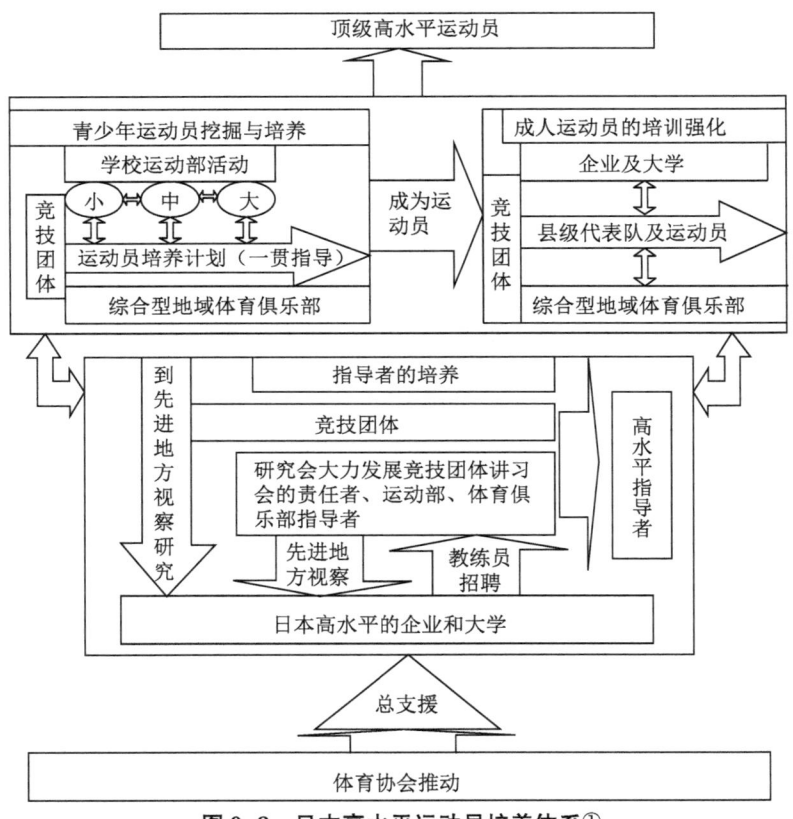

图 9-8 日本高水平运动员培养体系①

三、日本竞技体育的科技助力工作

日本非常重视科技在体育中发挥的重要作用，重视科技科研与训练相结合，

---

① 胡启林.日本竞技体育发展策略研究［J］.武汉体育学院学报，2017（6）：95-100.

并在实践中进行应用和验证,为指导者提供更为有利的训练支撑。科技助力、运动员成长援助、训练竞赛等元素是不同时期日本竞技体育政策的重要组成部分。早在1961年颁布的《体育振兴法》就专门提出科学训练,建立科学化高水平训练基地,加强训练保障等举措;20世纪80年代,日本体育振兴中心设立了专门的体育振兴基金,对体育竞赛进行资金补助,对优秀运动员保障给予经费支持;随着科技的不断进步,1989年文部科学省颁布"面向21世纪的体育振兴政策",提出成立国立体育科学中心,将科技引入运动员的援助体系之中;1998年实施《体育振兴法》,提出运用法律保障竞技体育投入;2000年出台《体育振兴基本计划》,提出运用科技手段提高竞技体育综合竞争力,对运动员进行职业知识和技能培训等援助;2011年10月在日本体育振兴中心(NAASH)支援下,国家体育科学中心(JISS)开始投入使用。硬件主要包括运动医学和科技研究设施、体育情报研究设施、训练设施、附加设施等。为运动员或竞技团体在运动训练、心理咨询调整、运动恢复等方面提供必要的科学指导,为临场指导者、竞技团体及奥林匹克等组织对自我与对手各阶段的备战及比赛进行科学分析。根据分析结果商讨并确立战略方案,为运动员或指导者提供科学指导,其目的就是为运动员在奥运会夺取金牌提供科研、训练等全方位的服务。

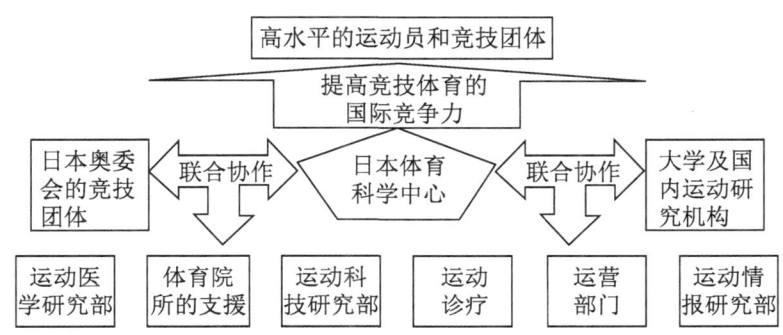

图9-9 日本国家体育科研中心主要工作任务及支持过程①

日本在竞技体育大赛中重视搜集与研究体育情报信息,日本由本国体育厅牵头建立体育情报大数据中心,主要任务就是负责研判比赛项目规则、搜集国内外体育信息情报,为本国运动员深入领会规则、创新训练手段、了解竞争对手提供保障。特别是针对可能会对日本参赛运动员造成有力冲击的国外对手,数据中心都会提供全面的分析数据。伦敦奥运会备战期间,日本及时收集和反馈美国、巴西、中国和土耳其女排的相关技战术情报,为奥运会提前做好赛前准备。除了奥

---

①胡启林.日本竞技体育发展策略研究[J].武汉体育学院学报,2017(6):95-100.

运会赛前的情报搜集与研究，日本还特别重视对比赛结果的研究与分析，为下一阶段的备战提前做好计划、准备。日本在伦敦奥运会后由文部科学省成立了"伦敦奥运会运动员培育、强化、服务检查论证组"。日本的奥运会赛时情报信息保障工作也很有特点，里约奥运会期间，在距离奥运村步行10分钟的地点设置了"多途径服务保障中心"，通过提供综合性、战略性的服务保障，提升运动员大赛临场发挥，帮助运动员获得更多奖牌。日本注重利用科技解决训练和比赛中的关键问题，包括通过科技攻关激励和科技成果奖励，以提高竞技体育的国际竞争力为总体目标，将运动医学、运动科技、运动诊疗、运营部门和运动情报等部门联合起来构成国家集训中心网络（图9-9），提升奥运备战科技服务水平，广泛运用技术诊断系统、营养补充系统、医务监督系统、信息情报系统和身体恢复系统等，建立和扩大科训结合的训练基地，实现科技助力下的训练水平整体提升。

第四节 英国竞技体育的发展与特征

英国的体育发展模式颇具特色，早期是典型的社会主导型，后来为了快速提升竞技体育成绩介入了政府力量，逐步发展成为较为成熟的"政府—社会"结合型体育发展模式。英国作为老牌资本主义强国，近年来竞技体育取得了优异成绩，尤其近三届奥运会英国实行"特色举国体制"，成功完成政策导向与资源的有效配置，实现了颠覆性蜕变，在第27届奥运会重回第十名，第29届北京奥运会位列第四名，第30届伦敦奥运会获得第三名，第31届里约奥运会金牌数仅次于美国荣获第二名的好成绩，达到其竞技体育水平的巅峰，实现了竞技体育强势崛起。英国竞技体育取得成功的背后具有深层次原因。

一、英国竞技体育管理体制及特征

英国竞技体育在复苏的进程中，形成了一个与我国举国体制相似的管理体制，详见图9-10。英国文化传媒与体育部（Department for Culture Media and Sport）是政府竞技体育主管部门，其核心指导思想是集中力量优先发展部分体育项目，构建一个以运动员为核心和以单项体育协会为载体的高效竞技体育体系。

一是英国竞技体育管理体制的显著特征是政府（文化媒体体育部和国家彩票机构）投资，以高水平运动员为核心，以英国各单项体育协会和英格兰体科所为训练和科研服务提供方，多方机构（英国体育理事会、英国奥委会、英国残奥委会、英国教练员协会、英国运动员协会、英国体育纠纷解决委员会等非政府组

第九章 经验与借鉴：竞技体育的国际发展

织）共同协作①。

二是具有管办分离、多元协作、运行高效的竞技体育管理体制与运行机制，包括成立主管竞技体育的英国体育局，设立国家彩票对竞技体育进行资助，制订世界级运动员计划和教练员计划，强化单项体育协会的纵向职能，成立英格兰体科所提供高水平的科研服务，选用科学的选材模式促进运动员快速成材，整合多方组织和机构的资源为运动员提供全方位的保障。

三是重视政府与社会组织在竞技体育发展中的合作管理，除了重视政府与体育社会组织在竞技体育发展上进行合作管理外，英国也非常强调市场组织在竞技体育发展的作用发挥。英国竞技体育的具体实施主体是各单项体育协会，科研的实施主体是英国体科所（包括四个联合王国的体科所）。

英国特色的"举国体制"投资覆盖整个奥运周期，虽然以政府公共投入为主，但不排除体育项目的商业运作。各项目除了获得体协的额外资金外，还可以利用自身的资源进行创收。并且，重视对体育和运动医学研究机构的投资，其投资规则详细，定期评估，动态调整。

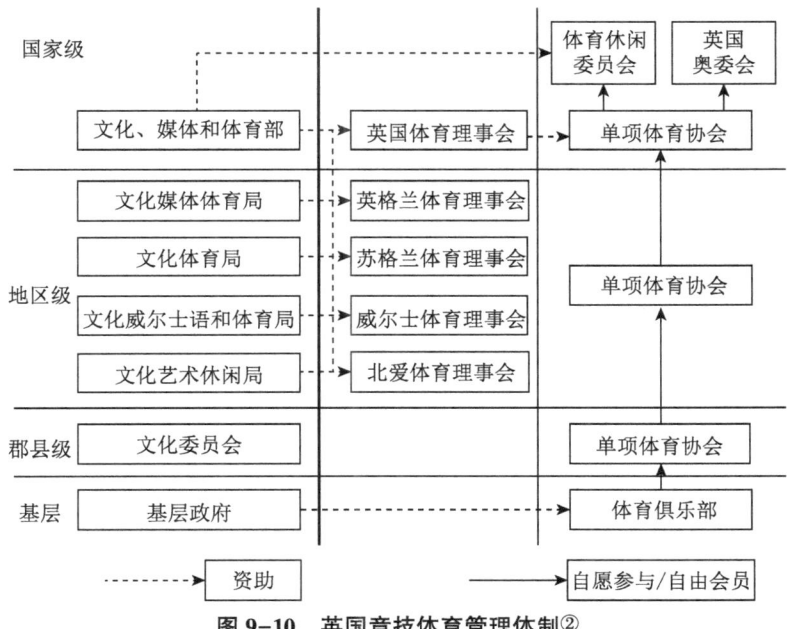

图9-10 英国竞技体育管理体制②

---

①黎涌明，陈小平．英国竞技体育复兴的体系特征及对我国奥运战略的启示［J］．体育科学，2017（5）：3-10．
②马德浩．英国、美国、俄罗斯竞技体育管理体制演进趋势及其启示［J］．天津体育学院学报，2018（6）：516-521．

英国文化、媒介与体育部作为统管全国体育事务的政府部门，其并不对竞技体育发展进行直接管理，而是通过英国体育理事会（UK SPORT）及英国奥委会（BOA）对竞技体育进行管理。英国体育理事会属于半官方性质的全国性体育社会组织，下设运动水平发展部、体育学院部、国际关系与重要项目部、体育道德与反兴奋剂部及战略计划部等，主要职责包括协调各级各类体育社会组织间的关系、申办国际体育赛事、制定国家体育发展规划、实现在重要国际赛事中争金夺银的目标等。英国奥委会是一个相对独立的体育社会组织，其下设部门有财务部、市场经营部、技术部及媒介与公共关系部等，主要职责包括促进奥林匹克运动在英国的开展、负责组队参加奥运会、为奥委会各成员协会及运动员提供技术与医疗方面的服务、促进竞技体育与群众体育的协同发展等。英国在竞技体育管理上强调政府与体育社会组织的合作。如文化、媒介和体育部，虽然负责竞技体育发展的经费下拨，但其在经费分配及具体使用上并没有较大的发言权，而是将此项职责交由英国体育理事会来进行统筹和安排。英国体育理事会根据竞技项目发展需求及夺金潜力将经费再进一步下拨给各单项体育协会，用于其组织项目国内比赛、培养教练员和运动员、培训志愿者、推广项目、开发市场等事务。文化、媒介与体育部还通过与英国奥委会、教练员协会、运动员协会等体育社会组织的合作，共同推进竞技体育的良性发展。

二、英国竞技体育发展政策

如表9-1，2008年奥运会以来，英国竞技体育呈现超强的实力，近两届奥运会金牌总数稳定在25枚以上，尤其是里约奥运会金牌位列世界第二。优异成绩的背后源于国家政策支持，如为备战2012年奥运会，英国体育理事会（UK Sport）采取了系列政策：一是颁布《2012使命》（Mission2012），提出发展精英训练中心、科学规范训练体系、加大单项协会重点项目扶持和训练体系建设，为备战提供良好的基地环境。二是制定备战计划，颁布《为胜利而战的新纪元》，为备战提供多元财政支持，把借助奥运会进入世界一流体育强国作为目标。三是完善《奥运战略计划》，关注优秀体育人才"流失"、优化专业运动员选材和培养，涉及高水平赛事举办、科技助力等内容，目的是建立一个高效系统的备战体系。为备战2016年奥运会，英国体育理事会制定了《2016使命计划》，主要强化了"政府引导，授权社会"的备战机制，通过督促各单项协会开展备战工作，运用科技助力运动训练；颁发《黄金赛事系列》（Golden Event Series），以项目为载体打造高水平职业联赛；出台国家彩票激励政策，鼓励社会资本进入奥运竞赛，从政策上对所有运动员给予资助，尤其对优势项目顶级运动员重点支持。

第九章　经验与借鉴：竞技体育的国际发展

表 9-1　近三届奥运周期英国对四个重点项目资助与成绩（单位：百万英镑）

奥运会	田径金牌	奖牌	投资	帆船金牌	奖牌	投资	赛艇金牌	奖牌	投资	自行车金牌	奖牌	投资	占本国奖牌总数比（%）
北京	1	4	26.5	4	6	22.2	2	6	26.0	8	14	22.2	63.81
伦敦	4	6	25.1	1	5	23.4	4	9	27.5	8	10	26.9	46.12
里约	2	3	26.8	2	2	25.5	3	3	32.6	6	12	3.06	37.31

注：资料来源于 UK Sport 官方网站公布数据。

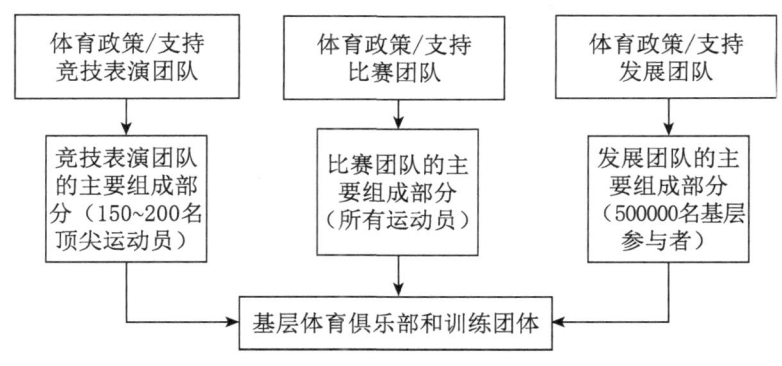

图 9-11　英国对不同竞技水平团队的扶持政策

如图 9-11，里约奥运会后，为继续保持竞技体育上升的势头，在 2020 年东京奥运会上取得新突破，英国体育理事会采取了系列政策。①跨项选材政策。创新运动员培养方式，制定"世界级运动员选材计划"和"探索你的金牌选材计划"，对不同项目运动员进行晚定项、晚选材、动态选材和跨项选材（recycling）；大力增加专项基金，投入超过 2.35 亿英镑的"天才资助基金"，其中 60% 来自政府拨款，40% 来自彩票资金，并附有透明的资金分配制度，多数用于有望获得奖牌的顶尖选手。②"天才"运动员和教练员培养政策。注重天才运动员选拔，通过"军队精英体育计划"加大从军队中选拔精英人才，推出教练员"世界级计划"和"体育巨人计划"，包括精英学徒计划、精英计划和运动员转教练员计划，对具有训练基础的运动员进行"二次选材"，每年从高级别教练员中选拔 10 名左右进行再培训。③运动员保障政策。为提升运动员福利，2017 年 4 月，英国文化、媒体与体育部发布了"关爱职责"报告，对改善运动员和相关人员福利提出建议。启动"运动员到事业（A2B）"导师计划，为运动员未来生活和工作转型做好规划，为精英运动员创造工作机会；将潜力运动员与企业高管配对,使运动员零距离接触企业,为运动员生活提供保障。④备战治理和审查政策。2017年4月专门推出了《体育治理法规》,包含58条强制性条款,专门涉及奥运备战五大领域,目的是使备战工作具备世界最高水平的治理能力。此外,为塑造良好的竞技文化,英国体育理事会内部新设体育诚信部门,实施覆盖整个竞技体育系统的文化审查,在每个项目的"世界水平计划"中设立早期预警系统,提高运动员话语权。⑤奥运融资政策。设立东京奥运备战专项基金和扶持或贷款政策,实现奥运备战资金结构的社会化和多元化。2016年12月,英国体育理事会宣布了东京奥运周期经费分配计划,每个单项体育协会分配的资金数额基于该项目在东京奥运会的夺牌潜力而定。

三、英国精英运动员和教练员培养体系

后备人才培养是体现竞技体育政策科学性的重要标志,英国竞技体育政策的一大特点是普遍重视后备人才的选拔和培养机制的创新,重视教练员和运动员保障体系建设,提倡竞技体育与学校教育相结合,强调运动员竞技训练与文化素质同步提升,制定了各种系统的人才培养政策和教练员培训保障方案。

如图9-12,英国体育后备人才培养主要有参加学校的体育活动、参加校外的体育活动、参加群众体育俱乐部三个基本途径。通过参加基层体育(包括校内

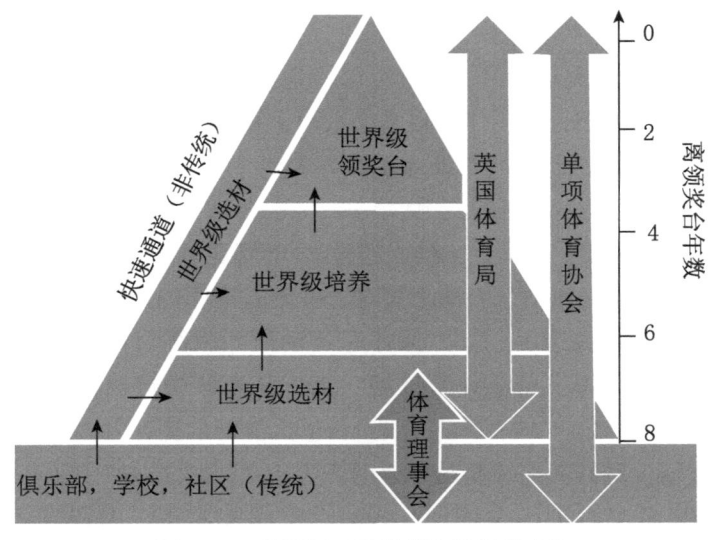

图9-12 英国运动员选材和培养模式①

---

①黎涌明,陈小平. 英国竞技体育复兴的体系特征及对我国奥运战略的启示[J]. 体育科学, 2017 (5): 3-10.

第九章 经验与借鉴：竞技体育的国际发展

外体育），接受体育锻炼和高质量的体育培训，发展潜力、成绩较好的运动员可以进入地方体育发展中心，进而进入区域优秀运动员培训中心，再接受世界级精英运动员培养计划的培训。在此过程中，各级体育合作伙伴提供必要的支持；教练员组织提供了高质量的专业性和技术性的指导与支持；各级政府部门和有关的机构提供了场地、器材和设备的支持。在较低水平上，地方体育发展基金为基层体育提供财政上的支持，保障基层体育俱乐部的正常运营；在较高水平上，国家理事机构的专项发展基金为高水平的运动员和运动训练提供了保障。

英国注重创新人才选拔机制，强调对不同项目运动员进行晚选材、晚定项、动态选材和跨项选材（recycling），推出了教练员"世界级计划"和运动员"世界级计划"，对三个档次的教练员进行资助和培养，通过举办"未来奥运之星"活动强化优秀选手的作用。利用开设"优秀潜质运动员"专家级研讨班，对不同项目运动员的选材、培养、训练方式和保障做了详细的规定，设有"天才资助基金"，同时运用最前沿的技术解决方案，结合不同的运动项目识别和培养有潜质的优秀运动员，启动"运动员到事业（A2B）"导师计划，为运动员未来生活和工作转型做好规划。英国的"选材"突破了传统意义上的选材概念和范围，颠覆了传统的"早期选材"和"终身一项"的理念，并不是从原始材料筛选，而是对已经具有较好训练基础的运动员进行"二次择项"。英国竞技体育发展的过程中较好地整合了体育和教育资源，在竞技体育人才培养方面形成了比较稳定的"体教结合"模式。选材是英国竞技体育人才培养中的重要环节，英国的运动员选材主要分为学校筛选、专项考核、专业培养三个阶段，从而实现了竞技体育人才资源的重新分配和利用[1]。在原有的重视基础和多项、兼项训练等训练原则的基础上，大力实施了对已经具有相当专项能力基础运动员的二次择项。该举措最大的优点是突破了"项目"和"地域"的限制，不仅对那些在本项目上已经展露水平的青少年运动员再次进行选拔，将其及时补充到国家队和优秀俱乐部，而且从其他类似项目已经具有一定水平运动员中进行二次跨项选拔。科学、严格的选材制度为英国挑选了大量具有运动天赋的运动员，保证了竞技水平的提高，同时也极大地激发了青少年的体育参与热情，对于一般人体育运动的挖掘也起到了重要的推动作用。

英国竞技体育在实施教练员"世界级计划"的同时，加大了教练员队伍国际化和复合式团队建设的力度。一方面，在重点项目上引进国外教练，不拘一格选拔教练，打通科研与训练的通道，即便是英国传统的优势项目，也敢于突破常

---

[1] 刘渝，陈筝，邹琳. 英国竞技体育人才体教结合实现机制及启示 [J]. 体育文化导刊，2017（1）：31-35.

规组建国际化教练队伍。另一方面,通过构建训练科研团队,弥补教练员业务水平的欠缺,如英国自行车队组建了有史以来最全面和水平最高的复合型国际化团队,包含了澳大利亚、德国,以及英格兰体科所的科研和相关技术人员,他们不仅为教练员提供多学科的支撑,而且实际参与训练计划的制订和实施。

第十章 路径与创新：新时代中国竞技体育的发展展望

党的十八大开启中国特色社会主义新时代以来，我国竞技体育不断顺应经济社会改革步伐，积极推进结构性改革，在体制结构、组织结构、目标结构、价值结构等方面的改革取得了显著成效。新时代，《体育强国建设纲要》的颁布对竞技体育有着新的要求，加快推进体育强国建设，筹办好北京冬奥会、冬残奥会赋予了竞技体育新的使命。面向新时代，竞技体育事业要以习近平总书记重要论述为指导，紧密围绕全面建成社会主义现代化国家的宏伟目标，以新思想引领竞技体育改革发展新实践，开启竞技体育发展新征程。要进一步优化竞技体育结构布局，补齐竞技体育结构性短板，将竞技体育实现自身发展和带动人的全面发展、社会的全面进步作为新的目标，更好地发挥竞技体育在体育强国建设中的作用。

第一节 新时代中国竞技体育的发展困境

一、竞技体育与经济社会发展不适应、不协调

面对新时代赋予的新使命、新要求，我国竞技体育还存在发展不充分、不平衡，与经济社会发展不适应、不协调的问题。

一是竞技体育的体制机制与经济社会转型升级不适应。竞技体育体制机制面临市场经济冲击的矛盾突出，竞技体育运行机制依然依赖于政府行政手段，国家与社会共同兴办竞技体育、举国体制与市场机制有机结合的体制机制还未形成。

二是竞技体育功能价值与促进社会的全面进步、人的全面发展需要不适应。传统的竞技体育被赋予了极强的政治价值，主要服务于国家的政治需要，导致了竞技体育的社会活性下降，短期内难以全面融入国民生活方式，不能很好地适应人们日益增长的休闲娱乐、健康促进、文化教育、消费升级等多元需要。

三是竞技体育内部结构与体育事业整体协调发展的格局不适应。竞技体育规

模、结构不均衡现象突出，夏季项目与冬季项目之间、奥运会项目与非奥运会项目之间、个人项目与集团项目之间、优势项目与弱势项目之间、竞技体育内部主体之间存在利益冲突等。

四是竞技体育发展的内生动力与主动融入社会发展的要求不适应。竞技体育内部组织缺乏活性，主要依靠政府的政策和保障等要素驱动实现发展，竞技体育主动融入并促进社会发展的能力不够，核心竞争力不强的问题突出。

五是竞技体育的职业化程度与市场经济下的高度职业化趋势不适应。举国体制与职业化发展依然存在冲突，竞技体育职业化程度不高，缺少与我国国情相适应、与世界职业赛事接轨的高水平职业联赛。

六是竞技体育训练水平与科技助力下的科学化、智能化要求不适应。竞技体育的科技驱动力量比较薄弱，科学技术与运动训练结合不够紧密，大数据、人工智能、生物技术、体育装备、科研仪器等高精尖技术还未被普遍应用，科学训练水平不高。

七是竞技体育人才结构和总量与体育强国建设需要不相适应。竞技体育后备人才短缺，各类人才发展不平衡，竞技体育人才培养方式不够科学，体育系统、教育系统、社会组织多元投入的后备人才培养体系还未形成。

二、竞技体育主动融入经济社会发展的体制结构亟待优化

进入新时代的竞技体育步入了"两个发展"并重的新阶段，竞技体育不仅要加快补齐结构性短板，实现自身快速发展，而且要引领我国体育事业的整体发展，助力中国特色社会主义现代化建设。然而，由于长期受国家体制机制影响，竞技体育主动服务新时代社会发展的体制效率不高，竞技体育实现自身发展的内生动力不足，短期内不能很好地适应新时代经济社会发展的要求。

第一，竞技体育实现自我发展的内部驱动力不足。竞技体育内部组织缺乏活性，运行机制创新不足，依靠外部助力、引导社会广泛参与的力度还不够。在发展方式上，竞技体育还主要依靠政府的政策和保障等要素驱动实现发展，短期内竞技体育的外延式扩张和粗放式发展依然占主导位置，依托社会、运用市场推动、科技助力、制度创新、组织保障等创新驱动发展的体制结构还不健全。在发展动力上，竞技体育依然主要依靠行政部门层层下达的政策、文件等维持运行，社会化、实体化、扁平化改革还不够深入，管办分离、内外联动、各司其职的体制结构还未形成，"自上而下、自下而上、横向互动"的内部结构联动能力不强，充分利用社会市场资源，国家与社会共同兴办竞技体育、人民群众广泛参与的运行机制还未形成。

第二，竞技体育主动融入并促进经济社会发展和人的全面发展的效能不高、作用不够。由于竞技体育在体制上一直囿于政府驱动型发展，主要围绕国家的政治需要，强调担负政治层面的"工具性"角色，实施国家权力向整个社会自上而下的渗透，将本来可以自我发展、发挥综合效益的体育变成了资源消耗型体育，使竞技体育体制结构的社会活性下降，短期内难以全面地融入国民生活方式。新时代，人们对竞技体育的多元诉求不断高涨，但受长期政治身份的制约，短期内竞技体育还不能很好地满足人们日益增长的娱乐休闲、文化教育、健康促进等方面的多元需要，竞技体育自身释放娱乐、休闲、健康、教育、经济、文化等多元价值的体制动力还不足。

三、竞技体育多元主体协同参与的治理体系还未形成

当前，我国正处于经济社会转型的快速发展时期，经济社会转型对于国家各项事业提出了新的要求。竞技体育作为我国体育事业的重要组成部分，正处于深化改革的重要阶段，面临着管理体制和运行机制亟待创新、发展方式亟待优化，政府部门、社会市场、协会组织等多元主体的关系有待进一步理顺等现实问题。新时代，建立国家办与社会办相协调、政府调控与市场调节相结合，全社会共同参与竞技体育的管理体制和运行机制，赋予了竞技体育新的历史使命。竞技体育"举国体制"是计划经济时期的产物，它的最大特点就是政府以行政手段管理体育事务，以计划手段配置体育资源，实施以各级体育部门为中心的管理体制、以专业运动队为中心的训练体制、以全运会为中心的国内竞赛体制三足鼎立的刚性结构，在管理、训练、竞赛等各个方面形成全国一体化。但是，伴随着经济社会体制改革的不断深入，竞技体育赖以生存的社会环境发生了转变，经济发展新常态和供给侧结构性改革对竞技体育与经济社会协调发展提出了新要求。竞技体育原有的管理模式及运行结构越来越难以适应经济社会转型升级的需要，面临着治理结构亟待创新、发展方式亟待优化，政府部门、社会市场、协会组织等多元主体的关系亟待理顺等现实问题。受国家体制机制长期影响，我国竞技体育依然主要依靠政府单一管理，国家办与社会办相协调、政府调控与市场调节相结合、全社会共同参与的治理结构还未形成。

第一，竞技体育事务主要依赖政府行政手段管理，社会参与度不高。短期内主要还是以计划手段配置体育资源，以行政手段管理竞技体育事业，"管办不分"的体制结构与新时代市场经济下的高度社会化和产业化趋势不适应，"放管服"改革还未得到充分落实。

第二，政府、社会、市场多元主体共同参与的治理结构不健全。竞技体育主

要依靠行政部门层层下达的政策、文件等维持运行，社会主体参与竞技体育的力度不够，各项目协会、俱乐部等自主决策权不高，与经济社会转型所要求的"小政府、强社团、大社会"的新型治理结构不匹配。

第三，管办分离、内外联动、各司其职的治理机制活性不足。竞技体育的社会化程度低，市场配置体育资源的作用难以有效发挥，各类市场主体投入竞技体育的门槛依然过高，与经济社会转型下社会市场参与竞技体育治理的要求不适应，导致竞技体育的自我造血功能不足。

第四，举国体制与市场机制有机结合的治理结构还未实现。竞技体育不同参与主体间存在利益冲突，体现在中央与地方，体育行政部门与事业单位及社会市场之间，运动员、教练员与集体和国家之间，奥运会与全运会之间，充分利用市场资源，政府主导下国家与社会协同参与的治理结构需要深入优化。

四、竞技体育项目结构布局不协调、区域发展水平不均衡

我国竞技体育发展的规模、结构、效益等不均衡问题依然突出，主要体现在竞技体育项目结构布局还不够科学合理，夏季项目与冬季项目之间，奥运会项目与非奥运会项目之间，个人项目与集团项目之间，优势项目与弱势项目之间，东、中、西部区域的项目之间发展水平依然存在较大的差距，新兴奥运会项目发展不充分，基础项目、"三大球"和冬季项目整体水平仍然较低，竞技体育区域间发展不平衡问题突出。

（一）竞技体育项目成绩分布不均衡，整体呈偏态结构

我国竞技体育能够迅速崛起，与优势项目的不断壮大密不可分。能在一个大项上具备多个夺金点的项目，通常称这种项目为"集群性优势项目"，我国"集群性优势项目"的数量及分布较为广泛，但整体发展不均衡，呈现偏态结构。从近三届奥运会奖牌分布来看，尽管我国在奥运会上获得金牌的项目不断扩大，奥运金牌总数保持在第一集团，但在每届奥运会依然将传统优势项目作为夺金的重点。中国体育健儿主要在跳水、羽毛球、乒乓球、举重、射击、体操、游泳、柔道等项目上取得金牌，而有重大影响的"三大球"（女排除外）表现欠佳，赛艇、网球、篮球、帆船、马术、自行车等项目的竞争力突破不大，出现竞技体育项目的非均衡发展。对比北京、伦敦、里约三届奥运会奖牌分布，每届奥运会奖牌数量贡献值最高的是传统优势项目，潜在优势项目和弱势项目对于奖牌贡献值相差不大，但是远小于传统优势项目，详见图10-1。

第十章 路径与创新：新时代中国竞技体育的发展展望

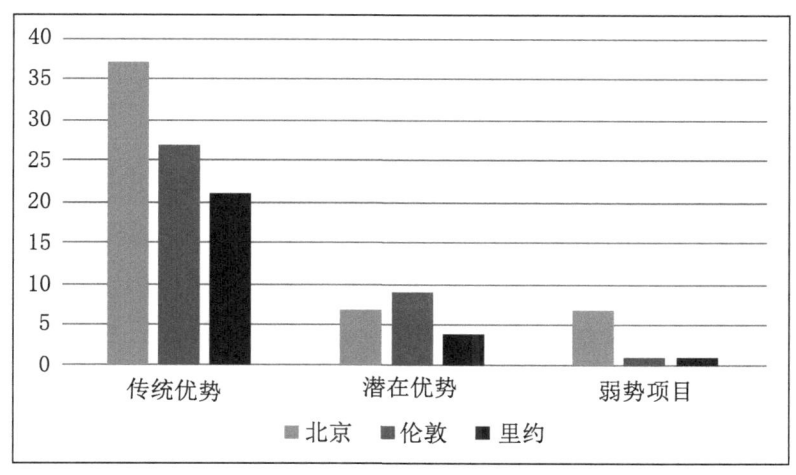

图 10-1 近三届奥运会我国运动项目金牌对比

多年来"重金项目"一直是我国竞技体育的"软肋"，在国际竞争中长期处于极其不利的局面，获奖机会不多。其中，田径、游泳是奥运会的两大金牌大户，共有约 80 枚金牌，占到奥运会金牌总数的近 30%，北京、伦敦和里约三届奥运会我国这两大项目表现平平，与英、美两国存在很大差距。常言道，得田径者得天下，但我国田径平均每届奥运会得到的金牌不足一枚，游泳平均每届也只有一枚金牌，这说明我国竞技体育项目成绩总体分布不均衡，主要靠传统优势项目保持竞技实力。并且，如图 10-2，从三届奥运会奖牌分布可以看出，我国的传统优势项目夺金点大幅度下滑，潜在优势和弱势项目夺金点逐渐下降。在 2012 年伦敦奥运会上，我国仅有 5 支集体球类项目运动队入围参赛，男女足球、男女

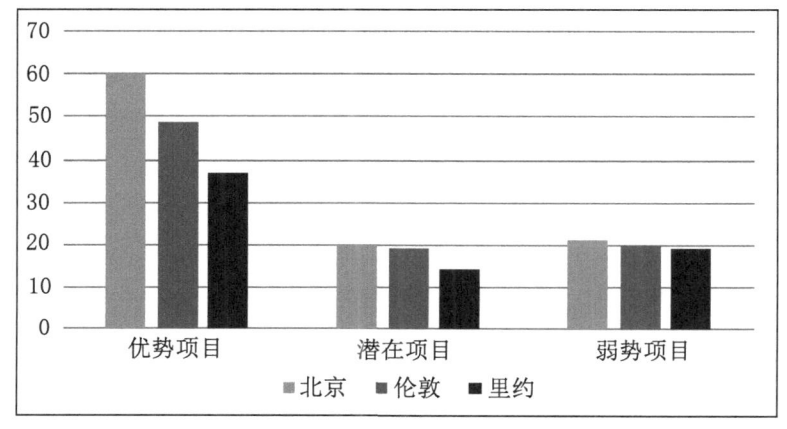

图 10-2 近三届奥运会我国运动项目奖牌对比

手球、男排、男子曲棍球等项目无缘伦敦赛场。如何保持在优势项目上的夺金优势，同时，也能不断提升田径、足球、篮球、排球等项目整体水平，解决我国运动项目发展不平衡的现实问题已刻不容缓。

（二）金牌过于依赖跳水、羽毛球、乒乓球、举重等传统优势项目

如图10-3，我国的优势项目主要有6个大项，分别是乒乓球、羽毛球、跳水、举重、射击和体操。在第27~第30届奥运会获得的139枚金牌中，有104枚来自这些优势项目，约占金牌总数的75%；田径、游泳、三大球仅获得12枚金牌，与世界竞技体育强国存在较大差距。

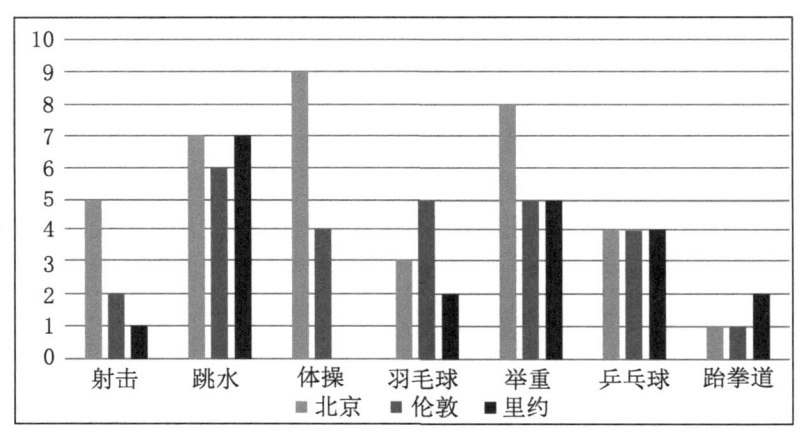

图10-3 近三届奥运会我国传统优势项目金牌对比

从近三届奥运会传统优势项目夺金点来看，我国依然主要依靠传统优势项目，伦敦奥运会上，中国代表团在6个优势项目中斩获颇丰。举重（5金）、体操（4金）、乒乓球（4金）、羽毛球（5金）、射击（2金）和跳水（6金）共获得了26枚金牌，约占金牌总数的68%。举重项目，伦敦、里约奥运会与北京奥运会相比虽然夺金数下降明显，但依然保持较强的实力；跳水、乒乓球、跆拳道三大传统优势项目依然保持强大的夺金实力，是每届奥运会夺金的硬实力。

此外，我国传统优势项目成绩不稳定。里约奥运会中国军团成绩突然下滑的主要原因在于传统优势项目丢金过多，里约奥运会除了跳水、乒乓球和举重一如既往地稳定，我国的传统优势项目，如羽毛球、体操、射击均出现了不同程度的下滑。6个优势项目比伦敦奥运会少获得7枚金牌。此外，伦敦奥运会上为中国代表团贡献了5枚金牌的游泳项目，在里约奥运会上仅获得1枚金牌。另外，潜在优势项目也具有一定的夺金实力，是金牌总数不可缺少的一部分，在一定情况

第十章 路径与创新：新时代中国竞技体育的发展展望

下同样决定金牌总数和金牌排行榜。在北京、伦敦奥运会中潜在优势项目遍地开花，几乎都有金牌入账，而在里约奥运会中排球时隔16年再度夺冠，田径项目获得2块金牌也有所突破，但是其他潜在优势项目如蹦床、击剑、柔道项目完全失落，没有金牌入账。项目分布不均衡严重制约了我国竞技体育的整体发展，优化竞技体育项目结构是实现体育强国战略的重要基础。

（三）与美、英优势项目"错位"明显，暴露优势项目薄弱环节

如表10-1，我国的优势项目主要有6个大项，分别是田径、羽毛球、跳水、跆拳道、乒乓球、举重，美国有田径、游泳、篮球、摔跤及竞技体操5个大项，英国有场地自行车、田径、马术、竞技体操、赛艇5项，中、美、英三国的优势项目各有侧重。但是，目前我国优势项目多分布在美、英优势项目以外，与美、英形成较明显的"错位"发展特征。客观而言，导致这种"错位"发展的原因，既与我国优势项目历史自然发展因素相关（如乒乓球、羽毛球等），又与我国运动员竞技能力人群特征相关（如羽毛球、乒乓球、体操等），还与我国奥运战略中的竞技体育"错位"发展顶层设计有关。我国竞技体育项目"错位"发展策略已经取得了很大的成功，帮助中国在2008年以来的三届奥运会中都保持世界前三的优异成绩，但成为"体育强国"必须要寻求长远进步，不能一直走"错位"发展的道路，必须在巩固自身优势项目的同时，积极迎合现代奥运会的项目布局规律，向美、英优势项目提出挑战，特别是提升社会关注度高的田径、游泳等基础性项目及社会影响力大的球类项目的实力，实现竞技体育项目的全面发展。

表10-1 里约奥运会中、美、英三国优势项目金牌分布

项目	中国	美国	英国
游泳		16	
篮球		2	
田径	2	13	2
竞技体操		4	
摔跤		2	
赛艇			3
艺术体操			2
场地自行车			6

续表

项目	中国	美国	英国
马术			2
跳水	7		
举重	5		
乒乓球	4		
羽毛球	2		
跆拳道	2		

注：此表优势项目指取得2枚单项金牌以上或包揽此项目金牌的项目。

（四）竞技体育项目的职业化发展程度不均衡

职业化、商业化发展是竞技体育未来发展的主要趋势，职业体育项目，特别是集体性球类项目具有广泛的群众基础，备受人们关注。但是我国竞技体育的职业化和商业化发展起步较晚，2008年北京奥运会以来，虽然一些项目进一步加大了职业化发展进程，但不同项目之间的职业化水平依然不均衡，尤其是职业联赛发展水平不高，与国外竞技体育强国还存在较大差距。除乒乓球、羽毛球、女子排球的成绩相对理想外，我国篮球、足球、男子排球等项目的职业化发展水平一直不高，特别是足球、篮球这两个在国际、国内受社会关注度较高的项目，成绩一直低迷。并且，长期以来我国职业体育发展水平与社会大众的期望值有一定差距，我国的优势项目，主要还是集中在社会化、大众化程度较低且非职业化的项目，如体操、跳水、举重、射击和柔道等项目（乒乓球、羽毛球除外）。新时代，随着经济社会转型，我国应在稳固传统项目优势的同时，加快提高正在进行或适宜进行职业化、商业化发展的项目实力，提高社会化、大众化程度高的项目成绩，促进竞技体育与整个体育事业的和谐与进步。

（五）竞技体育项目的区域非均衡性发展

由于受政治、经济、文化、教育和地理等因素的综合制约，我国竞技体育在区域发展分布上存在很大差异性，从而导致了各个地区奥运成绩的非衡性发展。主要表现为：东、中、西部地区之间，城市与农村之间竞技体育发展水平的不均衡。第一，从历届奥运会各省（市、区）金牌数量来看，金牌累计达到20枚的有辽宁、江苏和湖北三个省份；金牌数超过10枚的有广东、北京、四川、浙江、湖南、上海6个省（市）；5枚以上的有河南、广西、河北和山东4省；5枚以下的有福建、天津、江西、黑龙江、陕西、安徽、山西、云南、吉林、贵州和内蒙古。我国各省奥运成绩呈现明显的区域不平衡性,整体表现出东部沿海地区较强、中部地区居次、西部及北部地区较弱的区域发展特征。可以概括为"东强、中次、西(北)弱"的区域非均衡性特征,位于东部沿海经济文化较发达的多数地区奥运成绩相对较好,特别是江苏、辽宁、广东、北京、上海、浙江等省(市)的历届奥运金牌总数均在 10 枚以上;位于中部地区的省份奥运成绩明显低于东部地区,除湖北省的奥运成绩相对较好(金牌总数排第三、其中北京奥运会获 4 枚金牌)外,湖南、河南、江西、安徽和山西等省份的奥运成绩均排名中游;北部及西部地区的奥运成绩整体较弱,除四川和广西两省的奥运表现相对稍好,其他地区的金牌和奖牌甚少,且位于西部的重庆、新疆、西藏、甘肃、宁夏、青海等省(市、区)受文化、经济和环境等因素影响至今没有金牌,有些甚至没有奖牌。第二,在运动员数量方面,我国一线运动员中,东部地区占了总数的1/2,具有绝对优势;从运动员等级指标看,国际级和国家级运动员人数中,东部地区也占到总数的一半,中部次之;只有后备力量的储备上,西部占总数的1/3,相对较高。说明我国东、中、西部地区之间的竞技体育人力资源分布存在较大差距。

五、竞技体育人才的多元化选拔、培养和保障体系尚未建成

从我国竞技体育人才培养的矛盾和问题来看,体育人才的结构和总量与体育强国建设的要求不相适应。我国竞技体育后备人才短缺,各类人才发展不平衡,甚至是我国长期以来的优势项目也面临后备力量不足、高素质复合型体育管理人才匮乏等现实问题。我国传统的竞技体育发展模式及其封闭式的"三级训练网络"人才选拔体系已出现日渐式微的态势,基层少体校的数量和在校人数规模均在缩减,严重影响了我国竞技体育的可持续发展。

第一,体育系统、教育系统、社会组织多元投入的新型竞技体育后备人才培养体系还未建成。当前,面临后备队伍的选拔方式不够科学、生源不足、培养目标单一、人才选拔与生源培养衔接不合理、运动员文化素质落后等问题,传统单一的少体校、青年队、专业队(职业队)三级训练后备人才培养模式已经不适应科学发展的要求;短期内,大、中、小学"一条龙"的多元化竞技体育人才选拔和培养体系尚未建成。同时,学训矛盾、社会用工制度改革等因素造成了运动员就业出口不畅等问题。竞技体育后备人才培养的高风险、高淘汰导致了社会、家庭成本过高,负担过重,许多家长不愿送子女从事竞技体育训练,造成后备人才生源不足。总体而言,"举国体制"和市场机制有机结合,学校体育和社

会力量共同参与，社会办体育、学校办运动队、俱乐部培养体育后备人才的协同机制不健全，多元投入的新型竞技体育后备人才培养体系还未建成。

第二，竞技体育优秀人才的多元化培养方式不健全。一个完整科学的高水平运动员培养体系应包含合理选材、科学训练、全面教育、职业规划、社会保障和配套法律法规等多个要素。然而，我国目前缺乏以竞技体育为手段、以全面培养为核心的竞技体育后备人才培养体系。长期以来，我国高水平运动员的培养一直采取"一条龙"的模式，这种体制在一定程度上发挥了政府机构的优势，但同时也形成了条块分割、各自为政的利益格局，以及国家"奥运战略"和地方"全运战略"的抵触。为了取得成绩，各地纷纷发展"夺金效益"较高的优势项目并重点投入，导致一些基础性项目和集体项目发展缓慢。2008年奥运会以来，我国竞技体育涌现了大量优秀人才，但是，我国后备人才培养方式还不科学，"跨界、跨项、跨地域"人才选拔方式还不够成熟，地方化、院校化、社会化人才选拔模式还未形成。

第三，运动员培养体系依然单一，运动训练与文化教育还不够协调。我国竞技体育人才培养的体教融合不够，传统以各级体校为基础的"三级训练网"主要通过国家的强制性制度实施，体育部门和教育部门的协同不够，导致青少年运动员的训练参赛脱离了教育系统。这种体系下，有潜力的人才一般都输送到业余体育运动学校进行专业化培养，地方政府给予财政支持。我国体育后备人才队伍规模不大，其根本原因在于体育与教育在体制上脱节，运动员得不到良好的文化学习机会，大量的运动员中途被淘汰。据国家体育总局群体司的一份调查报告表明，只有55.4%的基层体育学校实现了体教结合，还有44.6%未实现体教结合，我国竞技体育人才的培养成材率仅达6%，达不到人才培养最低成材率10%以上的标准。随着我国经济社会的转型，特别是近年来高等教育的发展，青少年的成才之路呈现多元化格局，体校原有的政策安排失去了制度优势。文化教育水平不高严重影响了运动员的升学、就业，运动员的退役安置困难重重。

六、竞技体育的科技驱动力量比较薄弱，科学化训练水平不高

科学化训练是用科学的思维方式来认识和解决竞技体育训练与管理问题的实践过程。随着现代科技元素在训练和比赛中的广泛应用，科学化训练已成为提高运动训练成绩的核心要素。从竞技体育的发展来看，随着科学技术的不断渗透，竞技体育之争在某种意义上已经成为科技之争，为了在竞争中赢得优势，依靠科技力量提高训练的科学化水平成为当今世界各国的共同选择。依靠教练员个人能力单打独斗的时代已经过去，运动训练逐渐由以往的教练员个体主导向多门学

科、多种专业科技人员参与的复合型团队形式转化。多年来，我国一直尝试将科研、体能、康复、监控、医务、管理、心理干预等模块融入训练主体之中。但是，由于教练员和运动员的整体科学文化水平和科学训练意识不强，而科研人员的辅助身份，使其很难真正介入到训练实践一线。有些教练员甚至不重视科学训练，以致造成科技人员不能充分发挥作用，最终导致科研和训练实践不能密切结合。与国外竞技体育强国相比，我国竞技体育训练质量和水平不高，训练缺乏创新，传统、经验式训练仍然占主导地位，高精尖的技术并未在各项目训练中普遍应用，竞技体育的科技驱动力量还比较薄弱，科技创新能力不足，科技助力训练参赛的机制不健全，运动训练的科学化、智能化水平不高。

一是科学化训练保障机制缺失。科技助力运动训练的过程需要教练员、运动员、科技服务人员等多种类人员的协调合作，但实际操作过程中我国运动训练的科学化训练保障机制不健全，参与训练的不同人员之间缺少一条交流、沟通的联系纽带，导致了科技保障效率不高。

二是现代科学技术与运动训练结合不够紧密。缺乏紧密围绕运动训练实际需求而展开的科技开发，训练和竞赛中的科技含量较低，导致了竞技体育项目的科学化管理和训练水平效益不明显，传统、经验式训练仍然占主导地位，大数据、人工智能、新材料、新技术等还未在各项目训练参赛中普遍应用。

三是科技创新能力不足，竞技体育科技转化率不高。我国体育科技的整体创新意识不强，体育科研单位及训练基地的科技建设还比较薄弱，多功能的现代化智能训练场馆缺乏，运动训练缺乏高精准攻关和服务水平，一些运动训练中的关键问题得不到及时有效的解决，用科技带动训练和奥运备战的水平还不高。

四是复合型训练管理团队的作用发挥不足。复合型训练团队由项目管理中心领导、领队、总（主）教练、科研人员、医务人员和外聘专家等多种人员组成，需要不同人员的密切合作，但我国竞技体育团队组建多数仍停留在搭架子、组班子阶段，备战团队有相当一部分处于棚架状态，部分团队没有实质性运转起来。复合型训练管理团队的创新性不足，团队创新工作机制尚需进一步加强，复合型团队运行的动力、整合、约束、激励和保障机制协调性不足，团队绩效考核体系和考核办法不完善。高水平体能教练、高新技术人才、高水平教练和科研人员缺乏，成为制约竞技体育团队建设的重要因素。

七、竞技体育的软实力建设亟待进一步提升

竞技体育软实力包含了体育文化、价值观念、管理体制等综合的内在因素，与硬实力构成了竞技体育综合竞争力，相对于硬实力而言，我国竞技体育的软实

力建设薄弱。2008年奥运会以来，我国竞技体育水平达到了一个新的高度，很好地彰显了国家形象，提升了国家的影响力。但总体而言，我国体育发展仍处于"内强外弱"的状况，体现在参与国际体育事务的范围和力度小、体育文化传播和国际影响力不足、体育话语权分量低、传统体育项目创新发展动力不够、体育精神的解读与传播不足、世界体育旅游胜地品牌不多、拥有国际体育影响力的体育明星运动员较少等，国际体育形象与体育大国的地位不一致。

伴随着我国的快速发展和竞技体育的强势崛起，我国理应在国际体育事务中享受与之相对的顶级话语权，但我国在国际事务中的影响力仍比较微弱。近几届奥运会的状况表明，中国体育界在勤练内功的同时，相对忽略了国际话语权的问题，以致我国虽然具备了在奥运金牌榜上同美国、俄罗斯等体育强国一较高下的实力，但在国际体育组织中的地位及影响力与之并不相称。甚至在一些优势项目上都不能掌握话语主动权。如乒乓球作为国球，但乒乓球实力最强的中国却缺少乒乓话语权，这在众多体育领域里实在是很少见的怪现象，而国乒在国际乒联的地位别说是话语权了，现在还面临着各种"打压"。国际乒联打压国乒早已是不争事实，针对国乒的规则更是一改再改。2007年，国际乒联要求乒乓球拍海绵体黏合胶水由有机改为无机，减少弹性，限制中国的快攻打法。2009年，又再次减少各队奥运会单打比赛名额上限，将3人减少为2人，防止中国队包揽前三。

我国在一些其他项目上同样面临话语权不高的境遇。2016年里约奥运会田径赛场上演罕见一幕，我国女子接力队在里约奥运会上遭遇不公判罚，女子4×100米接力展开预赛角逐，我国女队以42秒70的成绩排名第八晋级决赛，而卫冕冠军美国女子短跑队在4×100米接力半决赛中第三棒接棒时失误，随即以巴西队干扰她们为由提出申诉，国际田联竟允许她们单独重赛，最终跑出41秒76，将原本已经进入决赛的中国队重新"淘汰"。国际田联以此牺牲无辜的中国女子短跑队的利益，违背了公平竞赛的原则，中国队两次申诉都被驳回，无法撼动田径赛场上的"强权"。究其原因，主要在于我国在国际奥委会中缺乏足够的影响力，没有主导影响国家利益的话语权。

此外，我国在国际体育事务中的"中国声音"不足，在制定国际体育竞赛规则、设立国际体育议题与会议、开发国际体育市场战略、应对体育全球化等方面的能力和水平比较有限。当今世界各项目国际单项组织每隔一段时间就会对规则做出修改，而在国际体育单项协会却少有中国人的身影。2012年伦敦奥运会和2016年里约奥运会上，夺冠的叶诗文和孙杨曾遭遇外国代表队成员和小部分西方媒体的质疑和诋毁，亦表明中国体育没有得到应有的尊重。当前中国绝大多数的体育组织还没有实现社会化，受体制、语言等因素制约，一些人才无法进入国际体育组织。国际奥委会委员李玲蔚认为："中国体育界要继续提升话语权，光靠运动员在赛场上争金夺银是不够的，更需要加深对国际体育组织的理解，加强对各项目发展现状的理解，以及未来走势的判断，中国竞技体育还需要提升话语权"。

第二节 新时代中国竞技体育的发展思路

随着《体育强国建设纲要》的实施，一个以实现体育强国梦为目标、以人民体育为中心、彰显体育综合价值的新时代已经来临。竞技体育是实现体育强国建设目标的动力引擎，我国从体育大国到体育强国建设，需要作为其核心组成部分的竞技体育有新的使命、新的担当、新的作为。苟仲文局长在2018年全国体育局长会议上提出了备战2020年东京奥运会、2022年北京冬奥会和2022年卡塔尔世界杯预选赛三大任务。这三大攻坚任务的核心目标就是要提升竞技体育的综合竞争力，更好地发挥竞技体育在现代化强国建设进程中的作用，这就需要以新思维、新理念思考新时代竞技体育的新发展，以新思路、新理论指导新时代竞技体育的新实践。

一、以新思维准确定位竞技体育发展的新走向

习近平总书记强调体育强国梦与中国梦息息相关的战略定位，指出体育强则中国强，国运兴则体育兴，赋予了竞技体育新的任务、新的使命。在新时代体育强国建设的伟大征程中，竞技体育要以服务于"五位一体"的国家战略布局为根本目标，紧密对接新时代现代化强国建设新需要，将实现自身发展和带动人的全面发展、社会的全面进步作为发展的新内涵，以新思维充分认识新时期赋予的新使命，以新思路科学引导竞技体育发展的新走向，充分发挥竞技体育在建设社会主义现代化国家新征程中的新作用。

一是从服务国家发展的单一价值向满足经济社会全面发展的多元价值转变，适应强国建设新需要。新时代，要站在国家发展和民族振兴的高度统筹竞技体育发展思路，把握现代化强国建设与体育强国建设的密切关系，深挖竞技体育的政治、经济、文化、教育等多元价值，在全面建成小康社会的伟大进程中发挥应有的价值。要从传统的竞技主导向助推社会产业结构升级转变，服务新时期国家经济社会转型发展新需要，通过打造多门类、多层次的职业赛事品牌，将运动项目产业升级成为现代服务业中的支撑产业，为社会健康消费和经济发展提供新动

力；要从被动应对向主动适应国际竞技体育发展规律转变，服务新时期国家形象建设需要，积极适应国家全方位、立体化外交的新格局，在实践"一带一路"外交战略和构建人类命运共同体战略中发挥新作用；要从服务国家崛起的政治价值向服务社会需要的人文价值转变，服务新时期国家文明与社会和谐发展需要，要大力挖掘竞技体育特有的人文价值，深入践行竞技体育的社会服务功能，积极弘扬中华体育精神，利用竞技体育的精神文化推广健康价值观，推动竞技体育在国家文明与社会和谐中发挥新功能。

二是从金牌至上向全面、均衡、可持续发展转变，丰富为国争光新内涵。新时代，竞技体育既要深刻认识为国争光是党和人民赋予的神圣使命，也要积极适应新时期经济社会发展的新需要，要将竞技体育发展与国家、民族的命运密切关联，以满足人民的体育需求为重要方向，拓宽竞技体育的战略目标；要从"争光体育"向全面体育转变，从突出奥运优势项目向各类竞技运动项目全面协调发展转变，由数量规模型向质量效能型转变，推动各类运动项目均衡发展，努力恢复各类项目间的"生态平衡"，实现竞技体育项目的职业化均衡发展、区域布局协调发展；要从注重数量规模型向强调质量效能型的奥运战略转变，提高竞技体育国际竞争力和影响力，通过竞技体育宣传新时代现代化建设新成就，彰显经济社会发展新风貌；要从"赶超型"向"可持续发展型"转变，不断对为国争光注入新元素，塑造与体育强国相适应的、健康积极的金牌观，树立遵守国际体育规则的良好形象，更加注重运动员在赛场上展现出来的综合素质和精神风貌，为新时期国家建设提供新动能。

三是从单向度的争光体育向全面体育转变，助力健康中国建设新要求。新时代的竞技体育要积极适应"大健康"需要，以提高人民的健康水平、促进人的全面发展为重要方向，从"以金牌为本"向"以人为本"转变，从少数人的体育向全民体育转变，主动引领全民健身工作深入开展，助力健康中国建设。要从单一的成绩追求向全面提高人们的生活质量转变，转变竞技体育发展方式，在改善青少年体质、促进青少年人格养成和社会化等方面做出新贡献；要从训练竞赛向提升人们的精神素养转变，积极与群众体育融合，在运动项目协会组织、赛事举办、竞技标准、场地设施、人力资源等方面引领全民健身开展；要成为打造民众健康生活方式的重要途径，利用竞技体育特有的精神魅力、激励效应和带动效应，吸引更多群众参与体育，满足人民长期的健身、休闲需求；要推动青少年体育发展，成为青少年社会化和品质提升的主要实践方式，在遏制青少年体质下降、提升青少年身体健康方面承担新任务，满足健康中国建设新诉求。

四是从单一管理向多元治理的体制机制转变，提升国家体育治理能力新水

第十章 路径与创新：新时代中国竞技体育的发展展望

平。新时代的竞技体育要积极适应国家治理体系与治理能力现代化建设的新要求，不断优化竞技体育发展方式，推动竞技体育从"垂直型"管理向"扁平化"治理转变，从"中心—边缘"结构向"网式多中心"结构转变，通过提升竞技体育治理能力引领我国体育事业治理能力现代化。要从政府权力无限向权力有限转变，竞技体育要担当起服务提升体育治理能力现代化建设的新任务，通过统筹政府、社会和各类项目协会关系，打造共建共治共享的治理新格局；要从政府管办合一"独轮驱动"向政府、社会、市场、个人"四轮驱动"转变，要进一步厘清国家、社会和市场在竞技体育治理中的角色定位，提升竞技体育体制结构活性，最大限度地激发社会活力；要从粗放型向多种机制耦合创新的集约型转变，在新时期社会改革的驱动下不断优化组织结构，以创新的知识和技术提升发展效益、优化发展方式，打造满足市场需求导向的法治构架，推动竞技体育由人力密集型向科学密集型转变，推动竞技体育的集约化、内涵式新发展。

二、以新理念系统谋划竞技体育发展的新举措

"创新、协调、绿色、开放、共享"新发展理念是实现我国社会主义现代化建设发展目标、破解发展难题、厚植发展优势的理论基础，同样也是新时期我国体育事业发展的行动指南。面对新时代赋予的新使命、新要求、新任务，新时期的竞技体育要紧紧围绕社会主义现代化建设的战略布局，以"五大"发展理念为指导，优化发展方式，科学规划发展路径，更好地融入新时代国家发展大局，不断提升为国争光能力，在新时代中国特色社会主义建设中展现新担当、新作为。

一是建立举国体制与社会市场相结合的新体制。新时代的竞技体育要坚持创新发展和开放发展，以更为"开放"的观念创新竞技体育发展方式，要全面深化"放管服"改革，建立竞技体育发展的新体制、新机制；要大力推行条块结合的"扁平化"管理，合理运用计划和市场两种手段，协调举国体制和市场机制的关系，打造管办分离、内外联动、各司其职的新机制；要构建与经济社会相适应的竞技体育政府主导型治理体制，充分利用社会资源、依靠社会力量，建立多元参与的竞技体育治理模式；要处理好政府、社会、市场、项目协会等多元主体的关系，强化政府的调控型服务式治理，以协会、社会市场为治理主体，建立政府支持、协会主导、市场自主的竞技体育治理新模式。

二是打造国家和社会多元参与的奥运备战新机制。新时代的奥运备战工作要创新发展思路，"以备战促改革，以改革促备战"，坚持创新备战、开放备战、协调备战和共享备战，打造奥运备战组织管理运行新机制、新模式。要创新奥运

备战政策体系和参赛策略，建立多元参与的"扁平化"奥运备战组织管理体系，通过整合奥运备战的制度性资源，健全奥运备战制度法规，调动全国备战奥运会的积极性，吸收更多的社会主体参与奥运备战，提高备战工作的社会化水平；要大力推行"跨项选材"，制定不同项目的奥运备战参赛策略，激活优秀竞技体育人才多元选拔方式，建立多元联动的人才输送体系，提高备战人才选拔工作的社会化、市场化水平；要大力推进"科技助力"工作，强化奥运备战科技攻关，大力推进科技介入日常运动训练，完善科技助力奥运的工作机制，提升奥运备战的科技含量，打造"科研—训练—保障"多元融合的奥运备战新体系。

三是构建体育部门、教育系统和社会力量多元参与的竞技体育人才培养新模式。新时代的竞技体育要创新人才选拔与培养方式，有效发挥教育系统、体育系统和社会组织的作用，推动体教融合，打造多元投入的新型竞技体育人才培养体系。要推进国家队办队模式多元化，依托各类协会、俱乐部、市场等多方力量建设新型国家队，在各类学校、体校、俱乐部和职业队中选拔组建国家队；要完善竞技体育后备人才培养模式，创新体育后备人才小学、初中、高中一条龙培养体系，通过厚植竞技体育后备人才培育基础，不断优化三级训练网络体系，还要大力推行跨界、跨项、跨地域多元人才选拔工作，形成精英运动员培养与选拔的长效机制；要打造高级别的复合型训练管理团队，健全复合型团队的激励、奖励保障机制，完善复合型训练管理团队收入分配和激励政策，提升教练员、裁判员等多层次人才队伍的保障水平，培育能够适应未来运动训练需要的复合型训练管理新团队。

四是大力提升运动训练科学化、智能化新水平。新时代的竞技体育要创新运动训练和参赛方式，搭建科技助力平台，推动科技与运动实践深度融合，提升运动训练和参赛过程中的科技元素，推进"科技助力"工作。要推动"科技助力"与运动训练紧密融合，引进大数据和人工智能技术，推广新材料、新装备、新技术运用，加快训练场地、器材、设施等智能化改造和建设，推动高新技术在运动训练实践中应用，提高科学训练的基础设施水平；要建立与运动训练实践密切结合的科技服务体系，广泛吸纳社会各方力量参与"科技助力"工作，通过打造资源共享和经验交流平台，构建现代化多功能智能场馆，提高训练过程和状态监控的科学化、信息化水平等方式，推进训练、科研、医疗、康复保障等多个元素融入训练参赛的整个过程；要加强复合型训练团队建设，构建教练、体能、康复、科研、营养、心理等一体化复合型训练团队，提高教练员执教水平和创新能力，依靠科技攻关加强技战术创新，提高训练管理科学化新水平。

五是建立与经济社会转型和竞技体育发展相适应的现代化竞赛新体系。新时代的竞技体育要推动运动竞赛的社会化、科学化、制度化和多样化，不断拓宽体育竞赛种类，完善具有中国特色的现代化竞赛体系，逐步建成具有中国特色的政府引导、形式多样的竞赛管理体制。要推动竞赛体系的社会化、科学化、制度化和多样化，完善办赛方式和组织管理办法，扩大专业赛事举办和参赛的灵活性、开放性和自主性，开展形式多样的系列赛、大奖赛、分站赛等，满足不同地区、不同层次人群的需要；要创新中国特色职业体育发展方式，做好职业体育联赛顶层设计，充分调动社会市场参与职业赛事的积极性，构建政府引导、依托市场、协会监管的联赛管理制度，建立具有中国特色的职业联赛发展模式；要培育具有国际影响力的职业化品牌赛事，充分挖掘不同项目的职业化发展潜力，打造具有中国特色的职业体育俱乐部和高水平职业化品牌赛事，积极推动各类运动项目俱乐部走向国际市场，形成不同类型、不同层次的职业化赛事新局面。

三、以新思路深刻认识竞技体育发展的新内涵

新时代的中国竞技体育要紧紧围绕社会主义现代化建设的战略布局，把竞技体育事业放在国家各项事业发展的全局中去谋划、去推动、去落实、去担当。要坚持"世界眼光、国际标准、中国特色、高点定位"，大力推进竞技体育的创新发展、协调发展、绿色发展、开放发展和共享发展，以提升为国争光能力，实现竞技体育自身快速发展、带动人的全面发展和社会的全面进步作为重要方向，促使竞技体育更好地融入新时代国家发展大局。要始终坚持以人民为中心的发展观，将实现世界一流成绩和不断提高国际竞争力、影响力作为推进竞技体育强国的核心目标和任务，优先发展竞技体育在小康社会和健康中国建设中发挥综合功能和作用，发挥竞技体育在建设社会主义现代化国家新征程中的重要作用。

思想是引领。以习近平新时代中国特色社会主义思想为指导，以国家"四个全面"战略布局和"五位一体"的总体布局为引领，以建设健康中国和体育强国为目标，以服务全面建成小康社会、满足人民群众体育需求为出发点，坚持以人民为中心的发展观，以新思想引领竞技体育改革发展新实践，开启竞技体育事业发展新征程。

发展是关键。习近平总书记强调："发展是党执政兴国的第一要务，是解决中国所有问题的关键。"新时代的竞技体育要坚持"创新、协调、绿色、开放、共享"发展理念，遵循竞技体育发展规律，着力于提升竞技体育综合实力，推动竞技体育向更好、更快、更高、更强方向发展，不断增强竞技体育全面、协调、可持续发展的活力，使竞技体育在实现"两个一百年"奋斗目标、促进国家经济社会转型发展中发挥新作用。

目标是导向。始终坚持以人民为中心的发展目标，立足决胜全面建成小康社会、全面建设社会主义现代化强国新需要，坚持中国特色竞技体育发展道路，坚持实施奥运战略，坚持以创新驱动为关键，坚持以促进人的全面发展为核心，充分发挥竞技体育的综合功能和多元价值，为实现中华民族伟大复兴的中国梦做出新贡献。

改革是根本。围绕新时期体育强国建设新要求，坚持以全面深化改革为引领，以优化结构布局为重点，加强政府体育管理部门与社会组织的协同联动、上下协同，形成改革合力，全面深化竞技体育体制机制改革，推进地方体育总会、单项体育协会、运动队管理体制、运动员选拔机制等多方面改革，提升竞技体育治理能力现代化新水平。

市场是主导。转变竞技体育发展观念，拓宽竞技体育管理主体，引入市场机制，协调好政府、社会、市场、协会等多元主体关系，调动社会力量支持竞技体育发展，推动政府、社会组织和市场构成的多元主体协同治理；整合多方力量，合理运用计划和市场两种手段，协调举国体制和市场机制的关系，建设更加充满活力、更加创新的竞技体育发展新格局，为举国体制注入新活力。

四、以新理论科学指导竞技体育发展的新实践

一是处理好体制与机制的关系。新时代，面对举国体制存在运行效率不高、协同能力薄弱、功能发挥不畅等问题，亟待处理好举国体制与市场机制的关系，构建举国体制与市场机制相结合的新机制。因此，既要客观认识举国体制存在的不足，也不能过度夸张市场机制的功效，既要继承和发扬举国体制的优势和长处，又要利用市场机制的长处来弥补举国体制的不足，要推动举国体制优势与市场机制优势的系统耦合和功能性互补，重点要根据国情、"体情"和时代需要，创建一个举国体制与市场机制相结合的新型体育运行机制。要充分认识政府主导下的市场有效参与，通过举国体制补市场机制的无序，防止投机、利益冲突和恶性竞争；通过市场机制补举国体制调动资源能力不强、激励和约束方式单一、资源使用效率不高、推动创新和突破关键技术的能力不强等短板。此外，还要明确政府、社会和市场的关系，推动服务市场的职业体育与"奥运争光"的专业体育协调发展，既要立足我国国情又要尊重职业体育发展规律，引导高水平职业体育项目参与到奥运会、亚运会等国际大赛中，提升为国争光能力。

二是处理好功能与价值的关系。新时期，我国竞技体育发展呈现多元化趋势，既承载着为国争光的政治功能，也肩负着助力体育产业、引领和带动群众体育发展等多元价值。既要明确为国争光是党和人民赋予竞技体育参与国际竞争的

第十章 路径与创新：新时代中国竞技体育的发展展望

神圣使命，也要认清服务社会是新时期我国竞技体育应有的时代责任。这就要求，一方面，要继续提高竞技体育的国际竞争力和影响力，提升为国争光能力，通过为国争光引领全民健身和体育产业发展，利用参与国际赛事发扬新时期国家形象、民族精神和时代精神。另一方面，也要认清为国争光并非是竞技体育的唯一功能，新时代的竞技体育要进一步拓宽自身的价值内涵，要从单向度的为国争光向全面服务社会转变，从单纯追求提高运动技术水平向提升整体实力和综合竞争力转变，通过竞技体育促进群众体育发展，为群众体育提供更多的体育消费产品；通过竞技体育带动体育产业发展，促进我国产业结构转型，不断挖掘竞技体育的经济价值、文化价值和教育价值。

三是处理好结构与效益的关系。要处理好竞技体育发展的结构与效益的关系，就要转变传统的发展理念，优化竞技体育的发展方式，推动竞技体育从要素驱动向多种机制协同联动的创新驱动转变，从依靠资源投入的粗放型向依靠科技引领、制度完善、理念创新的集约型转变，从重数量的外延式扩张向追求综合实力的增强、质量的提高和结构的优化转变，从人力密集型向科学密集型转变，提高竞技体育结构的整体效益，推动竞技体育的内涵式发展。另外，要统筹竞技体育的项目结构，建立合理、均衡的项目布局，要从突出优势项目向推动各项目结构协调发展转变，统筹奥运与非奥运项目、夏季与冬季项目、优势与潜优势项目、集体球类项目与基础项目及弱势项目的协调发展，追求项目结构的整体发展、整体效益。还要处理好竞技体育项目职业化发展的关系，根据我国运动项目的市场化程度，不断推进有条件的运动项目走职业化道路，广泛利用社会市场资源进一步提升运动项目的竞技水平，满足"奥运争光"的需要。

四是处理好普及与提高的关系。"在普及基础上提高，在提高指导下普及"依然是处理新时期竞技体育与群众体育关系的重要方针。竞技体育和群众体育是现代体育高度分化的结果，是我国体育事业的两个重要内容，两者同质异形、相互依存、功能互补、关系密切，都是新时期我国体育事业发展的重要任务。要处理好普及与提高的关系，首先要树立体育的整体发展观，明确共同的发展目标。党的十九大确立了以人民为中心的发展思想，这就要求在处理普及与提高、群众体育与竞技体育的关系时要树立"大体育"理念，以满足人民的体育需求作为出发点和落脚点，明确群众体育是竞技体育的基础，竞技体育是群众体育的延伸。一方面，要进一步提升竞技体育发展水平，做好提高工作，全面提升竞技体育的综合实力。另一方面，要通过竞技体育的提高带动群众体育更好地实现普及，通过竞技体育的示范和引领功能助推全民健身战略实施，最终实现竞技体育与群众体育的协同共进、融合发展。

五是处理好训练与竞赛的关系。训练和竞赛是竞技体育的两个重要方面,两者有着不同的内涵,训练是积累、竞赛是表现,训练是过程、竞赛是结果,两者之间既相互联系,又相互区别,两者的最终目的都是提高竞技体育成绩。随着现代化竞技运动对训练和比赛要求的日益提升,国际化高水平竞技体育对训练和比赛水平有着新的要求,这就需要进一步认清两者的内在关系。一方面,训练是比赛的基础,良好的比赛成绩建立在长期的运动训练实践之中,训练的科学性和有效性直接影响竞赛的结果。另一方面,也要明确竞赛不是训练的唯一目标,而是训练的形式和内容,竞赛可以产生负荷和量的积累,锻炼运动员心理素质,是一种提高运动训练效果的有效手段,所以可以说竞赛也是训练的特殊形式。在具体实践中,要根据不同情况科学处理两者的关系,贯彻实施"以赛代练、以赛促练、赛练结合"的科学训练理念,不断提高训练和竞赛的科学化水平。

第三节 新时代中国竞技体育的发展举措

一、创新奥运备战新模式,提升竞技体育为国争光能力

(一)创新奥运备战政策体系和参赛策略

竞技运动成绩是为国争光能力的显性指标,是衡量国家体育综合实力、体现体育强国整体建设水平的重要标志。奥运会作为运动员实现为国争光的载体,是展现国家竞技体育综合实力的最高舞台,以奥运会为代表的重大赛事具有很好的国际可比性,提升竞技体育为国争光能力的前提就是做好各项目奥运备战工作。总书记在教育文化卫生体育领域专家代表座谈会上强调,统筹做好东京奥运会和北京冬奥运会各项工作,对备战"两个奥运"提出了新的期待。新时代,要以夏季奥运会和冬季奥运会取得优异成绩为重点,实施奥运战略,坚持"以备战促改革,以改革促备战"的整体思路,以改革的思路、创新的举措,大力应用科技助力和构建复合型备战团队,以"真选、真练、真高、真干"的方法论指导备战奥运会。

第一,加强顶层设计,制定不同项目的东京奥运会备战参赛策略。首先,从全局的视角对奥运备战参赛任务的各方面、各层次、各要素统筹规划,要覆盖对不同项目备战目标、任务的策划,注重抓重点项目的顶层设计,对奥运参赛项目上不能一味追求"大而全",要根据我国参赛项目的现状对参赛项目进行分类,要有所偏重、有所区别地制订不同项目的具体参赛措施。其次,以《奥运争光计划纲要(2011—2020年)》和《竞技体育发展"十三五"规划》中提出的东京

奥运会参赛任务为指导，根据东京奥运会项目设置，确定不同项目的具体备战计划。各项目国家队要根据东京奥运会备战总体计划，统筹制订本项目备战计划，设计不同年度、不同项目和不同领域的分计划，并将备战计划层层分解至各个教练组、教练员和运动员。

第二，优化东京奥运备战的优秀人才选拔机制，建立层次衔接的人才输送和培养机制。实施奥运备战"直通计划"，激活优秀竞技体育人才多元选拔机制，建立严格的国家队奥运选拔制度，突破项目和地域限制，以公开、公平、公正为原则，遴选成绩最好、状态最好的运动员进入国家队，打造不同项目联动递进的后备人才梯队。严格监督检查，制订选拔办法，公平、公开、公正地做好国家队和东京奥运会参赛运动员选拔工作，确保参赛选拔工作阳光透明。还要建立国家队、省市队、地方队层次明确的人才输送和培养机制，建立项目选拔与跨界选拔相结合的选拔机制，形成精英运动员培养与选拔的长效机制。

第三，调整和完善奥运备战政策法规体系，调动更多社会力量支持奥运备战。完善国际大赛参赛运动员选拔政策、训练基地建设管理政策、运动员和教练员人才交流管理政策、运动员升学就业保障政策和少数民族地区培养高水平运动员政策等，从制度、法规等软实力层面支撑奥运备战。要广泛调动社会力量，吸收更多的社会资本进入奥运备战，可以发挥不同项目的特点，寻求更多的赞助商，建立社会力量介入奥运会备战的激励机制，选取一些设施完善、资金雄厚的俱乐部承担部分项目的备战任务，吸引社会资本介入奥运会的备战工作，并按照互利双赢的原则，实现政府办与社会办的有机结合，发挥社会力量调动多方竞技体育资源，实现多渠道、多方式共同资助奥运备战，从而降低政府运作成本。

（二）构建国家和社会多元参与的奥运备战体系

筹备好2022年冬奥会、冬残奥会是党的十九大对体育工作者提出的新要求，是我国重要历史交汇期的标志性事件。同时，奥运备战也是一项系统工程。伴随着新时代我国体育体制改革的深入，大量的社会力量将介入竞技体育领域，要利用好竞技体育社会化改革的趋势，借助社会力量，吸收更多的社会主体参与奥运备战，构建国家和社会多元参与的奥运备战新体系。

第一，建立多元参与的"扁平化"奥运备战组织管理体系。开放备战边界，充分调动全国备战资源和力量，吸引各省、区、市、社会组织、高校、企业、个人等参与备战，创新多元化奥运备战方式，划小核算单位，建立备战领导小组、项目管理团队的"扁平型"奥运备战组织管理体系，提高备战效益。各项目中心要成立国家队队委会和复合型训练管理团队，明确管理人员、教练员、医务人员、科技人员等相关人员的责任，逐步形成"奥运备战有落实，任务落实有主体"的奥运备战组织管理体系。鼓励各地承担备战任务，共建多种形式国家集训队和国家队，搭建备战领导小组、项目中心、协会和运动队多层责任体系，细化目标，落实责任，统筹安排比赛周期和年度训练、比赛计划等工作，切实提高奥运备战管理水平和工作高效完成。

第二，提高备战奥运工作的社会化、专业化、市场化水平。坚持共享备战，动员社会组织和市场资源参与奥运会。将东京奥运会备战与全国各省区市竞技体育发展紧密结合，调动更多社会力量支持奥运备战，搭建全国性备战组织管理平台，吸纳更多力量共享备战成果。广泛利用社会市场资源，吸引央企、民企、社会俱乐部、家庭创办运动队的积极性和主动性，组建备战队伍，承担特殊任务，广泛利用社会力量做好奥运融资，实现备战奥运会资金结构的社会化和多元化，从而降低政府运作成本。要大力推进奥运会备战模式的多元化，奥运会备战过程中要有效整合政府、社会、协会、俱乐部等各种竞技体育资源优势，激发奥运项目发展的内生动力，充分调动和发挥地方备战奥运会的积极性。在推进奥运备战模式多元化的实践中，要继续发挥举国体制的优势，支持各种社会力量参与备战工作，从而实现精英体育资源的共建与共享，提升备战效率。

（三）大力推进"科技助力奥运"工作

科技水平是衡量体育强国的重要指标，随着现代科技的发展，科学技术已经成为提高运动训练水平的关键因素。科技助力奥运是奥运备战的重要创新途径，要针对重点项目实施"引智工程"，进一步营造科学训练氛围，提高科技服务和科技攻关水平，打造"科研—训练—保障"多元融合的奥运备战体系，以课题攻关和保障服务为重点，引进高科技、大数据、人工智能技术，锁定关键问题，解决训练竞赛"短板"问题。

第一，强化奥运备战科技攻关，完善科技助力奥运的工作机制。以备战2020年东京奥运会、2022年北京冬奥会为首要任务，准确把握东京奥运会备战新趋势、新特点，实施"抢、拼、扰、打"精准战术，通过制定相关政策引导国家、社会、各类俱乐部协同开展科技助力奥运工作，大力推进科技介入日常运动训练，充分发挥科技的先导作用，加强对重点夺金项目训练理论与方法的研究与应用，系统设计争金夺银的要素指标，科学规划，精准备战和精准夺冠，有针对性地解决运动训练的实际问题。重点围绕奥运参赛项目的技战术、训练方法手段、器材开发、伤病预防、疲劳恢复等进行研究，紧密结合运动训练实践，以科研创新带动科技助力奥运工作。

第二，打造多元融合的复合型训练备战体系，提升备战训练科技含量。针对重点项目实施"引智工程"，打造"科研—训练—保障"多元融合的复合型训练体系。一是组织人员专门对先进国家奥运项目制胜特征进行研究，对竞技体育项目发展中的重点、难点问题进行联合科技攻关，通过器材的创新、设备的改造升级等逐步提高项目的科技含量；二是组建科研保障团队，打造奥运科技协调创新平台。与有关高校、科研所等合作，在国内外遴选综合实力强的科研团队，针对备战中的难题进行联合攻关，将科技与教练员训练结合来解决实际工作中的问题。把科研实验室实施运动队化，把阶段性运动员测试日常化，每一个项目或项群均可以与高校实验室或科研机构签订合作协议，对重点小项、重点运动员的制约短板进行深入研究，提升奥运备战的科技含量。

（四）借助2022冬奥会、冬残奥会推动冰雪运动大发展

2022年北京冬奥会、冬残奥会的成功申办，不仅彰显了新时代我国的大国形象，而且为我国推广普及冰雪运动提供了难得的历史机遇。通过举办冬奥会，将带动更多人参与冰雪运动，改善人民的健身和生活方式，对于践行总书记提出的"带动三亿人参与冰雪运动"的目标，形成群众性冰雪运动蓬勃发展的格局具有重要意义。要借助2022年冬奥会、冬残奥会的契机，推进冰雪运动"南展西扩东进"，形成东南西北遥相呼应、冬夏两季各有特色、冰上雪上全面开花的新格局，更好地带动"三亿人参与冰雪运动"，更好地发挥冬奥会的辐射效应。

第一，从体制和机制两个层面推动冬季项目的社会化。深刻认识举办北京冬奥会、冬残奥会是在中国重要历史交汇期的标志性事件，要利用当前经济社会转型的时代背景优化冰雪运动的发展方式。加快管理机构的"放管服"改革，打造适应新时代要求的现代化、国际化、规范化、科学化的冰雪项目机构，全面落实筹办好2022年冬奥会、冬残奥会的国家战略，贯彻"绿色、共享、开放、廉洁"的办赛理念，坚持共同参与、共同享有，引导人民群众愿意参与、便于参与、积极参与冰雪运动，让人民群众真正从冬奥会的举办中得到"获得感"。

第二，制定推广政策制度，建立"三亿人参与冰雪运动"工作机制。以"大众冰雪大众办，大众冰雪社会办，冬季夏季融合，调动社会积极性，吸引不同地域不同层面群众广泛参与"为总体思路，研制实施各项群众冬季运动推广普及计划，扶持滑冰、冰球和滑雪等大众便于参与的冰雪健身休闲项目，建立冬季项目群众基础，培养各类群众性冰雪人才。要在各地组织形式多样的群众性冰雪活动，逐步将冬季体育项目扩展到社区、校园和乡镇，从不同地域、不同群体等多个方面扩大冬季运动的开展规模。

第三，大力发展冰雪运动产业，鼓励社会力量广泛参与冰雪运动消费。在京冀冰雪运动快速发展的基础上，做好引领示范，释放有效资源，以推动西北、华北地区发展为重点，带动冰雪设备、冰雪运动装备和大众冰雪健身服务平台建设。逐步打造多元冰雪产业链，通过政策措施激活市场活力，扩大冰雪体育产业市场供给；通过打造京张沿线冰雪文化旅游带，促进冰雪运动消费，推动冰雪旅游、冰雪竞赛表演和冰雪器材等产业的快速发展，不断满足群众日益增长的冰雪运动需求。

第四，塑造冰雪运动品牌，办好冰雪体育赛事，打造"全国大众冰雪季"和"青少年冰雪运动普及"等群众性品牌冰雪活动。通过政府与社会各类部门协作，降低冰雪赛事审批标准，加强冰雪项目场地设施建设，大力推广花样滑冰、冰球、冰壶和单板滑雪等赛事。可以广泛利用社会组织，成立冰雪运动俱乐部和培训学校，进行冰雪运动专业指导，通过向全社会普及冰雪运动知识，不断拓宽冰雪运动的社会认知，让更多的社会主体参与进来，带动和引领更多人群参与冰雪运动。

二、转变竞技体育发展方式，打造竞技体育"新举国体制"

（一）建立"强政府、强社会"的竞技体育"新举国体制"

举国体制是一种高效提高竞技运动水平的制度设计，是特定历史条件下迎合我国特殊国情的时代产物。新中国成立以来，举国体制发挥了重要效用，促使我国竞技体育取得了一系列辉煌成就，尤其是2008年北京奥运会取得了奥运金牌榜首的成绩，取得竞技辉煌成就的同时，创造了巨大的精神财富。当前，随着新时代社会主义市场经济体制改革的不断深入，举国体制面临经济社会转型的新挑战。2016年8月25日，习近平总书记会见第31届奥运会中国体育代表团时曾提出"加快推进体育改革创新步伐，更新体育理念，借鉴国外有益经验，更好发挥举国体制在攀登顶峰中的重要作用"。面对新时代体育强国建设的新使命，坚持和完善举国体制，构建新时代竞技体育举国体制的新机制，推进实现更优化的"新举国体制"。

第一，坚持和完善举国体制，推动举国体制与市场机制深度结合。要根据中国国情和体情需要，建立竞技体育"新举国体制"，在充分发挥原有以政府为主导的举国体制优势的同时，充分调动市场、社会、家庭等多元主体的力量，不仅重视有形内容的发展，更应重视竞技精神、竞技文化等无形内容的发展[①]。通过

---

①王凯．论"新举国体制"[J]．体育学研究，2018（4）：8-15．

第十章　路径与创新：新时代中国竞技体育的发展展望

转变政府职能，以更为"开放"的观念创新竞技体育发展方式，进一步降低各类市场主体参与竞技体育的门槛，放宽准入，形成社会主义市场经济条件下集中力量办大事的新机制，进一步放开社会力量、市场力量和民众力量，合理运用计划和市场两种手段，从宏观和微观层面调动社会资源，形成管理有序、结构合理、效率优先的管理体系，为举国体制注入新活力。以改革的思路和创新的举措构建举国体制与市场运作相结合的新机制[1]，对现有体育事业的权力机构和利益格局进行重新分配，逐步将政府工作重心转移到体育政策和制度设计上，鼓励更多社会力量参与竞技体育治理，将竞技体育的具体事务交给有关社会组织、协会团体和中介组织等，促使国家体育总局与中华全国体育总会，中国奥委会及各单项体育协会的职能分开，实现管办分离。充分发挥集中力量办大事的社会主义制度优越性和社会市场力量在资源配置中的决定性作用，为竞技体育发展注入新的活力和动力是我国竞技体育稳定发展、创新发展的应有作为。

第二，创新竞技体育发展方式，发挥"新举国体制"的综合效能。我国竞技体育多年来发展的脉络是举体育行政系统之力，而不是举国之力，未能将社会主体、市场主体、家庭主体等充分吸纳进来，甚至出现了体育行政体系对社会主体参与的某种程度的阻碍。因此，竞技体育举国体制不是"举得过度"，而是"举得不足"，"强政府、强社会"的竞技体育举国体制模式符合当下中国体育发展的实际状况。新时期的竞技体育举国体制应该继承、发扬、完善、优化，要充分发挥集中力量办大事的社会主义制度优越性，有效调动社会力量、市场力量、家庭力量等参与到竞技体育发展中，全面深化"放管服"改革，发挥好国家调控、社会市场与协会组织间的整体效益。因此，新时期要发挥"新举国体制"的综合效能，在参与主体上由"政府单一主体"向"政府主导与社会主体协同参与"转换；在目标上应由"竞技为国争光"向"竞技为国争光兼顾为民谋利"转变；在发展内容上要由"封闭式技术主导"向"开放多元化"拓展；在机制设计上要由"体育系统内生"向"系统内外共生"转型[2]。通过规范国家体育部门、社会组织和各类协会的权责，进一步引导各级体育事业单位和社会体育组织明确自己的权利与义务，在明确不同主体职责的前提下，充分开发竞技体育的有形和无形资产，多渠道、多形式地调动社会各方力量共同参与发展竞技体育事业。

---

[1] 袁守龙. 从"举国体制"到政府、市场和社会协同——对中国竞技体育发展的思考[J]. 体育科学，2018（7）：11-14.
[2] 王凯. 论"新举国体制"[J]. 体育学研究，2018（4）：8-15.

(二) 优化竞技体育管理体制和运行机制

新时代的体育强国建设对于竞技体育发展方式提出了更高的要求，由于长期受国家行政体制的制约，当前还没有形成政府、社会、市场多元主体共同参与的竞技体育管理体制和运行机制。为构建与体育强国相适应、符合社会转型和体育发展规律的竞技发展方式，要进一步优化竞技体育管理体制和运行机制，提高竞技体育发展的质量和效益。

第一，全面深化竞技体育管理体制改革，推行条块结合的"扁平化"管理。贯彻政事分开、管办分离的指导思想，对国家体育总局、中华全国体育总会、中国奥委会改革方案进行深度研究与论证，大力推进全国性体育协会与行政机关脱钩改革，实施奥运项目协会实体化，推行政事分开、管办分离的指导思想，形成自我管理、自我发展、自我约束的单项体育协会管理体制。要结合我国不同地区竞技体育发展的情况，从根本上解决机关政事不分、管办合一的弊病，构建政府宏观调控，社会团体具体实践的组织体系，释放竞技体育的社会活力。

第二，建立政府指导下的国家与社会共同兴办，人民群众广泛参与的竞技体育运行机制。完善市场为主、计划为辅的竞技体育运行机制，拓宽多元投资渠道，推动建成多渠道、多层面、社会广泛参与的竞技体育多元发展新模式。借助社会力量办体育，广泛吸纳社会资源为竞技体育发展提供支持。另外，要协调好政府与社会、市场的关系，为多元化的利益主体提供良好的生存发展空间，促使竞技体育社会化程度不断提高，形成多渠道、多层面、社会广泛参与的竞技体育多元发展模式。

第三，构建"小政府、强社团、大社会"的新格局，实现竞技体育资源的优化配置。要进一步划分政府和社会团体的角色与职责，改变主要依靠行政指令整合竞技体育社会资源的做法，充分利用新时代社会主义市场经济体制，运用投资导向和税收政策等手段，打破行业界限，营造机会均等、责权明晰、公平竞争的发展环境。在区域竞技体育资源布局方面，可以东部竞技体育发达地区为引领，重点向偏远穷地区倾向，推动全国竞技体育资源配置的整体优化，促进中、西部地区竞技体育共同提高。

第四，深化运动项目管理体制改革，完善国家队管理体制。建立集中与分散结合、多强竞争的国家队建队机制，加强运动队复合型训练管理团队建设，统筹规划、政策引导、组织协调，打破体制内和体制外体育机构或组织的竞争壁垒，培育竞技体育发展的内生动力，调动地方、单项协会等各方积极性，形成各方合力，以改革创新带动训练水平的整体提高。

(三) 全面推进竞赛体制和训练体制改革

多年来，我国形成了以全国运动会为龙头，以全国城市运动会、全国冬季运动会、各单项运动会、青少年运动会和青少年单项锦标赛等系列竞赛为主体的竞赛体系，制定并形成了具有中国特色的体育竞赛制度体系。构建了以国家队为龙头，以省区市专业运动会为中坚力量，以重点业余体校为后备军，以一般业余体校青少年运动员为基础的"金字塔式"的运动训练体制，促使我国竞技体育在短时间内取得快速发展。新时期，在迈向体育强国的道路上，需要进一步完善传统的竞赛体制和训练体制，建立与经济社会转型发展相适应、与竞技体育发展规律相匹配的竞赛训练体制，推动竞赛训练体系的社会化、科学化、制度化和多样化。

第一，消除竞赛体制行政壁垒，积极吸纳社会与市场资源。推进大型综合性运动会和主要单项赛事的市场开发，继续加大政策引导，消除竞赛体制的行政壁垒，推进竞赛体制"管办分离"，调动体育社会组织与市场组织参与竞赛管理与组织的积极性，提升体育竞赛的社会化和市场化水平。一方面，要尽快取消商业性和群众性体育赛事活动的审批，及时公开赛事举办目录，通过公开招标的形式保证体育社会组织与市场组织能够公平地参与到体育赛事的组织与管理中来；另一方面，要搭建规范、透明的体育赛事投融资平台，通过改革完善竞赛申请办法、赛制规模、项目设置、赛制编排、运动员注册、计分办法、管理手段和监督措施等，开放竞赛市场，打造门类齐全，布局合理的竞赛体系，建成具有中国特色、适应市场经济要求、社会广泛参与、形式多样的竞赛体系。

第二，改革全运会制度，使其更好地与奥运争光战略相协调。积极推进全运会竞赛制度改革，发挥全国综合性运动会在推进赛制改革方面的引领作用，调整全运会的参赛主体，不再单纯以行政区域和行业体协为单位参赛，一般只要达到全运会的参赛水平，省队、业余体校、高等学校、俱乐部、企业单位等都可以独立参赛，鼓励个人独立参赛，进而弱化全运会行政绩效考核[①]。做好全运会与奥运战略的协调，要根据奥运项目的规律特征，以及项目的市场化、社会化程度，协调年度竞赛计划，积极发挥竞赛的杠杆作用，形成科学、合理的奥运备战竞赛体系。适当扩大赛事规模与数量，通过多元竞赛体系挖掘不同项目运动员的最大竞技能力，让竞技状态最好的运动队或运动员脱颖而出。

第三，创新科学训练理念，不断提升训练参赛水平。科学的理性认知与成功

---

① 孟号翔，马德浩，孟献峰. 我国竞技体育竞赛体制的弊端表现、致因及其改革策略 [J]. 沈阳体育学院学报，2016，35（5）：115-118.

的训练实践是孕育先进训练理念的必要条件，训练理念孕育于训练实践，是人类对于运动训练认知的理性表达。正确地认识和把握运动训练活动的规律，能够指导训练实践走在时代前列的训练理念[1]。一是要探索科学训练与科学管理新模式，对运动训练过程加强监控，制订与实施运动队训练质量管理评估办法，定期对规划计划、训练组织、目标实现、训练创新、参赛指挥、科训结合、反兴奋剂、团队文化、梯队建设等方面进行定性和定量化评价，进一步挖掘运动项目发展和制胜的客观规律，不断提高运动训练的质量和效益。二是不断完善训练体制，不断完善综合性训练基地建设，提高全国运动训练基地的训练、科研、医疗、教育和保障水平。此外，要不断拓宽训练渠道，完善复合型训练管理团队建设的体制机制和操作办法，促使各项目队伍的横向扩张、纵向延伸，改变以往只有省以上体育局办优秀运动队的状况，引导企业、高校等主体办体育俱乐部和高水平运动队，打造多元化管理主体的高水平竞技体育队伍，继续向着集中与分散相结合的多强体制迈进。三是强化功能性体能训练研究和应用，推行体能铁人计划。推动我国体能训练学科建设和人才培养的新实践和新探索，引导各个队伍向体能大数据要成绩，强调"以运动员为中心，以教练员为首要，以条件保障为基础，以科技助力为支撑"，强化"扁平化"管理下复合型团队联合科技攻关，提升我国体能训练的科学化、数字化、智能化、团队化、职业化水平。

三、统筹竞技体育项目结构，建立均衡协调的运动项目发展新格局

（一）优化竞技体育项目结构布局

新时期的中国竞技体育要向世界展现一种均衡协调、整体提升的良好形象，布局合理的运动项目结构是体现竞技体育发展水平的标志，是提升为国争光能力的重要基础。《体育强国建设纲要》提出了竞技体育更好、更快、更高、更强，夏季项目与冬季项目、男子项目与女子项目、职业体育与专业体育、"三大球"与基础大项等实现均衡发展的要求。合理的竞技体育项目结构布局，有利于促进体育强国目标的整体实现，对于统筹我国竞技体育宏观战略部署，优化竞技体育发展区域布局具有重要意义。经过几十年的发展，我国已经成为名副其实的世界体育大国，但是，对标体育强国要求，我国竞技体育依然存在发展不均衡、不协调的现象，运动项目整体竞争力不强的问题还十分突出。新时期，需要进一步优

---

[1] 田麦久. 先进训练理念的认知与导行——兼论东京奥运会备战与参赛的首选策略[J]. 上海体育学院学报，2019, 43 (2): 1-5, 48.

化竞技体育项目结构布局，建立各项目分布合理、结构均衡的竞技体育发展方式，推动竞技体育的可持续发展。

第一，推动不同项目的优势互补、协调发展。综合评估各类竞技体育项目的发展潜力，坚持突出重点，拓展优势空间，恶补弱势项目，统筹奥运与非奥项目、夏季与冬季项目、优势与潜优势项目、集体球类项目与基础项目及弱势项目的协调发展。合理优化项目布局与结构，积极挖掘项目发展潜力，争取形成更多优势项目，建立良性竞争、优势互补的竞技体育项目发展格局。

第二，深挖不同项目的竞技潜力，扩大夺金单项数量。系统总结优势项目成功经验，从技战术创新、训练理念观念、训练方法、人才培养模式等方面总结优势项目的制胜经验，努力扩大夺金单项数量。通过推广优势项目的发展经验，带动潜优势项目发展，加大投入潜优势项目的训练与研究，以培养尖子选手为重点，实现金牌突破，争取形成更多优势项目。协调潜优势与弱势项目的共同发展，拓宽夺金项目的范围和领域，注重以项目结构优化来牵引整体项目的规模调整，深入改进不同类别项目比例，对于弱势项目要进一步优化资源配置，形成新的金牌增长点。

第三，运用政策倾斜重点扶持"三大球"、基础项目和部分冬季项目的发展。在资金、人才等各个方面加大投入力度，围绕我国的基础项目，与学校、社区、企业合作开展各类体育活动，吸引广大青少年从事业余训练，扩大"三大球"、基础项目和冬季项目开展规模。积极借鉴国外竞技体育强国的项目发展经验，进一步剖析国外优势运动项目的成功因素，如美国的游泳、田径项目，牙买加的田径，挪威和德国的冬季项目等。秉承走出去、请进来的思路，加强重点项目教练员培训，提高教练员执教水平，不断提升竞技体育项目整体实力。

第四，开发和培育不同项目的竞赛市场。利用新时期的市场经济体制引导运动项目发展转型，推动不同项目的实体化改革，提升各项目的市场价值创造能力，不断推进运动项目的市场化、社会化和产业化发展，形成可持续发展的竞技体育项目市场布局。大力开展不同项目的职业联赛，综合评估各类项目发展潜力，从不同项目特征出发，利用市场经济体制激活运动项目发展转型，推动不同项目协会实体化改革，促进运动项目的市场化、社会化和产业化发展。统筹各省市自治区的优势项目与劣势项目，健全运动项目资源流动市场，合理利用社会组织的非营利性和跨域活动特点，促进区域体育资源的交流与合作，针对不同地域、不同项目的市场化程度，有针对性地培育多元竞赛市场，通过不同项目竞赛市场拉动项目结构优化。

(二) 引导区域竞技体育协调发展

我国竞技体育发展存在"东强、中次、西弱"的地域差异，长期受奥运战略影响，竞技体育强调发展效率，突出短期效应，一定程度上忽视了发展的协调与均衡，导致了竞技体育区域结构失衡，阻碍了我国体育事业的可持续发展。2008年奥运会以来，随着竞技体育区域布局的不断调整，我国不同地区的竞技体育有了很大发展。但是，竞技体育区域间发展不平衡问题依然突出，尤其对落后地区竞技体育发展的积极性造成了不利影响，与体育强国和建设全面小康社会的整体目标还有较大差距。新时代，要对我国竞技体育项目布局做好科学的顶层设计，加大中、西部地区竞技体育的支持力度，缩短不同区域发展差距，实现区域间竞技体育协调发展。

首先，运用政策手段调整区域间竞技体育发展格局，科学规划区域竞技项目布局。从提高竞技体育资源配置整体效益层面实施顶层设计，围绕我国竞技体育的资源分布，结合东部和中、西部在竞技体育管理、保障、科研、人才等方面的特色和优势，做好运动项目的发展规划，结合地方经济、地域、资源、利弊因素等条件，通过东部竞技体育的发展，引领中西部地区竞技体育的共同提高，在巩固现有优势项目和开发新型优势项目的基础上，实现竞技项目的集中化、规模化和协同化发展。

其次，充分发挥不同地域优势，深入挖掘具有特色的区域优势项目。围绕我国竞技体育资源分布，结合地方经济、地域、资源等条件，统筹各省市自治区的优势项目与劣势项目，推动全国竞技体育资源配置的整体优化。有针对性地培育地域性特色项目，遵循因地制宜、效率优先、服从全局的原则，科学规划好各地竞技运动项目发展的空间布局，如东北地区可利用其气候寒冷多冰雪的特点，大力发展冰雪类运动项目；东部利用水资源优势发展游泳、帆船等水上运动项目；西部利用海拔高，多山脉的优势发展中长跑、登山等项目。

最后，促进区域竞技体育资源的合作交流，健全体育资源流动市场。统筹各省市自治区的优势项目与劣势项目，运用联合培养政策，实行区域资源互补，如东部良好的竞技体育训练环境和科研实力、中西部高原环境的地理优势，实施相互交流合作。国家体育总局要做好宏观调控，建立健全竞技体育资源流动市场，合理利用社会组织的非营利性和跨区域活动的特点，促进区域体育资源的交流与合作，推动区域竞技体育的协调、可持续发展。

四、完善竞技体育后备人才培养体系，多途径多渠道培养竞技体育人才

（一）构建体教融合的多元化人才培养体系（图10-4）

《关于深化体教融合 促进青少年健康发展的意见》提出"完善青少年体育赛

事体系,深化体校改革,加强体育传统特色学校和高校高水平运动队建设,打造多元参与的人才培养体系",对新时期体育后备人才工作提出了新的要求。三级训练网络体系是我国竞技体育人才培养的重要方式,但是伴随着竞技体育发展方式的转型,这条人才培养体系依然较为封闭,存在体育系统和教育系统沟通融合问题突出、运动员训练与文化教育失衡等现实问题。近年来,我国教育系统曾不断尝试探索体育系统与教育系统相结合的人才培养方式,但由于缺少体制机制和资源支持,短期内难以适应新时期竞技体育后备人才培养需要。在新时代体育强国建设进程中,不断优化"体教融合"的三级训练网络体系,打造教育系统、体育系统和社会力量多元投入的新型竞技体育人才培养体系,在培养主体、发展目标、投资主体、培养方式、评价导向、培养出路等方面实现多元化。

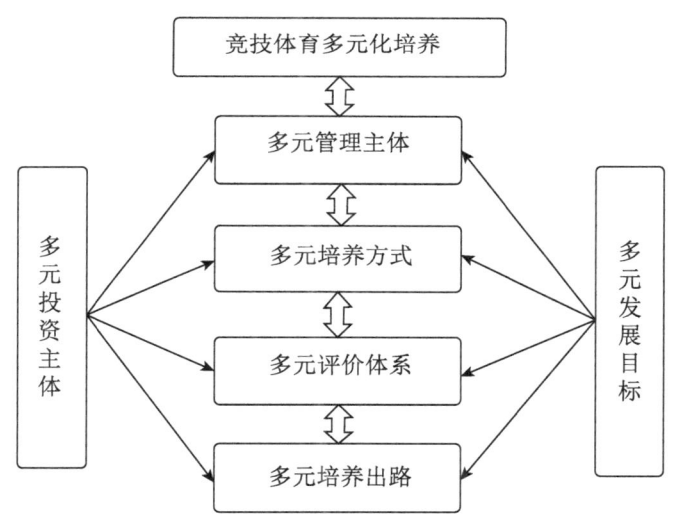

图 10-4 我国竞技体育后备人才多元化培养模式

在目标上要考虑竞技成绩、人格发展、文化成绩的综合目标;在培养方式上要调动多元主体的力量和积极性,形成竞技体育后备人才培养的"散养模式";在投资主体上要培育学校、社会、市场、家庭、政府等多元主体;在评价上要打破"唯成绩是从"的导向,将青少年置于"全人"发展的视角,既要考核运动员的运动技能提升,更要考核运动员的文化层次、心理素养等基本素养的发展;在培养出路上要畅通教育体系的升学机制,优化职业体育对竞技体育人才的吸引力,提升体育类企业、培训市场等对运动人才的吸引力等,形成多元化的人才培养出路。

第一,实施"竞技体育后备人才培养工程",建立规模、布局、结构合理的人才培养体系。政府部门要继续发挥主导作用,在资金、政策、教育、培训等方面给予更多的关注和支持。社会组织和团体要通过各种途径,积极吸纳社会资源,发挥在项目普及和培养后备人才方面的作用。在学校体系中要建立贯通"小学—初中—高中—大学—职业体育"的人才传递体系,调动学校和家长支持学生参与体育的积极性,完善学校、社区、家庭相结合的青少年体育网络和联动机制,创造竞技体育后备人才发展的良好社会环境,保障竞技体育后备人才规模平稳增长。

第二,打造多元投入的新型竞赛体系。实施学校竞赛体系、青少年竞赛体系、职业竞赛体系的有机结合,业余体校、运动学校、学校运动队、体育俱乐部的有机结合,在各类学校、体校、俱乐部和职业队中选拔组建国家队。并且,要根据不同运动员层次,打造层层递进、密切衔接的竞赛体系,各类项目协会负责对赛事的审批、认证、管理和监督,各类级别运动员分层参赛,最终形成多元投入的新型竞技体育人才培养体系。

第三,树立"全人"发展理念,积极回归竞技体育的教育功能。要利用教育资源,改革完善三级训练网络,发挥学校在后备人才培养中的积极作用。要树立全面的发展理念,既要重视运动员学生的运动训练,又要注重其主体地位,探索以学校竞技体育为主体的运动员培养模式,发挥教育系统、体育系统及社会组织的多方力量。要注重通过制度设计、赛事体系、激励机制的设置促进学生学训矛盾的解决,提升学生运动员的综合素质,为国家、社会培养全面发展的高素质人才。

第四,统筹协调初级训练、中级训练与高级训练模式的关系。首先,积极扩大初级训练规模,以校园足球为引领,积极推进"一校一品"建设,以体育传统项目学校、少年儿童体育学校、青少年体育俱乐部等为依托,建设各类青少年体育训练网点,着力培育儿童兴趣,通过开展课外体育训练和校园体育竞赛等方式,发现优秀运动员苗子。其次,创新发展中级训练模式,发挥体育中学、体校的人才培养基地作用,通过创建青少年体育俱乐部、与各级各类体校联办运动队、组建校园项目联盟等形式,将优质体育资源与教育资源有机互补,对青少年学校进行科学布局,打造特色项目和优势项目运动学校。再次,着力提升高级训练质量,与高校特别是高等体育院校签署战略合作协议,建立高水平体育后备人才基地,将高校作为运动员攀登世界体育高峰的必由之路,推动集教学、科研、训练于一体的体育高等院校建设,促进国家队办队模式的"院校化"。通过不同级别训练体系的层层衔接,最终形成"体教融合"的三级训练网络体系,促使运动员成为全面发展的人才。

（二）大力推进多层次的体育竞赛体系（图10-5）

学校体育是竞技体育后备人才培养的基础，多层次学校体育竞赛体系的建立，是落实《学校体育工作条例》和《国务院办公厅关于强化学校体育促进学生身心健康全面发展的意见》的有关要求、适应新时期竞技体育人才培养的重要载体。通过打造自下而上的"金字塔"式的竞赛体系，培养学生体育意识和体育兴趣，提高运动技术水平，更好地发挥竞技体育的育人功能。

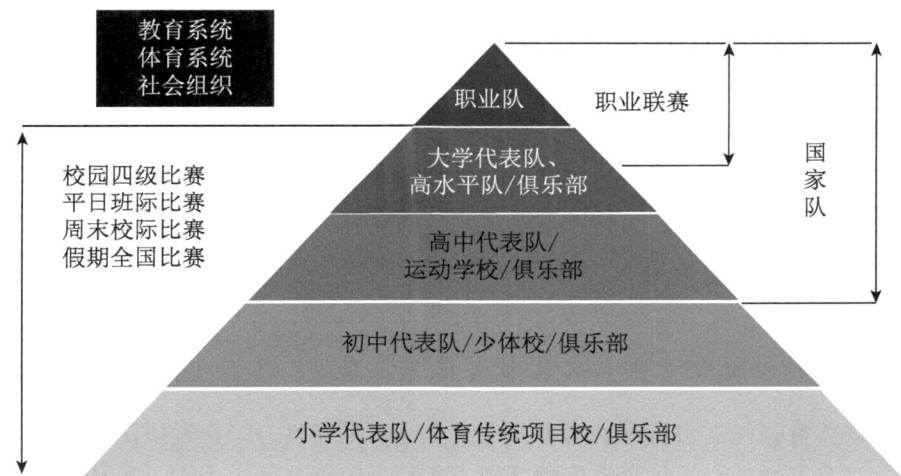

图10-5 多层次的体育竞赛体系

第一，完善竞赛活动体系，促使后备人才培养渠道畅通。国家、省、市、县要建设常态化的校园体育竞赛机制，可以根据不同项目特征，实行国家投入市场运行的纵向分级混合赛制。要明确不同部门的权责分工，教育部门抓人才培养，体育部门管运动竞赛，形成教育部门与体育部门相互配合、齐抓共管的局面。并且，要定期向学校公布竞赛计划，不断完善和规范学生体育竞赛规则，可根据我国大学的地域分布，在全国范围内构建相对固定的校际体育联盟和竞赛区域，使校际体育联盟成为推动区域大学竞技体育治理的新生力量，并逐步形成辐射能力强的全国学生精品赛事。

第二，整合竞赛资源，构建相互衔接的县、市、省、国家四级体育竞赛体系。以全国学生运动会为引领，完善区域竞赛活动体系，推动开展跨区域学校体育竞赛活动，定期举办综合性学生运动会，促使各级各类竞赛协调发展。具体实践中，可以把一些国家重点扶持的运动项目作为突破口，积极发挥单个项目的示范效应。如在全国上下大力发展校园足球的背景下，要尽快落实校园足球振兴计划，打造精英赛、联盟联赛、联盟杯赛、草根联赛，涵盖小学、初中、高中、大学四级及U9-U22等11个组别的赛事体系。

第三，改革学校体育竞赛形式，完善竞赛选拔机制。科学设计运动竞赛内容，完善学校体育竞赛管理办法，各级各类学校每年要举办一场综合性运动会、一次以上全校特色体育项目比赛。青少年比赛要以体能类游戏竞技为主，随级别逐步增加竞赛难度，运用挑战赛、对抗赛、大奖赛、等级赛等多种形式，增强竞赛的娱乐性与观赏性，充分发挥学生参与体育运动的主体作用。此外，要改革运动员的注册制度和比赛身份的核实制度，完善运动员区级、市级、省级、国家级注册制度，建立竞技体育后备人才信息网，畅通学生运动员进入各级专业运动队、代表队的渠道，稳步提升竞技体育后备人才输送的数量和质量。

第四，完善社会力量参赛和办赛机制。调动地方与社会各方面的积极性，充分利用不同地区社会组织和俱乐部的力量，构建学校、社区和俱乐部体育设施的联动使用和共享机制。将学校体育竞赛与社区体育、乡镇体育竞赛、俱乐部竞赛结合起来，拓宽学校竞赛资源来源与竞赛平台，从而为竞技体育人才创造更多比赛机会。

（三）建立新型运动员文化教育保障体系

实现体育强国战略目标，离不开一支专业水平突出、综合素质高的运动员队伍，运动员是推动竞技体育发展的基础，也是为国争光的主力军。受传统体育管理体制的影响，我国运动员文化教育保障体系不健全，存在重训轻教、学训矛盾突出、退役保障不健全等现实问题，影响着运动员未来的再就业和再发展，不能很好地适应体育强国建设中竞技体育的纵深发展。建立新型的运动员文化教育保障体系，既是建设体育强国的战略选择，也是推动后备人才队伍建设、促进运动人才全面发展的重要途径，将有力地促进我国竞技体育水平的提升和体育事业的可持续发展。

首先，构建与社会主义市场经济和竞技体育发展相适应、与国家社会保障相衔接的运动员文化教育保障体系。要进一步明确人才培养目标，把文化教育的定位从为竞技体育服务转变为为运动员保障服务，根据运动员自身发展特点和社会需求，创新培养模式，将竞技体育与教育、育人与夺标有机结合起来，打造以"运动员为中心"的综合服务保障体系，关心运动员的长远利益，促使运动员在生理、心理和社会三个层面上得到全面发展。

其次，协调体育部门和教育部门的关系，建构"体教融合"的文化教育监管机制。建立政府主管领导牵头、体育与教育两个部门参与的运动员文化教育工作领导小组或联席会议制度，形成体育与教育两个部门共同管理的体制和运行机制。贯彻落实《关于进一步加强运动员文化教育和运动员保障工作的指导意见》，实施《中等体育运动学校管理办法》《中等体育运动学校设置标准》《少年儿童体育学校管理办法》等配套文件，通过提升体育和教育部门的协作，共同推进运动员文化教育工作。

再次，拓宽优秀运动员升学和继续教育保障渠道。推进运动员进入高等学校学习的政策改革，完善高水平运动员免试保送就读高等学校的招生办法，进一步推动高校运动员招生、体育高职院校单独招生向体育运动学校毕业生倾斜，促进中、高等体育职业教育有序衔接。支持体育本科院校开展成人高等教育、远程教育等多形式的高等学历教育，制订和编写符合运动员特点的基础教育阶段课程方案、课程标准、质量评价体系和教材，推行运动员文化教育水平准入制度，合理安排青少年的训练和竞赛，保证运动员文化学习时间，提升运动员学习、训练的系统性和连续性。

最后，推进运动员文化教育常态化，建立健全运动员文化教育联席会议制度和督导制度。提高运动员文化教育质量，强化公办体校的文化教育工作，改善教学经费、办学环境、基础设施等办学条件，将义务教育阶段运动员文化教育工作纳入当地教育管理序列，保证运动员接受与同龄人相同的文化教育和学历教育。体育与教育两个部门成立联合督导组，把督导检查作为加强运动员文化教育的有力抓手，定期对运动员文化教育工作进行专项督导或常规性督导，从而促进运动员体育精神的养成和文化素质的全面提升。

此外，进一步做好不同级别退役运动员的就业安置工作。加强对退役运动员职业辅导、就业指导和职业培训的支持和指导，构建和完善运动员职业转换社会扶持体系，鼓励退役运动员积极从事全民健身服务、学校体育、体育产业经营开发等工作，引导支持运动员提高综合素质和就业能力。

五、优化竞技体育优秀人才选拔机制，创新国家队多元组建模式

（一）推行"跨界、跨项、跨地域"多元化人才选拔方式

"跨界、跨项、跨地域"多元化人才选拔方式，是深化竞技体育改革、促进竞技体育人才快速成长的一条重要途径。这种选材方式打通了职业体育、专业体育、业余体育的人才通道，打破了国际、地域、行业等限制，提高了国家队备战的质量与效益。实施跨界、跨项、跨地域多元化人才选拔，符合体育人才成长规律和奥运备战规律，是超常规储备和培养体育人才的重要举措，有利于优化竞技体育优秀人才选拔机制。新时代，在大力推行"跨界、跨项、跨地域"人才选

拔方式的同时,从政策、机制、训练、竞赛等多个方面加强保障,精心组织实施,更好地利用好这一选材方式。

第一,创新优秀人才选拔机制,建立国家队、省市队、地方队层次明确的人才输送和培养模式。打破传统的"早期选材"和"终身一项"的三级人才输送体系,建立项目选拔与跨界选拔相结合的选拔机制,形成精英运动员培养与选拔的长效机制。将教育政策和竞技体育政策结合起来培养优秀竞技体育后备人才,激活优秀竞技体育人才多元选拔机制,要跨界跨项,要跨出体育界,跨到教育界,推行"跨项选材""青春期后选材""晚定项的动态选材",积极推行对具有较好训练基础运动员的"二次选材",打造不同项目联动递进的后备人才梯队。

第二,公平公正地做好跨界、跨项、跨地域选材工作。把国内外优秀人才选进国家集训队进行集中长期培训,做好跨界、跨项、跨地域选材的集中培训和复试工作。在具体实践中,各项目中心协会要尊重人才规律,坚持公平公开公正原则,组建选材技术专家团队,对项目技术特征和所需体能特点进行深度分析,制订详细的选材标准和实施方案。并且,要大力宣传这种选材方式,通过媒体等渠道及时公开选拔工作的要求、程序、标准、条件、方式等,精心安排选拔场地,按各项目标准具体组织初选工作。

第三,瞄准不同优势项目的区域分布,有针对性地面向全球选材。根据人才选拔需要,面向具有项目发展基础的重点地区,如面向东欧和东南亚选拔攀岩人才,面向美国和澳大利亚选拔小轮车、冲浪人才,针对擅长杂技小轮车的武汉、濮阳、哈尔滨等地,擅长武术培训的河南登封、塔沟等地,重点围绕杂技行业、体操行业、武术行业、水上行业等实施精准选材。用好共性资源,聘请国内外顶级教练,组建超常规团队,力争通过科学选材,夯实人才基础,实现项目综合实力和国际竞争力的新提升。

(二) 优化教练员、裁判员队伍的选拔与培养模式

实现竞技体育强国目标,离不开一支专业水平突出、爱岗敬业、为国争光、无私奉献的教练员队伍,也离不开公平公正、依法执裁的裁判员队伍,教练员执教水平和裁判员执裁水平的高低直接关系着我国竞技体育的发展水平。在体育强国战略的实施过程中,需要培养一支思想作风过硬、业务精通,熟练掌握运动训练规律,理论联系实际的教练员队伍,建设一支思想品德过硬、业务水平高的裁判员队伍。

首先,依据"调整、充实、提高"的原则加强教练员队伍建设。从任职资格、选拔任用、学习培训和述职考核等多个方面规范教练员队伍,完善教练员教

第十章 路径与创新：新时代中国竞技体育的发展展望

育培训体系，建立科学的教练员人才评价体系，提高教练员整体综合素质。健全教练员选拔和考核机制，围绕训练实施、队伍管理、基本素养、专业素养、学习能力及创新意识等指标对教练员实际工作水平展开定期评价。完善教练员岗位聘任及职称评定制度，建立健全教练员上岗竞争激励机制，实行竞聘上岗，优化教练员奖励制度，促使教练员队伍建设走向规范化。

其次，大力实施精英教练资助计划和基层教练员培训工程，健全教练员培训体系。根据项目特点组建中外结合的教练员团队，做好国内外优秀教练员引进、聘用工作，规范外籍教练员聘用和管理方式。充分发挥国家体育总局教练员学院的功能，实施基层教练员培训工程，推进教练员教育和培训工作的制度化、规范化和常态化，给中青年教练员、基层教练员创造培训机会，提高教练员执教与执训技能。推行精英教练员"双百"培养计划，健全市、区（县）和学校三级培训课程体系，完善教练员培训的分类管理，建立学分认定制度，开发网络培训课程资源，建立教练员网络研修社区，并对培训效果进行跟踪监控，从而真正提升教练员的专业素养。

再次，建立健全裁判员注册、管理、培训、晋升、选派和奖惩制度，不断提高裁判员的业务水平和职业素养。通过建立裁判员队伍档案库，对裁判员实施科学化管理和适时调遣，提升裁判员的管理效率。并且，要不断加强裁判员晋升和业务培训，充分利用高等院校和各类社会组织，建立多样性的培训机构，不断提高裁判员整体的专业执法水平。此外，还要建立健全裁判员队伍的考核、申报和奖惩制度，严肃裁判纪律，对裁判员实施定期的职业道德教育，从而提升裁判员爱岗敬业、公平公正的职业素养。

最后，积极提升裁判员国际业务水平，重视加强裁判员在国际上的交流，培养裁判员长期学习外语的意识。打造一支具有国际水平的裁判员队伍，从而能够在更多的国际重大赛事中制裁，提升中国竞技体育在国际赛事中的参与度，以争取体育国际话语权，为我国体育事业发展和国家外交做好服务。

（三）推进国家队办队模式的地方化、院校化和社会化

实施国家队管理体制机制改革是推动体育事业改革的重要组成部分，通过创新国家队组建模式，激发项目发展的内生动力，充分调动各方参与的积极性，对于快速提高我国竞技体育综合实力和做好奥运备战工作意义重大。奥运会国家队办队模式多元化能够有效整合地方竞技体育资源优势，激发奥运项目发展的内生动力，实现精英体育资源的共享，能够充分调动和发挥地方备战奥运会的积极性。新时代，在我国竞技体育社会化改革的背景下，要创新国家队组建模式，打

造适合我国竞技体育发展需要的国家队管理体制，推进国家队办队模式多元化。

一是推进国家队办队模式的地方化。通过与地方政府签署正式合作协议的形式，采取年度考核，实行动态调整，实现"扁平化"管理，以创新的管理模式和考核体系来规范国家地方队，赋予地方构建国家队训练团队的主教练选人、用人的主导权，运用"省市选派、自主聘用"实现团队构建，利用区域优势为国家培养人才。2017年9月，国家体育总局与浙江省人民政府就共建中国（浙江）国家游泳队在杭州正式签署协议，这是国家与地方签署共建国家队的首例，开启了国家与地方共建国家队的新局面。可以选择项目成绩较好、项目后备人才充裕的省、市，以协议方式与之共建国家队，实现精英体育资源的共建与共享，扩大国家队组建模式的内涵与外延。

二是推进国家队办队模式的院校化。发挥高等体育院校教、科、竞、训一体化优势，创新高水准竞技体育的人才培养模式，整合竞技体育备战科研保障资源，为培养高水平国家队提供了全方位、多角度、立体化支撑。要积极尝试与一些高等院校、协会建立合作伙伴关系，如北京体育大学成立中国足球运动学院、上海体育学院成立中国乒乓球学院、南京体育学院成立中国网球学院、天津体育学院成立中国排球学院、国家体育总局与清华大学正式签署战略合作协议等。

三是推动国家队办队模式的社会化。促进体育单项协会与社会组织建设新型国家队，新时期我国竞技体育发展方式的改革，充分展现了"开门办体育"的原则。在体育产业迅猛发展的社会背景下国家队需要依托多方力量，调动社会参与的积极性，促进地方单项协会积极建设新型国家队。社会组织有着丰富的项目资源优势，对于市场化程度较高、竞技成绩优异、项目特色鲜明的体育单项协会，具有优越的社会资本优势，应鼓励具有一定条件的社会组织共建新型国家队。如昆仑鸿星冰球俱乐部携手中国冰球协会选拔优秀人才组成中国冰球国家队等，促进资源共享，让优秀运动员与训练资源相互融合得更加顺畅。

总之，推进国家队办队模式的地方化、院校化和社会化，体现了改革创新、积极求变的决心，意味着我国体育的管理者们开始探索一条更加理性化的改革道路，是新形势下竞技体育改革观念升级的重点举措，体现了中国体育改革迎难而上的无畏精神。

六、推进职业体育发展进程，提升职业赛事的国际化水平

（一）加快推进竞技体育项目职业化进程

职业化是竞技体育发展过程中的高级形态，是竞技体育市场化、社会化和产业化的必然结果。职业化是依靠市场对体育资源配置，以职业运动员为核心、以

职业体育俱乐部为主体、以职业体育联赛为形式进行的市场化、商业化运作,从而生产出高水平的竞赛产品与服务。加快推进竞技体育项目职业化进程,有利于竞技体育水平的提高和资金的积累,提升运动项目竞技水平和社会化程度,能够更好地创造比赛的社会价值和商业利益。在体育强国建设中,要尽快推进职业体育发展,探索新时代职业体育的发展方式,提升职业赛事的国际化水平,开辟一条适合我国竞技体育项目职业化发展的道路。

首先,从政府层面建立竞技体育项目职业化发展的协调机制。依法明确职业体育发展的主体,理顺政府、单项体育协会、俱乐部等各参与主体之间的关系,明确规定各主体之间的权利和义务,切实维护各方合法权益。完善职业体育的政策制度体系,制定和完善职业体育专项政策,根据我国职业化项目的不同特点,继续推动具备条件的运动项目走职业化发展道路,加快推进运动项目协会实体化改革进程,形成政府主导、规划科学、依托市场、管理规范、产权清晰、运转高效的中国特色职业体育管理体制和运行机制。

其次,加快职业体育市场体系建设,扩大职业体育社会参与,逐步提高职业体育的成熟度和规范化水平。发挥市场在资源配置中的作用,依据市场机制配置体育资源,确定体育俱乐部在职业化过程中的主体地位,严格按照现代企业制度和社团法人制度规范组建和运营职业俱乐部,以实现效益最大化和效率最优化为目标,发挥职业体育俱乐部在项目推广、投资、营销、服务等方面的作用。坚持以职业联赛为中心,发展职业联盟,大力培育体育媒介市场、体育广告市场、体育博彩市场、体育用品市场和体育保险市场等,提高职业体育资源的综合效益,积极探索符合我国国情和项目实际的职业化发展模式。

最后,根据新时期我国市场经济发展的特点及职业化改革的实际情况,健全职业体育利益相关者协同治理的监管、评估、仲裁、问责等法治体系。在当前鼓励多元主体共同参与国家治理的背景下,要从利益分配、税收优惠、权责分化和监督评估等多个层面健全职业体育多元主体协同治理的制度体系。优化和规范我国职业体育发展的制度环境,建立一种鼓励和推动公平竞争的保障机制,打造一套专门围绕职业体育运作的法律体系,同时要进一步明确执法与监督的重要地位,以法治治理为前提,提升职业体育的治理水平。

(二) 建设中国特色的职业体育联赛制度

国际上竞赛制度已经形成了以奥运会、冬奥会为中心的具有周期特征的奥运资格竞赛制度和以市场为导向的职业竞赛制度。2008 年奥运会以来,随着竞技体育的职业化推进,我国已形成了足球中超联赛、篮球 CBA 联赛、排球联赛、乒超联赛、羽超联赛、职业网球公开赛、女子职业高尔夫球巡回赛（CLPGA）等多个职业体育联赛。并且，我国职业联赛的数量和质量明显提高，观赏性体育消费群体不断扩大，为竞赛表演市场服务的中介机构陆续出现，各类体育场馆建设、管理和运营水平不断提高。但是，与国外发达国家相比，依然面临着联赛的项目基础薄弱、高水平职业联赛发展不成熟、俱乐部联赛主体缺失、联赛资源配置不均衡等现实问题。随着我国对体育产业的重视，竞技体育职业联赛改革前景广阔，必须审慎前行，不断推进职业体育联赛建设。

第一，做好职业体育联赛顶层制度设计，保证联赛的稳定运行。推动管办分离，形成协调各利益相关者的组织框架，扩宽项目协会的组织形式，打造不同级别的职业联赛，适应日益增长的体育竞赛市场需要。并且，要充分地利用社会市场资源，调动社会市场活性，将联赛日常事务权限交由市场，实施由项目协会和参与其中的俱乐部共同拥有联赛产权。进一步深化运动项目协会改革，发挥运动项目协会的行业管理职能，构建政府引导、依托市场、协会监管的联赛管理制度，促使职业体育联赛稳定发展。

第二，发挥俱乐部在职业联赛中的主体地位，推动职业联赛的实体化运营。办好职业联赛是职业体育发展的基石，当前不仅要打造不同项目的职业联赛，而且要以职业联赛为载体打造我国职业体育的"联盟体制"。积极借鉴国外职业联盟的有益经验，如美国四大职业联盟的成功运作。不断完善我国职业联盟的运作体系，有组织地运作职业联赛，为市场和观众提供优质的体育比赛。通过办好职业联赛，逐步提高职业体育的成熟度和规范化水平，打造符合中国国情的多样化、多层次的职业体育联赛体系。

第三，建立职业体育联赛的责任披露与监督机制。政府要协同有关项目协会共同制定职业联赛的评价体系，要定期向社会公开职业联赛的运营情况。可以通过"第三方评估"机构对职业体育赛事运作情况进行评估，适时提出整改要求，并及时向社会公布评估结果。另外，要引导广大观众增强责任意识，积极参与到对各类职业联赛的评估之中，与政府部门一起监督职业赛事的开展情况，网络媒体应客观地向社会披露赛事信息，各项目协会要认真反思社会评价的意见，及时提出整改措施，从而不断推动职业联赛的健康发展。

（三）大力提升职业体育赛事国际化水平

体育赛事是职业体育发展之本。目前全球（Global）规模大、影响力大的体育赛事有奥运会、世界杯、NBA、一级方程式赛车，以及各类洲际体育赛事和各单项体育组织的世锦赛等。通过提供精彩的体育赛事产品，释放赛事的经济价值

第十章　路径与创新：新时代中国竞技体育的发展展望

和社会效益，从而带动体育项目的职业化发展。提升职业赛事的国际化水平是世界职业体育的发展潮流，当今世界竞技体育强国无不打造本土职业赛事，并不断推动赛事的全球化传播，谋求巨大经济利益。如众所周知的美国四大职业联盟（NFL、NBA、MLB、NHL），不断推动职业赛事的国际化传播，在世界各地打造了各类高规格职业联赛，很好地提升了赛事的世界影响力。从整体来看，由于我国职业体育起步较晚，当前职业赛事发展还不成熟，还没有很好地跟上国际化进程。在体育强国的建设过程中，要进一步完善职业体育赛事的发展方式，大力提升职业体育赛事的国际化水平，不断推出具有中国特色的精品职业体育赛事。

一是充分利用"一带一路"倡议与世界顶级职业赛事接轨，走国际化路线。充分地利用社会市场和国家对外政策，加强与世界职业体育组织的沟通与交流，积极推动职业赛事与国家"一带一路"倡议融合，将国内一些职业化水平高的赛事带入"一带一路"沿线国家，进而不断地向世界其他地区推广。可以根据体育项目的职业化程度和在世界的影响力，不断地打造精品赛事，挖掘赛事文化，不断增强职业体育赛事的市场化和娱乐性。重点要推动我国一些传统优势项目赛事的国际化推广，如对乒乓球、羽毛球等项目率先实行"走出去"战略，通过在受众率较高的国家举办友谊赛、季前赛等，增强赛事影响力。

二是改革和完善中国现有职业体育赛事的发展方式，建立中国特色的职业体育发展方式。根据不同项目的特点，结合中国国情，充分挖掘运动项目的市场价值和产业效益，秉承提高水平、锻炼队伍、推动项目发展、服务社会的宗旨，以职业赛事开发为核心，培育具有品牌优势的中国职业体育赛事、职业体育俱乐部。将国内比赛与对外市场开拓紧密结合起来，严格联赛准入制度，重视职业赛事的品牌运营。可以以足球改革为突破口，提升足、篮、排三大球发展水平。通过全面深化中国足球协会改革，不断提升足球联赛的国际化水平；通过成立并完善 CBA 联赛公司，实现 CBA 联赛管办分离改革，并逐步推进乒超联赛、羽超联赛等项目的职业化发展。

三是实行职业体育赛事与现代新技术结合，拓宽职业赛事的融资渠道。明确赛事文化定位，将比赛特色和目标消费群体需求相结合，在赛事运作过程中充分融入中国传统文化元素，体现赛事品牌本土化与个性化。通过与互联网等新兴技术的融合，挖掘职业体育赛事消费市场的潜力，探索职业体育赛事产品的传播方式，不断增强职业体育赛事的互动性、娱乐性、多元性等。此外，要进一步开发国内外竞赛市场，推出传统项目精品职业赛事，打造中国职业赛事文化，促使赛事产业文化内涵不断提高。还要利用好国家大力发展体育产业的契机，推进职业赛事与其他产业融合，利用市场机制增加赛事活力，推进职业体育赛事朝着现代化产业方向迈进。

七、深化训练竞赛的科技驱动,提升竞技体育的科学化、智能化水平

(一) 完善竞技体育"科技助力"工作的体制机制

现代科学技术的迅猛发展,对体育产生了前所未有的影响,日趋激烈的世界高水平竞技体育之争在某种意义上已经是科技之争,金牌的背后是科学训练、系统管理和创造性地整合各方资源。当前,科学技术已经成为提高运动训练水平的关键因素。2008年奥运会以来,我国进一步在竞技体育领域加大了"科技助力"工作,逐步形成了以科技部、国家体育总局、教育部、国家自然科学基金委员会和国家社会科学规划办公室、中国体育学院学会等为宏观管理,以国家和地方体育局科研所及体育院校为组织实施的体育科学研究队伍,针对运动训练和重大赛事备战中的关键问题进行了科技攻关,并取得了重要成效。新时代,在体育强国建设过程中,要进一步推进"科教兴体"的战略目标,发挥科技在提高运动训练水平中的重要作用,不断完善竞技体育"科技助力"工作的体制机制。

第一,进一步完善体育科技助力工作的体制机制,建立与新时代经济社会和竞技体育事业发展相适应、与竞技体育实践密切结合的科技服务体系。大力推进科技创新,将科技与竞技体育训练实践紧密结合,广泛利用社会市场资源,吸纳社会各方力量参与竞技体育科技工作,共同进行科研攻关、科技服务和医疗保障工作。建立与竞技体育实践紧密结合的体育科技评价体系,完善竞技体育科技奖励制度,充分调动科研人员的积极性,突破制约竞技体育发展和备战奥运会组织工作的关键问题,从而提高运动训练科学化水平。

第二,针对重点项目实施"引智工程",打造"科研—训练—保障"多元融合的训练体系。借助先进的高科技手段提高训练质量,对有希望夺金项目中的重点、难点问题进行科技助力攻关。通过器材的创新、设备的改造升级等逐步提高项目的科技含量;推进训练、科研、保障融合,将科技与教练员训练结合来解决实际工作中的问题,把科研实验室实施运动队化,把阶段性运动员测试变成日常化。每一个项目或项群,要与高校实验室或科研机构签订合作协议,对重点小项、重点运动员的制约短板进行科技攻关和服务。

第三,大力推进科技介入日常运动训练,全面推进运动训练科学化。以备战2020年东京奥运会、2022年北京冬奥会为主要任务,充分发挥科学技术的先导作用,深入研究专项训练规律,加强运动训练理论与方法的研究与应用,有针对

第十章　路径与创新：新时代中国竞技体育的发展展望

性地解决运动训练的实际问题。鼓励高校和科研机构人员围绕运动项目技战术、训练方法手段、器材开发、伤病预防、疲劳恢复等课题进行研究，紧密结合运动训练实践，以科研工作带动科技服务体系建设。重点针对运动员科学选材、技能评定及科学训练监控、运动技术及战术研究、运动员体能恢复及营养补充、运动训练与比赛器械、中医药防治运动性伤病及科研测试仪器研制与应用、运动员心理测试及训练、运动员伤病防治、体育信息服务等领域展开科学研究，提高科技成果转化效率。

第四，积极引进现代科技手段，组建复合型科技团队。复合型团队可以整合多学科的知识和人才，人工智能、大数据资源分析与处理等优势突出，让专业的人员来做专业的事，可以全方位地保障和提高优秀运动员的训练水平。当前各项目国家队需要在国内外遴选综合实力较强的复合型团队，签订服务协议，建立合作伙伴关系。对现有技术要进行大胆创新，广泛引进世界领先技术，研究各个项目的世界发展潮流和训练趋势，更加清晰地对项目训练和竞赛规律进行认识和把握，在训练方法、手段及技战术方面不断创新，促进科技成果转化与应用，提升对训练和参赛的驾驭和操作能力，提高运动训练的科学化水平。

（二）打造"训练—科研—保障"一体化科学训练体系

"一体化"训练体系是促进运动训练科学化、提高训练质量的有效途径。为了在竞技体育竞争中赢得优势，依靠复合型团队提高科学化训练水平成为当今世界各国的共同选择。复合型训练管理团队是当今世界高水平竞技体育发展的新趋势，伴随着运动训练要求的不断提升，世界各体育强国强化了研究人员对教练员工作的支持力度。或建立大型训练基地，集中一批生物力学、生理学、训练学、心理学、营养学等领域的专家，密切配合运动训练实践，与教练员合作开展科学训练和技术诊断；或以体育科研小组的形式长期跟踪服务于运动队。复合型团队成为各国提高竞技水平、应对激烈竞争的必然选择。2008年奥运会以来，多支国家队在各类大赛备战过程中普遍采用并实施了复合型团队的工作模式，通过资源整合，实现训练、科研、医疗和管理的有机结合，提升了运动训练的科学化水平。伴随着新时期世界竞技体育竞争的日益激烈，不断提高训练效率和运动技术水平，打造"训练—科研—保障"一体化科学训练体系成为推动体育强国建设的重要举措。

第一，积极探索和实践训练、科研、保障紧密结合的"一体化"科学训练体系。在复合型团队的构建中要协调好不同参与主体的关系，根据各个主体的特征进行合理分工。具体实践中，要以运动员训练为基础，以科研为先导，以医疗服务和组织管理为保障，利用科技攻关解决运动训练过程中的难题，利用先进的医疗服务解决运动员日常训练、参赛过程中出现的各种身体伤病问题，利用科学的组织管理来保障训练体系的良性运作。通过资源整合，突出重点，形成合力，促使竞技体育的训练、科技服务、医务监控及组织保障四项工作落到实处。

第二，构建一体化科学训练组织机构，明确领导层的职责。一体化科学训练组织由领导层（各训练中心的主要负责人、各中心领队、医务领导）、教练团队（教练、训练管理干事）、科研人员和医务人员组成。领导层负责制订一体化科学训练的整体工作计划，组织落实相关政策和制度，检查一体化训练各项工作质量、效益和进程，协调和推进运动队训练、科研、医疗和管理工作，督导各项经费的合理使用。教练员直接负责运动员日常的各种训练工作，要协调配合科研、医疗、管理人员，制订针对不同训练周期和个体化训练方案，监督训练方案的实施过程，做到时间安排合理，训练量、训练负荷适宜，同时加强对运动员的思想教育、生活管理和文化学习督导。

第三，明确科研人员的职责，做好运动训练中关键问题的攻关任务。科研人员作为教练的助手，要协助教练团队解决日常训练中出现的各种难题，根据各项目特征制订目标任务，开展多学科联合攻关。定期对重点运动员开展机能评定工作，规范生理、生化检测指标的测试、分析、诊断和应用工作，并根据机能评定和训练监控的结果，制订出运动员营养补充的最优方案。特别要加强基础营养研究，解决运动员营养、体能、恢复及伤病等问题，建立攻关运动员的科研档案，为教练员修订完善训练计划提供科学依据。

第四，强化医务人员的专业素养，提高医务监督的质量和效益。医务人员负责对运动员的身体状况进行医务监督，建立运动员伤病档案，加强一般性疾病的预防及运动性伤病的及时治疗与康复。医务人员要经常性地对运动员的伤病恢复、训练恢复情况进行评判，配合教练员及时调整受伤运动员的训练计划，并及时做好信息反馈和训练处方制订。还要根据重点队员的情况配合教练员做好训练课前的准备活动及课后的按摩放松，做好运动员伤病诊治和预防工作，提高医务监督的质量和效益。

（三）健全复合型训练管理团队的激励、奖励保障体系

复合型团队能够有效整合竞技体育的训练、管理、科研、医疗等资源，充分发挥各类人员在国家队备战参赛中的积极性和创造性，从而转变备战方式，提升备战工作水平。在体育强国战略的实施过程中，要改变传统单一的复合型团队运作机制和管理模式，建立以运动员为中心、以主教练为首要，各工作小组保障为

第十章　路径与创新：新时代中国竞技体育的发展展望

纽带的协同扁平化管理模式，实现团队模型自身要求和队伍需求的优化，详见图10-6，从而推动竞技体育发展由要素驱动向创新驱动转变。

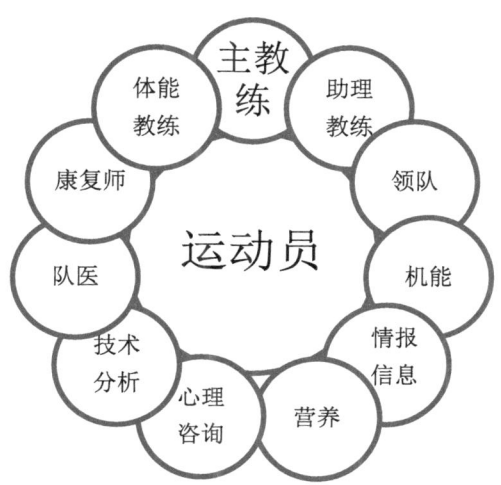

图10-6　新型复合型团队架构模型

第一，构建由项目管理干部、主教练、教练员、科研人员、队医、相关专家等人员组成的创新型复合训练团队。各类人员要通过民主集中制决策形式，建立分工明确、优势互补、协同攻关、相互促进的"训科医管一体化"工作模式，形成工作计划一起订、队伍管理一起抓、训练难点一起攻、综合保障一起搞的工作体系。复合型训练管理团队应切实围绕重点运动员，制订并优化攻关计划与方案，对运动队训练参赛涉及的问题，复合型训练管理团队按照分类提案、集体研究、集中决策、分类实施的原则开展工作，提升训练参赛的效益。

第二，明确复合型训练管理团队的构成、分工、职责等。健全复合型训练管理团队的管理办法，优化组合内部专业人员，合理分配管理人员、教练员、医务人员、科技人员等相关人员的责任，充分利用成员的专业优势，形成责、权、利相统一的管理机制。发挥民主集中制的决策优势，建立教练团队、科研团队及其他专家团队的沟通机制，构建符合现代运动训练发展要求的训练组织形式，"让专业的人做专业的事"，打造一支能够深刻把握项目训练规律、具有科学训练理念和方法的复合型训练管理团队，发挥各自优势，形成合力。

第三，完善复合型训练管理团队收入分配和激励保障政策。激励、奖励保障体系是各级体育部门对训练参赛工作实施调控的重要方式，团队成员之间具有共同利益，目标统一是复合型训练团队高效运行的核心。因此，在具体实施中，围绕团队不同成员的职责和工作分工，落实各项激励和奖励政策，合理提升团队成员的收入和奖励额度,充分调动各方积极性。将复合型训练管理团队的工作业绩与个人收入、奖惩、政治荣誉挂钩,形成责、权、利相统一的激励机制,实现风险共担、责权统一、荣辱与共、利益共享、效能聚合。

八、发挥竞技体育的多元价值,服务强国战略新需要

国运盛、体育兴,强国必强体育,强体育又增强国力。体育在增强国家实力、促进社会发展中发挥的作用越来越全面。新时代,我国的国家战略有了新调整,党的十九大报告提出中国特色社会主义事业总体布局是"五位一体"。"五位一体"指经济建设、政治建设、文化建设、社会建设、生态文明建设同步推进、协调发展。伴随着经济社会的快速发展,竞技体育的发展内涵不断拓宽、竞技体育的社会角色不断变化,不断向政治价值、经济价值、文化价值、教育价值等多元化社会价值取向迈进,这种价值的变化,既是竞技体育自身适应社会发展的必然要求,也体现了人们对于竞技体育价值的认识已经有了质的提高和本体意义上的扩展。进入新时代的中国竞技体育应紧扣国家发展战略转变的脉络,围绕"五位一体"战略布局定位价值结构,发挥助力于新时代国家建设的多元价值。从而更好地融入国家现代化建设大局,更加有效地为经济发展增效、为健康中国奠基、为和美中国助力、为国家外交服务、为中华民族伟大复兴提供精神动力、为强国梦的实现做出新的贡献。具体如图10-7。

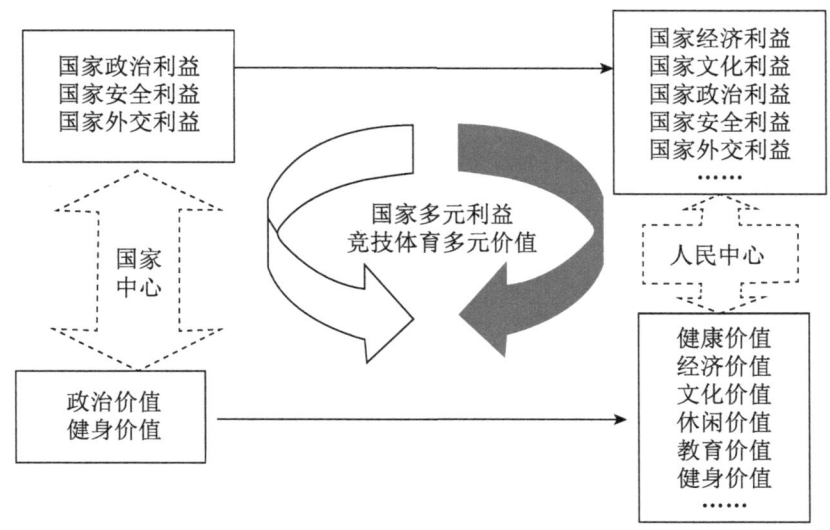

图 10-7 国家利益拓展与竞技体育多元价值对接

第十章　路径与创新：新时代中国竞技体育的发展展望

（一）深挖竞技体育的政治价值，服务新时代中国特色大国外交

以竞技体育为载体的体育赛事是一种共通的世界语言，是政治文明的黏合剂，附带着丰富的社会互动和多元文化属性，同时，体育赛事还具有独特的政治价值，极易成为民族国家内聚民心、外展形象的外交媒介，合理规划竞技体育在国家政治建设中的价值，是提升国家政治水平的有效途径。一是适应国家全方位、立体化外交新格局，服务于国家"一带一路"倡议和构建人类命运共同体外交战略，积极地与其他国家开展多边体育交往，在教练员、场馆建设等方面提升援助力度，为世界体育发展做出中国的贡献。二是加深与国际体育组织合作，推动退役运动员、教练员、裁判员等进入国际体育组织，参与多边体育治理，承担相应的国际体育义务，提升国际话语权。三是树立负责任的大国形象，积极推进元首体育外交，继续发挥大型赛事的外交价值，通过举办各类重大国际赛事，促进国家间交流，展现新时期中国大国新形象。

（二）拓宽竞技体育的经济价值，促进产业结构调整和消费结构转型升级

新时代，建设经济强国成为重要任务，体育产业作为新兴的社会服务业，具有巨大的发展潜力，能够推动产业结构转型升级，破解中国经济发展难题，助力经济强国建设。随着经济社会的快速发展，在全民健身、健康中国、国家双创等战略助推下，体育产业以其鲜明的市场导向性，将中国体育推入市场经济领域，竞技体育在经济发展中的价值将被进一步挖掘，将为社会创造出更多经济效益，服务于国家经济建设。一是大力发展竞技体育相关产业助推产业结构调整，通过提升竞赛表演、场馆运营、职业体育等业态比重，打造多门类的职业赛事品牌，推动我国产业结构向服务化转型。二是大力推动"赛事+"发展，使体育赛事与旅游、健康、餐饮、交通、传媒、娱乐等相关产业深度融合，形成多元产业链，引导消费结构升级，促使体育消费方式从实物型向参与型、观赏型扩展，为拉动经济增长提供持续动力。

（三）发挥竞技体育的人文价值，提升民族文化素养和丰富社会价值观

文化是国家和民族的灵魂，文化兴国运兴、文化强民族强，文化建设能够为国家"五大建设"提供精神动力。竞技体育是社会文明程度的重要标志，竞技体育文化承载着国家发展的深层能力和精神内核，集中反映着社会文明成果和积

极、健康的生活状态，在国家文化建设中体育担负着重要角色。一是通过竞技体育实施意志教育，提升民族意志品质。通过引导民众参与竞技体育活动，体味竞技体育中顽强拼搏、不卑不亢的文化精神，发挥竞技体育凝聚人心、激励斗志、文化整合的价值，提升公民意志品质。二是通过竞技体育实施技能教育，提升公民文化素养。通过举办各类运动项目技能培训活动，让广大民众学会健身基本方法，通过举办各种民间赛事丰富人们业余生活，利用经常性的体育参与提升公民文化素养。三是通过竞技体育实施精神教育，塑造健康文化价值观。通过在全社会推广中华体育精神，推广不怕困难、团结协作、顽强拼搏等文化价值观，激发民众勇敢、激昂、吃苦、耐劳的精神品质，为社会建设提供精神动力。

（四）推广竞技体育的多元服务价值，塑造积极健康的社会环境

党的十九大报告指出"加强社会建设是社会和谐稳定的重要保证，社会建设必须以保障和改善民生为重点，加强和创新社会管理，推动和谐社会建设。①"新时代国家社会建设的基本内容包括发展社会事业、优化社会结构、完善社会服务、促进社会组织发展等，竞技体育作为社会最引人注目的领域，发展社会体育事业、优化社会体育结构、完善体育公共服务、健全社会体育组织能够与社会建设相对接，竞技体育在社会建设中担负特殊角色。一是健全覆盖全面的竞技体育公共服务体系，拓宽竞技体育公共服务内容，将政府与社会组织的公共服务职能相结合，建立多类型、多层次的体育赛事服务中心，创建集多功能于一体的赛事服务平台。二是培育多元竞技体育公共服务主体，让市场、社会共同参与承担竞技体育公共服务，通过推进竞技体育走向社会、打造高质量的体育比赛和民间民俗赛事活动，让人们在丰富多彩的体育活动中加强交流、加深理解，使竞技体育活动融入民众生活方式，促进社会和谐。

九、完善竞技体育治理体系，提升治理能力现代化水平

（一）打造多元参与的竞技体育治理体系

治理主体是实施体育治理的直接参与者，治理主体的角色和关系决定着治理效果的达成。随着体育事业改革的推进，我国传统的体育管理结构发生了变化，当前正处于从单一行政主体向社会多元主体转变、由"中心—边缘"结构到"扁平化"治理结构转变的关键时期，国家体育治理体制的转变为竞技体育治理方式的优化提供了基础。然而，由于我国的相关制度建设滞后于社会改革的步

---

① 习近平．党的十九大报告［EB/OL］．［2017-10-27］．http：//www.gov.cn/zhuanti/19th cpc/baogao.htm.

第十章　路径与创新：新时代中国竞技体育的发展展望

伐，在缺乏制度约束和道德引领的条件下，为谋求自身利益最大化，不同主体关系混乱和主体间的越轨行为成为我国竞技体育改革的最大瓶颈，体现在政府主体治理权限的越位与缺位、市场主体治理活性的阻滞与弱化、社会体育组织治理角色模糊与功能异化等。因此，重塑多元主体间关系，构建多元主体协同治理格局是提升竞技体育治理能力现代化的关键。

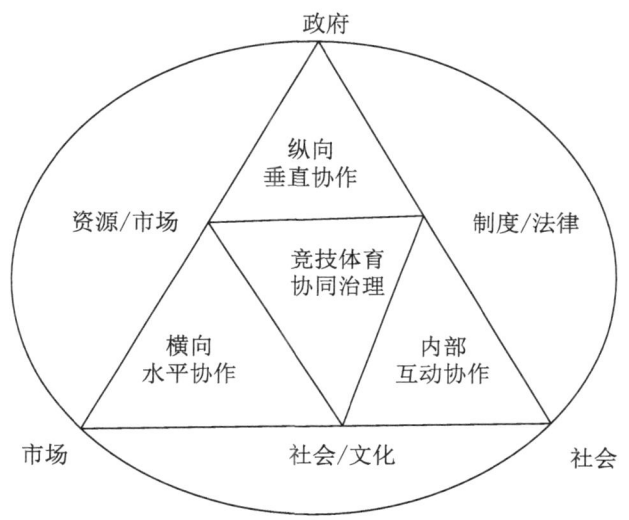

图 10-8　竞技体育多元协同治理综合体

如图 10-8，要重塑不同主体间关系，首先要厘清政府、社会和市场在竞技体育治理中的角色定位和利益诉求，明确我国传统的单一行政管理结构已不能满足当前多元主体利益的需要，在政府主导的单向度管理模式向政府、市场、社会互动的多向度治理体系转变过程中，要处理好不同主体的关系，打造多元主体协同联动的竞技体育治理综合体。

第一，建立政府支持、协会主导、市场自主的新型竞技体育治理体系。发挥竞技体育领域的多元主体协同共管共治，改革竞技体育项目管理体制和运行机制，加强中国奥委会、各单项体育协会等组织间的协同。根据不同组织主体的性质，合理界定竞技体育行政部门、项目协会和市场主体的职能和责任，充分利用社会资源、依靠社会力量，建立政府支持、协会主导、市场自主的新型竞技体育治理体制，推进政府、社会、市场、竞技体育协会组织等组成的多元主体协同治理。在竞技体育治理实践中，要整合多方利益，打造多元主体协同合作、多种机制相互配合、多个主体共商共治的治理模式。

第二，打造与经济社会相适应的竞技体育政府主导型治理体制。统筹协调多元主体的关系是提升竞技体育治理能力的基础。合理定位政府在竞技体育治理中的角色，引导政府主体在竞技体育治理中的有序退出与有效介入，通过转变政府职能，规划政府治理的职权边界，强化政府的调控型服务式治理，政府要"让位"，放权于社会市场，推进行政机关与竞技体育行业协会脱钩，尽可能地退出市场主体。同时，政府又不能"缺位"。政府要承担制度设计和治理监管的责任，监督竞技体育活动的开展和市场主体的生产经营行为，从而有效地避免体育治理中的条块分割和治理分野，深化不同主体间"自下而上、自上而下和横向互动"的网络关系，实现体育公共利益最大化。

第三，发挥社会市场在竞技体育治理中的主体作用。市场主体在竞技体育治理中要保持活性，要重点发挥社会市场在竞技体育治理中的主体作用，在遵守市场规律的同时，通过制度激活市场活性，发挥市场的体育资源配置优势，不断引入体育项目协会进市场，遵循市场化规律，以政府、协会、社会组织、职业联盟和俱乐部为治理主体，以职业市场联赛资源配置最大化为治理客体，以法规制定、调控督导、协调服务、组织管理等为治理行为，结合我国国情，打造以竞技体育核心利益为主、多元利益相关者协同治理机制。充分利用社会力量，通过规范体育相关企业和俱乐部的运作方式，配合政府和社会组织，从而提供高水平的竞技体育公共服务产品。

第四，建立考评竞技体育治理效果的社会化评估体系。协同多元治理主体，建立以社会市场、体育协会、非营利组织、俱乐部及相关领域专家等为评价主体的第三方评估体系，将法制化、民主化、效益化、协作化、规范化等指标纳入评价指标，对竞技体育治理能力和效果定期开展社会化评估，既要实施全面、整体、系统性评估，也要采用微观和个性化评估，搭建多元主体参与、利益相关者制衡、财务透明与第三方评估相结合的制度治理体系，并强调体育治理评价的程序规范化、评价社会化、监督科学化、反馈具体化，从而提升竞技体育治理绩效，为竞技体育健康成长保驾护航。

（二）健全竞技体育法律法规的制度治理体系

制度治理是以制度的构建、完善和实施为基本手段，对国家各项事业进行有目的、有程序的治理方式。加强竞技体育制度建设，实现以法治体，是健全社会主义法制，全面推进依法治国不可或缺的部分。我国竞技体育的社会化改革需要大量的制度保障，但短期内相关制度建设滞后于社会改革的步伐，落后于同期的竞技体育发展水平。体育强国的一个重要特征应该是法治健全，当前面对体育改革和发展的新形势，要全面深化体育体制机制改革，健全竞技体育法律法规体系,将法治作为竞技体育治理的基本形式,通过推进体育强国建设的法治化水平,提升竞技体育治理能力的现代化水平。

第一,坚持依法治体,完善竞技体育法规制度建设。根据竞技体育社会化改革的需要,健全竞技体育相关的法律法规,主要包括竞技体育人才培养管理法规、职业体育法规、体育竞赛法规、运动员社会保障法规,以及其他相关的配套法规。还要健全竞技体育多元参与主体的利益保障制度和联赛监管、仲裁制度,建立利益相关者共同参与的决策制度、监控问责制度、诚信制度、权力制衡制度、财务透明制度、绩效评估制度等,对职业体育联盟、职业俱乐部、运动员等不同主体建立相应的配套制度,通过法律制度规范不同主体的治理权限和利益边界,推动竞技体育领域的制度治理。

第二,完善竞技体育立法程序,推进科学、民主的竞技体育立法。以《宪法》作为指导,完善《体育法》中有关竞技体育的内容,深化竞技体育政策改革,推进竞技体育的法治化治理。健全竞技体育的规范性文件,依法制定和完善相应的配套政策,不仅要建立静态意义上的法律法规,还要同司法和执法等部门开展动态的法律活动。丰富拓展竞技体育法治理论,通过制度形式规避政府、市场、社会组织、俱乐部等多个主体的权责不清和边界模糊,使不同治理主体明晰权力边界,明确权力的法定禁区,使不同主体合法诉求相关利益,为不同主体有效抵制权力扩张和滥用提供法治规范,确保竞技体育组织运行的秩序稳定。

第三,把法治理念纳入竞技体育治理体系,增强体育部门的执法能力,将竞技体育法律法规落到实处。加大竞技体育的执法队伍建设,培育和拓宽体育法治的社会基础力量,建立和完善透明公正的法治程序,畅通伸张体育权益诉求和解决体育纠纷的多元渠道。健全竞技体育行政执法程序,规范体育仲裁制度,严格在职权范围内处理纠纷,将体育行政、仲裁和司法体制紧密衔接,保障竞技体育健康可持续发展。

第四,完善竞技体育运动员社会保障法律体系。建立以运动员的安全、保险、权益、救助、优抚安置等为主要框架的社会保障法律体系,优化运动员社会保障法律环境,加快竞技体育关键领域的强制性立法,重点围绕竞技体育人才保障进行立法,促进运动员社会保障与其他领域立法的协调发展,通过保障运动员的法律基础权益带动竞技体育法规建设的整体发展。

(三)强化反兴奋剂工作治理力度

兴奋剂是指违反医学道德和体育道德,用来提高运动成绩的物质和方法。兴奋剂是长期蛰伏在竞技运动中的幽灵,兴奋剂问题一直是国际体坛面临的严峻挑战之一。兴奋剂违规行为对比赛公平、运动员健康和体育精神会造成不可逆转的危害。我国政府一贯高度重视体育运动中的反兴奋剂工作。早在1995年的《体育法》中就明确规定"在体育运动中严禁使用禁用的药物和方法"。2006年我国即签署了联合国教科文组织2005年通过的《反对在体育运动中使用兴奋剂国际公约》，向世界庄严承诺了中国在反兴奋剂中应承担的职责和义务。反兴奋剂治理工作是一项长期的系统工程，在体育强国建设过程中，随着兴奋剂施用领域的扩散和兴奋剂滥用形态的多样，要进一步加强反兴奋剂工作治理力度，推进国家反兴奋剂综合治理体系建设，在世界树立中国体育的良好形象。

第一，完善反兴奋剂法律体系。全面贯彻实施《体育法》《反兴奋剂条例》《反兴奋剂管理办法》，完善运动队反兴奋剂准入制度，强化教练员、运动员及其辅助人员自觉抵制兴奋剂的意识和能力。完善反兴奋剂管理体系，通过与有关责任部门签订《反兴奋剂工作责任书》，建立反兴奋剂责任制，探索建立兴奋剂综合治理长效工作机制，推进"标本兼治、综合治理、惩防并举、注重预防"的预防与惩治相结合的国家反兴奋剂综合治理体系的建设。

第二，深入开展反兴奋剂专项治理。发挥体育行政组织的竞赛执法与监督职能，建立健全反兴奋剂组织监管体制。由政府体育主管部门领导、协调、监督，成立中国反兴奋剂研究中心，整合中国奥委会反兴奋剂委员会和体育总局运动医学研究所的部门职能，加强兴奋剂控制过程的计划、协同、执行、监督和改进，规划好国家反兴奋剂机构、国家体育组织在立法、执行、处罚的定位。深入开展赛风赛纪和反兴奋剂专项治理，健全有效的防范制度和应急处理机制，联合部委的兴奋剂综合治理协调小组、大型赛会的纪律检查委员会、各赛会组委会的监察机构，以及各参赛代表团的监察机构等，对竞赛过程实施监督，提升反兴奋剂专业化水平。

第三，提高兴奋剂检测水平。推进兴奋剂检测实验室建设，充分利用体育院校、运动医院和相关科研院所的优势，推进兴奋剂实验室建设，促使相关单位在承担兴奋剂检测任务的同时，积极开展新型兴奋剂检测技术的开发，不断提高反兴奋剂检测水平。要积极利用国外先进经验，加强反兴奋剂的国际合作，与世界竞技体育强国开展反兴奋剂领域的双边交流，密切跟踪国际发展动态，深入交换反兴奋剂信息，切实提高反兴奋剂治理工作的实效与水平。

第四，构建反兴奋剂诚信体系。定期开展运动员职业道德教育和反兴奋剂教育，实施全覆盖、全周期、常态化、制度化的反兴奋剂教育，加强"拿干净金牌"理念宣传，净化运动员训练参赛环境，确保教育入脑入心。加强反兴奋剂的宣传、教育、监督管理，开展反兴奋剂宣传教育，坚持"预防为主，教育为本"的原则，通过召开各类反兴奋剂的会议、讲座、展览及培训班，开设反兴奋剂课程，建立反兴奋剂网站等形式，促使广大体育工作者正确认识兴奋剂的危害，提高反兴奋剂意识，建立起自觉抵制兴奋剂的坚强防线。

十、挖掘优秀运动项目文化，拓宽竞技体育项目文化建设新渠道

（一）加强运动项目文化内涵建设，多层面开展运动项目文化发展活动

运动项目是竞技体育生存与发展的"细胞"，文化则是运动项目发展的"精髓"。开展以运动项目为核心的体育文化建设，发挥运动项目文化的传播和引领作用，激活运动项目的生命力和持久力，是推动运动项目可持续发展的动力。

第一，深挖运动项目文化内涵，丰富运动项目文化。在运动项目推广过程中，要把文化内涵建设作为一个重要内容，通过挖掘运动项目的形成与发展历史，总结运动项目自身发展过程中形成的文化特点。要注重运动项目文化档案的搜集与整理，做好运动项目历史资料留存工作，对不同时期运动项目的组织文化、团队精神、竞技特色等进行总结提炼，形成不同项目文化档案。在运动项目推广实践中，要以运动项目或体育文化内涵和外延拓展为主要内容，带动运动项目文化发展，如开展以运动项目活动为主的青少年训练营、打造运动项目文化名城等，通过丰富、完善运动项目文化，塑造完整丰满的运动项目形象，使运动项目发展更加具有生命力和持久力。

第二，以赛事为平台，厚植运动项目文化。运动项目文化蕴含在运动和竞赛之中，要根据不同运动项目的文化特征，转变运动项目发展和办赛思路，建立契合运动项目文化的赛事符号标识体系，将各类赛事打造成为集中展示运动项目文化的舞台。在比赛期间，要围绕不同项目举办丰富多彩的文化活动、文化展示，在赛事解说中，要穿插有关项目比赛规则、历史起源、发展情况介绍，普及运动项目知识。要以举办赛事为抓手，注重赛事合作伙伴等相关活动宣传中运动项目文化的塑造与传播，要安排与观众互动环节，通过赛事拉近与观众沟通的距离，从而增加观众对项目的参与度，扩大运动项目文化的社会影响力，建立运动项目发展的社会基础。

第三，构建日常生活实践中的运动项目文化环境，扩大运动项目文化在青少年中的影响力。将不同运动项目文化融入不同群体的实际生活之中，培育符合现代人需求的传统项目休闲体育文化，要注重从家庭—学校—社区等不同层面强化运动项目文化的引领和示范作用，在社区中凸显区域运动项目文化特色的经典性元素和标志性符号，促进人们形成健康积极的体育参与意识。在青少年的生活和

体育教育中要全方位融入运动项目文化,要不定期地举办有关运动项目知识讲座和体验互动活动,通过举办体育音乐、体育绘画赏析、青少年俱乐部训练营等文化交流活动,让青少年参与其中,激发青少年体育参与的兴趣。

(二) 重视体育明星运动员的引领作用,弘扬优秀中国传统体育项目文化

中国优秀传统体育项目是中华文化的瑰宝,推动中国传统体育项目"走出去"是促进运动项目文化建设的重要内容。在运动项目推广中,体育明星运动员在塑造运动项目文化精神、展示项目文化内涵及形塑良好的国际形象等方面发挥着重要作用。

第一,打造并推出体育明星运动员,塑造运动项目良好的社会形象。加大对运动员队伍中典型人物、典型事迹的挖掘,培养具有优秀个人品质和良好运动成绩的运动员,打造具有国际影响力的体育明星,使其成为体育精神的传播者和中国体育的代言人。利用优秀运动员的明星效应,推广运动项目文化,通过组织运动员进社区、进学校、与青少年俱乐部合作等方式,开展运动项目文化交流活动,打造运动项目的公益形象,通过体育明星的榜样作用,树立运动项目积极、正面的社会形象,扩大运动项目影响力。通过塑造运动员精湛的运动项目技术、完美的赛场形象、专业的媒介素养、高尚的文化生活品位等方式,树立运动项目的良好形象,推广运动项目文化。

第二,弘扬优秀中国传统体育项目文化,推动传统体育项目传承与国际传播。加强对中国优秀传统体育项目的挖掘、整理和推广,传承优秀中国传统体育项目,促进优秀中国传统体育项目"走出去"。一是推进中国优秀传统运动项目博物馆建设。要采取体育类非物质文化遗产保护举措,加强对传承稳定性和完整性较差项目的保护,通过对优秀传统体育项目拍摄制作专题片、建立中华传统运动项目库、对运动项目传承人给予政策和资金扶持等形式,推进优秀传统运动项目的传承。二是推动传统体育项目国际传播。通过举办国际赛事和文化交流活动,加强运动项目对外宣传,积极借鉴日韩的跆拳道、空手道国际推广策略,提高武术、太极等项目的技击水平,提升优秀运动项目的国际影响力,使中国优秀传统体育项目得以传承并发扬光大。

(三) 大力发掘运动项目精神特质,加快发展运动项目文化创意

第一,发掘运动项目精神特质,提炼运动项目精神产品。不同运动项目所赋予的精神内涵也不相同,要注重根据我国不同运动项目特征,发掘项目背后的精

第十章 路径与创新：新时代中国竞技体育的发展展望

神特质，形成项目特有的文化精神和文化符号。一是围绕不同项目开展相应的文化活动，推动体育影视、体育动画、体育图书等文化产品创作，收集、整理、存档、研究、开发运动项目文化资源，继承、传播、提炼运动项目精神产品。二是创造能够弘扬运动项目正能量的影视作品，如《女篮5号》《少林足球》等，要借助现代高科技和网络技术创造各类项目的电子竞技运动，从而更直观形象地体现出运动项目的文化特质。三是开发各类运动项目的职业体育联赛、国际重大比赛的文化衍生品，挖掘运动项目背后的励志故事，使之成为体育精神的传播载体，从而扩大运动项目在社会中的影响力和认同感。

第二，加快发展运动项目文化创意，提升运动项目文化内涵。一是以运动项目为载体，建设体育文创孵化基地或产业园，把文化、创意、科技等元素引入运动项目发展中，提高体育衍生品的创意和设计水平，推进运动项目与创意、旅游、会展、休闲娱乐、地域文化的融合发展。二是提升运动项目协会发展水平，扶持体育文艺创作，鼓励支持社会组织和艺术家开展体育文学、体育艺术品、体育电影、体育摄影、体育音乐、体育标识、体育收藏、体育文化创意等展示活动，扩大运动项目产业的服务层次与规模。三是加快体育博物馆、网上运动项目展示馆、名人堂和体育档案馆建设，鼓励社会力量兴办各种体育馆、开展体育文化博览会等品牌活动，使其成为传承运动项目文化、弘扬体育精神的重要窗口。四是开发科技含量高、拥有自主知识产权的运动项目产品，培育国内一流品牌的项目赛事，着力打造影响力大、参与度高的项目精品赛事和节庆体育活动，提升运动项目的文化内涵。

REFERENCES 参考文献

[1] 杨国庆，彭国强. 改革开放 40 年中国竞技体育发展回顾与展望 [J]. 体育学研究，2018 (5)：12-22.

[2] 辜德宏. 竞技体育发展方式构成要素与结构模型分析 [J]. 沈阳体育学院学报，2016，35 (2)：44-51.

[3] 马玉芳. 关于我国竞技体育发展方式转变若干问题的研究 [J]. 体育与科学，2012，33 (2)：102-105.

[4] 鲍明晓，李元伟. 转变我国竞技体育发展方式的对策研究 [J]. 北京体育大学学报，2014，37 (1)：9-23.

[5] 杨桦，任海. 转变体育发展方式由"赶超型"走向"可持续发展型"[J]. 北京体育大学学报，2013，36 (1)：1-9.

[6] 辜德宏，吴贻刚，陈军. 我国竞技体育内生式发展方式的概念、分类、内涵、特征探析 [J]. 天津体育学院学报，2012，27 (5)：382-385.

[7] 辜德宏，吴贻刚. 竞技体育发展方式基本理论问题探析 [J]. 北京体育大学学报，2014，37 (10)：8.

[8] 熊晓正，夏思永，唐炎，等. 我国竞技体育发展模式的研究 [M]. 北京：人民体育出版社，2008.

[9] 国家体育总局. 改革开放 30 年的中国体育 [M]. 北京：人民体育出版社，2008.

[10] 辜德宏. 我国竞技体育发展方式转变的逻辑起点辨析 [J]. 天津体育学院学报，2015，30 (5)：383-387.

[11] 鲍明晓. 中国职业体育述评 [M]. 北京：人民体育出版社，2010.

[12] 尹维增，张德利，陈有忠. 体育强国梦构建背景下我国竞技体育发展方式转变研究 [J]. 沈阳体育学院学报，2015，34 (1)：50-55.

[13] 刘铮. 新中国体育发展战略的演变 [D]. 北京：北京体育大学，2011.

[14] 袁守龙. 从"举国体制"到政府、市场和社会协同——对中国竞技体育发展的思考 [J]. 体育科学，2018，38 (7)：12-14.

[15] 郑法石. 改革开放 40 年的中国体育 [EB/OL]. 中国体育报. [2018-12-17]. http：//www.sports.cn/ssty/2018/1217/251722.html.

[16] 钟秉枢. 新时代竞技体育发展与中国强 [J]. 上海体育学院学报，2018 (1)：12-19.

参考文献

[17]《体育大国向体育强国迈进的理论与实践研究》课题组．体育强国战略研究［M］．北京：人民体育出版社，2010：38-42.

[18] 杨国庆，彭国强．新时代中国竞技体育的战略使命与创新路径研究［J］．体育科学，2018，38（9）：3-14，46.

[19] 高雪峰，徐伟宏．改革开放30年中国竞技体育发展之路［J］．武汉体育学院学报，2009（2）：5-12.

[20] 陈小平．科技助力奥运训练：形式、进展与对策［J］．体育学研究，2018（1）：76-82.

[21] 彭国强，舒盛芳．中国体育战略重心转移的历史回眸与未来瞻望［J］．武汉体育学院学报，2016（10）：5-12.

[22] 杨国庆．我国竞技体育后备人才多元化培养模式与优化策略［J］．上海体育学院学报，2017（6）：17-22.

[23] 彭国强，杨国庆．新时代中国竞技体育结构性改革的特征、问题与路径［J］．武汉体育学院学报，2018（10）：5-12.

[24] 马玉芳，杨国庆．竞技体育改革背景下高水平运动队"省队校办"模式运行特征及优化路径——基于南京工业大学女子垒球队的实证研究［J］．沈阳体育学院学报，2018（6）：44-50.

[25] 中国体育还需提升话语权．［EB/OL］．［2016-08-20］．http：//news.163.com/16/0820/01/BUSJC3G600014AED.html.

[26] 尤传豹，彭国强．新时代我国竞技体育价值转变的机遇、困境与定位［J］．沈阳体育学院学报，2018，37（6）：51-56，72.

[27] 任海，张佃波，单涛，等．体育改革的总体思路和顶层设计研究［J］．体育学研究，2018（1）：1-12.

[28] 彭国强，杨国庆．世界竞技体育强国备战奥运政策及其对我国备战东京奥运会的启示［J］．体育科学，2018（10）：19-29.

[29] 竞技体育"十三五"规划［EB/OL］［2017-08-10］．http：//www.ndrc.gov.cn/.

[30] 鲍明晓．构建举国体制与市场机制相结合新机制［J］．体育科学，2018（10）：3-11.

[31] 刘鹏．充分发挥体育在和谐社会中的作用［N］．人民日报，2009-05-21（9）.

[32] 习近平．发展体育运动增强人民体质，促进群众体育和竞技体育全面发展［N］．光明日报，2013-09-01（1）.

[33] 习近平会见第31届奥运会中国体育代表团［N］．人民日报，2016-08-26（1）.

[34] 习近平：开创我国体育事业发展新局面，加快把我国建设成为体育强国［EB/OL］．［2017-08-03］．http：//www.xinhuanet.com/politics/2017/08/27/.

[35] 中国网．胡锦涛在全国科学技术大会上的重要讲话［EB/OL］．［2006-01-10］．http：//www.china.com.cn/zhuanti2005/txt/2006-01/10/content_ 6087649.

[36] 齐冰，钟海．体育领域的"中国精神"［J］．前线，2014（10）：47-49.

[37] 田思源．改革开放40年体育法治建设的中国化道路［J］．北京体育大学学报，2018，41（11）：16-21.

[38] 刘艺芳，张志刚．论中国体育精神涵养中国精神［J］．体育文化导刊，2018（3）：8-12.

[39] 杨国庆. 论新时代中国竞技体育新发展 [J]. 体育文化导刊, 2019 (3): 11-16.
[40] 陈玉忠. 中华体育精神的时代内涵 [N]. 中国体育报, 2014-06-06 (6).
[41] 黄莉. 中华体育精神的文化内涵与思想来源 [J]. 中国体育科技, 2007, 43 (5): 3-17.
[42] 辜德宏, 蔡端伟, 周健将. 美、俄、英、德政府对竞技体育发展方式的影响 [J]. 山东体育学院学报, 2016 (3): 1-7.
[43] 胡启林. 日本竞技体育发展策略研究 [J]. 武汉体育学院学报, 2017 (6): 95-100.
[44] 马德浩. 英国、美国、俄罗斯竞技体育管理体制演进趋势及其启示 [J]. 天津体育学院学报, 2018 (6): 516-521.
[45] 辜德宏, 王家宏, 尚志强. 我国政府竞技体育管理职能存在的问题及解决措施 [J]. 西安体育学院学报, 2017, 34 (1): 27-33.
[46] 钟秉枢, 何俊, 郝晓岑, 等. 基于"补短板"视野下的新时代中国体育强国发展道路探索 [J]. 首都体育学院学报, 2018 (1): 4-9.
[47] 陈强. 美国竞技体育持续走强的社会学分析 [J]. 南京体育学院学报 (社科版), 2017 (4): 86-92.
[48] 胡利军, 杨远波. 中国职业体育发展研究 [J]. 体育科学, 2010 (2): 28-40, 47.
[49] 胡利军. 我国职业体育特征研究 [J]. 军事体育学报, 2015 (2): 1-6.
[50] 胡利军, 刘晶. 职业体育发展历史阶段的探讨 [J]. 山东体育学院学报, 2010 (7): 1-7.
[51] 2012 年度国家体育总局体育哲学社会科学研究成果选编: 中国职业体育特征研究 [EB/OL]. http://www.sport.gov.cn/n322/n3407/n3413/c564590/content.
[52] 彭国强, 舒盛芳, 经训成. 回顾与思考: 美国竞技体育成长因素及其特征 [J]. 沈阳体育学院学报, 2017 (5): 28-36.
[53] 黎涌明, 陈小平. 英国竞技体育复兴的体系特征及对我国奥运战略的启示 [J]. 体育科学, 2017 (5): 3-10.
[54] 国家体育总局体育哲学社会科学研究成果选编 [EB/OL]. http://www.sport.gov.cn/n322/n3407/n3413/c564590/content.
[55] MARY A HUMS. Governance and policy in sport organizations [M]. New York: Holcomb Hathaway Publishers, 2013: 12-19.
[56] BAYLE E, ROBINSON L. A framework for understanding the performance of national governing bodies of sport [J]. European Sport Management Quarterly, 2017 (3): 249-268.
[57] IAN MCDOAID. High-performance sport policy in the UK. Rutledge Handbook of Sports Development [M]. London: Routledge, 2011: 6-12.
[58] LISA PIKE MASTERAIESIS. Principles and Practice of Sport Management [M]. Jones Bartlett Publishers, 2011: 15-17.
[59] 周永奇. 中华体育精神与社会主义核心价值观认同 [J]. 思想教育研究, 2016 (4): 57-60.
[60] 孔阳. 社会主义核心价值观视域下中华体育精神的多维表达研究 [J]. 四川体育科学, 2018 (3): 85-89.
[61] 刘艺芳, 张志刚. 论中国体育精神涵养中国精神 [J]. 体育文化导刊, 2018 (3): 8-12.

[62] 丁永亮,杨国庆. 习近平总书记关于体育工作重要论述的丰富内涵和主要渊源[J]. 北京体育大学学报,2018,41(10):8-18.

[63] 王勇,常蕾. 论竞技体育社会化发展模式的构想[J]. 体育与科学,2012(2):109-111.

[64] 苗治文,王士娟,于海强,等. 我国竞技体育赶超式发展的研究[J]. 北京体育大学学报,2012(3):128-132.

[65] 高雪峰. 我国全面推行竞技体育社会化的改革构想[J]. 武汉体育学院学报,2005(4):1-4.

[66] 钟秉枢. 文化传承与精神永续——70年夺冠之路与国家队管理创新[J]. 天津体育学院学报,2019,34(5):369-372.

[67] 钟秉枢,李楠. 女排精神与体育文化[J]. 成都体育学院学报,2020,46(2):5-7.

[68] 罗军委. 当代中国竞技体育精神文化内涵与建设研究[D]. 南昌:江西师范大学,2017:6-18.

[69] 张文健,李业杰. 中国职业体育组织的发展逻辑[J]. 沈阳体育学院学报,2019,38(4):33-37.

[70] 张文健,靳厚忠. 我国职业体育组织的发展模式创新[J]. 天津体育学院学报,2019,34(2):100-104,112.

[71] 张毅恒,彭道海. 新时代我国职业体育俱乐部治理效率[J]. 武汉体育学院学报,2018,52(6):12-19.

[72] 赵明哲. 新时代我国职业体育发展困境与改革路径探究[J]. 南京体育学院学报(社会科学版),2017,31(5):35-39.

[73] 许延威,魏娜. 我国职业运动员人力资本产权交易制度研究[J]. 沈阳体育学院学报,2017,36(3):22-28.

[74] 鲍明晓. 职业体育是体育强国的核心竞争力[J]. 南京体育学院学报(社会科学版),2011,25(5):4-6.

[75] 卢文云,陈娟,戴健. 我国竞技体育公共服务体系构建研究[J]. 北京体育大学学报,2015,38(7):8-18,25.

[76] 陈洪. 竞技体育发展方式转变的多中心治理路径[J]. 首都体育学院学报,2014,26(1):3-6.

[77] 张兵. 西方职业体育市场秩序演化与中国实践研究[M]. 北京:中国社会科学出版社,2018.

[78] 辜德宏. 我国竞技体育发展方式转变研究[M]. 苏州:苏州大学出版社,2016.

[79] 钟秉枢. 职业体育:理论与实证[M]. 北京:北京体育大学出版社,2006.

[80] 赵轶龙,郑和明. 促进消费视角下我国职业体育联赛改革与发展的策略研究——以中超联赛与CBA为例[J]. 中国体育科技,2019,55(11):52-61.

[81] 陈小平. 科技助力奥运训练:形势、进展与对策[J]. 体育学研究,2018(1):76-82.

[82] 常利华. 俄罗斯体育管理体制及其对我国的启示[J]. 体育文化导刊,2016(1):30-35.

[83] 刘渝,陈筝,邹琳. 英国竞技体育人才体教结合实现机制及启示[J]. 体育文化导刊,2017(1):31-35.